Die Relevanz der *Business Judgement Rule* (§ 93 Abs. 1 S. 2 AktG) für die Vorstandsuntreue

Europäische Hochschulschriften

European University Studies

Publications Universitaires Européennes

Reihe II	**Rechtswissenschaft**
Series II	Law
Série II	Droit

Band/ Volume **5704**

Philip Peter Schmidt

Die Relevanz der *Business Judgement Rule* (§ 93 Abs. 1 S. 2 AktG) für die Vorstandsuntreue

Unter Rückschluss auf die Handhabung des Untreuetatbestands bei der Beurteilung unternehmerischer Vorstandsentscheidungen

PL ACADEMIC RESEARCH

Bibliografische Information der Deutschen Nationalbibliothek
Die Deutsche Nationalbibliothek verzeichnet diese Publikation in der Deutschen Nationalbibliografie; detaillierte bibliografische Daten sind im Internet über http://dnb.d-nb.de abrufbar.

Zugl.: Hamburg, Bucerius Law School, Diss., 2014

Die vorliegende Arbeit wurde als Dissertation an der Bucerius Law School – Hochschule für Rechtswissenschaft – angenommen.
Datum der mündlichen Prüfung: 09. Juli 2014
Erstgutachter: Professor Dr. Erich Samson
Zweitgutachter: Professor Dr. Christoph H. Seibt, LL.M. (Yale)

H 360
ISSN 0531-7312
ISBN 978-3-631-65705-8 (Print)
E-ISBN 978-3-653-04949-7 (E-Book)
DOI 10.3726/978-3-653-04949-7

PL Academic Research ist ein Imprint der Peter Lang GmbH.
Peter Lang – Frankfurt am Main · Bern · Bruxelles · New York · Oxford · Warszawa · Wien

Diese Publikation wurde begutachtet.

www.peterlang.com

Meinen Eltern

Vorwort

Die vorliegende Arbeit wurde im Februar 2014 an der Bucerius Law School als Dissertation angenommen. Literatur und Rechtsprechung konnten weitgehend bis Oktober 2014 berücksichtigt werden.

Als ich mit der Arbeit an dieser Untersuchung begann, hätte ich mir nicht vorstellen können und wollen, dass mein Doktorvater und Betreuer der Dissertation den Abschluss des Promotionsverfahrens und die Veröffentlichung des Werks nicht mehr miterleben würde.

Professor Dr. Erich Samson ist indes am 11. Juni 2014 verstorben. Ich bedaure dies zutiefst und möchte ihm von Herzen für seine Unterstützung danken. Das gilt insbesondere für die großartige Förderung, die mit der Ausbildung im universitären Schwerpunkt „Wirtschaftsstrafrecht" begann und sich in der Betreuung meiner Dissertation mit vielen wertvollen Ratschlägen und Anregungen fortsetzte. Herr Professor Dr. Samson wird mir und vielen seiner weiteren Schüler als großartiger Lehrer und besondere Persönlichkeit unvergessen bleiben.

Danken möchte ich zudem Herrn Professor Dr. Christoph H. Seibt, LL.M. (Yale) für die rasche Erstellung des Zweitgutachtens.

Ein besonderer Dank gilt meinem Bruder, Herrn Carlo Schmidt, Frau Dr. Susanne Pech und Herrn Dr. Sebastian Schröder für die zahlreichen fruchtbaren Diskussionen während der Bearbeitung des Themas sowie die Unterstützung beim Korrekturlesen des Manuskripts.

Der größte Dank jedoch gebührt meinen Eltern, Herrn Dr. Peter und Frau Ursula Schmidt, denen ich diese Arbeit widme. Sie begleiten mich seit jeher mit der größtmöglichen Liebe und Unterstützung. Ohne sie wäre diese Arbeit nicht entstanden!

Hamburg, November 2014 — Philip Peter Schmidt

„Mein Sohn, sey mit Lust bey den Geschäften am Tage, aber mache nur solche, daß wir bey Nacht ruhig schlafen können!"
(Johann Buddenbrook,
Zitat aus: *Thomas Mann*, Buddenbrooks, Verfall einer Familie, 60. Auflage, Frankfurt am Main 2011, Vierter Teil, 1., S. 174)

Gliederung

Abkürzungsverzeichnis XXI

Literaturverzeichnis XXV

A. Einleitung 1

I. Einführung 1
II. Problemstellung und Untersuchungsgegenstand 7
III. Untersuchungsrelevanter Adressatenkreis 7
IV. Gang der Untersuchung 9

B. Grundlagen 11

I. Die *Business Judgement Rule* 11
1. US-amerikanische Herkunft der *Business Judgement Rule* 11
2. Grundlage der *Business Judgement Rule* im deutschen Richterrecht 16
3. Die Aufnahme der *Business Judgement Rule* in § 93 Abs. 1 S. 2 AktG 20
4. Zwischenergebnis 46
II. Die Untreue 46
1. Der Untreuetatbestand 47
2. Möglichkeit einer Relevanzentfaltung des § 93 Abs. 1 S. 2 AktG innerhalb der Tatbestandsalternativen des § 266 Abs. 1 StGB 52
3. Zwischenergebnis 57

C. Mögliche Formen der Relevanz 59

I. Entlastende (strafausschließende) Relevanz 59
1. Unmittelbar entlastende Relevanz 59
2. Mittelbar entlastende Relevanz 62
3. Zwischenergebnis 65

II. Belastende (strafbegründende) Relevanz 65
1. Unmittelbar belastende Relevanz 66
2. Mittelbar belastende Relevanz 107
3. Praktische Relevanz im Rahmen der Strafverfolgung 204
4. Zwischenergebnis 208

D. Fazit 209

Gliederung

Abkürzungsverzeichnis XXI

Literaturverzeichnis XXV

A. Einleitung 1

I. Einführung 1
II. Problemstellung und Untersuchungsgegenstand 7
III. Untersuchungsrelevanter Adressatenkreis 7
IV. Gang der Untersuchung 9

B. Grundlagen 11

I. Die *Business Judgement Rule* 11
1. US-amerikanische Herkunft der *Business Judgement Rule* 11
2. Grundlage der *Business Judgement Rule* im deutschen Richterrecht 16
a) BGHZ 135, 244 ff. (ARAG/Garmenbeck-Entscheidung) 17
aa) Sachverhalt 17
bb) Maßgebliche Entscheidungsgründe 17
b) Schlussfolgerung 19
3. Die Aufnahme der *Business Judgement Rule* in § 93 Abs. 1 S. 2 AktG 20
a) Hintergrund 20
b) Einsetzung einer Regierungskommission 21
aa) Empfehlungen bezüglich der Einrichtung einer Corporate Governance Codex-Kommission 21
bb) Empfehlungen an den parlamentarischen Gesetzgeber 22
c) Gesetzgeberische Intention 23
d) Tatbestandsmerkmale des § 93 Abs. 1 S. 2 AktG 25
aa) Unternehmerische Entscheidung 26
bb) Vernünftige Annahme, zum Wohle der Gesellschaft zu handeln 28
(1) Allgemeines 28
(2) Eingehung existenzgefährdender Risiken 30
(a) Literaturansichten 30

(b) Stellungnahme ... 31
(3) Gutgläubigkeit als gesonderter Prüfungspunkt? ... 32
cc) Vernünftige Annahme, auf Basis angemessener Information zu handeln ... 35
dd) Freiheit von Interessenskonflikten ... 37
(1) Allgemeines ... 37
(2) Objektive Voraussetzung? ... 38
(a) Literaturansichten ... 38
(b) Stellungnahme ... 39
(3) Eigennützige Entscheidungen ... 40
(4) Gremienentscheidungen ... 41
(a) Literaturansichten ... 42
(b) Stellungnahme ... 44
ee) Kein Eingehen „übergroßer" Risiken ... 45
4. Zwischenergebnis ... 46
II. Die Untreue ... 46
1. Der Untreuetatbestand ... 47
2. Möglichkeit einer Relevanzentfaltung des § 93 Abs. 1 S. 2 AktG innerhalb der Tatbestandsalternativen des § 266 Abs. 1 StGB ... 52
a) § 266 Abs. 1 1. Alt. StGB (Missbrauchstatbestand) ... 52
b) § 266 Abs. 1 2. Alt. StGB (Treubruchstatbestand) ... 54
3. Zwischenergebnis ... 57

C. Mögliche Formen der Relevanz ... 59

I. Entlastende (strafausschließende) Relevanz ... 59
1. Unmittelbar entlastende Relevanz ... 59
2. Mittelbar entlastende Relevanz ... 62
a) Die Ausführungen *Adicks* ... 62
b) Kritik ... 63
c) Zwischenergebnis ... 65
3. Zwischenergebnis ... 65
II. Belastende (strafbegründende) Relevanz ... 65
1. Unmittelbar belastende Relevanz ... 66
a) Tauglichkeit des § 93 Abs. 1 S. 2 AktG zur unmittelbaren Begründung einer Vermögensbetreuungspflichtverletzung im Sinne des § 266 Abs. 1 StGB ... 66
aa) Wortlaut ... 67
(1) Negativformulierung ... 67

(2) Vergleich mit BGHZ 135, 244 ff. (ARAG/ Garmenbeck-Entscheidung) 69
(3) Auseinandersetzung mit den Ausführungen *Feddersens* in der Festschrift für Adolf Laufs 73
(a) Das Überschreiten der „Grenzen der *Business Judgement Rule*“ 74
(b) Der Vorschlag einer Aufnahme der *Business Judgement Rule* in § 266 StGB 76
(c) Zwischenergebnis 77
(4) Auseinandersetzung mit den Ausführungen *Winnens* 77
(5) Vergleich mit BGHZ 175, 365 ff. (UMTS-Entscheidung) 79
(a) Sachverhalt 79
(b) In diesem Zusammenhang maßgebliche Entscheidungsgründe 79
(c) Schlussfolgerung 80
(6) Zwischenergebnis 81
(7) Blankett oder normatives Tatbestandsmerkmal? 82
(8) Schlussfolgerung 84
(9) Zwischenergebnis 86
bb) *Telos* 86
(a) Ein rettender Hafen („*safe harbour*“) für das Vorstandsmitglied versus Vermögensschutz zugunsten der Gesellschaft 87
(b) Intention einer effektiven Konfliktlösung im Rahmen des Aktienrechts 88
(c) Die Rechtsnatur des § 93 Abs. 1 S. 2 AktG 91
(aa) § 93 Abs. 1 S. 2 AktG als unwiderlegbare Rechtsvermutung 92
(bb) § 93 Abs. 1 S. 2 AktG als Konkretisierung von Sorgfaltspflichten 92
(cc) § 93 Abs. 1 S. 2 AktG als Tatbestandsausschlussgrund 92
(dd) Stellungnahme 93
(d) Zwischenergebnis 98
cc) Systematik 98
(1) Berücksichtigung des § 93 Abs. 2 S. 2 AktG 98
(2) Subjektivierung in § 93 Abs. 1 S. 2 AktG 100
(3) Zwischenergebnis 101
dd) Zwischenergebnis 101
b) Das Prinzip der asymmetrischen Akzessorietät 101
aa) Akzessorietät zwischen Straf- und Zivilrecht 102
(1) Strafbarkeitsausschließende Akzessorietät 102
(2) Strafbarkeitsbegründende Akzessorietät 102
(a) Ausgangspunkt 103
(b) Einschränkung: Asymmetrie der Akzessorietät 104

bb) Anwendung auf § 93 Abs. 1 S. 2 AktG ... 106
cc) Zwischenergebnis ... 107
2. Mittelbar belastende Relevanz ... 107
a) In Betracht kommende Ansätze ... 107
aa) Die *Business Judgement Rule* als strafrechtsautonom auszulegendes Prinzip? ... 108
bb) Indizielle Bedeutung der Aufnahme der *Business Judgement Rule* in § 93 Abs. 1 S. 2 AktG, vgl. BGHSt 50, 331 ff. (Mannesmann-Entscheidung) ... 109
(1) Sachverhalt ... 109
(2) In diesem Zusammenhang maßgebliche Entscheidungsgründe ... 110
(3) Adressatenkreis ... 112
(4) Kritik an diesem Ansatz ... 112
cc) Vorliegen einer Pflichtverletzung nach § 266 Abs. 1 StGB bei kumulativem Verstoß gegen mehrere Voraussetzungen der *Business Judgement Rule* („zwei bzw. drei aus vier") ... 113
(1) Grundüberlegung ... 113
(a) Vergleich mit BGHSt 47, 187 ff. (SSV Reutlingen-Entscheidung) ... 115
(aa) Sachverhalt ... 115
(bb) In diesem Zusammenhang maßgebliche Entscheidungsgründe ... 116
(b) Schlussfolgerung ... 117
(2) Kritische Würdigung des Vorschlags ... 118
dd) Zwischenergebnis ... 121
ee) Vorliegen einer Vermögensbetreuungspflichtverletzung bei Nichterfüllung einzelner Tatbestandsmerkmale des § 93 Abs. 1 S. 2 AktG? ... 121
ff) Zwischenergebnis ... 122
b) Einfluss der Nichterfüllung einzelner Tatbestandsmerkmale des § 93 Abs. 1 S. 2 AktG auf das Vorliegen einer Pflichtverletzung gemäß § 266 Abs. 1 StGB ... 122
aa) Das Verhältnis zwischen Gesellschaftsrecht und Strafrecht ... 123
(1) Subsidiaritätsgrundsatz ... 123
(2) Zulässigkeit einer systematischen Abweichung vom Subsidiaritätsgrundsatz im Wirtschaftsstrafrecht? ... 125
(3) Rechtssoziologischer Ansatz ... 126
(4) Ineffektivität eines „überholenden Strafrechts" ... 130
(5) Zwischenergebnis ... 136
bb) Auswirkungen auf die Pflichtverletzung als zentrales Merkmal des Untreuetatbestands ... 137

(1) Grundsatz: Berücksichtigung eines weiten Beurteilungsspielraums bei unternehmerischen Entscheidungen ... 138
(2) Vermeidung einer „Tatbestandsverschleifung“ ... 139
cc) Restriktionsbemühungen ... 140
(1) Gesteigerte Anforderungen an die Pflichtverletzung ... 142
(a) Erfordernis einer „gravierenden“ Pflichtverletzung ... 142
(aa) BGHSt 47, 148 ff. (Zweite Kreditvergabe-Entscheidung) ... 143
(i) Sachverhalt ... 143
(ii) In diesem Zusammenhang maßgebliche Entscheidungsgründe ... 144
(bb) BGHSt 47, 187 ff. (SSV Reutlingen-Entscheidung) ... 144
(i) Sachverhalt ... 144
(ii) In diesem Zusammenhang maßgebliche Entscheidungsgründe ... 144
(cc) Abkehr von dem Erfordernis einer „gravierenden“ Pflichtverletzung in BGH NJW 2006, 453 ff. (Kinowelt-Entscheidung)? ... 145
(i) Sachverhalt ... 145
(ii) In diesem Zusammenhang maßgebliche Entscheidungsgründe ... 145
(dd) Aufgabe des Erfordernisses einer „gravierenden“ Pflichtverletzung in BGHSt 50, 331 ff. (Mannesmann-Entscheidung)? ... 146
(i) Sachverhalt ... 147
(ii) In diesem Zusammenhang relevante Festellungen des Gerichts ... 147
(ee) Beschluss des Bundesverfassungsgerichts vom 23. Juni 2010 ... 149
(ff) *Conclusio* ... 150
(gg) Zwischenergebnis ... 159
(hh) Rückschlüsse auf die Ermittlung einer Vermögensbetreuungspflichtverletzung anhand der aufgezeigten Judikatur ... 159
(i) Strafrechtsautonome Ermittlung anhand von Indizien ... 160
(ii) Strafrechtsautonome Ermittlung unabhängig von Indizien ... 161
(iii) Zivilrechtsakzessorische Ermittlung ... 161
(iv) Stellungnahme ... 161
(v) Zwischenergebnis ... 165
(b) Vermögensbetreuungspflichtverletzung bei Überschreitung des „erlaubten Risikos“ ... 165
(c) Vermögensbetreuungspflichtverletzung bei evidentem Pflichtverstoß im Sinne einer Unvertretbarkeit der Entscheidung ... 167
(d) Zwischenergebnis ... 169

(2) Vorschläge gesteigerter Anforderungen im Rahmen des subjektiven Tatbestands 170
(a) Gesteigerte Anforderungen an die Vorsatzform 170
(b) Einfügung des subjektiven Merkmals der Bereicherungsabsicht 172
(c) Zwischenergebnis 174
dd) Weitere Orientierungsbemühungen 174
(1) Fallgruppenbildung durch die Rechtsprechung 174
(2) Kritik 175
(3) Zwischenergebnis 176
ee) Zwischenergebnis 176
ff) Vor diesem Hintergrund: Möglichkeiten eines mittelbar strafbegründenden Einflusses der *Business Judgement Rule* 176
(1) Tauglichkeit eines Verstoßes gegen einzelne Merkmale des § 93 Abs. 1 S. 2 AktG zur Begründung einer Pflichtverletzung gemäß § 266 Abs. 1 StGB 177
(a) Vernünftige Annahme, zum Wohle der Gesellschaft zu handeln 177
(aa) Unternehmenswohl als zentraler Orientierungsmaßstab 177
(bb) Problem einer subjektiven *ex ante*-Betrachtung im Strafrecht 178
(i) Die Entscheidung erfolgte allein aus subjektiver *ex ante*-Sicht nicht im Unternehmensinteresse 181
(ii) Die Entscheidung entsprach sowohl aus subjektiver als auch aus objektiver *ex ante*-Sicht nicht dem Unternehmensinteresse 182
(iii) Relevanz unter Berücksichtigung der „Vernunft“ als Objektivitätskriterium? 183
(iv) Zwischenergebnis 185
(b) Vernünftige Annahme, auf der Grundlage angemessener Information gehandelt zu haben 186
(c) Freiheit der Entscheidung von Interessenkonflikten 186
(d) Zwischenergebnis 186
(2) § 93 Abs. 1 S. 1 AktG zuzüglich des strafrechtlichen Evidenzerfordernisses als Maßstab für die Prüfung einer Vermögensbetreuungspflichtverletzung 187
(a) Beurteilung des Evidenzkriteriums anhand eines subjektiven *ex ante*-Maßstabs? 191
(b) Beurteilung des Evidenzkriteriums anhand einer objektiven *ex ante*- oder einer *ex post*-Betrachtung? 191
(c) Konsequenz: Berücksichtigung von Fahrlässigkeiten? 194
(d) Zwischenergebnis 195
(e) Ermittlung des evidenten Sorgfaltspflichtverstoßes anhand einer branchenspezifischen Gesamtschau 195

(3) Verbleibender Relevanzgehalt des § 93 Abs. 1 S. 2 AktG: Indizwirkung 199
(4) Zwischenergebnis 204
3. Praktische Relevanz im Rahmen der Strafverfolgung 204
4. Zwischenergebnis 208

D. Fazit 209

Abkürzungsverzeichnis

a.A.	andere Ansicht
ABS	Asset-Backed Securities
Abs.	Absatz
AG	Aktiengesellschaft; Die Aktiengesellschaft (Zeitschrift)
AktG	Aktiengesetz
AO	Abgabenordnung
ARAG	Allgemeine Rechtsschutz-Versicherungs-AG
Art.	Artikel
ARUG	Gesetz zur Umsetzung der Aktionärsrechterichtlinie
AT	Allgemeiner Teil
BB	Betriebs Berater
BegrRegE	Begründung des Regierungsentwurfs
BGB	Bürgerliches Gesetzbuch
BGBl.	Bundesgesetzblatt
BGH	Bundesgerichtshof
BGHSt	Entscheidungen des Bundesgerichtshofs in Strafsachen
BGHZ	Entscheidungen des Bundesgerichtshofs in Zivilsachen
BilMoG	Gesetz zur Modernisierung des Bilanzrechts – Bilanzierungsmodernisierungsgesetz
BT	Besonderer Teil
BT-Drucks.	Drucksache des Deutschen Bundestags
BVerfG	Bundesverfassungsgericht
BVerfGE	Entscheidungen des Bundesverfassungsgerichts
bzw.	beziehungsweise
CCZ	Corporate Compliance Zeitschrift
DAV	Deutscher Anwaltverein
DB	Der Betrieb

Del.	Delaware (Supreme Court)
Del. Ch.	Delaware Chancery Court
dems.	demselben
dens.	denselben
ders.	derselbe
dess.	desselben
dies.	dieselbe(n)
DM	Deutsche Mark
DÖV	Die öffentliche Verwaltung
DRiZ	Deutsche Richterzeitung
DStR	Deutsches Steuerrecht
DZWiR	Deutsche Zeitschrift für Wirtschaftsrecht
Einl	Einleitung
engl.	englisch
f.	folgende
ff.	(fort)folgende
Fn.	Fußnote
FS	Festschrift
GA	Goltdammer's Archiv
GG	Grundgesetz
GK	Großkommentar
GmbH	Gesellschaft mit beschränkter Haftung
GmbHR	GmbH-Rundschau
GS	Gedächtnisschrift
HRRS	Höchstrichterliche Rechtsprechung im Strafrecht
i.S.d.	im Sinne des
JA	Juristische Arbeitsblätter
JGG	Jugendgerichtsgesetz
JR	Juristische Rundschau
JuS	Juristische Schulung
JZ	Juristen Zeitung

KK	Kölner Kommentar
KonTraG	Kontrolle- und Transparenzgesetz
KritV	Kritische Vierteljahreszeitschrift
KSzW	Kölner Schrift zum Wirtschaftsrecht
KWG	Kreditwesengesetz
La.	Louisiana (Supreme Court)
LG	Landgericht
LK	Leipziger Kommentar
MK	Münchener Kommentar
m.w.N.	mit weiteren Nachweisen
n.F.	neue Fassung
NJW	Neue Juristische Wochenschrift
NK	Nomos Kommentar
No.	number
Nr.	Nummer
n.s.	not specified
NStZ	Neue Zeitschrift für Strafrecht
N.Y.	New York (Court of Appeals)
NZG	Neue Zeitschrift für Gesellschaftsrecht
NZI	Neue Zeitschrift für Insolvenz und Sanierung
OLG	Oberlandesgericht
p.	page
R.I.	Rhode Island (Supreme Court)
RegE	Regierungsentwurf
RIW	Recht der internationalen Wirtschaft
Rn.	Randnummer
S.	Satz; Seite
sog.	so genanntes; so genannte; so genannten
SSV	Sport- und Schwimmverein
StGB	Strafgesetzbuch
StPO	Strafprozessordnung

StraFO	Strafverteidiger Forum
StV	Strafverteidiger
TransPuG	Transparenz- und Publizitätsgesetz
u.a.	und andere
UMAG	Gesetz zur Unternehmensintegrität und Modernisierung des Anfechtungsrechts
UMTS	Universal Mobile Telecommunications System
v.	vom; von
vgl.	vergleiche
Vol.	volume
vs.	versus
VwGO	Verwaltungsgerichtsordnung
WiB	Wirtschaftsrechtliche Beratung
wistra	Zeitschrift für Wirtschafts- und Steuerstrafrecht
WM	Wertpapier-Mitteilungen
ZGR	Zeitschrift für Unternehmens- und Gesellschaftsrecht
ZHR	Zeitschrift für das gesamte Handels- und Wirtschaftsrecht
ZIP	Zeitschrift für Wirtschaftsrecht und Insolvenzpraxis
ZIS	Zeitschrift für internationale Strafrechtsdogmatik
ZPO	Zivilprozessordnung
ZRP	Zeitschrift für Rechtspolitik
ZStW	Zeitschrift für die gesamte Strafrechtswissenschaft

Literaturverzeichnis

Achenbach, Hans: Zivilrechtsakzessorietät der insolvenzstrafrechtlichen Krisenmerkmale?, in: Gedächtnisschrift für Ellen Schlüchter, herausgegeben von Gunnar Duttge, Gerd Geilen, Lutz Meyer-Goßner und Günter Warda, Köln u.a. 2002, S. 257–273, zitiert: *Achenbach*, in: GS Schlüchter, 2002.

—/Ransiek, Andreas (Hrsg.): Handbuch Wirtschaftsstrafrecht, 3. Auflage, Heidelberg u. a. 2012, zitiert: *Bearbeiter*, in: Achenbach/Ransiek, Handbuch Wirtschaftsstrafrecht.

Adick, Markus: Vorstandsuntreue (§ 266 StGB) und Business Judgment, Die strafrechtliche Bewertung unternehmerischen Handelns unter Berücksichtigung von Verfahrensregeln, Frankfurt am Main 2010, zitiert: *Adick*, Organuntreue und Business Judgment, 2010.

Albrecht, Peter-Alexis: In Treue gegen die Untreue, – Rainer Hamm und sein steter Versuch, die Rechtsprechung zur verfassungsrechtlichen Präzisierung des § 266 StGB anzuhalten –, in: Festschrift für Rainer Hamm zum 65. Geburtstag am 24. Februar 2008, herausgegeben von Regina Michalke, Wolfgang Köberer, Jürgen Pauly und Stefan Kirsch, Berlin 2008, S. 1–19, zitiert: *P.-A. Albrecht*, in: FS Hamm, 2008.

Altvater, Gerhard: Der strafrechtliche Untreuetatbestand, § 266 StGB auch heute noch sinnvoll und notwendig, DRiZ 2004, S. 134.

Alwart, Heiner: Wirtschaftsstrafrecht im Übergang, JZ 2006, S. 546–548.

—: Modernes Wirtschaftsstrafrecht als Projekt, in: Festschrift für Harro Otto zum 70. Geburtstag am 1. April 2007, herausgegeben von Gerhard Dannecker, Winrich Langer, Otfried Ranft, Roland Schmitz und Joerg Brammsen, Köln u.a. 2007, zitiert: *Alwart*, in: FS Otto, 2007.

American Law Institute (Hrsg.): Principles of Corporate Governance: Analysis and Recommendations, Washington D.C. 1994, zitiert: *American Law Institute*, Principles of Corporate Governance: Analysis and Recommendations, 1994.

Arbeitskreis „Externe und interne Überwachung der Unternehmung" der Schmalenbach Gesellschaft für Betriebswirtschaft e.V.: 20 goldene Regeln für die unternehmerische Entscheidung, ZIP 2006, S. 1068, zitiert: *Arbeitskreis Überwachung*, ZIP 2006.

—: Praktische Empfehlungen für unternehmerisches Entscheiden, – Zur Anwendung der Business Judgment Rule in § 93 Abs. 1 Satz 2 AktG –, DB 2006, S. 2189–2196, zitiert: *Arbeitskreis Überwachung*, DB 2006.

Arnold, Stefan: Untreue im GmbH- und Aktienkonzern, Herbolzheim 2006, zitiert: *Arnold*, Untreue im GmbH- und Aktienkonzern, 2006.

Arzt, Gunther: Zur Untreue durch befugtes Handeln, in: Festschrift für Hans-Jürgen Bruns zum 70. Geburtstag, herausgegeben von Wolfgang Frisch und Werner Schmid, Köln u.a. 1978, S. 365–383, zitiert: *Arzt*, in: FS Bruns, 1978.

—/Weber, Ulrich/Heinrich, Bernd/Hilgendorf, Eric: Strafrecht, Besonderer Teil, 2. Auflage, Bielefeld 2009, zitiert: *Arzt/Weber/Heinrich/Hilgendorf*, Strafrecht BT.

Balthasar, Stephan/Hamelmann, Uwe: Finanzkrise und Vorstandshaftung nach § 93 Abs. 2 AktG: Grenzen der Justiziabilität unternehmerischer Entscheidungen, WM 2010, S. 589–594.

Bassenge, Peter/Brudermüller, Gerd/Ellenberger, Jürgen/Götz, Isabell/Grüneberg, Christian/Sprau, Hartwig/Thorn, Karsten/Weidenkaff, Walter/Weidlich, Dietmar (Hrsg.): Palandt, Bürgerliches Gesetzbuch, 73. Auflage, München 2014, zitiert: *Bearbeiter*, in: Palandt, BGB.

Baums, Theodor: Risiko und Risikosteuerung im Aktienrecht, ZGR 2011, S. 218–274.

— *(Hrsg.)*: Bericht der Regierungskommission Corporate Governance, Unternehmensführung, Unternehmenskontrolle, Modernisierung des Aktienrechts, Köln 2001, zitiert: *Baums*, Bericht der Regierungskommission Corporate Governance, 2001.

Beckemper, Katharina: Anmerkung zu BGH, Urt. v. 6.12.2001 - 1 StR 215/01 (LG Offenburg), NStZ 2002, S. 324–326.

Becker, Christian/Walla, Fabian/Endert, Volker: Wer bestimmt das Risiko?, - Zur Untreuestrafbarkeit durch riskante Wertpapiergeschäfte in der Banken-AG –, WM 2010, S. 875–881.

Beulke, Werner: Wirtschaftslenkung im Zeichen des Untreuetatbestands?, in: Festschrift für Ulrich Eisenberg zum 70. Geburtstag, herausgegeben von Henning Ernst Müller, Günther M. Sander und Helena Valkova, München 2009, S. 245–269, zitiert: *Beulke*, in: FS Eisenberg, 2009.

Bittmann, Folker: Dogmatik der Untreue, insbesondere des Vermögensnachteils, NStZ 2012, S. 57–63.

—: Verschleifungsverbot, Quantifizierungsgebot (§§ 263, 266 StGB) und Pflichtwidrigkeit (§ 266 StGB), wistra 2013, S. 1–8.

Blasche, Sebastian: Auswirkungen von Verstößen gegen das KWG sowie von Abweichungen von den MaRisk auf die zivilrechtliche Haftung des Bankvorstands, WM 2011, S. 343–351.

—: Die Anwendung der *Business Judgement Rule* bei Kollegialentscheidungen und Vorliegen eines Interessenkonflikts bei einem der Vorstandsmitglieder, AG 2010, S. 692–699.

Block, Dennis J./Barton, Nancy E./Radin, Stephen A.: The Business Judgment Rule, Fiduciary Duties of Corporate Directors, Volume 1, 5th Edition, New York 1998, zitiert: *Block/Barton/Radin*, The Business Judgment Rule.

Bock, Dennis: Strafrechtlich gebotene Unternehmensaufsicht (Criminal Compliance) als Problem der Rechtssicherheit, wistra 2011, S. 201–206.

Boers, Klaus/Theile, Hans/Karliczek, Kari-Maria: Wirtschaft und Strafrecht – Wer reguliert wen?, in: Oberwittler/Karstedt, Soziologie der Kriminalität, Kölner Zeitschrift für Soziologie und Sozialpsychologie, Sonderheft 43/2003, Wiesbaden 2004, S. 469–493.

Bosch, Nikolaus/Lange, Knut Werner: Unternehmerischer Handlungsspielraum des Vorstandes zwischen zivilrechtlicher Verantwortung und strafrechtlicher Sanktion, JZ 2009, S. 225–237.

Böttcher, Lars: Bankvorstandshaftung im Rahmen der Sub-Prime Krise, NZG 2009, S. 1047–1052.

Böttger, Marcus (Hrsg.): Wirtschaftsstrafrecht in der Praxis, Münster 2011, zitiert: *Bearbeiter*, in: Wirtschaftsstrafrecht in der Praxis.

Boujong, Karlheinz: Anmerkung zu BGH, Urteil vom 21.4.1997 – II ZR 175/95, DZWir 1997, S. 326–329.

Brammsen, Joerg: Vorstandsuntreue, -Aktienrechtliche Unternehmensführung auf dem Prüfstand des § 266 StGB-, wistra 2009, S. 85–91.

Braum, Stefan: Zur Strafbarkeit des „goldenen Handschlags“ wegen Untreue (§ 266 StGB), Rechtliche Überlegungen zum Fall Mannesmann, KritV 2004, S. 67–78.

Bräunig, Alexander: Untreue in der Wirtschaft, Berlin 2011, zitiert: *Bräunig*, Untreue in der Wirtschaft, 2011.

Bringewat, Peter: Der Kreditkartenmißbrauch – eine Vermögensstraftat!, NStZ 1985, S. 535–537.

Brömmelmeyer, Christoph: Neue Regeln für die Binnenhaftung des Vorstands – Ein Beitrag zur Konkretisierung der Business Judgment Rule, WM 2005, S. 2065–2070.

Brüning, Janique/Samson, Erich: Bankenkrise und strafrechtliche Haftung wegen Untreue gem. § 266 StGB, ZIP 2009, S. 1089–1094.

Bruns, Hans-Jürgen: Die Befreiung des Strafrechts vom zivilistischen Denken: Beiträge zu einer selbständigen, spezifisch strafrechtlichen Auslegungs- und Vergriffsbildungsmethodik, Berlin 1938, zitiert: *Bruns*, Die Befreiung des Strafrechts vom zivilistischen Denken, 1938.

Bunz, Thomas: Der Schutz unternehmerischer Entscheidungen durch das Geschäftsleiterermessen, Ein Beitrag zu mehr Rechtssicherheit im Umgang mit der Business Judgment Rule, Köln 2011, zitiert: *Bunz*, Der Schutz unternehmerischer Entscheidungen durch das Geschäftsleiterermessen, 2011.

Busch, Dirk: Konzernuntreue, Eine Untersuchung spezifischer Untreuestrafbarkeit innerhalb von Konzernverbindungen mit Aktiengesellschaften und Gesellschaften mit beschränkter Haftung, Frankfurt am Main 2004, zitiert: *Busch*, Konzernuntreue, 2004.

Deiters, Mark: Organuntreue durch Spenden und prospektiv kompensationslose Anerkennung, ZIS 2006, S. 152–160.

—: Untreue und Finanzmarktkrise, in: Die Finanzkrise, das Wirtschaftsstrafrecht und die Moral, herausgegeben von Eberhard Kempf, Klaus Lüderssen und Klaus Volk, Berlin, New York 2010, S. 132–140, zitiert: *Deiters*, in: Die Finanzkrise, das Wirtschaftsstrafrecht und die Moral, 2010.

Die ständige Deputation des Deutschen Juristentages (Hrsg.): Verhandlungen des dreiundsechzigsten Deutschen Juristentages, Leipzig 2000, Band II/1, Sitzungsberichte – Referate und Beschlüsse, München 2000, zitiert: Verhandlungen des 63. Deutschen Juristentages, 2000, Band II/1.

Dierlamm, Alfred: Die Vermögensbetreuungspflicht – ihre Expansion über neue außerstrafrechtliche (auch internationale) Pflichtenkataloge, in: Die Finanzkrise, das Wirtschaftsstrafrecht und die Moral, herausgegeben von Eberhard Kempf, Klaus Lüderssen und Klaus Volk, Berlin, New York 2010, S. 201–208, zitiert: *Dierlamm*, in: Die Finanzkrise, das Wirtschaftsstrafrecht und die Moral, 2010.

—: Neue Entwicklungen bei der Untreue – Loslösung des Tatbestandes von zivilrechtlichen Kategorien?, StraFo 2005, S. 397–404.

—*/Links, Martin*: Anmerkung zu BGH, Urt. v. 6.4.2000 – 1 StR 280/99 (LG Augsburg), NStZ 2000, S. 656–657.

Dinter, Lasse: Der Pflichtwidrigkeitsvorsatz der Untreue, Zugleich ein Beitrag zur gesetzlichen Bestimmtheit des § 266 StGB, Heidelberg u.a. 2012, zitiert: *Dinter*, Der Pflichtwidrigkeitsvorsatz der Untreue, 2012.

Dittrich, Elisabeth: Die Untreuestrafbarkeit von Aufsichtsratsmitgliedern bei der Festsetzung überhöhter Vorstandsvergütungen, Zugleich ein Beitrag zur rechtlichen Behandlung von Vorstandsvergütungen in deutschen Aktiengesellschaften, Berlin 2007, zitiert: *Dittrich*, Die Untreuestrafbarkeit von Aufsichtsratsmitgliedern bei der Festsetzung überhöhter Vorstandsvergütungen, 2007.

Dreher, Meinrad: Überformungen des Aktienrechts durch die Rechtsprechung von Straf- und Verwaltungsgerichten?, AG 2006, S. 213–223.

Enderle, Bettina: Blankettstrafgesetze, Verfassungs- und strafrechtliche Probleme von Wirtschaftsstraftatbeständen, Frankfurt am Main 2000, zitiert: *Enderle*, Blankettstrafgesetze, 2000.

Estermann, Josef: Die Verbindung von Recht und Soziologie als Chimäre, in: Wie wirkt Recht?, Ausgewählte Beiträge zum ersten gemeinsamen Kongress der deutschsprachigen Rechtssoziologie-Vereinigungen, Luzern 4.-6. September 2008, herausgegeben von Michelle Cottier, Josef Estermann und Michael Wrase, Baden-Baden 2010, S. 101–112, zitiert: *Estermann*, in: Wie wirkt Recht?, 2010.

Fabricius, Dirk: Strafbarkeit der Untreue im Öffentlichen Dienst, NStZ 1993, S. 414–419.

Feddersen, Dieter: Der Antagonismus zwischen der *Business Judgement Rule* des Gesellschaftsrechts und der Anwendung des § 266 StGB durch Strafverfolgungsbehörden und -gerichte, in: Humaniora Medizin – Recht – Geschichte, Festschrift für Adolf Laufs zum 70. Geburtstag, herausgegeben von Bernd-Rüdiger Kern, Elmar Wadle, Klaus-Peter Schroeder und Christian Katzenmeier, Berlin, Heidelberg 2006, S. 1169–1192, zitiert: *Feddersen*, in: FS Laufs, 2006.

Fischer, Thomas: Strafgesetzbuch und Nebengesetze, 61. Auflage, München 2014, zitiert: *Fischer*, StGB.

—: Unternehmensstrafrecht in der Revision, StraFo 2010, S. 329–337.

Fischhoff, Baruch: Hindsight ≠ Foresight: The Effect of Outcome Knowledge on Judgment Under Uncertainty, Journal of Experimental Psychology: Human Perception and Performance 1975, Vol. 1, No. 3, p. 288–299.

Fleischer, Holger: Die „Business Judgment Rule“: Vom Richterrecht zur Kodifizierung, ZIP 2004, S. 685–692.

—: Die „Business Judgment Rule“ im Spiegel von Rechtsvergleichung und Rechtsökonomie, in: Festschrift für Herbert Wiedemann zum 70. Geburtstag, herausgegeben von Rolf Wank, Heribert Hirte, Kaspar Frey, Holger Fleischer und Gregor Thüsing, München 2002, S. 827–849, zitiert: *Fleischer*, in: FS Wiedemann, 2002.

—: Gesetz und Vertrag als alternative Problemlösungsmodelle im Gesellschaftsrecht, Prolegomena zu einer Theorie gesellschaftsrechtlicher Regelsetzung, ZHR 168 (2004), S. 673–707.

—: Das Gesetz zur Unternehmensintegrität und Modernisierung des Anfechtungsrechts, NJW 2005, S. 3525–3530.

—: Grundfragen der ökonomischen Theorie im Gesellschafts- und Kapitalmarktrecht, ZGR 2001, S. 1–32.

— *(Hrsg.)*: Handbuch des Vorstandsrechts, München 2006, zitiert: *Bearbeiter*, in: Handbuch des Vorstandsrechts.

Goette, Wulf/Habersack, Mathias (Hrsg.): Münchener Kommentar zum Aktiengesetz, Band 2, §§ 76–117, 4. Auflage, München 2014, zitiert: *Bearbeiter*, in: MK AktG.

— *(Hrsg.)*: Münchener Kommentar zum Aktiengesetz, Band 2, §§ 76–117, 3. Auflage, München 2008, zitiert: *Bearbeiter*, in: MK AktG (3. Aufl. 2008).

Grooterhorst, Johannes: Die ARAG/Garmenbeck-Prozesse – eine Gesamtschau im Rückblick, ZIP 1999, S. 1117–1124.

Große Vorholt, Andre: Wirtschaftsstrafrecht, Risiken – Verteidigung – Prävention, 2. Auflage, Köln 2007, zitiert: *Große Vorholt*, Wirtschaftsstrafrecht.

Grundei, Jens/von Werder, Axel: Die Angemessenheit der Informationsgrundlage als Anwendungsvoraussetzung der Business Judgment Rule, – Anforderungen an die Fundierung strategischer Entscheidungen aus betriebswirtschaftlicher Sicht -, AG 2005, S. 825–834.

Günther, Hans-Ludwig: Die Untreue im Wirtschaftsrecht, in: Festschrift für Ulrich Weber zum 70. Geburtstag, 18. September 2004, herausgegeben von Bernd Heinrich, Eric Hilgendorf, Wolfgang Mitsch und Detlev Sternberg-Lieben, Bielefeld 2004, S. 311–317, zitiert: *H.-L. Günther*, in: FS U. Weber, 2004.

Günther, Klaus: Von der Rechts- zur Pflichtverletzung. Ein „Paradigmawechsel“ im Strafrecht?, in: Vom unmöglichen Zustand des Strafrechts, herausgegeben vom Institut für Kriminalwissenschaften Frankfurt a.M., Frankfurt am

Main 1995, S. 445–459, zitiert: *K. Günther*, in: Vom unmöglichen Zustand des Strafrechts, 1995.

Haas, Günter: Die Untreue (§ 266 StGB), Vorschläge de lege ferenda und geltendes Recht, Berlin 1997, zitiert: *Haas*, Die Untreue (§ 266 StGB), Vorschläge de lege ferenda und geltendes Recht, 1997.

Hamm, Rainer: Wie man in richterlicher Unabhängigkeit vor unklaren Gesetzeslagen kapituliert, NJW 2001, S. 1694–1696.

Handelsrechtsausschuss des DAV: Stellungnahme zum Referentenentwurf eines Gesetzes zur Unternehmensintegrität und Modernisierung des Anfechtungsrechts (UMAG), NZG 2004, S. 555–567.

Hauschka, Christoph E.: Grundsätze pflichtgemäßer Unternehmensführung, Entwurf eines Gesetzes zur Unternehmensintegrität und Modernisierung des Anfechtungsrechts (UMAG), ZRP 2004, S. 65–71.

—: Ermessensentscheidungen bei der Unternehmensführung, GmbHR 2007, S. 11–16.

Hay, Peter: US-Amerikanisches Recht, 5. Auflage, München 2011, zitiert: *Hay*, US-Amerikanisches Recht.

Hayek, Friedrich A. von: Recht, Gesetz und Freiheit, Eine Neufassung der liberalen Grundsätze der Gerechtigkeit und der politischen Ökonomie, Tübingen 2003, zitiert: *v. Hayek*, Recht, Gesetz und Freiheit, 2003.

Heermann, Peter W.: Wie weit reicht die Pflicht des Aufsichtsrats zur Geltendmachung von Schadensersatzansprüchen gegen Mitglieder des Vorstands?, AG 1998, S. 201–211.

Hefendehl, Roland: Auslaufmodell „Vermögensgefährdung"?, in: Recht – Wirtschaft – Strafe, Festschrift für Erich Samson zum 70. Geburtstag, herausgegeben von Wolfgang Joecks, Heribert Ostendorf, Thomas Rönnau, Thomas Rotsch und Roland Schmitz, Heidelberg u.a. 2010, S. 295–314, zitiert: *Hefendehl*, in: FS Samson, 2010.

Heidel, Thomas (Hrsg.): Aktienrecht und Kapitalmarktrecht, 3. Auflage, Baden-Baden 2011, zitiert: *Bearbeiter*, in: Heidel, Aktienrecht und Kapitalmarktrecht (3. Aufl. 2011).

Helmrich, Jan/Eidam, Lutz: Untreue durch Verzicht auf Schadensersatzforderungen gegen (ehemalige) Führungskräfte einer Aktiengesellschaft?, ZIP 2011, S. 257–262.

Hoffmann, Maike: Untreue und Unternehmensinteresse, Erläutert am Beispiel des Schutzes der Interessen von Gläubigern und Arbeitnehmern, Baden-Baden 2010, zitiert: *Hoffmann*, Untreue und Unternehmensinteresse, 2010.

Hoffmann-Becking, Michael: Vorstandsvergütung nach Mannesmann, NZG 2006, S. 127–131.

Hohn, Kristian: Die „äußersten" Grenzen des erlaubten Risikos bei Entscheidungen über die Verwendung von Gesellschaftsvermögen, – Anmerkung zum Urteil des BGH im sog. Mannesmann-Verfahren –, wistra 2006, S. 161–164.

—: Eigenkapitalregeln, Kompetenzverteilungsordnung und Zustimmungen zu Vermögensschädigungen bei Kapitalgesellschaften, in: Recht – Wirtschaft – Strafe, Festschrift für Erich Samson zum 70. Geburtstag, herausgegeben von Wolfgang Joecks, Heribert Ostendorf, Thomas Rönnau, Thomas Rotsch und Roland Schmitz, Heidelberg u.a. 2010, S. 315–337, zitiert: *Hohn*, in: FS Samson, 2010.

Hommelhoff, Peter: Die Konzernleitungspflicht, Zentrale Aspekte eines Konzernverfassungsrechts, Köln u.a. 1982, zitiert: *Hommelhoff*, Die Konzernleitungspflicht, 1982.

Hopt, Klaus J./Wiedemann, Herbert (Hrsg.): Großkommentar zum Aktiengesetz, Dritter Band, §§ 76–94, 4. Auflage, Berlin 2008; Vierter Band, §§ 95–117, 4. Auflage, Berlin 2006, zitiert: *Bearbeiter*, in: GK AktG.

Huber, Thomas: Systemtheorie des Rechts, Die Rechtstheorie Niklas Luhmanns, Baden-Baden 2007, zitiert: *Huber*, Systemtheorie des Rechts, Die Rechtstheorie Niklas Luhmanns, 2007.

Hüffer, Uwe: Aktiengesetz, 11. Auflage, München 2014, zitiert: *Hüffer*, Aktiengesetz.

—: Aktiengesetz, 10. Auflage, München 2012, zitiert: *Hüffer*, Aktiengesetz (10. Aufl. 2012).

Ignor, Alexander/Sättele, Alexander: Pflichtwidrigkeit und Vorsatz bei der Untreue (§ 266 StGB) am Beispiel der sog. Kredituntreue, -Zugleich ein Beitrag zum Bestimmtheitsgebot des Art. 103 Abs. 2 GG -, in: Festschrift für Rainer Hamm zum 65. Geburtstag am 24. Februar 2008, herausgegeben von Regina Michalke, Wolfgang Köberer, Jürgen Pauly und Stefan Kirsch, Berlin 2008, S. 211–225, zitiert: *Ignor/Sättele*, in: FS Hamm, 2008.

Ihrig, Hans-Christoph: Reformbedarf beim Haftungstatbestand des § 93 AktG, WM 2004, S. 2098–2107.

Jäger, Axel: Grundsätze zur Ermessensausübung für den Aufsichtsrat der Aktiengesellschaft und die Gesellschafterversammlung der GmbH am Beispiel der „ARAG"-Entscheidungen, WiB 1997, S. 10–15.

Jähnke, Burkhard/Laufhütte, Heinrich Wilhelm/Odersky, Walter (Hrsg.): Strafgesetzbuch, Leipziger Kommentar, Siebenter Band, §§ 264 bis 302, 11. Auflage, Berlin 2005, zitiert: *Bearbeiter*, in: LK StGB (11. Aufl. 2005).

Joecks, Wolfgang/Miebach, Klaus (Hrsg.): Münchener Kommentar zum Strafgesetzbuch, Band 5, §§ 263–358 StGB, 2. Auflage, München 2014, zitiert: *Bearbeiter*, in: MK StGB.

— *(Hrsg.)*: Münchener Kommentar zum Strafgesetzbuch, Band 4, §§ 263–358 StGB, §§ 1–8, 105, 106 JGG, München 2006, zitiert: *Bearbeiter*, in: MK StGB (1. Aufl. 2006).

Jungmann, Carsten: Die Business Judgment Rule - ein Institut des allgemeinen Verbandsrechts?, - Zur Geltung von § 93 Abs. 1 S. 2 AktG außerhalb des Aktienrechts –, in: Festschrift für Karsten Schmidt zum 70. Geburtstag, herausgegeben von Georg Bitter, Marcus Lutter, Hans-Joachim Priester, Wolfgang Schön und Peter Ulmer, Köln 2009, S. 831–855, zitiert: *Jungmann*, in: FS K. Schmidt, 2009.

—: Die Business Judgment Rule im Gesellschaftsinsolvenzrecht, Wider eine Haftungsprivilegierung im Regelinsolvenzverfahren und in der Eigenverwaltung, NZI 2009, S. 80–86.

Kargl, Walter: Die Mißbrauchskonzeption der Untreue (§ 266 StGB), Vorschlag de lege ferenda, ZStW 113 (2001), S. 565–596.

Keller, Alexander/Sauer, Dirk: Zum Unrecht der so genannten Bankenuntreue, wistra 2002, - zugleich Anmerkung zu BGH 1 StR 185/01 vom 15.11.2001 –, S. 365–370.

Khanian, Linette Mirza: Finanzkrise und Organhaftung, - Am Beispiel von Mortgage Backed Securities (MBS) –, KSzW 2010, S. 127–136.

Kiethe, Kurt: Die Grenzen der strafrechtlichen Verantwortlichkeit von Bürgermeistern, Zugleich Besprechung von BGH, Urteil v. 9.12.2004 - 4 StR 294/04, NStZ 2005, S. 529–534.

—: Die zivil- und strafrechtliche Haftung von Vorstandsmitgliedern eines Kreditinstituts für riskante Kreditgeschäfte, WM 2003, S. 861–869.

Kindhäuser, Urs: Strafrecht, Besonderer Teil II, Straftaten gegen Vermögensrechte, 8. Auflage, Baden-Baden 2014, zitiert: *Kindhäuser*, Strafrecht BT II.

—/*Neumann, Ulfried*/*Paeffgen, Hans-Ullrich (Hrsg.)*: Nomos Kommentar, Strafgesetzbuch, Band 3, 4. Auflage, Baden-Baden 2013, zitiert: *Bearbeiter*, in: NK StGB.

Knauer, Christoph: Die Strafbarkeit der Bankvorstände für missbräuchliche Kreditgewährung, NStZ 2002, S. 399–404.

Koch, Jens: Das Gesetz zur Unternehmensintegrität und Modernisierung des Anfechtungsrechts (UMAG), ZGR 2006, S. 769–804.

Kocher, Dirk: Zur Reichweite der Business Judgment Rule, CCZ 2009, S. 215–221.

Kock, Martin/*Dinkel, Renate*: Die zivilrechtliche Haftung von Vorständen für unternehmerische Entscheidungen, Die geplante Kodifizierung der Business Judgment Rule im Gesetz zur Unternehmensintegrität und Modernisierung des Anfechtungsrechts, NZG 2004, S. 441–448.

Kohlmann, Günter (Hrsg.): Steuerstrafrecht mit Ordnungswidrigkeitenrecht und Verfahrensrecht, Kommentar zu den §§ 369 – 412 AO, Loseblatt, Köln, Stand: 46. Ergänzungslieferung (September 2012), zitiert: *Bearbeiter*, in: Kohlmann, Steuerstrafrecht.

Kopp, Ferdinand O./*Ramsauer, Ulrich*: Verwaltungsverfahrensgesetz, 14. Auflage, München 2013, zitiert: *Kopp/Ramsauer*, VwVfG.

Kraft, Alfons/*Kreutz, Peter*: Gesellschaftsrecht, 11. Auflage, Neuwied, Kriftel 2000, zitiert: *Kraft/Kreutz*, Gesellschaftsrecht.

Krekeler, Wilhelm/*Werner, Elke*: Unternehmer und Strafrecht, München 2006, zitiert: *Krekeler/Werner*, Unternehmer und Strafrecht.

Kubiciel, Michael: Gesellschaftsrechtliche Pflichtwidrigkeit und Untreuestrafbarkeit, NStZ 2005, S. 353–361.

—: Strafrechtswissenschaft und europäische Kriminalpolitik, ZIS 2010, S. 742–748.

Kudlich, Hans: Fast wie im richtigen Leben: Wo fängt eigentlich Untreue an …?, JA 2011, S. 66–69.

—/*Oglakcioglu, Mustafa Temmuz*: Wirtschaftsstrafrecht, 2. Auflage, Heidelberg u.a. 2014, zitiert: *Kudlich/Oglakcioglu*, Wirtschaftsstrafrecht.

Kühl, Kristian: Probleme der Verwaltungsakzessorietät des Strafrechts, insbesondere im Umweltsrafrecht, in: Festschrift für Karl Lackner zum 70. Geburtstag am 18. Februar 1987, herausgegeben von Wilfried Küper in Verbindung mit

Ingeborg Puppe und Jörg Tenckhoff, Berlin, New York 1987, S. 815–861, zitiert: *Kühl*, in: FS Lackner, 1987.

Küper, Wilfried: Strafrecht Besonderer Teil, Definitionen mit Erläuterungen, 8. Auflage, Heidelberg u.a. 2012, zitiert: *Küper*, Strafrecht BT.

Kutzner, Lars: Einfache gesellschaftsrechtliche Pflichtverletzungen als Untreue – Die Kinowelt-Entscheidung des BGH, NJW 2006, S. 3541–3544.

Labsch, Karl Heinz: Untreue (§ 266 StGB). Grenzen und Möglichkeiten einer neuen Deutung, Lübeck 1983, zitiert: *Labsch*, Untreue (§ 266 StGB), Grenzen und Möglichkeiten einer neuen Deutung, 1983.

—: Grundprobleme des Mißbrauchstatbestands der Untreue (I), (§ 266 Abs. 1, 1. Alt. StGB), Jura 1987, S. 343–352.

—: Der Kreditkartenmißbrauch und das Untreuestrafrecht, NJW 1986, S. 104–110.

Lackner, Karl/Kühl, Kristian: Strafgesetzbuch, 28. Auflage, München 2014, zitiert: *Lackner/Kühl*, StGB.

Lampe, Ernst-Joachim: Unternehmensaushöhlung als Straftat, GA 1987, S. 241–260.

Langenbucher, Katja: Vorstandshandeln und Kontrolle, Zu einigen Neuerungen durch das UMAG, DStR 2005, S. 2083–2090.

Larenz, Karl/Canaris, Claus-Wilhelm: Methodenlehre der Rechtswissenschaft, 3. Auflage, Berlin u.a. 1995, zitiert: *Larenz/Canaris*, Methodenlehre der Rechtswissenschaft.

Laufhütte, Heinrich Wilhelm/Rissing-van Saan, Ruth/Tiedemann, Klaus (Hrsg.): Strafgesetzbuch, Leipziger Kommentar, Neunter Band, §§ 263 bis 283d, 1. Teilband, §§ 263 bis 266b, 12. Auflage, Berlin, Boston 2012, zitiert: *Bearbeiter*, in: LK StGB.

Leipold, Klaus/Tsambikakis, Michael/Zöller, Mark A. (Hrsg.): AnwaltKommentar, StGB, Bonn 2011, zitiert: *Bearbeiter*, in: AnwaltKommentar StGB.

Lesch, Heiko: Der strafrechtliche Untreuetatbestand, § 266 StGB – Tatbestand ist schlechthin unbestimmt, DRiZ 2004, S. 135.

Loeck, Henning: Strafbarkeit des Vorstands einer Aktiengesellschaft wegen Untreue, Frankfurt am Main 2006, zitiert: *Loeck*, Strafbarkeit des Vorstands einer Aktiengesellschaft wegen Untreue, 2006.

Lücke, Oliver/Schaub, Bernhard (Hrsg.): Vorstand der AG, Beck'sches Mandats Handbuch, 2. Auflage, München 2010, zitiert: *Bearbeiter*, in: Vorstand der AG.

Lüderssen, Klaus: Das moderne Strafrecht, Eine Zerreißprobe zwischen ultima ratio, Pragmatismus und kulturellem Hochgefühl, StV 2004, S. 97–101.

—: Zur Konkretisierung der Vermögensbetreuungspflicht in § 266 Strafgesetzbuch durch § 87 Abs. 1 Satz 1 Aktiengesetz, Das Problem akzessorischer Bindung strafrechtlicher Normen an kontrovers interpretierte Normen anderer Rechtsgebiete, in: Festschrift für Friedrich-Christian Schroeder zum 70. Geburtstag, herausgegeben von Andreas Hoyer, Henning E. Müller und Michael Pawlik, Heidelberg u.a. 2006, S. 569–577, zitiert: *Lüderssen*, in: FS Schroeder, 2006.

—: Gesellschaftsrechtliche Grenzen der strafrechtlichen Haftung des Aufsichtsrats, in: Jus humanum, Grundlagen des Rechts und Strafrecht, Festschrift für Ernst-Joachim Lampe zum 70. Geburtstag, herausgegeben von Dieter Dölling, Berlin 2003, S. 727–742, zitiert: *Lüderssen*, in: FS Lampe, 2003.

—: Primäre oder sekundäre Zuständigkeit des Strafrechts?, in: Menschengerechtes Strafrecht, Festschrift für Albin Eser zum 70. Geburtstag, herausgegeben von Jörg Arnold, Björn Burkhardt, Walter Gropp, Günter Heine, Hans-Georg Koch, Otto Lagodny, Walter Perron und Susanne Walther, München 2005, S. 163–180, zitiert: *Lüderssen*, in: FS Eser, 2005.

—: Entkriminalisierung des Wirtschaftsrechts, Baden-Baden 1998, zitiert: *Lüderssen*, Entkriminalisierung des Wirtschaftsrechts, 1998.

Luhmann, Niklas: Rechtssoziologie, 4. Auflage, Wiesbaden 2008, zitiert: *Luhmann*, Rechtssoziologie.

—: Soziale Systeme, Grundriß einer allgemeinen Theorie, Frankfurt am Main 1987, zitiert: *Luhmann*, Soziale Systeme.

—: Das Recht der Gesellschaft, Frankfurt am Main 1995, zitiert: *Luhmann*, Das Recht der Gesellschaft.

—: Legitimation durch Verfahren, Frankfurt am Main 1983, zitiert: *Luhmann*, Legitimation durch Verfahren.

Lutter, Marcus: Verhaltenspflichten von Organmitgliedern bei Interessenkonflikten, in: Festschrift für Hans-Joachim Priester zum 70. Geburtstag, herausgegeben von Peter Hommelhoff, Peter Rawert und Karsten Schmidt, Köln 2007, S. 417–425, zitiert: *Lutter*, in: FS Priester, 2007.

—: Interessenkonflikte und *Business Judgement Rule*, in: Festschrift für Claus-Wilhelm Canaris zum 70. Geburtstag, Band 2, herausgegeben von Andreas Heldrich, Jürgen Prölss, Ingo Koller sowie Katja Langenbucher, Hans Christoph Grigoleit, Johannes Hager, Felix Christopher Hey, Jörg Neuner, Jens

Petersen und Reinhard Singer, München 2007, S. 245–256, zitiert: *Lutter*, in: FS Canaris, Band 2, 2007.

—: Zum unternehmerischen Ermessen des Aufsichtsrats, ZIP 1995, S. 441–442.

—: Haftung und Haftungsfreiräume des GmbH-Geschäftsführers, 10 Gebote an den Geschäftsführer, GmbHR 2000, S. 301–312.

—: Zivilrechtlich korrekt und doch strafbar? Das kann nicht sein, NZG 2010, S. 601–603.

—: Die Business Judgment Rule und ihre praktische Anwendung, ZIP 2007, S. 841–848.

—: Bankenkrise und Organhaftung, ZIP 2009, 197–201.

Luttermann, Claus: Unternehmensfinanzierung, Geschäftsleiterpflicht und Haftkapital bei Kapitalgesellschaften, BB 2001, 2433–2437.

Mankowski, Peter/Bock, Stefanie: Fremdrechtsanwendung im Strafrecht durch Zivilrechtsakzessorietät bei Sachverhalten mit Auslandsbezug für Blanketttatbestände und Tatbestände mit normativem Tatbestandsmerkmal, ZStW 120 (2008), S. 704–758.

Mansdörfer, Marco: Zur Theorie des Wirtschaftsstrafrechts, Zugleich eine Untersuchung zu funktionalen Steuerungs- und Verantwortlichkeitsstrukturen bei ökonomischem Handeln, Heidelberg u. a. 2011, zitiert: *Mansdörfer*, Zur Theorie des Wirtschaftsstrafrechts, 2011.

Matt, Holger: Missverständnisse zur Untreue – Eine Betrachtung auch zum Verhältnis von (Straf-)Recht und Moral, NJW 2005, S. 389–392.

—*/Saliger, Frank*: Straflosigkeit der versuchten Untreue – Über die Richtigkeit dieser Entscheidung des Gesetzgebers und dogmatische Konsequenzen, in: Institut für Kriminalwissenschaften und Rechtsphilosophie Frankfurt a. M. (Hrsg.), Irrwege der Strafgesetzgebung, Frankfurt am Main 1999, S. 217–240, zitiert: *Matt/Saliger*, in: Irrwege der Strafgesetzgebung, 1999.

Mayer, Hellmuth: Die Untreue, in: Materialien zur Strafrechtsreform, 1. Band, Gutachten der Strafrechtslehrer, Bonn 1954, S. 333–356, zitiert: *H. Mayer*, in: Materialien zur Strafrechtsreform, 1. Band, 1954.

Merkt, Hanno: US-amerikanisches Gesellschaftsrecht, 3. Auflage, Frankfurt am Main 2013, zitiert: *Merkt*, US-amerikanisches Gesellschaftsrecht.

Meyer-Goßner, Lutz/Schmitt, Bertram: Strafprozessordnung, Gerichtsverfassungsgesetz, Nebengesetze und ergänzende Bestimmungen, 57. Auflage, München 2014, zitiert: *Bearbeiter*, in: Meyer-Goßner/Schmitt, StPO.

Michaelsen, Amir: Abweichungen vom Deutschen Corporate Governance Codex und von § 161 AktG als Pflichtverletzung im Sinne der Untreue, Göttingen 2011, zitiert: *Michaelsen*, Abweichungen vom Deutschen Corporate Governance Codex und von § 161 AktG als Pflichtverletzung im Sinne der Untreue, 2011.

Momsen, Carsten/Grützner, Thomas (Hrsg.): Wirtschaftsstrafrecht, Handbuch für die Unternehmens- und Anwaltspraxis, München 2013, zitiert: *Bearbeiter*, in: Momsen/Grützner, Wirtschaftsstrafrecht.

Mülbert, Peter O.: Empfiehlt es sich, im Interesse des Anlegerschutzes und zur Förderung des Finanzplatzes Deutschland das Kapitalmarkt- und Börsenrecht neu zu regeln?, – Deutscher Juristentag, 4. Finanzmarktförderungsgesetz und Europa –, JZ 2002, S. 826–837.

Müller-Gugenberger, Christian/Bieneck, Klaus (Hrsg.): Wirtschaftsstrafrecht, Handbuch des Wirtschaftsstraf- und Ordnungswidrigkeitenrechts, 5. Auflage, Köln 2011, zitiert: *Bearbeiter*, in: Müller-Gugenberger/Bieneck, Wirtschaftsstrafrecht.

Münch, Ingo von/Kunig, Philip (Hrsg.): Grundgesetz, Kommentar, Band 2: Art. 70 bis 146, 6. Auflage, München 2012, zitiert: *Bearbeiter*, in: v. Münch/Kunig, GG.

Murmann, Uwe: Untreue (§ 266 StGB) und Risikogeschäfte, Jura 2010, S. 561–567.

Mutter, Stefan: Unternehmerische Entscheidungen und Haftung des Aufsichtsrats der Aktiengesellschaft, Köln 1994, zitiert: *Mutter*, Unternehmerische Entscheidungen, 1994.

Nattkemper, Kristina: Die Untreuestrafbarkeit des Vorstands einer Aktiengesellschaft, Berlin 2013, zitiert: *Nattkemper*, Die Untreuestrafbarkeit des Vorstands einer Aktiengesellschaft, 2013.

Nelles, Ursula: Untreue zum Nachteil von Gesellschaften, Zugleich ein Beitrag zur Struktur des Vermögensbegriffs als Beziehungsbegriff, Berlin 1991, zitiert: *Nelles*, Untreue zum Nachteil von Gesellschaften, 1991.

Oltmanns, Martin: Geschäftsleiterhaftung und unternehmerisches Ermessen, Die Business Judgment Rule im deutschen und im amerikanischen Recht, Frankfurt am Main u. a. 2001, zitiert: *Oltmanns*, Geschäftsleiterhaftung und unternehmerisches Ermessen, 2001.

Otto, Harro: Grundkurs Strafrecht, Die einzelnen Delikte, 7. Auflage, Berlin 2005, zitiert: *Otto*, Grundkurs Strafrecht.

—: Anmerkung zu BGH, Urteil v. 25.2.1988 – 1 StR 466/87 (LG München II), JZ 1988, S. 883–884.

—: Anmerkung zum Urteil des BGH v. 5.7.1984 – 4 StR 255/84, JR 1985, S. 29–31.

—: Anmerkung zum Urteil des BGH v. 4.11.1988 – 1 StR 480/88, JR 1989, S. 208–210.

—: Die neuere Rechtsprechung zu den Vermögensdelikten – Teil 2, JZ 1985, S. 69–77.

—: Untreue der Vertretungsorgane von Kapitalgesellschaften durch Vergabe von Spenden, in: Festschrift für Günter Kohlmann zum 70. Geburtstag, herausgegeben von Hans Joachim Hirsch, Jürgen Wolter und Uwe Brauns, Köln 2003, S. 187–205, zitiert: *Otto*, in: FS Kohlmann, 2003.

Paefgen, Thomas Christian: Eine Morphologie des US-amerikanischen Rechts der Aktiengesellschaft, AG 1992, S. 169–187.

Paefgen, Walter G.: Dogmatische Grundlagen, Anwendungsbereich und Formulierung einer Business Judgment Rule im künftigen UMAG, AG 2004, S. 245–261.

Peltzer, Martin: Die Haftung des Aufsichtsrats bei Verletzung der Überwachungspflicht, WM 1981, S. 346–352.

Präve, Peter: Legitimation durch Anerkennung, DÖV 1990, S. 18–22.

Preuß, Wilhelm: Untersuchungen zum erlaubten Risiko im Strafrecht, Berlin 1974, zitiert: *Preuß*, Untersuchungen zum erlaubten Risiko im Strafrecht, 1974.

Preußner, Joachim: Risikomanagement und Compliance in der aktienrechtlichen Verantwortung des Aufsichtsrats unter Berücksichtigung des Gesetzes zur Modernisierung des Bilanzrechts (BilMoG), NZG 2008, S. 574–576.

Prittwitz, Cornelius: Funktionalisierung des Strafrechts, StV 1991, S. 435–441.

Raiser, Thomas: Beiträge zur Rechtssoziologie, Baden-Baden 2011, zitiert: *Raiser*, Beiträge zur Rechtssoziologie.

Ranft, Otfried: Der Kreditkartenmißbrauch (§ 266b Alt. 2 StGB), JuS 1988, S. 673–681.

Ransiek, Andreas: § 370 AO und Steuerbefreiungen für innergemeinschaftliche Lieferungen, Zugleich Anmerkung zu BVerfG 2 BvR 542/09 (2. Kammer des Zweiten Senats) – Beschluss vom 23. Juli 2009 (BVerfG HRRS 2009 Nr. 656) und BGH 1 StR 41/09 – Beschluss vom 7. Juli 2009 (BGH HRRS 2009 Nr. 728), HRRS 2009, S. 421–429.

—: Risiko, Pflichtwidrigkeit und Vermögensnachteil bei der Untreue, ZStW 116 (2004), S. 634–679.

—/*Hüls, Silke*: Strafrecht zur Regulierung der Wirtschaft, ZGR 2009, S. 157–189.

Rehbinder, Manfred: Rechtssoziologie, 8. Auflage, München 2014, zitiert: *Rehbinder*, Rechtssoziologie.

Rengier, Rudolf: Strafrecht, Allgemeiner Teil, 5. Auflage, München 2013, zitiert: *Rengier*, Strafrecht AT.

Ringleb, Henrik-Michael/Kremer, Thomas/Lutter, Marcus/Werder, Axel v. (Hrsg.): Kommentar zum Deutschen Corporate Governance Kodex, 4. Auflage, München 2010, zitiert: *Bearbeiter*, in: DCGK.

Rönnau, Thomas: Untreue als Wirtschaftsdelikt, ZStW 119 (2007), S. 887–926.

—: Haftung der Direktoren einer in Deutschland ansässigen englischen Private Company Limited by Shares nach deutschem Strafrecht – eine erste Annäherung, ZGR 2005, S. 832–858.

—: Anmerkung zu BGH, Urteil vom 21.12.2005 – 3 StR 470/04 (LG Düsseldorf), NStZ 2006, S. 218–221.

—/*Hohn, Kristian*: Die Festsetzung (zu) hoher Vorstandsvergütungen durch den Aufsichtsrat – ein Fall für den Staatsanwalt?, NStZ 2004, S. 113–123.

Rose, Frank: Die strafrechtliche Relevanz von Riskogeschäften, – zugleich Anmerkung zum Urteil des BGH v. 4.2.2004 – 2 StR 355/03, wistra 2005, S. 281–289.

Roth, Markus: Das unternehmerische Ermessen des Vorstands, BB 2004, S. 1066–1069.

Roxin, Claus: Strafrecht, Allgemeiner Teil, Band I, 4. Auflage, München 2006, zitiert: *Roxin*, Strafrecht AT I.

Rudolphi, Hans-Joachim/Horn, Eckhard/Samson, Erich (Hrsg.): SK-StGB, Systematischer Kommentar zum Strafgesetzbuch, Band 2: Besonderer Teil, §§ 80–358, Loseblatt, Neuwied u.a., Stand: 39. Lieferung (Dezember 1996); 123. Lieferung (Juli 2010), zitiert: *Bearbeiter*, in: SK StGB.

Sachs, Michael (Hrsg.): Grundgesetz, Kommentar, 6. Auflage, München 2011, zitiert: *Bearbeiter*, in: Sachs, GG.

Saliger, Frank: Die Normativierung des Schadensbegriffs in der neueren Rechtsprechung zu Betrug und Untreue, in: Recht – Wirtschaft – Strafe, Festschrift für Erich Samson zum 70. Geburtstag, herausgegeben von Wolfgang Joecks, Heribert Ostendorf, Thomas Rönnau, Thomas Rotsch und Roland Schmitz, Heidelberg u.a. 2010, S. 455–482, zitiert: *Saliger*, in: FS Samson, 2010.

—: Strafbare Untreue bei Stiftungen, in: Non Profit Law Yearbook 2005, herausgegeben von W. Rainer Walz, Rainer Hüttemann, Peter Rawert und Karsten Schmidt, Köln u.a. 2006, S. 209–228, zitiert: *Saliger*, in: Non Profit Law Yearbook 2005, 2006.

—: Parteiengesetz und Strafrecht, Zur Strafbarkeit von Verstößen gegen das Parteiengesetz, insbesondere wegen Untreue gemäß § 266 StGB, Tübingen 2005, zitiert: *Saliger*, Parteiengesetz und Strafrecht, 2005.

—: Gibt es eine Untreuemode? Die neuere Untreuedebatte und Möglichkeiten einer restriktiven Auslegung, HRRS 2006, S. 10–23.

—: Wider die Ausweitung des Untreuetatbestandes, Eine kritische Analyse der neueren Rechtsprechung zum Begriff des Vermögensnachteils in § 266 StGB, ZStW 112 (2000), S. 563–613.

—: Rechtsprobleme des Untreuetatbestandes, JA 2007, S. 326–334.

—: Parteienuntreue durch schwarze Kassen und unrichtige Rechenschaftsberichte, NStZ 2007, S. 545–552.

—: Das Untreuestrafrecht auf dem Prüfstand der Verfassung, NJW 2010, S. 3195–3198.

—/*Gaede, Karsten*: Rückwirkende Ächtung der Auslandskorruption und Untreue als Korruptionsdelikt – Der Fall Siemens als Startschuss in ein entgrenztes internationalisiertes Wirtschaftsstrafrecht?, Zugleich Besprechung zu LG Darmstadt, Az. 712 Js 5213/04 – KLs, Urteil vom 14. Mai 2007, HRRS 2008, S. 57–76.

Samson, Erich: Strafrechtliche Rahmenbedingungen für unternehmerische Entscheidungen, in: Gesellschaftsrecht in der Diskussion 2004, herausgegeben von der Gesellschaftsrechtlichen Vereinigung, Köln 2005, S. 109–125, zitiert: *Samson*, in: Gesellschaftsrecht in der Diskussion 2004, 2005.

—: Untreue durch Unternehmensspenden?, in: Non Profit Law Yearbook 2004, herausgegeben von W. Rainer Walz, Hein Kötz, Peter Rawert und Karsten Schmidt, Köln u.a. 2005, S. 233–244, zitiert: *Samson*, in: Non Profit Law Yearbook 2004, 2005.

Satzger, Helmut/Schluckebier, Wilhelm/Widmaier, Gunter (Hrsg.): Strafgesetzbuch, Kommentar, 2. Auflage, Köln 2014, zitiert: *Bearbeiter*, in: Satzger/Schluckebier/Widmaier, StGB.

Sauer, Dirk: Anmerkung zu BGH, Urteil vom 6. Dezember 2001 - 1 StR 215/01 (LG Offenburg), wistra 2002, S. 465–467.

Sax, Walter: Überlegungen zum Treubruchstatbestand des § 266 StGB, JZ 1977, S. 663–667.

—: Überlegungen zum Treubruchstatbestand des § 266 StGB, Teil II, Fortsetzung von JZ 1977, 667 (Heft 20), JZ 1977, S. 702–706.

Schäfer, Carsten: Die Binnenhaftung von Vorstand und Aufsichtsrat nach der Renovierung durch das UMAG, ZIP 2005, S. 1253–1259.

Schlimm, Katrin: Das Geschäftsleiterermessen des Vorstands einer Aktiengesellschaft, Die Kodifikation einer „Business Judgment Rule" deutscher Prägung in § 93 Abs. 1 S. 2 AktG, Baden-Baden 2009, zitiert: *Schlimm*, Das Geschäftsleiterermessen des Vorstands einer Aktiengesellschaft, 2009.

Schlitt, Christian: Die strafrechtliche Relevanz des Corporate Governance Kodexes, DB 2007, S. 326–330.

Schlösser, Jan/Dörfler, Roman: Strafrechtliche Folgen eines Verstoßes gegen den Deutschen Corporate Governance Kodex, wistra 2007, S. 326–333.

Schlüchter, Ellen: Zur unvollkommenen Kongruenz zwischen Kredit- und Scheckkartenmißbrauch - OLG Hamm, NJW 1994, 1633, JuS 1984, S. 675–680.

Schlüter, Wilfried: Das Obiter Dictum, Die Grenzen höchstrichterlicher Entscheidungsbegründung, dargestellt an Beispielen aus der Rechtsprechung des Bundesarbeitsgerichts, München 1973, zitiert: *Schlüter*, Das obiter dictum, 1973.

Schmidt, Karsten: Gesellschaftsrecht, 4. Auflage, Köln u.a. 2002, zitiert: *K. Schmidt*, Gesellschaftsrecht.

—/Lutter, Marcus (Hrsg.): Aktiengesetz, Kommentar, I. Band, §§ 1–149, 2. Auflage, Köln 2010, zitiert: *Bearbeiter*, in: K. Schmidt/Lutter, AktG.

Schneider, Sven H.: „Unternehmerische Entscheidungen" als Anwendungsvoraussetzung für die Business Judgment Rule, DB 2005, S. 707–712.

Schneider, Uwe H.: Die Haftung von Mitgliedern des Vorstands und der Geschäftsführer bei Vertragsverletzungen der Gesellschaft, in: Festschrift für Uwe Hüffer zum 70. Geburtstag, herausgegeben von Peter Kindler, Jens

Koch, Peter Ulmer und Martin Winter, München 2010, S. 905–916, zitiert: *U. H. Schneider*, in: FS Hüffer, 2010.

Schönke, Adolf/Schröder, Horst (Hrsg.): Strafgesetzbuch, 29. Auflage, München 2014, zitiert: *Bearbeiter*, in: Schönke/Schröder, StGB.

Schramm, Edward: Untreue und Konsens, Berlin 2005, zitiert: *Schramm*, Untreue und Konsens, 2005.

Schröder, Christian: Untreue durch Investitionen in ABS-Anleihen, NJW 2010, S. 1169–1174.

Schumacher, Juha Martin: Vermögensbetreuungspflichten von Kapitalgesellschaftsorganen, Baden-Baden 2010, zitiert: *Schumacher*, Vermögensbetreuungspflichten von Kapitalgesellschaftsorganen, 2010.

Schünemann, Bernd: Die „gravierende Pflichtverletzung" bei der Untreue: dogmatischer Zauberhut oder taube Nuss?, NStZ 2005, S. 473–476.

—: Zur Quadratur des Kreises in der Dogmatik des Gefährdungsschadens, NStZ 2008, S. 430–434.

—: Organuntreue, Das Mannesmann-Verfahren als Exempel?, Berlin 2004, zitiert: *Schünemann*, Organuntreue, 2004.

—: Der Bundesgerichtshof im Gestrüpp des Untreuetatbestandes, NStZ 2006, S. 196–203.

—: Haushaltsuntreue als dogmatisches und kriminalpolitisches Problem, StV 2003, S. 463–471.

Seelmann, Kurt: Grundfälle zu den Straftaten gegen das Vermögen als Ganzes, JuS 1982, S. 914–918.

Seibert Ulrich/Schütz, Carsten: Der Referentenentwurf eines Gesetzes zur Unternehmensintegrität und Modernisierung des Anfechtungsrechts – UMAG, ZIP 2004, S. 252–258.

Seibt, Christoph H./Schwarz, Simon: Aktienrechtsuntreue, Analyse und aktienrechtsspezifische Konturierung der Untreuestrafbarkeit von Geschäftsleitern bei Pflichtverletzungen, AG 2010, S. 301–315.

Seier, Jürgen: Die Untreue (§ 266 StGB) als „Allzweckwaffe", in: Entwicklungen und Probleme des Strafrechts an der Schwelle zum 21. Jahrhundert, Ringvorlesung der Strafrechtslehrerinnen und -lehrer an der Rechtswissenschaftlichen Fakultät der Universität zu Köln, herausgegeben von Günter Kohlmann, Cornelius Nestler, Jürgen Seier, Michael Walter, Susanne Walther und Thomas Weigend, Berlin 2004, S. 105–116, zitiert: *Seier*, in: Entwicklungen und Probleme des Strafrechts an der Schwelle zum 21. Jahrhundert, 2004.

Semler, Johannes: Entscheidungen und Ermessen im Aktienrecht, in: Festschrift für Peter Ulmer zum 70. Geburtstag am 2. Januar 2003, herausgegeben von Mathias Habersack, Peter Hommelhoff, Uwe Hüffer und Karsten Schmidt, Berlin 2003, S. 627–642, zitiert: *Semler*, in: FS Ulmer, 2003.

Spindler, Gerald: Haftung und Aktionärsklagen nach dem neuen UMAG, NZG 2005, S. 865–872.

—: Vorstandsvergütungen und Abfindungen auf dem aktien- und strafrechtlichen Prüfstand – Das Mannesmann-Urteil des BGH, Besprechung des BGH-Urteils v 21-12-2005 - 3 StR 470/04, ZIP 2006, 72, ZIP 2006, S. 349–355.

—: Die Haftung von Vorstand und Aufsichtsrat für fehlerhafte Auslegung von Rechtsbegriffen, in: Festschrift für Claus-Wilhelm Canaris zum 70. Geburtstag, Band 2, herausgegeben von Andreas Heldrich, Jürgen Prölss, Ingo Koller sowie Katja Langenbucher, Hans Christoph Grigoleit, Johannes Hager, Felix Christopher Hey, Jörg Neuner, Jens Petersen und Reinhard Singer, München 2007, S. 403–428, zitiert: *Spindler*, in: FS Canaris, Band 2, 2007.

—: Gemeinwohlorientierte Unternehmensinteressen und Kapitalgesellschaften, in: Die Finanzkrise, das Wirtschaftsstrafrecht und die Moral, herausgegeben von Eberhard Kempf, Klaus Lüderssen und Klaus Volk, Berlin, New York 2010, S. 71–106, zitiert: *Spindler*, in: Die Finanzkrise, das Wirtschaftsstrafrecht und die Moral, 2010.

—/Stilz, Eberhard (Hrsg.): Kommentar zum Aktiengesetz, Band 1, §§ 1–149, 2. Auflage, München 2010, zitiert: *Bearbeiter*, in: Spindler/Stilz, AktG.

Steinhilper, Udo: Die mißbräuchliche Verwendung von Euroscheckkarten in strafrechtlicher Sicht, Jura 1983, S. 401–416.

Stratenwerth, Günter/Kuhlen, Lothar: Strafrecht, Allgemeiner Teil, Die Straftat, 6. Auflage, München 2011, zitiert: *Stratenwerth/Kuhlen*, Strafrecht AT.

Tachau, Benjamin: Ist das Strafrecht strenger als das Zivilrecht?, Zur Problematik des § 241a StGB, Berlin 2005, zitiert: *Tachau*, Ist das Strafrecht strenger als das Zivilrecht?, 2005.

Theile, Hans: Wirtschaftskriminalität und Strafverfahren, Systemtheoretische Überlegungen zum Regulierungspotential des Strafrechts, Tübingen 2009, zitiert: *Theile*, Wirtschaftskriminalität und Strafverfahren, 2009.

—: Konvergenzen und Divergenzen zwischen Gesellschaftsrecht und Strafrecht, Das Merkmal der gravierenden Pflichtverletzung (§ 266 StGB) aus systemtheoretischer Sicht, ZIS 2011, S. 616–628.

—: Unternehmensrichtlinien – Ein Beitrag zur Prävention von Wirtschaftskriminalität?, ZIS 2008, S. 406–418.

Tiedemann, Klaus: Verfassungsrecht und Strafrecht, Heidelberg 1991, zitiert: *Tiedemann*, Verfassungsrecht und Strafrecht.

—: Der Untreuetatbestand – ein Mittel zur Begrenzung von Managerbezügen?, – Bemerkungen zum „Fall Mannesmann" –, in: Festschrift für Ulrich Weber zum 70. Geburtstag, 18. September 2004, herausgegeben von Bernd Heinrich, Eric Hilgendorf, Wolfgang Mitsch und Detlev Sternberg-Lieben, Bielefeld 2004, S. 319–331, zitiert: *Tiedemann*, in: FS U. Weber, 2004.

—: Untreue bei Interessenkonflikten, Am Beispiel der Tätigkeit von Aufsichtsratsmitgliedern, in: Festschrift für Herbert Tröndle zum 70. Geburtstag am 24. August 1989, herausgegeben von Hans-Heinrich Jescheck und Theo Vogler, Berlin, New York 1989, S. 319–335, zitiert: *Tiedemann*, in: FS Tröndle, 1989.

—: Wirtschaftsstrafrecht, Einführung und Allgemeiner Teil mit wichtigen Rechtstexten, 4. Auflage, München 2014, zitiert: *Tiedemann*, Wirtschaftsstrafrecht AT.

—: Handhabung und Kritik des neuen Wirtschaftsstrafrechts – Versuch einer Zwischenbilanz, in: Festschrift für Hanns Dünnebier zum 75. Geburtstag am 12. Juni 1982, herausgegeben von Ernst-Walter Hanack, Peter Rieß und Günter Wendisch, Berlin, New York 1982, S. 519–540, zitiert: *Tiedemann*, in: FS Dünnebier, 1982.

—: Gründungs- und Sanierungsschwindel durch verschleierte Sacheinlagen, in: Festschrift für Karl Lackner zum 70. Geburtstag am 18. Februar 1987, herausgegeben von Wilfried Küper in Verbindung mit Ingeborg Puppe und Jörg Tenckhoff, Berlin, New York 1987, S. 737–760, zitiert: *Tiedemann*, in: FS Lackner, 1987.

—: Anmerkung zu LG Düsseldorf, Urteil vom 22.7.2004 – XIV 5/03, ZIP 2004, S. 2056–2058.

—: Handelsgesellschaften und Strafrecht: Eine vergleichende Bestandsaufnahme, in: Kultur, Kriminalität, Strafrecht, Festschrift für Thomas Würtenberger zum 70. Geburtstag am 7.10.1977, herausgegeben von Rüdiger Herren, Diethelm Kienapfel und Heinz Müller-Dietz, Berlin 1977, S. 241–256, zitiert: *Tiedemann*, in: FS Würtenberger, 1977.

Tilch, Horst/Arloth, Frank (Hrsg.): Deutsches Rechts-Lexikon, Band 2, G – P, 3. Auflage, München 2001, zitiert: *Bearbeiter*, in: Deutsches Rechts-Lexikon, Band 2.

Trescher, Karl: Aufsichtsratshaftung zwischen Norm und Wirklichkeit, DB 1995, S. 661–665.

Trockels, Friedrich: „Business Judgement Rule" und „Corporate Take-overs", AG 1990, S. 139–144.

Ulmer, Peter: Die Aktionärsklage als Instrument zur Kontrolle des Vorstands- und Aufsichtsratshandelns, Vor dem Hintergrund der US-Erfahrungen mit der shareholders' derivative action, ZHR 163 (1999), S. 290–342.

Vogel, Joachim/Hocke, Peter: Anmerkung zu BGH, Urteil v. 21.12.2005 - 3 StR 470/04 (LG Düsseldorf), JZ 2006, S. 568–571.

Volhard, Rüdiger: Die Untreuemode, Ist die Abgabe eines unvollständigen Rechenschaftsberichts einer politischen Partei wegen Untreue strafbar?, in: Festschrift für Klaus Lüderssen, Zum 70. Geburtstag am 2. Mai 2002, herausgegeben von Cornelius Prittwitz, Michael Baurmann, Klaus Günther, Lothar Kuhlen, Reinhard Merkel, Cornelius Nestler und Lorenz Schulz, Baden-Baden 2002, S. 673–682, zitiert: *Volhard*, in: FS Lüderssen, 2002.

Waßmer, Martin Paul: Untreue bei Risikogeschäften, Heidelberg 1998, zitiert: *Waßmer*, Untreue bei Risikogeschäften, 1998.

Weber, Ulrich: Überlegungen zur Neugestaltung des Untreuestrafrechts, in: Festschrift für Eduard Dreher zum 70. Geburtstag am 29. April 1977, herausgegeben von Hans-Heinrich Jescheck und Hans Lüttger, Berlin, New York 1977, S. 555–571, zitiert: *U. Weber*, in: FS Dreher, 1977.

Weiss, Susanne/Buchner, Markus: Wird das UMAG die Haftung und Inanspruchnahme der Unternehmensleiter verändern?, WM 2005, S. 162–171.

Wendler, Jan-Sebastian: Die Justiziabilität ökonomischer Unternehmensentscheidungen im US-amerikanischen und deutschen Recht, Business Judgment Rule und UMAG, Frankfurt am Main 2007, zitiert: *Wendler*, Die Justiziabilität ökonomischer Unternehmensentscheidungen im US-amerikanischen und deutschen Recht, 2007.

Werder, Axel von/Feld, Christa: Sorgfaltsanforderungen der US-amerikanischen Rechtsprechung an das Top Management, RIW 1996, S. 481–493.

Wessels, Johannes/Beulke, Werner/Satzger, Helmut: Strafrecht Allgemeiner Teil, Die Straftaten und ihr Aufbau, 44. Auflage, Heidelberg u.a. 2014, zitiert: *Wessels/Beulke/Satzger*, Strafrecht AT.

Wessels, Johannes/Hillenkamp, Thomas: Strafrecht, Besonderer Teil 2, Straftaten gegen Vermögenswerte, 36. Auflage, Heidelberg u.a. 2013, zitiert: *Wessels/Hillenkamp*, Strafrecht BT 2.

Windbichler, Christine: Gesellschaftsrecht, 23. Auflage, München 2013, zitiert: *Windbichler*, Gesellschaftsrecht.

Winnen, Armin: Die Innenhaftung des Vorstandes nach dem UMAG, Eine Untersuchung des § 93 Abs. 1 S. 2 AktG und der Durchsetzungsmöglichkeiten von Innenhaftungsansprüchen, Baden-Baden 2009, zitiert: *Winnen*, Die Innenhaftung des Vorstandes nach dem UMAG, 2009.

Wollburg, Ralph: Unternehmensinteresse bei Vergütungsentscheidungen, ZIP 2004, S. 646–658.

Zöllner, Wolfgang/Noack, Ulrich (Hrsg.): Kölner Kommentar zum Aktiengesetz, Band 2/1, §§ 76–94 AktG, 3. Auflage, Köln 2010, zitiert: *Bearbeiter*, in: KK AktG.

Zumbansen, Peer/Lachner, Constantin M.: Die Geheimhaltungspflicht des Vorstands bei der Due Diligence: Neubewertung im globalisierten Geschäftsverkehr, BB 2006, S. 613–619.

A. Einleitung

I. Einführung

Wohl kein Tatbestand im Strafgesetzbuch (StGB) unterliegt dauerhaft einer derart massiven Kritik wie der Untreuetatbestand (§ 266 Abs. 1 StGB).[1] Anknüpfungspunkt des vorgebrachten Missfallens ist insbesondere die große Unbestimmtheit des Tatbestands.[2] Diese Unbestimmtheit hat zweierlei Ursachen: Zum einen ist § 266 Abs. 1 StGB arm an Tatbestandsmerkmalen, was einer Unbestimmtheit der Norm für sich gesehen bereits Vorschub leistet.[3] Zum anderen ist die Pflichtverletzung im Sinne des § 266 Abs. 1 StGB als zentrales Tatbestandsmerkmal neben dem Erfordernis eines Vermögensschadens höchst unbestimmt, was sich auf den gesamten Tatbestand auswirkt. Dies führt zu eklatanten Auslegungs- und Anwendungsproblemen in der Praxis von Strafverfolgungsbehörden und Gerichten sowie einer daraus resultierenden Rechtsunsicherheit bei potentiellen Untreuetätern. Teile des juristischen Schrifttums sahen sich vor diesem Hintergrund bereits veranlasst, von einer „Norm-Ruine" und „Ruine des Rechtsstaats"[4] auszugehen, den Anwendungsbereich des § 266 Abs. 1 StGB als „Gestrüpp"[5] zu titulieren, in Bezug auf seine Anwendung eine „Untreuemode"[6] auszumachen sowie zu attestieren, dass ohnehin außerhalb der „klassischen" Untreuefälle „kein Gericht und keine Anklagebehörde" wisse, „ob § 266 [StGB] vorliegt oder nicht."[7]

---

1 Vgl. *Schünemann*, in: LK StGB, § 266 Rn. 3 m.w.N.; zu vorgebrachten Zweifeln an der Verfassungsmäßigkeit des Tatbestands siehe B.II.1.

2 Dazu statt vieler *Dierlamm*, in: MK StGB, § 266 Rn. 3 f.

3 Auf die geringe Anzahl der Tatbestandsmerkmale des Treubruchstatbestands verweisen *Samson*, in: Gesellschaftsrecht in der Diskussion 2004, 2005, S. 109 (111); *Saliger*, ZStW 112 (2000), 563 (563); vgl. ebenfalls *Schünemann*, in: LK StGB, § 266 Rn. 24.

4 *P.-A. Albrecht*, in: FS Hamm, 2008, S. 1 (1, 7).

5 So *Schünemann*, NStZ 2006, 196 (196); nach *dems.* „galt die Untreue lange als das dunkelste und verworrenste Kapitel des Besonderen Teils", vgl. *dens.*, in: LK StGB, § 266 Rn. 1, wobei diese Feststellung in der vorigen 11. Auflage aus dem Jahr 1998 in Rn. 1 der Kommentierung des Autors zu § 266 StGB noch im Präsens formuliert war.

6 *Volhard*, in: FS Lüderssen, 2002, S. 673 (673).

7 *H. Mayer*, in: Materialien zur Strafrechtsreform, 1. Band, 1954, S. 333 (337).

Sowohl die strafgerichtliche Rechtsprechung als auch die Lehre versuchen seit langem, der Rechtsunsicherheit durch das Vorantreiben restriktiver Auslegungsansätze in Bezug auf das Merkmal der untreuerelevanten Pflichtverletzung entgegenzuwirken.[8] Daraus hervorgegangene Vorschläge, wie etwa die Forderung nach einer Pflichtverletzung, welche speziell „gravierend“ sein muss, vermochten jedoch bis heute zu keinem nennenswerten Fortschritt bei der Handhabung des Untreueparagraphen beizutragen.[9]

Die angesichts der Anwendung des § 266 Abs. 1 StGB bestehenden Unwägbarkeiten werden bei der strafrechtlichen Beurteilung riskanter wirtschaftlicher Vorgänge besonders deutlich. Namentlich geht es hierbei um die Frage nach einer Untreuestrafbarkeit durch fehlerhafte unternehmerische Entscheidungen und Risikogeschäfte. Die ohnehin unsteten und starker Fluktuation diverser interdependenter Faktoren unterworfenen Vorgänge in Wirtschaftsunternehmen und Banken bilden hierfür allzu oft den Gegenstand der Prüfung.[10] Es zeigt sich,

---

8 Dazu C.II.2.b)cc).

9 Vgl. zu dem Erfordernis einer „gravierenden“ Pflichtverletzung ausführlich C.II.2.b) cc)(1)(a).

10 Am 1. Januar 2012 titelte die Frankfurter Allgemeine Zeitung „Vorwurf der Untreue, Anklage gegen frühere Vorstände der HSH Nordbank“, vgl. die Onlineausgabe der Zeitung unter http://www.faz.net/aktuell/wirtschaft/wirtschaftspolitik/vorwurf-der-untreue-anklage-gegen-fruehere-vorstaende-der-hsh-nordbank-11587587.html sowie ein darauf bezogenes Interview mit dem zwischenzeitlich nachgefolgten damaligen Vorstandsvorsitzenden der HSH Nordbank Paul Lerbinger vom 6. Januar 2012 unter http://www.faz.net/frankfurter-allgemeine-zeitung/hsh-nordbank-chef-paul-lerbinger-mir-liegt-sehr-an-einer-zuegigen-aufklaerung-11595642.html (jeweils zuletzt abgerufen am 22. Oktober 2014); zu den Ermittlungen der Staatsanwaltschaft München gegen den früheren Vorstandsvorsitzenden der Hypo Real Estate wegen des Verdachts der Untreue vgl. „Ex-Chef der Hypo Real unter Untreue-Verdacht“, Die Welt (Onlineausgabe) vom 24. Februar 2010, abrufbar unter http://www.welt.de/wirtschaft/article6532143/Ex-Chef-der-Hypo-Real-unter-Untreue-Verdacht.html (zuletzt abgerufen am 22. Oktober 2014); der frühere Vorstandsvorsitzende der WestLB hatte sich seit 2007 in einem medienwirksamen Verfahren wegen des Vorwurfs der Untreue vor Gericht zu verantworten, dazu der Artikel „Anklage gegen den früheren WestLB-Chef“ vom 25. Juni 2007 in der Online-Ausgabe der FAZ unter http://www.faz.net/aktuell/wirtschaft/unternehmen/vorwurf-der-untreue-anklage-gegen-den-frueheren-westlb-chef-1434182.html, zur Aufhebung des in diesem Zusammenhang erstinstanzlich ergangenen Freispruchs des Landgerichts Düsseldorf durch den Bundesgerichtshof der Artikel „Untreuevorwurf, Ex-WestLB-Chef muss erneut vor Gericht“ vom 13. August 2009 bei Spiegel Online unter http://www.spiegel.de/wirtschaft/0,1518,642244,00.html sowie nach sechs Jahre andauerndem Verfahren zur

dass die Grenzen legalen Wirtschaftens durch die Mitglieder des Vorstands einer Aktiengesellschaft in diesem Bereich bereits aktienrechtlich nicht eindeutig flankiert sind, was einer strafrechtlichen Überprüfung von riskanten unternehmerischen Entscheidungen anhand des Untreuetatbestands erhebliche Brisanz verleiht.[11]

Einerseits ist weitgehend anerkannt, dass ein erfolgreiches wirtschaftliches Handeln ohne das Eingehen gewisser Risiken schlicht unmöglich ist.[12] Andererseits hat die Rechtsprechung bereits in der Vergangenheit klargestellt, dass es sich auch bei den obersten Organen einer juristischen Person lediglich um Treuhänder des fremden Gesellschaftsvermögens handelt.[13]

Als Basis für verantwortungsvolles unternehmerisches Handeln sind in diesem Spannungsfeld die grundlegenden kaufmännischen Maximen von Sorgfalt

---

Einstellung gegen Geldauflage im Jahr 2013 der Artikel „Untreue-Verfahren gegen Geldspende eingestellt" vom 18. Februar 2013 in der Online-Ausgabe des Handelsblatts unter http://www.handelsblatt.com/unternehmen/management/koepfe/ex-westlb-chef-senegra-untreue-verfahren-gegen-geldspende-eingestellt/7800534.html (jeweils zuletzt abgerufen am 22. Oktober 2014).

11 Zudem führt eine bisher eher zurückhaltende Geltendmachung von Innenhaftungsansprüchen zwischen Vorständen und Aufsichtsräten in vielen Fällen zu einem tatsächlichen Anwendungs- und Vollzugsdefizit auf zivilrechtlicher Ebene, so dass die Strafgerichte ohne ein zugrunde liegendes, und gegebenenfalls orientierungstiftendes, zivilgerichtliches Urteil bezüglich der Pflichtwidrigkeit der unternehmerischen Entscheidung tätig werden müssen, vgl. in diesem Zusammenhang *Feddersen*, in: FS Laufs, 2006, S. 1169 (1170–1172); *Theile*, ZIS 2011, 616 (620); der insgesamt mangelhaften Durchsetzung von Haftungsansprüchen gegen die Unternehmensführung wollte der Gesetzgeber durch die Regelung des *Gesetzes zur Unternehmensintegrität und Modernisierung des Anfechtungsrechts (UMAG)* gerade Abhilfe schaffen, indem er den rechtlich bedingten Teil des Vollzugsdefizits durch Regelungen zugunsten einer erleichterten Klagedurchsetzung von Aktionärsminderheiten zu beheben suchte, vgl. dazu ausführlich B.I.3.a) und B.I.3.c).

12 Vgl. nur BGHZ 135, 244 (253), wobei sich der II. Zivilsenat des Bundesgerichtshofs konsequenterweise für einen weiten Handlungs- und Ermessensspielraum zugunsten der Unternehmensführung ausspricht; darauf bezieht sich auch der Gesetzgeber des UMAG, vgl. die Begründung des Gesetzentwurfs der Bundesregierung zum UMAG (BegrRegE UMAG), BT-Drucks. 15/5092, S. 11; ebenfalls in diesem Sinne *Brüning/Samson*, ZIP 2009, 1089 (1091); *Lutter*, ZIP 1995, 441 (441); vgl. zur Risikoimmanenz unternehmerischer Entscheidungen und dem Beurteilungsspielraum des Vorstands außerdem *Semler*, in: FS Ulmer, 2003, S. 627 (627–629); dies erkennen freilich auch die Strafgerichte an, vgl. BGHSt 47, 187 (192); 50, 331 (336); zustimmend insoweit *Hopt/Roth*, in: GK AktG, § 93 Abs. 1 S. 2, 4 n.F. Rn. 64.

13 BGHSt 50, 331 (338 f.).

und Gewissenhaftigkeit zu erachten, wie sie bereits *Johann Buddenbrook* in dem eingangs angeführten Zitat aus *Thomas Manns* Werk seinem Sohn zu vermitteln sucht. Diese haben im Grundsatz bis heute Bestand und stellen sowohl für einen Einzelkaufmann als auch für das Vorstandsmitglied einer Aktiengesellschaft zentrale Handlungsprämissen dar, die ebenfalls Niederschlag in den Normen des Handels- und Gesellschaftsrechts gefunden haben.[14]

Im Rahmen der strafrechtlichen Bewertung unternehmerischer Entscheidungen spielt deshalb die Akzessorietät des Untreuetatbestands eine exponierte Rolle.[15] So ist bei der Beurteilung einer Pflichtverletzung im Sinne des § 266 Abs. 1 StGB durch treunehmerisches Handeln stets im Ausgangspunkt auf die außerstrafrechtliche Materie zurückzugreifen, die den Pflichtenumfang des potentiellen Untreuetäters umschreibt.[16] Nach § 93 Abs. 1 S. 1 Aktiengesetz (AktG) hat ein Mitglied des Vorstands einer Aktiengesellschaft bei seiner „Geschäftsführung die Sorgfalt eines ordentlichen und gewissenhaften Geschäftsleiters anzuwenden." Den Rechtsanwender des § 266 Abs. 1 StGB vermag diese Formulierung eines allgemeinen Sorgfaltsmaßstabs jedoch – auch bei Anwendung einer strafrechtlich gebotenen, restriktiven Auslegungsweise – kaum darüber aufzuklären, ab wann die Schwelle untreuerelevanten Handelns als überschritten angesehen werden muss. Vielmehr handelt es sich bei § 93 Abs. 1 S. 1 AktG um eine ihrerseits eklatant unbestimmte Norm, welche die Unbestimmtheit des § 266 Abs. 1 StGB eher verschärft, als ihr Abhilfe zu schaffen.[17]

Auf diese Problemlage bezog sich auch explizit der Zweite Senat des Bundesverfassungsgerichts, als er in seinem Beschluss vom 23. Juni 2010 zu der Verfassungsmäßigkeit des § 266 StGB Stellung nahm.[18] Das Gericht führt in Bezug auf das Tatbestandsmerkmal der Pflichtverletzung in § 266 Abs. 1 StGB aus: „Die resultierenden Auslegungsschwierigkeiten erhöhen sich, wenn dem Verpflichteten (...) eigene Entscheidungsspielräume mit abstrakt schwer zu bestimmenden

---

14 Vgl. nur § 93 Abs. 1 S. 1 AktG; § 43 Abs. 1 GmbHG; § 347 Abs. 1 HGB.

15 Dazu statt vieler *Saliger*, in: Satzger/Schluckebier/Widmaier, StGB, § 266 Rn. 4, 31.

16 *Rönnau*, ZStW 119 (2007), 887 (906).

17 So macht *Tiedemann* darauf aufmerksam, dass sich „im Hinblick auf Art. 103 Abs. 2 GG bedenklich weit gefasste, strafrechtliche und gesellschaftsrechtliche Vorschriften (...) bei einer Strafbarkeit wegen Untreue potenzieren", vgl. *dens.*, in: FS Tröndle, 1989, S. 319 (328).

18 BVerfGE 126, 170–233; ausführlich hierzu C.II.2.b)cc)(1)(a)(ee).

Grenzen eingeräumt werden (…).“[19] In einem Klammerzusatz verweist das Gericht in diesem Zusammenhang ausdrücklich auf § 93 Abs. 1 S. 1 und 2 AktG.[20]

Die Bezugnahme des Bundesverfassungsgerichts auf § 93 Abs. 1 S. 2 AktG verdient dabei besondere Beachtung. Sie betrifft die durch das *Gesetz zur Unternehmensintegrität und Modernisierung des Anfechtungsrechts (UMAG)* vom 22. September 2005[21] in § 93 Abs. 1 S. 2 AktG aufgenommene *Business Judgement*[22] *Rule*. Diese hat sowohl vor als auch nach ihrer Kodifizierung erhebliche Aufmerksamkeit durch das gesellschaftsrechtliche Schrifttum erfahren.[23] Es verwundert, dass die strafrechtswissenschaftliche Auseinandersetzung mit der Relevanz dieser Norm für das Risiko einer Untreuestrafbarkeit ungeachtet der Problematisierung durch das Bundesverfassungsgericht recht überschaubar ausfällt. Die Beiträge des wirtschaftsstrafrechtlichen Schrifttums erschöpfen

---

19 BVerfGE 126, 170 (205).

20 BVerfGE 126, 170 (205); bezüglich des Einflusses von § 93 Abs. 1 S. 1 AktG auf den Umfang der Vermögensbetreuungspflicht zuvor bereits *Rönnau*, ZStW 119 (2007), 887 (908); vgl. außerdem *Kubiciel*, NStZ 2005, 353 (355); *Ignor/Sättele*, in: FS Hamm, 2008, S. 211 (211).

21 BGBl. 2005, Teil I Nr. 60, S. 2802–2808.

22 Im Folgenden wird der britischen Schreibweise des Wortes „*judgement*“ gefolgt, die sich von der amerikanischen Schreibweise „*judgment*“ geringfügig unterscheidet – soweit die amerikanische Schreibweise vereinzelt vorkommt, liegt dies an der in zitierten Beiträgen verwandten Form.

23 Bei weitem nicht abschließend *Lutter*, ZIP 2009, 197 (197–201); *Hauschka*, GmbHR 2007, 11 (11–16); *Lutter*, ZIP 2007, 841 (841–848); *Hoffmann-Becking*, NZG 2006, 127 (127–131); *Fleischer*, NJW 2005, 3525 (3525–3530); *Schäfer*, ZIP 2005, 1253 (1253–1259); *Brömmelmeyer*, WM 2005, 2065 (2065–2070); *Weiss/Buchner*, WM 2005, 162 (162–171); *Spindler*, NZG 2005, 865 (865–872); *Grundei/v. Werder*, AG 2005, 825 (825–834); *S. H. Schneider*, DB 2005, 707 (707–712); *Fleischer*, ZIP 2004, 685 (685–692); *Seibert/Schütz*, ZIP 2004, 252 (252–258); *Ihrig*, WM 2004, 2098 (2098–2107); *Kock/Dinkel*, NZG 2004, 441 (441–448); *Paefgen*, AG 2004, 245 (245–261); *Hauschka*, ZRP 2004, 65 (65–71); *Jungmann*, in: FS K. Schmidt, 2009, S. 831 (831–855); *Semler*, in: FS Ulmer, 2003, S. 627 (627–642); *Fleischer*, in: FS Wiedemann, 2002, S. 827 (827–849); *Schlimm*, Das Geschäftsleiterermessen des Vorstands einer Aktiengesellschaft, 2009; *Winnen*, Die Innenhaftung des Vorstandes nach dem UMAG, 2009; *Oltmanns*, Geschäftsleiterhaftung und unternehmerisches Ermessen, 2001; wegbereitend für die Kodifikation auch *Ulmer*, ZHR 163 (1999), 290 (290–342).

sich bisher vielmehr in generellen[24] bzw. fragwürdigen[25] Ausführungen oder beschränken sich auf die pauschal entlastende Feststellung, dass ein Handeln unter Erfüllung der Tatbestandsvoraussetzungen des § 93 Abs. 1 S. 2 AktG keine Untreuestrafbarkeit nach sich ziehen kann.[26]

Gegenstand der vorliegenden Arbeit ist deshalb eine detaillierte Untersuchung der Relevanz der in § 93 Abs. 1 S. 2 AktG verankerten *Business Judgement Rule* für die Strafbarkeit des Vorstandsmitglieds einer Aktiengesellschaft nach § 266 Abs. 1 StGB.[27]

---

24 *Große Vorholt*, Wirtschaftsstrafrecht, Rn. 404–407; *Feddersen*, in: FS Laufs, 2006, S. 1169 (1191); *Schünemann*, in: LK StGB, § 266 Rn. 97 (Fußnote 400), 117; auch *Nattkemper* kommt in diesem Zusammenhang zu keinem klaren Ergebnis, vgl. *dies.*, Die Untreuestrafbarkeit des Vorstands einer Aktiengesellschaft, 2013, S. 108–146 – *dies.* verlagert ihre Untersuchungen vielmehr auf die generalisierend angelegte Frage einer monistischen oder pluralistischen Ausrichtung der §§ 76, 93 AktG sowie des Aktienrechts im Allgemeinen, vgl. *dies.*, Die Untreuestrafbarkeit des Vorstands einer Aktiengesellschaft, 2013, S. 146–297.

25 *Schmid*, in: Müller-Gugenberger/Bieneck, Wirtschaftsstrafrecht, § 31 Rn. 167a; *Verjans*, in: Wirtschaftsstrafrecht in der Praxis, Kapitel 4 Rn. 178; *Bosch/Lange*, JZ 2009, 225 (234–237); *Dreher*, AG 2006, 213 (220); zweifelhaft erscheint auch die Übertragung des bei *Hopt/Roth* zum Ausdruck kommenden Verständnisses der Regelung des § 93 Abs. 1 S. 2 AktG als Konkretisierung von aktienrechtlichen Sorgfaltspflichten auf die strafrechtliche Wertungsebene, welche die Autoren offensichtlich dazu führt, unmittelbar außerhalb des Anwendungsbereichs der *Business Judgement Rule* eine Untreuestrafbarkeit annehmen zu wollen, vgl. *dies.*, in: GK AktG, § 93 Abs. 1 S. 2, 4 n.F. Rn. 12, 64.

26 So zutreffend *Saliger*, in: Satzger/Schluckebier/Widmaier, StGB, § 266 Rn. 91; *Große Vorholt*, Wirtschaftsstrafrecht, Rn. 404; *Brüning/Samson* unter Bezugnahme auf die Frage einer untreuerelevanten Pflichtverletzung durch Bankvorstände rund um die Auslösung der Bankenkrise, vgl. *dies.*, ZIP 2009, 1089 (1092); *Adick*, Organuntreue und Business Judgment, 2010, S. 80; *Bunz*, Der Schutz unternehmerischer Entscheidungen durch das Geschäftsleiterermessen, 2011, S. 256 f.; im Ergebnis auch lediglich *Brammsen*, wistra 2009, 85 (90 m.w.N.).

27 Soweit sich in dieser Arbeit nichts Abweichendes aus dem unmittelbaren Zusammenhang ergibt, ist mit der Bezeichung „*Business Judgement Rule*“ stets die Regelung in der Form ihrer gesetzlichen Normierung in § 93 Abs. 1 S. 2 AktG gemeint; Abweichendes gilt insbesondere für die Schilderung des US-amerikanischen Hintergrunds der Regelung unter B.I.1 und die Prüfung eines, der Regelung innewohnenden, strafrechtsautonom auszulegenden Prinzips, dazu C.II.2.a)aa).

II. Problemstellung und Untersuchungsgegenstand

Die zentrale Problemstellung bei der Untersuchung der Relevanz des § 93 Abs. 1 S. 2 AktG für die Untreuestrafbarkeit des Vorstandsmitglieds einer Aktiengesellschaft wurde bereits in der einführenden Bezugnahme auf die Ausführungen des Bundesverfassungsgerichts zu § 266 StGB angedeutet: Das großen Auslegungsschwierigkeiten unterworfene Tatbestandsmerkmal der Pflichtverletzung gemäß § 266 Abs. 1 StGB ist bezüglich der an einen Vorstand zu richtenden Sorgfaltsanforderungen akzessorietätsbedingt inhaltlich durch die ihrerseits hoch unbestimmte und generalklauselartige Norm des § 93 Abs. 1 S. 1 und 2 AktG zu konkretisieren.[28]

Aus dieser Doppelung normativer Unbestimmtheit ergibt sich eine besondere Rechtsunsicherheit. Diesbezügliche Abhilfe kann nicht etwa durch den vagen Verweis auf eine allgemeine Geltung des § 93 Abs. 1 S. 2 AktG in allen Bereichen wirtschaftlichen Entscheidens erreicht werden.[29] Ein solcher Verweis würde außer Acht lassen, dass eine Heranziehung der Norm im Rahmen der Prüfung des akzessorischen Untreuetatbestands gewisse Anforderungen an die außerstrafrechtliche Bezugsnorm mit sich bringt. Die Anforderungen unterscheiden sich danach, ob die Bezugsnorm einerseits zur Begründung von Strafbarkeit oder andererseits zu deren Ausschluss herangezogen werden soll. Eine dezidierte Untersuchung des § 93 Abs. 1 S. 2 AktG in Bezug auf seine Relevanz für die Prüfung einer Untreuestrafbarkeit hat jedoch bis jetzt, soweit ersichtlich, nicht stattgefunden.

III. Untersuchungsrelevanter Adressatenkreis

Unternehmerische Entscheidungen werden von nahezu allen eigenverantwortlichen Teilnehmern am Wirtschaftsleben getroffen. Dieser Befund ist unabhängig von Gesellschafts- und Organisationsformen. Die Frage nach der strafrechtlichen Bewertung der Ausübung von Geschäftsleiterermessen betrifft damit einen breiten Adressatenkreis, dessen erschöpfende Behandlung den angestrebten Umfang dieser Arbeit jedoch sprengen würde.

Eine adressatenbezogene Eingrenzung des Untersuchungsgegenstands erweist sich aus zweierlei Gründen als schwierig:

28 In diesem Sinne BVerfGE 126, 170 (205).

29 Vgl. BegrRegE UMAG, BT-Drucks. 15/5092, S. 12, allerdings ohne jede Bezugnahme auf eine etwaige strafrechtliche Relevanz der Norm.

Einerseits kann eine Eingrenzung des untersuchungsrelevanten Adressatenkreises nicht unter argumentativer Heranziehung des Sonderdeliktscharakters von § 266 Abs. 1 StGB vorgenommen werden, weil sämtliche potentiell in Bezug zu nehmende leitende Wirtschaftsteilnehmer eine Vermögensbetreuungspflicht trifft. So sind nicht allein Mitglieder des Vorstands und des Aufsichtsrats einer Aktiengesellschaft gegenüber dem Vermögen ihrer Gesellschaft vermögensbetreuungspflichtig, sondern in gleicher Weise viele weitere Führungs- und Kontrollorgane in juristischen Personen und Personengesellschaften.[30] Andererseits erleichtert auch die auf ihre Tauglichkeit zur Bestimmung einer untreuerelevanten Vermögensbetreuungspflichtverletzung zu untersuchende Norm des § 93 Abs. 1 S. 2 AktG eine Eingrenzung des Adressatenkreises nicht, denn in den Gesetzgebungsmaterialien zum UMAG, durch das die *Business Judgement Rule* im Aktiengesetz kodifiziert wurde, findet sich folgende Klarstellung des parlamentarischen Gesetzgebers:

> *„Der Grundgedanke eines Geschäftsleiterermessens im Bereich unternehmerischer Entscheidungen ist nicht auf den Haftungstatbestand des § 93 AktG und nicht auf die Aktiengesellschaft beschränkt, sondern findet sich auch ohne positivrechtliche Regelung in allen Formen unternehmerischer Betätigung.“*[31]

Die Regelung des § 93 Abs. 1 S. 2 AktG entfaltet also nach dem Willen des Gesetzgebers grundsätzlich gegenüber einem weiten Kreis von Adressaten ihre Wirkung. Dennoch beschränkt sich diese Arbeit auf die Erörterung der Relevanz des § 93 Abs. 1 S. 2 AktG für die Untreuestrafbarkeit des Vorstandsmitglieds einer Aktiengesellschaft.

---

30 Exemplarisch haben auch die Geschäftsführer einer Gesellschaft mit beschränkter Haftung (GmbH) sowie Vorstände einer Genossenschaft das Vermögen der Gesellschaft in einer für § 266 Abs. 1 StGB relevanten Weise zu betreuen, vgl. nur *Saliger*, in: Satzger/Schluckebier/Widmaier, StGB, § 266 Rn. 15 m.w.N.; zu den Kriterien für das Bestehen einer Vermögensbetreuungspflicht an späterer Stelle dieser Arbeit B.II.2.b); ausführlicher zur Natur der Untreue als Sonderdelikt und der Vermögensbetreuungspflicht eines Vorstandsmitglieds sogleich B.II.1 und B.II.2.b).

31 BegrRegE UMAG, BT-Drucks. 15/5092, S. 12; dies stößt auch in der Literatur auf weitgehende Zustimmung, vgl. nur *Schünemann*, in: LK StGB, § 266 Rn. 97 (dort Fußnote 400 m.w.N.) und *Große Vorholt*, Wirtschaftsstrafrecht, Rn. 405, beide allerdings ohne auf den expliziten Willen des Gesetzgebers Rekurs zu nehmen; restriktiver in Bezug auf das GmbH-Recht indes *K. Schmidt*, Gesellschaftsrecht, § 36 II. 4. a) sowie unter Bezugnahme darauf *Jungmann*, in: FS K. Schmidt, 2009, S. 831 (832 f., 850 f.).

Dafür spricht, dass die *Business Judgement Rule* unmittelbar in § 93 Abs. 1 AktG, und damit in die aktienrechtliche Beschreibung der Sorgfaltsanforderungen an ein Vorstandsmitglied, eingefügt wurde. Damit liegt eine Auseinandersetzung mit der Relevanz der Regelung für eine mögliche Untreuestrafbarkeit eben dieser Organe besonders nahe. Gleichzeitig hatte auch die maßgebliche Judikatur zum Merkmal der Pflichtverletzung im Sinne des § 266 Abs. 1 StGB in der jüngeren Vergangenheit schwerpunktmäßig die Rechtmäßigkeit des Handelns von Vorstands- (und Aufsichtsrats-) mitgliedern in Aktiengesellschaften zum Gegenstand, weswegen sich die vorgenommene thematische Eingrenzung ebenfalls in besonderer Weise anbietet.[32]

Die Begrenzung des Untersuchungsgegenstands der vorliegenden Arbeit soll indes keine negative Aussage hinsichtlich der Frage nach einer möglichen Übertragbarkeit der zu erzielenden Ergebnisse auf die strafrechtliche Würdigung des Handelns anderer Führungsorgane auch in abweichenden Gesellschaftsformen treffen. Vielmehr werden sich die Aussagen großteils zumindest in entsprechender Weise übertragen lassen.[33]

IV. Gang der Untersuchung

Zunächst sollen im Folgenden unter B. die Grundlagen für die Untersuchung der Relevanz des § 93 Abs. 1 S. 2 AktG im Hinblick auf die Untreuestrafbarkeit des Vorstandsmitglieds einer Aktiengesellschaft dargestellt werden. Dies betrifft zum einen die *Business Judgement Rule* als Rechtsinstitut sowie insbesondere ihre Kodifikation in § 93 Abs. 1 S. 2 AktG unter Darstellung der einzelnen

32 Vgl. nur BGHSt 50, 331 ff.; 47, 187 ff.; 148 ff.; NJW 2006, 453 ff.

33 Dies gilt ob des Verweises in § 116 AktG insbesondere für das Risiko einer Untreuestrafbarkeit von Mitgliedern des Aufsichtsrats einer Aktiengesellschaft, da die Regelung des § 93 Abs. 1 S. 2 AktG generell ebenfalls auf die Bewertung ihrer unternehmerischen Entscheidungen anwendbar ist, dazu statt vieler *Drygala*, in: Schmidt/Lutter, AktG, § 116 Rn. 11 m.w.N.; gleichzeitig wird bei der Übertragung der hier zu erzielenden Ergebnisse zu berücksichtigen sein, dass sich der konkrete Pflichtenkreis eines Vorstandsmitglieds von dem eines Aufsichtsratsmitglieds erheblich unterscheidet, vgl. *Dierlamm*, StraFo 2005, 397 (399); auch von einer zumindest in weiten Teilen entsprechenden Anwendbarkeit der zu treffenden Feststellungen auf den Geschäftsführer einer GmbH ist auszugehen, vgl. *Lutter*, ZIP 2007, 841 (847 f.), der jedoch in diesem Zusammenhang auch auf typische Ausschlussgründe einer entsprechenden Anwendbarkeit des § 93 Abs. 1 S. 2 AktG in Bezug auf den GmbH-Geschäftsführer hinweist; ebenso bezogen auf den Referentenentwurf zum UMAG bereits *Fleischer*, ZIP 2004, 685 (692).

Tatbestandsvoraussetzungen, vgl. hierzu B.I. Zum anderen bedarf es einer Skizzierung des Untreuetatbestands, um anschließend zu untersuchen, an welchen Stellen im Deliktsaufbau die Frage nach der Relevanz des § 93 Abs. 1 S. 2 AktG aufkommt, dazu B.II.

Auf Basis dieser Grundlagen sollen unter C. die möglichen Formen der Relevanz des § 93 Abs. 1 S. 2 AktG für die Untreuestrafbarkeit des Vorstandsmitglieds einer Aktiengesellschaft beleuchtet werden. In diesem Zusammenhang wird zwischen der Untersuchung einer entlastenden bzw. strafausschließenden Relevanz, dazu C.I., und einer belastenden bzw. strafbegründenden Relevanz, hierzu C.II., differenziert. Im Rahmen der Untersuchung dieser beiden Formen der Relevanz wird wiederum jeweils zwischen einer unmittelbaren und einer mittelbaren Relevanz für die Strafbarkeit unterschieden.

Schließlich werden die erzielten Untersuchungsergebnisse unter D. in einem Fazit zusammengefasst.

B. Grundlagen

Als Grundlagen für die daran anschließenden Untersuchungen werden im Folgenden zunächst unter I. die Regelung der *Business Judgement Rule* und sodann unter II. der Untreuetatbestand dargestellt.

I. Die *Business Judgement Rule*

Die rechtliche Bewertung fehlgeschlagener unternehmerischer Entscheidungen und die Frage nach dem zulässigen Ausmaß eines Geschäftsleiterermessens beschäftigten die Rechtsprechung[34] und das gesellschaftsrechtliche Schrifttum[35] schon lange vor der Einführung des neuen § 93 Abs. 1 S. 2 AktG durch das UMAG im Jahr 2005.[36]

Für ein genaueres Verständnis der *Business Judgement Rule* in ihrer durch § 93 Abs. 1 S. 2 AktG normierten Form soll in chronologischer Weise die Herkunft der Regelung, dazu 1., ihre Inkorporation durch die deutsche Rechtsprechung, unter 2., und schließlich der Gesetzgebungsprozess im Vorfeld ihrer Aufnahme in das Aktiengesetz beleuchtet werden, hierzu 3.[37]

1. US-amerikanische Herkunft der *Business Judgement Rule*

Das Rechtsinstitut der *Business Judgement Rule* entstammt dem englischsprachigen Rechtsraum – genauer dem Gesellschaftsrecht der US-amerikanischen Bundesstaaten und der diesbezüglichen Rechtsprechung.[38] Es handelt sich dabei um ein rein richterrechtliches Entlastungsinstrument, das bei der gerichtlichen

---

34 Zentral BGHZ 135, 244–257.

35 Vgl. nur die zahleichen Nachweise bei *Fleischer*, ZIP 2004, 685 (685) sowie bei *Feddersen*, in: FS Laufs, 2006, S. 1169 (1173).

36 Dazu ausführlich *Winnen*, Die Innenhaftung des Vorstandes nach dem UMAG, 2009, S. 73–88; außerdem darauf Bezug nehmend *Mertens/Cahn*, in: KK AktG, § 93 Rn. 12.

37 Zur Bedeutung der Regelung im deutschen Aktienrecht insgesamt *Winnen*, Die Innenhaftung des Vorstandes nach dem UMAG, 2009, S. 88–90.

38 Vgl. *Block/Barton/Radin*, The Business Judgment Rule, p. 9–11; *Fleischer*, ZIP 2004, 685 (686 f.); *v. Werder/Feld*, RIW 1996, 481 (482 m.w.N.); *Feddersen*, in: FS Laufs, 2006, S. 1169 (1177 ff.); *Oltmanns*, Geschäftsleiterhaftung und unternehmerisches Ermessen, 2001, S. 19–21; *Winnen*, Die Innenhaftung des Vorstandes nach dem UMAG, 2009, S. 90–93; vgl. in diesem Zusammenhang auch die rechtsvergleichenden Ausführungen *Fleischers* zur *Business Judgement Rule* im angelsächsischen, deutschen

Beurteilung unternehmerischer Entscheidungen (engl.: „*business judgements*") zur Anwendung kommt.[39]

Der Begriff „*Business Judgement Rule*" wurde in der US-amerikanischen Rechtsprechung erstmals im Jahre 1829 von dem Supreme Court des Bundesstaats Louisiana explizit verwandt.[40] Dabei ging es jedoch noch nicht um eine Regelung entsprechend dem heutigen Verständnis der *Business Judgement Rule*, sondern lediglich um ein Hilfsmittel zur Klärung der Zurechenbarkeit von Schäden, die aus unternehmerischem Fehlverhalten resultieren. Eine Zurechenbarkeit wurde danach bejaht, wenn das Fehlverhalten einem sorgfältig handelnden Rechtsteilnehmer nicht unterlaufen wäre.[41]

In der Folgezeit wurde die Begrifflichkeit der *Business Judgement Rule* von anderen US-amerikanischen Gerichten aufgegriffen und ihr Bedeutungsgehalt fortgebildet.[42] So wurden unternehmerische Entscheidungen unter Berufung auf eine *Business Judgement Rule* zumindest dann als nicht haftungsbegründend erachtet, wenn gutgläubig und unter Einhaltung eines als angemessen erscheinenden Sorfaltsmaßstabs gehandelt wurde.[43] In einer anderen, die Entwicklung der *Business Judgement Rule* prägenden, Entscheidung wurde eine nach bestem Wissen und in uneigennütziger Weise getroffene Entscheidung als stets pflichtgemäß erachtet. Dies sollte unabhängig davon gelten, ob sich das Risikogeschäft *ex post* als fehlerhaft herausstellt.[44]

Die Anwendung und richterrechtliche Fortentwicklung vollzog sich im weiteren zeitlichen Ablauf mangels eines bundeseinheitlichen Gesellschaftsrechts in den Vereinigten Staaten auf Ebene der einzelnen Bundesstaaten.[45] In der Tendenz fand dabei eine einheitliche Rechtsentwicklung durch die Gerichte

---

(wohlgemerkt vor Kodifizierung des Institus im AktG) und romanischen Rechtskreis, *ders.*, in: FS Wiedemann, 2002, S. 827 (833–839).

39 Zum Verhältnis zwischen dem allgemeinen Sorgfaltsmaßstab (engl.: *Duty of Care*) und der *Business Judgement Rule*, vgl. *Oltmanns*, Geschäftsleiterhaftung und unternehmerisches Ermessen, 2001, S. 31–33.

40 *Percy vs. Millaudon*, 8 Mart. (n.s.) 68 (La. 1829).

41 *Percy vs. Millaudon*, 8 Mart. (n.s.) 68 (La. 1829).

42 Hierzu *Winnen*, Die Innenhaftung des Vorstandes nach dem UMAG, 2009, S. 91 m.w.N.

43 *Hodges vs. New England Screw Co.*, 3 R.I. 9, 18 (1853).

44 *Pollitz vs. Wabash Railroad Co.*, 207 N.Y. 113, 124 (1912).

45 *Mutter*, Unternehmerische Entscheidungen, 1994, S. 209; auf die Zuständigkeit der einzelnen Bundesstaaten für gesellschaftsrechtliche Gesetzgebung und Rechtsprechung verweist auch *Schlimm*, Das Geschäftsleiterermessen des Vorstands einer Aktiengesellschaft, 2009, S. 56.

statt.[46] Insbesondere seit den 1970er Jahren hat das Prinzip der *Business Judgement Rule* weiter kontinuierlich an Bedeutung gewonnen.[47]

Dabei ist festzuhalten, dass der Rechtsgedanke der *Business Judgement Rule* im US-amerikanischen Aktienrecht bis heute nicht normiert ist.[48] Folglich fehlt es an einer einheitlichen Fassung, die sie als Rechtsfigur verbindlich strukturieren würde.[49] Dies beruht auf der bewussten Entscheidung gegen eine Normierung, um so eine flexiblere Beurteilung des Einzelfalls gewährleisten zu können.[50] Aus rechtsstaatlicher Sicht scheint dies für einen deutschen Rechtsanwender durchaus bemerkenswert oder sogar bedenklich, muss jedoch im Lichte des im angloamerikanischen Rechtskreis geltenden *case law* und der den Obergerichten in diesem System zugestandenen „Rechtssetzungskompetenz" betrachtet werden.[51]

Ungeachtet dessen haben sich folgende Kriterien als einheitliche Basisanforderungen für eine Entlastung unternehmerischer Entscheidungen durch die *Business Judgement Rule* im US-amerikanischen Gesellschaftsrecht herausgebildet:[52]

---

46 *Mutter* sieht daher lediglich eine „in Nuancen" voneinander abweichende Handhabung der *Business Judgement Rule* durch die Gerichte der einzelnen Bundesstaaten, vgl. *dens.*, Unternehmerische Entscheidungen, 1994, S. 209.

47 *Trockels*, AG 1990, 139 (140 m.w.N.).

48 Dies gilt neben der *Business Judgement Rule* im US-amerikanischen Gesellschaftsrecht auch für ihre Entsprechensform im britischen Gesellschaftsrecht, vgl. *Fleischer*, ZIP 2004, 685 (687 f. m.w.N.).

49 Vgl. *Merkt*, US-amerikanisches Gesellschaftsrecht, Rn. 932; *Oltmanns*, Geschäftsleiterhaftung und unternehmerisches Ermessen, 2001, S. 29, 37; *Kock/Dinkel*, NZG 2004, 441 (445).

50 So *Fleischer*, ZIP 2004, 685 (687); andererseits werden vielmehr die Uneinheitlichkeit des US-amerikanischen Gesellschaftsrechts zwischen den einzelnen Bundesstaaten und die Einzelfallbezogenheit eines richterrechtlichen Instituts als Gründe für das Ausbleiben einer Normierung der *Business Judgement Rule* in den USA angeführt, vgl. *Oltmanns*, Geschäftsleiterermessen und unternehmerisches Ermessen, 2001, S. 37–44, nach diesem Begründungsansatz ist aber nicht von einer bewussten Entscheidung gegen eine Kodifikation auszugehen, vgl. in diesem Zusammenhang auch die Ausführungen zu früheren Kodifikationsversuchen bei *dems.*, Geschäftsleiterermessen und unternehmerisches Ermessen, 2001, S. 23–28.

51 Vgl. dazu instruktiv *Hay*, US-Amerikanisches Recht, Rn. 19–24 sowie das praktische Beispiel in Anhang 1 (S. 291–313).

52 Die Kriterien gehen auf einen Formulierungsvorschlag des *American Law Institute* zurück, welcher in der Literatur auf breite Akzeptanz stieß und großteils übernommen wurde, vgl. hierzu *American Law Institute*, Principles of Corporate Governance: Analysis and Recommendations, 1994, 1, § 4.01 (c), sowie daran angelehnt in deutscher Sprache *Oltmanns*, Geschäftsleiterhaftung und unternehmerisches Ermessen, 2001,

- Der Manager hat kein eigenes relevantes Interesse an der unternehmerischen Entscheidung (engl.: „*desinterested judgement*"),
- der Manager hat sich zur Vorbereitung der unternehmerischen Entscheidung hinreichend informiert (engl.: „*informed judgement*") und
- der Manager hat nachvollziehbar nach seiner Überzeugung im besten Interesse des Unternehmens gehandelt (engl.: „*rational belief and good faith*").[53]

Unternehmerische Entscheidungen, die unter Einhaltung dieser Kriterien zustande gekommen sind, bleiben einer inhaltlichen Überprüfung durch die Gerichte unter Anwendung der *Business Judgement Rule per se* entzogen.[54] Die *Business Judgement Rule* des US-amerikanischen Gesellschaftsrechts entlastet also einen handelnden Manager unter der Bedingung des Vorliegens bestimmter Voraussetzungen. Dies beruht auf der grundsätzlichen Erkenntnis, dass wirtschaftlich erfolgreiches Handeln das Eingehen von Risiken erfordert.[55] Ein absolut risikoaverses Handeln liegt damit weder im gesamtwirtschaftlichen Interesse, noch entspricht es der Interessenlage der Aktionäre, welche in aller Regel die Eingehung sorgfältig abgewägter Risiken zugunsten einer unternehmerischen Gewinnmaximierung billigen werden.[56]

S. 40; *Merkt*, US-amerikanisches Gesellschaftsrecht, Rn. 933; *Wendler* bezieht sich dabei auf eine überarbeitete Version aus dem Jahr 2005, vgl. *dens.*, Die Justiziabilität ökonomischer Unternehmensentscheidungen im US-amerikanischen und deutschen Recht, 2007, S. 69; *Arnold*, Untreue im GmbH- und Aktienkonzern, 2006, S. 173; *Lutter*, GmbHR 2000, 301 (308 m.w.N.); *Luttermann*, BB 2001, 2433 (2436 m.w.N); *Feddersen*, in: FS Laufs, 2006, S. 1169 (1178).

53 Siehe zu weiteren, jedoch im Kern ähnlichen, Formulierungsvorschlägen *Winnen*, Die Innenhaftung des Vorstandes nach dem UMAG, 2009, S. 92 m.w.N.; *Oltmanns*, Geschäftsleiterhaftung und unternehmerisches Ermessen, 2001, S. 39–43; *Merkt*, US-amerikanisches Gesellschaftsrecht, Rn. 934.

54 *Merkt*, US-amerikanisches Gesellschaftsrecht, Rn. 922; *Oltmanns* bezeichnet diese Rechtstatsache in Abgrenzung zu der „prozessualen Seite" der Beweislastverteilung als „materiellrechtliche Seite" der *Business Judgement Rule*, vgl. *Oltmanns*, Geschäftsleiterhaftung und unternehmerisches Ermessen, 2001, S. 41; ebenso *Schlimm*, Das Geschäftsleiterermessen des Vorstands einer Aktiengesellschaft, 2009, S. 64–69.

55 Dies ist allgemein anerkannt und gilt auch im Bereich des deutschen Gesellschaftsrechts, vgl. nur BGHZ 135, 244 (253); *Winnen* führt in Bezug hierauf aus, dass die Notwendigkeit des Eingehens von verantwortungsvollen Risiken auch bei der Auslegung des § 93 Abs. 1 S. 2 AktG nicht unberücksichtigt bleiben dürfe, vgl. *dens.*, Die Innenhaftung des Vorstandes nach dem UMAG, 2009, S. 89 f.

56 Für den US-amerikanischen Rechtsraum vgl. hierzu *Gagliardi vs. TriFoods International Inc.*, 683 A.2d 1049, 1052 (Del. Ch. 1996).

Damit ist jedoch noch keine Aussage darüber getroffen, wer die Beweislast bezüglich der Einhaltung der durch die *Business Judgement Rule* vorgegebenen Kriterien während des Entscheidungsprozesses trägt. Grundsätzlich gehen die US-amerikanischen Gerichte von einem Entscheidungsfindungsprozess aus, bei dem unter Erfüllung der Kriterien der *Business Judgement Rule* pflichtgemäß gehandelt wurde.[57] Insoweit besteht also eine widerlegbare Vermutung (engl.: „*rebuttable presumption*") zugunsten eines ordentlichen unternehmerischen Handelns.[58] Dies offenbart einen gravierenden Unterschied zum deutschen Aktienrecht.[59] Denn nach § 93 Abs. 2 S. 2 AktG trägt der Vorstand die Beweislast für die Pflichtmäßigkeit seines Handelns.[60] In den Vereinigten Staaten hingegen haben die Kläger zu beweisen, dass die unternehmerische Entscheidung nicht unter Einhaltung der Voraussetzungen der *Business Judgement Rule* getroffen wurde.[61] Gelingt dies, so tritt eine Beweislastumkehr ein. Die unternehmerische Entscheidung unterliegt dann einer vollen Überprüfung durch das Gericht, wobei das Führungsorgan (engl.: „*director*" bzw. „*officer*") die Beweislast trifft, im Rahmen seines Handelns der Sorgfaltspflicht (engl.: „*duty of care*") genügt zu haben.[62]

---

57 *Lutter*, GmbHR 2000, 301 (308).

58 So *Merkt*, US-amerikanisches Gesellschaftsrecht, Rn. 923; *Mutter* charakterisiert die *Business Judgement Rule* daher zugleich als Beweislastverteilung, Rechtsvermutung und materiellen Sorgfaltsmaßstab, vgl. *dens.*, Unternehmerische Entscheidungen, 1994, S. 215.

59 Darauf verweist auch *Lutter*, GmbHR 2000, 301 (308); zum Teil wird hierin bereits ein Hindernis für eine mögliche Adaption der US-amerikanischen *Business Judgement Rule* in das deutsche Gesellschaftsrecht gesehen, vgl. *Mutter*, Unternehmerische Entscheidungen, 1994, S. 217–230 m.w.N.; *Handelsrechtsausschuss d. DAV*, NZG 2004, 555 (555).

60 Hierzu weitere Ausführungen unter C.II.1.a)cc)(1).

61 Vgl. *Cede & Co. vs. Technicolor, Inc.*, 634 A.2d 345 (Del. 1993); *Aronson vs. Lewis*, 473 A.2d 805, 812 (Del. 1984); darauf verweisend *Merkt*, US-amerikanisches Gesellschaftsrecht, Rn. 923; so auch *Block/Barton/Radin*, The Business Judgment Rule, S. 18–25; *Oltmanns*, Geschäftsleiterhaftung und unternehmerisches Ermessen, 2001, S. 33; *Lutter*, GmbHR 2000, 301 (308).

62 *Merkt*, US-amerikanisches Gesellschaftsrecht, Rn. 923 m.w.N.; *Oltmanns*, Geschäftsleiterhaftung und unternehmerisches Ermessen, 2001, S. 35–37 m.w.N.; *Winnen*, Die Innenhaftung des Vorstandes nach dem UMAG, 2009, S. 92 f. m.w.N.; vor diesem Hintergrund hält *Mutter* gerade den Charakter der *Business Judgement Rule* als Beweis(last)regel für zentral, vgl. *dens.*, Unternehmerische Entscheidungen, 1994, S. 215 m.w.N.

Die Kriterien markieren mithin eine Art vermuteten „Mindeststandard" für nicht zu beanstandende unternehmerische Entscheidungen. Oder anders formuliert: Soweit ein Entscheidungsträger sich kriteriengerecht verhalten hat, braucht er unabhängig von dem Resultat des konkreten Geschäfts keine Haftung zu befürchten, da die Gerichte in diesem Fall die Entscheidung als pflichtgemäße Ausübung unternehmerischen Ermessens ansehen. Durch den pauschalen Ausschluss einer weiteren Pflichtverletzungsprüfung sollen insbesondere so genannte „Rückschaufehler" vermieden werden, bei denen in der gerichtlichen *ex post*-Bewertung unternehmerischer Entscheidungen ein strengerer Beurteilungsmaßstab angesetzt wird, als er billigerweise an den Geschäftsleiter zum Zeitpunkt der tatsächlichen Entscheidungsvornahme (*ex ante*) zu stellen gewesen wäre.[63] Soweit einem Anspruchsteller vor Gericht jedoch die Darlegung und gegebenenfalls der Beweis gelingt, dass ein Führungsorgan nicht entsprechend der Kriterien der *Business Judgement Rule* gehandelt hat, unterliegt die Entscheidung in vollem Umfang der gerichtlichen Prüfung und es obliegt dem Entscheidungsträger, ihre Pflichtmäßigkeit zu beweisen.[64] Das Führungsorgan hat dann gezwungenermaßen den durch die *Business Judgement Rule* gewährten „sicheren Hafen " (engl.: „*safe harbour*") verlassen.

2. Grundlage der *Business Judgement Rule* im deutschen Richterrecht

Anknüpfend an die oben vorgestellten Kriterien, die sich im US-amerikanischen Gesellschaftsrecht als entlastende Beweisregel unter dem Begriff „*Business Judgement Rule*" etabliert haben, bezog sich der Bundesgerichtshof bei seiner

63 Vgl. in diesem Sinne *Paefgen*, AG 1992, 169 (169 f.); auf das Problem der Rückschaufehler (engl.: „*hindsight bias*") bezogen auf die Tätigkeit deutscher Gerichte verweist *Kocher*, CCZ 2009, 215 (216 m.w.N.); ebenso *Brömmelmeyer*, WM 2005, 2065 (2068 m.w.N.); *S. H. Schneider*, DB 2005, 707 (708 f.); *Schäfer*, ZIP 2005, 1253 (1253 f.); *Fleischer*, ZIP 2004, 685 (686, 691); *Spindler*, in: FS Canaris, Band 2, 2007, S. 403 (414); *ders.*, in: MK AktG, § 93 Rn. 36 m.w.N.; *Fleischer*, in: FS Wiedemann, 2002, S. 827 (841); inhaltlich ebenfalls bereits *ders.*, ZGR 2001, 1 (24); ablehnend gegenüber einer Rechtfertigung der Privilegierungswirkung des § 93 Abs. 1 S. 2 AktG unter Verweis auf die Gefahr von Rückschaufehlern dagegen *Jungmann*, NZI 2009, 80 (81); *ders.*, in: FS K. Schmidt, 2009, S. 831 (836 f.); vgl. zur gleichen Problematik aus psychologischer Sicht in englischer Sprache bereits *Fischhoff*, Journal of Experimental Psychology: Human Perception and Performance 1975, Vol. 1, No. 3, 288–299.

64 Zur Beweislastverteilung bei der US-amerikanischen *Business Judgement Rule* siehe *Lutter*, GmbHR 2000, 301 (308); *Heermann*, AG 1998, 201 (205); *v. Werder/Feld*, RIW 1996, 481 (482); *Trockels*, AG 1990, 139 (141 f.).

Beurteilung von unternehmerischen Ermessensentscheidungen auf durchaus vergleichbare Kriterien. Als zentral ist in diesem Zusammenhang die Entscheidung des II. Zivilsenats des Bundesgerichtshofs vom 21. April 1997 zum Fall ARAG/Garmenbeck zu erachten.[65]

a) BGHZ 135, 244 ff. (ARAG/Garmenbeck-Entscheidung)

Im Folgenden wird der zugrunde liegende Sachverhalt kurz dargestellt, um anschließend auf die maßgeblichen Entscheidungsgründe des Gerichts einzugehen.

aa) Sachverhalt

In dem der Entscheidung zugrunde liegenden Sachverhalt wendeten sich Mitglieder des Aufsichtsrats einer Aktiengesellschaft gegen zwei Aufsichtsratsbeschlüsse. In den Beschlüssen war der Antrag, einen durch eine Sorgfaltspflichtverletzung des Vorstandsvorsitzenden entstandenen Schaden im Namen der Aktiengesellschaft gegenüber diesem gerichtlich geltend zu machen, abgelehnt worden. Die Kläger begehrten Feststellung der Nichtigkeit beider Aufsichtsratsbeschlüsse. Nachdem das Landgericht Düsseldorf der Klage stattgegeben hatte,[66] wies das Oberlandesgericht Düsseldorf als Berufungsgericht die darauf gerichtete Klage ab.[67] Hiergegen wenden sich die Kläger mit der Revision.

bb) Maßgebliche Entscheidungsgründe

Der II. Zivilsenat des Bundesgerichtshofs hebt die Klageabweisung des Berufungsgerichts in seiner Revisionsentscheidung auf und verweist den Rechtsstreit zur erneuten Prüfung und Entscheidung an das Oberlandesgericht Düsseldorf zurück.[68] Dabei nimmt er zentral zu dem Pflichtenumfang eines Mitglieds des Aufsichtsrats einer Aktiengesellschaft Stellung. In Abweichung zu den Ausführungen des Berufungsgerichts habe der Aufsichtsrat sich nicht auf ein weites unternehmerisches Ermessen berufen können, das in Anlehnung an § 114 VwGO lediglich einer gerichtlichen Kontrolle auf grobe Fehler bei der

---

65 Auf eine entsprechend intendierte Parallele des später eingefügten § 93 Abs. 1 S. 2 AktG wird in den Gesetzgebungsmaterialien zum UMAG explizit verwiesen, vgl. BegrRegE UMAG, BT-Drucks. 15/5092, S. 11.

66 LG Düsseldorf ZIP 1994, 628–631, Urteil vom 14. März 1994.

67 OLG Düsseldorf ZIP 1995, 1183–1193, Urteil vom 22. Juni 1995.

68 BGHZ 135, 244 (257).

Ermessenausübung bzw. auf einen Ermessensnichtgebrauch unterlegen hätte.[69] Das Berufungsgericht hatte auf Grundlage dieser Annahme eine Pflicht des Aufsichtsrats zum Handeln nur in Fällen einer „Ermessensreduzierung auf Null" angenommen.[70] Der erkennende Senat macht demgegenüber deutlich, dass die Aufsichtsratsbeschlüsse „allein dem Unternehmenswohl verpflichtet" gewesen seien und dieses „grundsätzlich die Wiederherstellung des geschädigten Gesellschaftsvermögens" verlangt hätte.[71] „Von der Geltendmachung voraussichtlich begründeter Schadensersatzansprüche gegen einen pflichtwidrig handelnden Vorstand" hätte der Aufsichtsrat deshalb nur in besonderen Ausnahmefällen absehen können.[72]

Damit legt der II. Zivilsenat den Pflichtenumfang des Aufsichtsrats einer Aktiengesellschaft judikativ fest und macht zugleich seine Fürsorgepflicht gegenüber dem Gesellschaftsvermögen deutlich. Die von der *Business Judgement Rule* aufgegriffenen Anforderungen spielen diesbezüglich keine besondere Rolle.

Anderes gilt jedoch für eine frühere Stelle des Urteils. An dieser bezieht sich der Senat auf die Pflichtwidrigkeit des Vorstandshandelns als Voraussetzung eines Schadensersatzanspruchs der Aktiengesellschaft, die zunächst durch den Aufsichtsrat festgestellt werden müsste.[73] In diesem Zusammenhang macht das Gericht sehr konkrete Vorgaben, welche Sorgfaltsanforderungen an den Vorstand einer Aktiengesellschaft zu stellen seien. Der Aufsichtsrat habe bei der Untersuchung einer Pflichtwidrigkeit zu berücksichtigen, „dass dem Vorstand bei der Leitung der Geschäfte des Gesellschaftsunternehmens ein weiter Handlungsspielraum zugebilligt werden" müsse, „ohne den eine unternehmerische Tätigkeit schlechterdings nicht denkbar" sei. Dazu gehöre „neben dem bewußten Eingehen geschäftlicher Risiken grundsätzlich auch die Gefahr von Fehlbeurteilungen und Fehleinschätzungen, der jeder Unternehmensleiter", möge „er auch noch so verantwortungsbewußt handeln, ausgesetzt" sei.[74] Kämen Fehleinschätzungen

---

69 BGHZ 135, 244 (255) unter Bezugnahme auf BGHZ 135, 244 (251); ein durch das Berufungsgericht vorgenommener Vergleich mit der verwaltungsrechtlichen Ermessensausübung ist auch in der Literatur auf breite Ablehnung gestoßen, vgl. exemplarisch *Mutter*, Unternehmerische Entscheidungen, 1994, S. 253 f.; *Jäger*, WiB 1997, 10 (13); zum ARAG/Garmenbeck-Verfahren insgesamt vgl. *Grooterhorst*, ZIP 1999, 1117–1124.

70 BGHZ 135, 244 (252).

71 BGHZ 135, 244 (255).

72 BGHZ 135, 244 (255).

73 BGHZ 135, 244 (253).

74 BGHZ 135, 244 (253).

regelmäßig vor, so könne sich der Aufsichtsrat dadurch zwar veranlasst sehen, auf die Ablösung des Vorstands bzw. die Ablösung eines erfolglos handelnden Vorstandsmitglieds hinzuwirken, eine Schadensersatzpflicht könne daraus jedoch „nicht hergeleitet werden."[75]

Diese könne „erst in Betracht kommen, wenn die Grenzen, in denen sich ein von Verantwortungsbewußtsein getragenes, ausschließlich am Unternehmenswohl orientiertes, auf sorgfältiger Ermittlung der Entscheidungsgrundlagen beruhendes unternehmerisches Handeln bewegen" müsse, „deutlich überschritten" sei, „die Bereitschaft, unternehmerische Risiken einzugehen, in unverantwortlicher Weise überspannt worden" sei „oder das Verhalten des Vorstands aus anderen Gründen als pflichtwidrig gelten" müsse.[76]

Die Prüfung dieser Voraussetzungen durch den Aufsichtsrat seien dabei, abweichend von der Auffassung des Berufungsgerichts, gerichtlich voll überprüfbar.[77]

b) *Schlussfolgerung*

Der II. Zivilsenat des Bundesgerichtshofs orientierte sich offensichtlich an der US-amerikanischen *Business Judgement Rule* und deren Voraussetzungen.[78] Vor diesem Hintergrund erklärt sich auch die weitgehende Übereinstimmung zwischen den in der ARAG/Garmenbeck-Entscheidung angeführten Kriterien und den Tatbestandsvoraussetzungen der später in § 93 Abs. 1 S. 2 AktG kodifizierten *Business Judgement Rule*, bei deren Formulierung der Gesetzgeber sich ebenfalls an dem entsprechenden US-amerikanischen Rechtsinstitut orientierte.[79] So werden in der ARAG/Garmenbeck-Entscheidung für die Beurteilung der Pflichtgemäßheit eines unternehmerischen Vorstandshandelns sämtliche später in § 93 Abs. 1 S. 2 AktG für eine Entlastung kodifizierten Voraussetzungen in Bezug genommen. Der Vorstand muss danach bei einer:

---

75 BGHZ 135, 244 (253).

76 BGHZ 135, 244 (253 f.).

77 BGHZ 135, 244 (254).

78 So auch *Landwehrmann*, in: Heidel, Aktienrecht und Kapitalmarktrecht (3. Aufl. 2011), § 93 Rn. 87; *Lutter*, GmbHR 2000, 301 (308 f.); vgl. zum parallelen US-amerikanischen Rechtsinstitut bereits B.I.1.

79 Dazu BegrRegE UMAG, BT-Drucks. 15/5092, S. 11, wonach sich der Gesetzgeber bei der Kodifikation der *Business Judgement Rule* in § 93 Abs. 1 S. 2 AktG sowohl an dem Parallelinstitut im „angelsächsischen Rechtskreis" als auch an BGHZ 135, 244 ff. orientierte; vgl. dazu auch sogleich B.I.3.c).

1. *unternehmerischen Entscheidung*
2. *vernünftig* bzw. *verantwortungsbewusst* handeln, er muss
3. sein Handeln ausschließlich am *Wohl der Gesellschaft* ausrichten und
4. auf der *Grundlage angemessener Information* handeln.

Eine Schadensersatzpflicht kommt bei dem deutlichen Verstoß gegen eine dieser Voraussetzungen in Betracht. Weiterhin kommt eine solche nach der Begründung des II. Zivilsenats bei der Eingehung unverantwortlich großer Risiken oder ähnlichen Verstößen gegen das Unternehmensinteresse in Betracht. Darüber hinaus gehen sowohl der II. Zivilsenat des Bundesgerichtshofs in der ARAG/Garmenbeck-Entscheidung als auch der Gesetzgeber des UMAG von einem grundsätzlich weiten Entscheidungs- und Ermessensspielraum zugunsten des Vorstands aus.[80]

Damit sind die Übereinstimmungen zwischen den gerichtlichen Ausführungen in der ARAG/Garmenbeck-Entscheidung und dem Norminhalt des § 93 Abs. 1 S. 2 AktG erheblich. Auf mögliche Unterschiede zwischen diesen beiden Rechtsquellen und die daraus folgenden Konsequenzen für eine Relevanz des § 93 Abs. 1 S. 2 AktG in Bezug auf die Untreuestrafbarkeit eines Vorstandsmitglieds wird an späterer Stelle einzugehen sein.[81]

3. Die Aufnahme der *Business Judgement Rule* in § 93 Abs. 1 S. 2 AktG

Durch Art. 1 Nr. 1a lit. a des *Gesetzes zur Unternehmensintegrität und Modernisierung des Anfechtungsrechts (UMAG)* vom 22. September 2005 wurde ein neuer Satz 2 in § 93 Absatz 1 AktG eingefügt und so die *Business Judgement Rule* im deutschen Aktiengesetz kodifiziert.[82]

a) Hintergrund

Die Philipp Holzmann AG war über Jahre hinweg das größte deutsche Bauunternehmen. Infolge von Missmanagement geriet das Unternehmen jedoch in eine

80 BGHZ 135, 244 (253); BegrRegE UMAG, BT-Drucks. 15/5092, S. 11; vgl. ebenfalls die Gegenäußerung der Bundesregierung zur Stellungnahme des Bundesrats, BT-Drucks. 15/5092, S. 41.

81 Vgl. dazu C.II.1.a)aa)(2).

82 BGBl. 2005, Teil I Nr. 60, S. 2802–2808 – das Gesetz trat am 1. November 2005 in Kraft; zum Gesetzgebungsprozess auch *Große Vorholt*, Wirtschaftsstrafrecht, Rn. 392; *Schlimm*, Das Geschäftsleiterermessen des Vorstands einer Aktiengesellschaft, 2009, S. 114–119; zu sämtlichen Änderungen des Aktienrechts durch das UMAG vgl. *Fleischer*, NJW 2005, 3525 (3525–3530).

akute finanzielle Schieflage, die Ende November 1999 öffentlich bekannt wurde und den Vorstand veranlasste, am 23. November 1999 Insolvenzantrag zu stellen. Bereits am Folgetag leitete der damalige Bundeskanzler Gerhard Schröder eine Hilfsinitiative ein, welche mittels Überbrückungskrediten und einer Bundesbürgschaft die Insolvenz der Gesellschaft abwenden und den damit verbundenen Arbeitsplatzwegfall verhindern sollte.[83]

b) Einsetzung einer Regierungskommission

Unter dem Eindruck der drohenden Insolvenz der Philipp Holzmann AG aufgrund fehlerhafter Management-Entscheidungen und der potentiell weitreichenden Folgen wurde eine Regierungskommission eingesetzt. In der Zeit von Mai 2000 bis Juli 2001 erarbeitete die Kommission mit dem Namen „Corporate Governance – Unternehmensführung – Unternehmenskontrolle – Modernisierung des Aktienrechts“ unter der Leitung von Prof. Dr. Dres. h.c. Theodor Baums verschiedene Empfehlungen für eine Verbesserung und Modernisierung der bundesdeutschen Regeln bezüglich der Führung und Kontrolle von Unternehmen, die sie in einem Abschlussbericht vorlegte.[84]

aa) Empfehlungen bezüglich der Einrichtung einer Corporate Governance Codex-Kommission

Einerseits empfahl die Regierungskommission die Implementierung einer weiteren Kommission zur Erarbeitung eines Verhaltenskodexes für Unternehmen.[85] Gleichzeitig legte sie Eckpunkte fest, die ein solcher Kodex beinhalten sollte.[86] Infolgedessen wurde am 6. September 2001 die „Kommission Deutscher

83 Die Rettungsbemühungen konnten jedoch lediglich eine aufschiebende Wirkung entfalten – am 21. März 2002 kam es zur endgültigen Insolvenz der Philipp Holzmann AG, vgl. zum Sachverhalt den Artikel „Baukonzern stellt Insolvenzantrag“ vom 21. März 2002 unter http://www.spiegel.de/wirtschaft/holzmann-krise-baukonzern-stellt-insolvenzantrag-a-188240.html (zuletzt abgerufen am 22. Oktober 2014) sowie „Holzmann – Erst Schröders Rettung, dann der Konkurs“ unter http://www.focus.de/finanzen/news/tid-13685/firmenpleiten-holzmann-erst-schroeders-rettung-dann-der-konkurs_aid_381365.html (zuletzt abgerufen am 22. Oktober 2014).

84 BT-Drucks. 14/7515 vom 14. August 2001; ebenfalls *Baums*, Bericht der Regierungskommission Corporate Governance, 2001, S. 9–332.

85 BT-Drucks. 14/7515, S. 27–32.

86 Dabei wählte die Regierungskommission ebenfalls die alternative Formulierung eines „Code of Best Practice“, vgl. BT-Drucks. 14/7515, unter anderem S. 22, 27–32, 35, 40 f., 44, 46–50, 53 f., 56, 104, 115 f., 123, 138.

Corporate Governance Codex“ von der damaligen Bundesministerin der Justiz, Prof. Dr. Herta Däubler-Gmelin, eingesetzt. Die Kommission wurde von Dr. Gerhard Cromme geleitet und erarbeitete in der Folgezeit eine Zusammenstellung selbstregulatorischer Verhaltensregeln für Unternehmen, die als Deutscher Corporate Governance Kodex zusammengefasst und erstmals am 20. August 2002 bekanntgemacht wurden.[87] Der Kodex wird seitdem im Jahresrythmus von der Kodexkommission überprüft und teilweise angepasst.[88]

bb) Empfehlungen an den parlamentarischen Gesetzgeber

Andererseits machte die Regierungskommission „Corporate Governance“ dem Gesetzgeber eine Reihe von weiteren Empfehlungen.[89] Ein Teil der Vorschläge wurde durch den Gesetzgeber mittels des *Gesetzes zur weiteren Reform des Aktien- und Bilanzrechts, zu Transparenz und Publizität [Transparenz- und Publizitätsgesetz (TransPuG)]* vom 19. Juli 2002 legislativ transformiert.[90] Durch das UMAG wurde hieran angeknüft. Während sich die Regelungen des TransPuG auf einzelne Änderungen des Handelsrechts und nur am Rande auf solche des Aktienrechts bezogen, sollten durch das UMAG wesentliche Vorschläge der Regierungskommission „Corporate Governance“ zur Änderung des Aktienrechts umgesetzt werden.[91] Diese betreffen schwerpunktmäßig zum einen das Anfechtungsrecht bezüglich Beschlüssen der Hauptversammlung und zum

87 Die aktuelle Fassung vom 15. Mai 2012 ist unter www.corporate-governance-code.de abzurufen.

88 Vgl. *v. Werder/Ringleb*, in: DCGK, Präambel Rn. 137; *Ringleb*, in: DCGK, Präambel Rn. 145; im Jahr 2007 wurde im Zuge einer solchen Anpassung auch der Wortlaut der *Business Judgement Rule* unter 3.8 in den Kodex aufgenommen, vgl. *Ringleb*, in: DCGK, Präambel Rn. 156; zu den strafrechtlichen Folgen eines Verstoßes gegen den Deutschen Corporate Governance Kodex, vgl. *Schlösser/Dörfler*, wistra 2007, 326–333; *Schlitt*, DB 2007, 326–330; *Schünemann*, NStZ 2008, 430 (433 f.); speziell in Bezug auf die Frage einer Untreuestrafbarkeit *Esser*, in: AnwaltKommentar StGB, § 266 Rn. 299; ebenfalls hierzu *Michaelsen*, Abweichungen vom Deutschen Corporate Governance Codex und von § 161 AktG als Pflichtverletzung im Sinne der Untreue, 2011.

89 BT-Drucks. 14/7515, S. 14–27; 33–137.

90 BGBl. 2002, Teil I Nr. 50, S. 2681–2687; überwiegend in Kraft getreten am 26. Juli 2002.

91 BegrRegE UMAG, BT-Drucks. 15/5092, S. 10; vgl. für die Zeit vor TansPuG und UMAG bereits das *Kontrolle- und Transparenzgesetz (KonTraG)* vom 27. April 1998, BGBl. 1998, Teil I Nr. 24, S. 786-794 – in Kraft getreten am 1. Mai 1998; später unter anderem das *Gesetz zur Umsetzung der Aktionärsrechterichtlinie (ARUG)* vom 30. Juli 2009, BGBl. 2009, Teil I Nr. 50, S. 2479-2494 – überwiegend in Kraft getreten am 1. September 2009.

anderen eine Erleichterung der Durchsetzung von Innenhaftungsansprüchen der Gesellschaft gegen ihre Organe durch Aktionärsminderheiten.[92] Zur Verhinderung rechtsmissbräuchlicher Wahrnehmung der vereinfachten diesbezüglichen gerichtlichen Durchsetzungsmöglichkeit sieht das UMAG ein Zulassungsverfahren in den neu eingefügten §§ 148, 149 AktG vor. Zudem wird den Organen in Bezug auf unternehmerische Entscheidungen das Entlastungsinstrument der *Business Judgement Rule* in dem neu eingefügten § 93 Abs. 1 S. 2 AktG an die Seite gestellt. Als maßgebliche Einflüsse für diese Form der Regelung wird in der Begründung zum Gesetzentwurf der Bundesregierung explizit auf die Empfehlung der Regierungskommission „Corporate Governance" und einen entsprechenden Beschluss des 63. Deutschen Juristentages verwiesen.[93]

c) Gesetzgeberische Intention

Die gesetzgeberische Intention hinter der Aufnahme der *Business Judgement Rule* in § 93 Abs. 1 S. 2 AktG ist also vor dem Hintergrund der durch das UMAG verschärften Innenhaftung der Gesellschaftsorgane zu sehen. Durch die Einfügung des neuen Satzes 2 in § 93 Abs. 1 AktG beabsichtigte der Gesetzgeber die Schaf-

---

92 Die Innenhaftung betrifft die Haftung von Vorstands- und Aufsichtsratsmitgliedern aufgrund von Pflichtverletzungen gegenüber der Aktiengesellschaft, insofern klarstellend der Gesetzentwurf der Bundesregierung zum UMAG (RegE UMAG), BT-Drucks. 15/5092, S. 1; vgl. in diesem Zusammenhang auch *Feddersen*, in: FS Laufs, 2006, S. 1169 (1170), der vor dem UMAG bezogen auf die kaum stattfindende Durchsetzung von Innenhaftungsansprüchen sinnbildlich die Existenz einer „Bissperre" zwischen Vorstand und Aufsichtsrat annimmt; in eine ähnliche Richtung gehen die Ausführungen von *Ransiek*, ZStW 116 (2004), 634 (677), der auf eine „*do ut des*-Mentalität" bei der Abfindungsgewährung durch den Aufsichtsrat an Vorstände sowie bei der Kreditgewährung an Geschäftsleiter verweist.

93 BegrRegE UMAG, BT-Drucks. 15/5092, S. 11 sowie Gegenäußerung der Bundesregierung zur Stellungnahme des Bundesrats, BT-Drucks. 15/5092, S. 41; vgl. auch den Bericht der Regierungskommission Corporate Governance, BT-Drucks. 14/7515, S. 15 f., 50 f. und die Verhandlungen des 63. Deutschen Juristentages, 2000, Band II/1, O 79, III. 1.; zuvor in diesem Sinne bereits *Ulmer*, ZHR 163 (1999) 290 (299); in BegrRegE UMAG, BT-Drucks. 15/5092 wird auf S. 11 zudem auf die „Parallelen" zwischen dem vorgeschlagenen neuen § 93 Abs. 1 S. 2 AktG und der *Business Judgement Rule* im „angelsächsischen Rechtskreis" sowie dem Inhalt der gerichtlichen Ausführungen in BGHZ 135, 244 ff. (ARAG/Garmenbeck-Entscheidung) verwiesen, dazu bereits B.I.1 und B.I.2.

fung eines Ausgleichsinstruments gegenüber dieser Haftungsverschärfung.[94] So sollte durch § 93 Abs. 1 S. 2 AktG ein Bereich der Haftungsfreiheit („*safe harbour*") für die Träger unternehmerischer Entscheidungen geschaffen werden.[95] Dies beruhte auf der Erkenntnis, dass risikoaffines bzw. -neutrales Handeln ein wichtiger Faktor erfolgreichen Wirtschaftens sein kann.[96] Der Gesetzgeber beabsichtigte durch die Regelung zudem eine Klarstellung, dass die Organe einer Aktiengesellschaft keine Erfolgshaftung gegenüber der Gesellschaft trifft.[97] Soweit das Organ sich im Rahmen seiner Entscheidung und dem vorgeschalteten Entscheidungsfindungsprozess gemäß den Kriterien des § 93 Abs. 1 S. 2 AktG verhalten hat, soll deshalb eine Pflichtverletzung gerade auch dann nicht vorliegen, wenn sich die Entscheidung als fehlerhaft erweist.[98] Die *Business Judgement Rule* beschreibt nach dem Willen des Gesetzgebers den jedem Leitungsorgan

94 Vgl. dazu RegE UMAG, BT-Drucks. 15/5092, S. 1: „Um zugleich sicherzustellen, dass die unternehmerische Entscheidungsfreiheit nicht durch unabwägbare Haftungsrisiken eingeschränkt wird, wird eine sog. Business Judment [sic!] Rule vorgeschlagen"; Ausdruck einer insgesamt verschärften aktienrechtlichen Haftung von Vorstands- und Aufsichtsratsmitgliedern ist auch die durch das *Gesetz zur Restrukturierung und geordneten Abwicklung von Kreditinstituten, zur Errichtung eines Restrukturierungsfonds für Kreditinstitute und zur Verlängerung der Verjährungsfrist der aktienrechtlichen Organhaftung [Restrukturierungsgesetz (RStruktG)]* vom 9. Dezember 2010, BGBl. 2010, Teil I Nr. 63, S. 1900–1932, von fünf auf zehn Jahre verlängerte Verjährungsfrist für die Organinnenhaftung in börsennotierten Gesellschaften (vgl. S. 1930).

95 BegrRegE UMAG, BT-Drucks. 15/5092, S. 10.

96 Vgl. in diesem Sinne die BegrRegE UMAG, BT-Drucks. 15/5092, S. 12; ebenfalls *Mertens/Cahn*, in: KK AktG, § 93 Rn. 13 m.w.N.; *Hopt/Roth*, in: GK AktG, § 93 Abs. 1 S. 2, 4 n.F. Rn. 8 m.w.N.; *Baums*, ZGR 2011, 218 (219); zugunsten der Ermöglichung eines risikoneutralen unternehmerischen Führungshandelns *Jungmann*, NZI 2009, 80 (81 f.); *ders.*, in: FS K. Schmidt, 2009, S. 831 (842 f.).

97 BegrRegE UMAG, BT-Drucks. 15/5092, S. 11; ebenso die Gegenäußerung der Bundesregierung, BT-Drucks. 15/5092, S. 41; im Gegensatz zu der haftungsausschließenden Wirkung im Innenverhältnis wird eine Außenhaftung des Vorstands durch die *Business Judgement Rule* nicht ausgeschlossen, vgl. *Mertens/Cahn*, in: KK AktG, § 93 Rn. 16 unter Verweis auf *Fleischer*, ZIP 2004, 685 (690) und *Mülbert*, JZ 2002, 826 (832); *Fleischer* hingegen macht unter Verweis auf seinen durch *Mertens/Cahn* zitierten Beitrag in ZIP 2004, 685 (691 f.) deutlich, dass eine entsprechende Heranziehung der Regelung im Außenverhältnis nach seiner Auffassung in Betracht komme, vgl. *Fleischer*, in: Spindler/Stilz, AktG, § 93 Rn. 78 – allein die diesbezügliche Berufung *dess.* auf die „Regierungsbegründung zum UMAG" erscheint nach der hier vertretenen Auffassung zweifelhaft.

98 In diesem Sinne BegrRegE UMAG, BT-Drucks. 15/5092, S. 11 sowie die Gegenäußerung der Bundesregierung zur Stellungnahme des Bundesrats, BT-Drucks. 15/5092, S. 41.

bei einer unternehmerischen Entscheidung notwendigerweise zuzubilligenden Handlungs- und Entscheidungsspielraum.[99] Wer sich durch die kumulative Erfüllung der Merkmale des § 93 Abs. 1 S. 2 AktG im Rahmen dieses Handlungsspielraums bewegt, braucht seine Entscheidung nicht einer Prüfung anhand des allgemeinen Sorgfaltsmaßstabs nach § 93 Abs. 1 S. 1 AktG unterzogen wissen.[100]

d) *Tatbestandsmerkmale des § 93 Abs. 1 S. 2 AktG*

Nach der Einführung des § 93 Abs. 1 S. 2 AktG hat sich die juristische Literatur intensiv mit der neuen Regelung auseinandergesetzt.[101] Gegenstand der Veröffentlichungen waren dabei ganz überwiegend die Voraussetzungen der *Business Judgement Rule* selbst und ihre Wirkung auf gesellschaftsrechtliche Haftungsfragen. Einzelne Detailfragen zu den Voraussetzungen und aktienrechtlichen Wirkungen der Regelung können als ausdiskutiert oder zumindest als in der Literatur behandelt angesehen werden. Die vorliegende Arbeit will den Fokus der Betrachtung auf die Anwendbarkeit der Regelung bei der Prüfung einer Untreuestrafbarkeit richten. Als Ausgangspunkt für die anschließenden, strafrechtlich intendierten, Ausführungen sollen die einzelnen Tatbestandsmerkmale des § 93 Abs. 1 S. 2 AktG vorgestellt werden. Dabei werden besonders relevante Streitstände in der gesellschaftsrechtlichen Literatur zu den einzelnen Tatbestandsvoraussetzungen dargestellt und die unterschiedlichen Auffassungen im Rahmen von Stellungnahmen bewertet. Auf eine erschöpfende Behandlung der einzelnen Merkmale wird verzichtet und dabei auf die einschlägigen Kommentare und Monographien verwiesen.[102] Die Zusammenstellung und exakte Bezeichnung der einzelnen Tatbestandsvoraussetzungen des § 93 Abs. 1 S. 2 AktG weicht in den Kommentaren und sonstigen Literaturbeiträgen teilweise voneinander ab.

---

99 BegrRegE UMAG, BT-Drucks. 15/5092, S. 11; vgl. ebenfalls die Gegenäußerung der Bundesregierung zur Stellungnahme des Bundesrats, BT-Drucks. 15/5092, S. 41.

100 Vgl. BegrRegE UMAG, BT-Drucks. 15/5092, S. 11.

101 Exemplarisch *Lutter*, NZG 2010, 601 (602); *ders.*, ZIP 2009, 197 (198–201); *ders.*, ZIP 2007, 841 (841–848); *ders.*, in: FS Canaris, Band 2, 2007, S. 245 (245–256); *Fleischer*, NJW 2005, 3525 (3527 f.); *Langenbucher*, DStR 2005, 2083 (2083–2088); nach Beschluss aber vor Inkrafttreten des UMAG *Schäfer*, ZIP 2005, 1253 (1253–1259); *Brömmelmeyer*, WM 2005, 2065 (2065–2070).

102 Statt vieler *Spindler*, in: MK AktG, § 93 Rn. 41–66; *Mertens/Cahn*, in: KK AktG, § 93 Rn. 17–35; *Schlimm*, Das Geschäftsleiterermessen des Vorstands einer Aktiengesellschaft, 2009, S. 173–338; *Winnen*, Die Innenhaftung des Vorstandes nach dem UMAG, 2009, S. 106–289.

Die folgende Darstellung orientiert sich an den Merkmalsbezeichnungen im Gesetzentwurf der Bundesregierung.[103]

aa) Unternehmerische Entscheidung

Erstes Kriterium für das Eingreifen des § 93 Abs. 1 S. 2 AktG ist das Vorliegen einer unternehmerischen Entscheidung. Eine solche ist ausweislich der Gesetzgebungsmaterialien als Resultat „ihrer Zukunftsbezogenheit durch Prognosen und nicht justiziable Einschätzungen geprägt."[104] Daraus lässt sich folgern, dass unternehmerischen Entscheidungen stets ein bestimmtes Risiko immanent ist.[105] Die Entscheidungen können sich dabei sowohl auf das Außenverhältnis als auch auf ein Handeln im Innenverhältnis beziehen.[106] Ebenfalls muss eine unternehmerische Entscheidung sich nicht in einem Tun manifestieren. Sie kann im Rahmen einer Chancen-Risiko-Abwägung auch in ein Unterlassen resultieren.[107]

---

103 BegrRegE UMAG, BT-Drucks. 15/5092, S. 11.

104 BegrRegE UMAG, BT-Drucks. 15/5092, S. 11; auf den Charakter von Investitionsentscheidungen als unternehmerische Entscheidungen *„par excellence"* verweist *Fleischer* unter Rekurs auf BGHZ 175, 365 (368 ff.), vgl. *dens.*, in: Spindler/Stilz, AktG, § 93 Rn. 68.

105 Vgl. in diesem Sinne nur *Brömmelmeyer*, WM 2005, 2065 (2066); *S. H. Schneider*, DB 2005, 707, (708 f.); *Schäfer*, ZIP 2005, 1253 (1256); *Kock/Dinkel*, NZG 2004, 441 (442 f.); *Khanian*, KSzW 2010, 127 (128); *Semler*, in: FS Ulmer, 2003, S. 627 (627 f.); insoweit geht es hier stets um Risikogeschäfte bzw. Prognoseentscheidungen, wobei sich der Grad des (noch) vertretbaren Risikos nach dem Gesellschaftszweck bzw. den in einem Verkehrskreis üblichen Gepflogenheiten richtet, welche damit auch Einfluss auf die Frage nach einer Verletzung der Vermögensbetreuungspflicht oder einen Verstoß gegen das Innenverhältnis im Sinne des § 266 Abs. 1 1. Alt. StGB haben; allgemein zur Untreuestrafbarkeit bei Risikogeschäften *Saliger*, in: Satzger/Schluckebier/Widmaier, StGB, § 266 Rn. 47–49; *Ransiek*, ZStW 116 (2004), 634 (646–677); *Murmann*, Jura 2010, 561 (561–567); zur zivilrechtlichen Haftung von Bankiers für die Eingehung übergroßer Risiken im Vorfeld der Wirtschaftskrise ab 2008 vgl. *Lutter*, ZIP 2009, 197–201.

106 Gegen eine Beschränkung der Anwendung des § 93 Abs. 1 S. 2 AktG auf Führungshandeln im Außenverhältnis sind *Mertens/Cahn*, in: KK AktG, § 93 Rn. 20; a.A. *Langenbucher*, DStR 2005, 2083 (2085 f.).

107 *Kock/Dinkel*, NZG 2004, 441 (443); *Paefgen*, AG 2004, 245 (251); ebenso *Spindler* unter Hinweis auf die Notwendigkeit einer bewussten Handlung unabhängig davon, ob sie in einem Tun oder Unterlassen besteht, vgl. *dens.*, in: MK AktG, § 93 Rn. 43 f.

Keine unternehmerischen Entscheidungen sollen nach dem Willen des Gesetzgebers dagegen rechtlich gebundene Entscheidungen sein.[108] Solche seien vielmehr dadurch gekennzeichnet, dass sie auf Grundlage eines Gesetzes, einer Satzung oder eines Anstellungsvertrags ohne Ermessensspielraum getroffen würden.[109] Hierunter fallen auch Entscheidungen, die eine Verletzung der Treuepflicht gegenüber der Gesellschaft darstellen.[110] Ausweislich der Begründung des Gesetzentwurfs der Bundesregierung zum UMAG soll durch diese Differenzierung eine Erstreckung des Schutzbereichs von § 93 Abs. 1 S. 2 AktG auf offensichtliche Rechtsverstöße verhütet werden.[111]

In Bezug auf die Eignung der angeführten Kriterien für eine sachgerechte Abgrenzung werden von mehreren Stimmen in der Literatur jedoch Bedenken geäußert.[112] Kern der vorgebrachten Kritik ist die Tatsache, dass eine Vielzahl der Führungsentscheidungen zwar von rechtlichen Vorgaben flankiert wird, dabei jedoch durchaus auch eine – mehr oder weniger stark ausgeprägte – prognostische

---

108 BegrRegE UMAG, BT-Drucks. 15/5092, S. 11; vgl. ebenfalls *Weiss/Buchner*, WM 2005, 162 (163 f. m.w.N.); vertiefend hierzu *Koch*, der auch im Fall der rechtlichen Gebundenheit einer Vorstandsentscheidung durch Verträge zwischen der Gesellschaft und Dritten eine Anwendung des § 93 Abs. 1 S. 2 AktG zugunsten des Vorstandsmitglieds ausgeschlossen wissen will, vgl. *dens.*, ZGR 2006, 769 (785 f.).

109 BegrRegE UMAG, BT-Drucks. 15/5092, S. 11; dazu *Hüffer*, Aktiengesetz, § 93 Rn. 16; *Hopt/Roth*, in: GK AktG, § 93 Abs. 1 S. 2, 4 n.F. Rn. 22; *Lutter*, ZIP 2007, 841 (843); *Spindler* geht trotz gewisser subjektiver Bewertungselemente im Rahmen der Pflicht zur Stellung eines Insolvenzantrags gemäß § 92 Abs. 2 AktG nicht von einer Anwendbarkeit des § 93 Abs. 1 S. 2 AktG aus, vgl. *dens.*, in: MK AktG, § 92 Rn. 66 – unklar bleibt dabei jedoch die Erwägung einer „modifizierten Übertragung der Grundsätze zur *Business Judgement Rule*" durch den Autor; ablehnend dazu auch *Mertens/Cahn*, in: KK AktG, § 93 Rn. 18.

110 Vgl. differenzierend „zwischen fehlgeschlagenen unternehmerischen Entscheidungen" und „sonstigen Pflichtverletzungen", wobei zu letzteren auch Treuepflichtverletzungen zählen sollen, BegrRegE UMAG, BT-Drucks. 15/5092, S. 11; hierzu auch *Hopt/Roth*, in: GK AktG, § 93 Abs. 1 S. 2, 4 n.F. Rn. 21 sowie unter Verweis auf eine parallele Unterscheidung bei der Anwendung der *Business Judgement Rule* im US-amerikanischen Recht, *Mertens/Cahn*, in: KK AktG, § 93 Rn. 25.

111 In diesem Sinne BegrRegE UMAG, BT-Drucks. 15/5092, S. 11; darauf Bezug nehmend für viele *Hüffer*, Aktiengesetz, § 93 Rn. 16; vgl. ebenfalls *Lutter*, ZIP 2007, 841 (843); *Feddersen*, in: FS Laufs, 2006, S. 1169 (1175).

112 Vgl. exemplarisch *Hopt/Roth*, in: GK AktG, § 93 Abs. 1 S. 2, 4 n.F. Rn. 18; *Mertens/Cahn*, in: KK AktG, § 93 Rn. 17–19; *Koch*, ZGR 2006, 769 (787 f.); *Spindler*, NZG 2005, 865 (871).

Komponente der Entscheidungsfindung inhärent ist.[113] Mithin wäre eine Subsumtion unter die Oberbegriffe „unternehmerische Entscheidung“ und „gebundene Entscheidung“ anhand der vorgestellten Definitionen in vielen Fällen nicht eindeutig möglich, so dass man bei konsequentem Festhalten an dieser Kategorisierung zu keiner klaren Antwort auf die Frage der Anwendbarkeit des § 93 Abs. 1 S. 2 AktG käme. Es erscheint vor diesem Hintergrund überzeugend, bei derartigen „Mischkonstellationen“ insgesamt von einer unternehmerischen Entscheidung – und damit einer Anwendbarkeit des § 93 Abs. 1 S. 2 AktG – auszugehen.[114] Besteht jedoch kein Prognose- bzw. Ermessensspielraum, so scheidet eine Anwendung des § 93 Abs. 1 S. 2 AktG *per se* aus und die Entscheidung ist anhand der Generalklausel in § 93 Abs. 1 S. 1 AktG zu überprüfen.[115]

bb) Vernünftige Annahme, zum Wohle der Gesellschaft zu handeln

Eine Entlastung des Vorstandshandelns nach § 93 Abs. 1 S. 2 AktG setzt ausweislich des Gesetzeswortlauts weiter voraus, dass das Vorstandsmitglied bei der Entscheidung „vernünftigerweise annehmen durfte, (…) zum Wohle der Gesellschaft zu handeln.“

(1) Allgemeines

Die Ausrichtung an dem Wohl der Gesellschaft kann als zentrales Kriterium der *Business Judgement Rule* begriffen werden.[116] Das Wohl der Gesellschaft entspricht dabei dem bereits vor der Regelung des § 93 Abs. 1 S. 2 AktG durch das UMAG in Rechtsprechung[117] und Lehre[118] verwandten Begriff des Unternehmensinteresses.[119] Der Begriff des Unternehmensinteresses ist äußerst schwer auszulegen.[120] Dies liegt in der Vielzahl widerstreitender Interessen innerhalb

---

113 In diesem Sinne *Mertens/Cahn*, in: KK AktG, § 93 Rn. 17, 19.

114 So *Mertens/Cahn*, in: KK AktG, § 93 Rn. 19; in diesem Sinne auch *Brömmelmeyer*, WM 2005, 2065 (2066); *Schäfer*, ZIP 2005, 1253 (1256).

115 Vgl. *Mertens/Cahn*, in: KK AktG, § 93 Rn. 19.

116 *Hopt/Roth*, in: GK AktG, § 93 Abs. 1 S. 2, 4 n.F. Rn. 28.

117 BGHZ 135, 244 (253, 255), dazu bereits B.I.2.a).

118 Statt vieler *Hopt/Roth*, in: GK AktG, § 93 Abs. 1 S. 2, 4 n.F. Rn. 26 m.w.N. sowie § 111 Rn. 103–107 m.w.N.

119 Vgl. BegrRegE UMAG, BT-Drucks. 15/5092, S. 11; so exemplarisch auch *Hopt/Roth*, in: GK AktG, § 93 Abs. 1 S. 2, 4 n.F. Rn. 26; *Spindler*, in: MK AktG, § 93 Rn. 46 f.

120 *Spindler*, ZIP 2006, 349 (352); *Tiedemann* hat vor diesem Hintergrund Zweifel an der strafbegründenden Anwendbarkeit dieses Merkmals, zumal es sich beim „Unternehmensinteresse“ um einen „im aktienrechtlichen Schrifttum völlig ungeklärten

eines Unternehmens begründet.[121] Das Unternehmensinteresse kann deshalb nicht als feste Richtgröße, sondern eher als Orientierungsvorgabe für die Ausrichtung unternehmerischer Entscheidungen begriffen werden.[122]

Der Maßstab des Handelns zum Wohle der Gesellschaft soll deshalb auch nach dem Willen des Gesetzgebers grundsätzlich einen weiten Ermessenspielraum zugunsten des Vorstands eröffnen.[123] Ihm ist jedenfalls mit einem Handeln genügt, das der Maxime einer langfristigen „Stärkung der Ertrags- und Wettbewerbsfähigkeit der Gesellschaft" folgt.[124] Das Interesse der Gesellschaft erfordert in aller Regel im Ausgangspunkt auf eine Bestandserhaltung und davon ausgehend, in langfristig rentabilitätssteigernder Weise, auf eine Werterhöhung des Unternehmens hinzuwirken.[125]

Das Handeln im Unternehmensinteresse muss dabei nicht objektiv vorliegen. Die Norm verlangt lediglich eine vernünftige Annahme, dass die Entscheidung sich zum Wohle der Gesellschaft auswirken würde.[126] Es ist also die subjektive Annahme aus *ex ante*-Sicht nachzuvollziehen und sodann einer objektiven Plausibilitätskontrolle („vernünftigerweise") zu unterziehen.[127]

Begriff" handele, vgl. *dens.*, in: FS U. Weber, 2004, S. 319 (324); darauf verweist mit Blick auf Art. 103 Abs. 2 GG auch *Dierlamm*, in: MK StGB, § 266 Rn. 270 f. – es ist dabei unschädlich, dass sowohl die Ausführungen *Tiedemanns* als auch *Dierlamms* sich im konkreten Fall auf das Unternehmensinteresse im Rahmen der Gewährung von Vorstandsvergütungen und damit auf § 87 Abs. 1 S. 1 AktG beziehen, denn das von § 93 Abs. 1 S. 2 AktG in Bezug genommene Unternehmensinteresse eröffnet bei der strafrechtlichen Bewertung von Vorstandshandeln eine identische Problematik.

121 *Spindler*, in: MK AktG, § 93 Rn. 47; *Hopt/Roth*, in: GK AktG, § 93 Abs. 1 S. 2, 4 n.F. Rn. 28.

122 In diesem Sinne *Hopt/Roth*, in: GK AktG, § 93 Abs. 1 S. 2, 4 n.F. Rn. 28.

123 Vgl. BegrRegE UMAG, BT-Drucks. 15/5092, S. 11 f.

124 BegrRegE UMAG, BT-Drucks. 15/5092, S. 11.

125 So *Krieger/Sailer-Coceani*, in: Schmidt/Lutter, AktG, § 93 Rn. 13; *Hüffer*, Aktiengesetz, § 93 Rn. 23; differenzierend zwischen nominaler und realer Werterhaltung sowie Substanzerhaltung als inhaltlichen Ausgestaltungsmöglichkeiten einer Bestandserhaltung *Saliger*, in: Non Profit Law Yearbook 2005, 2006, S. 215 m.w.N.

126 Abweichend hiervon hatte der Bundesrat im Gesetzgebungsverfahren eine rein objektive Negativformulierung vorgeschlagen, der die Bundesregierung indes nicht folgte, vgl. die Stellungnahme des Bundesrats zum RegE UMAG und die darauf bezogene Gegenäußerung der Bundesregierung, BT-Drucks. 15/5092, S. 33 f., 41.

127 Vgl. BegrRegE UMAG, BT-Drucks. 15/5092, S. 11; so auch *Mertens/Cahn*, in: KK AktG, § 93 Rn. 23; *Krieger/Sailer-Coceani*, in: Schmidt/Lutter, AktG, § 93 Rn. 14; vgl. ebenfalls in diesem Zusammenhang *Hopt/Roth*, in: GK AktG, § 93 Abs. 1 S. 2, 4 n.F. Rn. 31; vornehmlich auf die subjektive Ausrichtung abstellend *Fleischer*, in:

Teilweise wird die subjektive Seite dieser Voraussetzung im Rahmen einer gesonderten Gutgläubigkeitsprüfung behandelt.[128] Zu der Frage, ob ein solcher zusätzlicher Prüfungspunkt aus dogmatischer Sicht zu überzeugen vermag, wird unter (3) Stellung genommen.

(2) Eingehung existenzgefährdender Risiken

Nicht einheitlich wird in diesem Zusammenhang die Frage beantwortet, ob das Eingehen von die Unternehmensexistenz gefährdenden Risiken generell dem Schutzbereich des § 93 Abs. 1 S. 2 AktG entzogen ist.[129]

(a) Literaturansichten

Für die positive Beantwortung dieser Frage wird angeführt, dass es nie dem Wohle einer Gesellschaft entsprechen könne, dem Risiko des Existenzverlustes ausgesetzt zu sein und dies auch bereits vor der Regelung des § 93 Abs. 1 S. 2 AktG bezüglich eines Handelns im Unternehmensinteresse von der Rechtsprechung so gesehen wurde. Dabei wird auf BGHZ 135, 244 (253) (ARAG/Garmenbeck-Entscheidung) Bezug genommen.[130]

Spindler/Stilz, AktG, § 93 Rn. 71, 76; stärker die objektive Komponente („vernünftigerweise") betonend *Spindler*, der damit argumentiert, dass § 93 Abs. 1 S. 2 AktG abweichend von der Fassung der Norm im Referentenentwurf zum UMAG nicht lediglich durch grobe Fahrlässigkeit ausgeschlossen werde, was nach seiner Auffassung eine stärker objektive Akzentuierung bedeute, vgl. *dens.*, in: MK AktG, § 93 Rn. 59, 66; auf den Referentenentwurf zum UMAG (NZG 2004, Sonderbeilage zu Heft 4, S. 5) beziehen sich ebenfalls *Krieger/Sailer-Coceani*, in: Schmidt/Lutter, AktG, § 93 Rn. 14; *Hüffer*, Aktiengesetz, § 93 Rn. 23 f. sowie *Fleischer*, in: Spindler/Stilz, AktG, § 93 Rn. 63; *Brömmelmeyer*, WM 2005, 2065 (2069) weist zudem darauf hin, dass das Erfordernis einer „vernünftigen" Annahme durchaus weiterhin eine richterliche Inhaltskontrolle der Entscheidung ermögliche, was nach seiner Auffassung in Anbetracht des Treuhandcharakters des Vorstandamtes auch billig sei.

128 So *Hopt/Roth*, in: GK AktG, § 93 Abs. 1 S. 2, 4 n.F. Rn. 42 f.; *Schlimm*, Das Geschäftsleiterermessen des Vorstands einer Aktiengesellschaft, 2009, S. 334–337; ebenfalls anscheinend *Fleischer*, in: Spindler/Stilz, AktG, § 93 Rn. 76.

129 *Baums* differenziert in diesem Zusammenhang bereits im Ausgangspunkt zwischen „bestandsbezogenen" und „einzelprojektbezogenen" Risiken, vgl. *dens.*, ZGR 2011, 218 (221, 225–228).

130 *Mertens/Cahn*, in: KK AktG, § 93 Rn. 24 verweisen neben BGHZ 135, 244 (253) außerdem auf BGHZ 69, 207 (213 ff.); vgl. auch *Brüning/Samson*, ZIP 2009, 1089 (1092); bezogen auf die Zeit vor der Neuregelung des § 93 Abs.1 S. 2 AktG vgl. *Paefgen*, AG 2004, 245 (255); zur ARAG/Garmenbeck-Entscheidung oben bereits ausführlich B.I.2.a).

Opponierende Stimmen beziehen sich ebenfalls auf BGHZ 135, 244 (253). Sie vertreten, dass auch nach der Einfügung des § 93 Abs. 1 S. 2 AktG durch das UMAG der durch das Urteil vorgegebene Maßstab unverändert Geltung beanspruchen könne, wonach allein bei Unvertretbarkeit einer Entscheidung ihre Pflichtwidrigkeit in Betracht zu ziehen sei.[131] Es müsse daher einzelfallbezogen festgestellt werden, ob eine Entscheidung schlicht zu riskant war, als dass sie aus der maßgeblichen *ex ante*-Sicht des Vorstandsmitglieds noch „vernünftigerweise" zum Wohle der Gesellschaft hätte erfolgen können.[132] Dies wiederum ließe sich nur anhand einer Chancen-Risiko-Analyse ermitteln.[133] Auch existenzgefährdende Entscheidungen seien auf dieser Grundlage zu bewerten.[134] So könne es – insbesondere in einer finanziellen Krisensituation – durchaus eine Entscheidung geben, der zwar ein existenzgefährdendes Risiko anhaftet, die jedoch unter allen in Betracht kommenden Entscheidungsmöglichkeiten die größten Chancen für eine finanzielle Gesundung der Gesellschaft birgt und somit dem Wohle der Gesellschaft zu dienen vermag.[135]

(b) Stellungnahme

Der letztgenannten Auffassung ist zuzugeben, dass ein Vorstandsmitglied sich in der Krise des Unternehmens tatsächlich in dem Dilemma befinden kann, lediglich zwischen mehreren jeweils für sich gesehen existenzgefährdenden Maßnahmen wählen zu können. Dann hat es die Maßnahme zu treffen, welche

---

131 *Hopt/Roth*, in: GK AktG, § 93 Abs. 1 S. 2, 4 n.F. Rn. 36; in diesem Sinne auch *Krieger/Sailer-Coceani*, in: Schmidt/Lutter, AktG, § 93 Rn. 13.

132 Insofern wird oberbegrifflich auch in der Literatur von der „Unvertretbarkeit" einer Entscheidung gesprochen, vgl. *Krieger/Sailer-Coceani*, in: Schmidt/Lutter, AktG, § 93 Rn. 13 und speziell zum Merkmal der „vernünftigen Annahme" Rn. 14; insgesamt differenzierend zwischen „Unverantwortlichkeit" und „Unvertretbarkeit" einer Entscheidung *Hopt/Roth*, in: GK AktG, § 93 Abs. 1 S. 2, 4 n.F. Rn. 32–37.

133 *Hopt/Roth*, in: GK AktG, § 93 Abs. 1 S. 2, 4 n.F. Rn. 36; dazu ebenfalls *Balthasar/Hamelmann* unter Bezugnahme auf BGHZ 175, 365–374 (UMTS-Entscheidung), vgl. *dies.*, WM 2010, 589 (590 f.).

134 *Hopt/Roth*, in: GK AktG, § 93 Abs. 1 S. 2, 4 n.F. Rn. 36; *Krieger/Sailer-Coceani*, in: Schmidt/Lutter, AktG, § 93 Rn. 13; in diesem Sinne auch *Baums*, ZGR 2011, 218 (237–239).

135 In diesem Sinne *Hopt/Roth*, in: GK AktG, § 93 Abs. 1 S. 2, 4 n.F. Rn. 36; *Krieger/Sailer-Coceani* verweisen zudem auf eine ähnliche Situation bei Unternehmen, die schwerpunktmäßig Hochrisikogeschäfte eingehen oder solche, die bei hoher Spezialisierung einen Technologiewechsel vornehmen müssen, vgl. *dies.*, in: Schmidt/Lutter, AktG, § 93 Rn. 13.

das finanzielle Überleben der Gesellschaft mit der höchsten Wahrscheinlichkeit erwarten lässt. Ein bedeutender Aspekt bleibt bei dem Streit jedoch unbeachtet:

Die in Bezug genommene ARAG/Garmenbeck-Entscheidung verweist darauf, dass erst bei Unvertretbarkeit einer Entscheidung das Vorliegen einer Pflichtverletzung in Betracht komme. Deshalb muss jedoch keineswegs jede noch vertretbare Entscheidung dem § 93 Abs. 1 S. 2 AktG unterfallen. Um in den Genuss der Wirkung des § 93 Abs. 1 S. 2 AktG zu kommen, müsste der Vorstand hier aktiv nachweisen, dass die von ihm getroffene existenzgefährdende Entscheidung aus seiner *ex ante*-Sicht „vernünftigerweise" als die der Gesellschaft günstigste in Betracht kommende Entscheidungsmöglichkeit erschien. Auch außerhalb der *Business Judgement Rule* könnte allerdings die Prüfung einer Pflichtverletzung bei Vertretbarkeit der Entscheidung zu einem negativen Ergebnis kommen.[136] Hierauf wird im Rahmen der Auseinandersetzung zu wenig Augenmerk gerichtet, weshalb der aufgezeigte Literaturstreit nach der hier vertretenen Auffassung insgesamt nicht überbewertet werden sollte.

(3) Gutgläubigkeit als gesonderter Prüfungspunkt?

Bezüglich eines Handelns zum „Wohle der Gesellschaft" ist Gutgläubigkeit des Vorstandsmitglieds vorauszusetzen. Dieses Erfordernis für ein Eingreifen des § 93 Abs. 1 S. 2 AktG folgt bereits aus dem Wortlaut der Norm, die verlangt, dass das Vorstandsmitglied „vernünftigerweise annehmen durfte, (...) zum Wohle der Gesellschaft zu handeln" und entspricht auch dem Willen des Gesetzgebers.[137] Die Anforderung eines Handelns in gutem Glauben ist deshalb der Sache nach unumstritten.[138] Es gibt jedoch unterschiedliche Auffassungen bezüglich der Stellung dieses Kriteriums im Tatbestandsaufbau.[139] Während einige es als

---

136 Vgl. hierzu auch die folgenden Ausführungen unter C.II.1.a)aa)(1), C.II.1.a)aa)(3)(a) und C.II.1.a)aa)(4).

137 BegrRegE UMAG, BT-Drucks. 15/5092, S. 11 f.

138 Es geht hier um eine Gutgläubigkeit bezüglich dem Wohle der Gesellschaft zuträglichem Handeln als Kernanforderung des § 93 Abs. 1 S. 2 AktG; diese ist zu differenzieren von der bereits angesprochenen Gutgläubigkeit bezüglich einer frei von Interessenkonflikten zustandekommenden Entscheidung, vgl dazu B.I.3.d)dd)(2).

139 Zugunsten einer anschaulichen Darstellung der unterschiedlichen Auffassungen in Bezug auf die Notwendigkeit einer gesonderten Gutgläubigkeitsprüfung wurde der Streit nicht bereits unter B.I.3.d)bb)(1) diskutiert.

Bestandteil eines Handelns zum „Wohle der Gesellschaft" unmittelbar dort prüfen wollen,[140] sehen andere es als gesondert zu prüfendes Merkmal an.[141]

Beide Auffassungen berufen sich dabei auf den Wortlaut der Begründung des Gesetzentwurfs der Bundesregierung zum UMAG. Einerseits lässt sich zugunsten einer gesonderten Prüfung der Gutgläubigkeit argumentieren, dass in der Begründung des Regierungsentwurfs die Gutgläubigkeit des Entscheidungsträgers „als zweite von fünf Voraussetzungen" des § 93 Abs. 1 S. 2 AktG genannt wird.[142] Andererseits wird auf derselben Seite der Begründung des Regierungsentwurfs die Gutgläubigkeit als „Bestandteil des ‚Annehmen-Dürfens', zum Wohle der Gesellschaft zu handeln" beschrieben.[143]

Soweit *Spindler* gegen die Notwendigkeit einer gesonderten Prüfung der Gutgläubigkeit vorbringt, dass eine objektiv dem Wohle der Gesellschaft dienliche Handlung auch im Fall einer Bösgläubigkeit des Handelnden keine Pflichtwidrigkeit begründe,[144] ist dem Vorbringen als solchem zuzustimmen. Dies spricht jedoch nicht gegen eine gesonderte Prüfung der Gutgläubigkeit im Rahmen von § 93 Abs. 1 S. 2 AktG, denn die Regelung will gerade nicht nur das Entscheidungsergebnis objektiv bewerten, sondern vielmehr die Einhaltung bestimmter Kriterien im Vorfeld der eigentlichen Entscheidung honorieren. *Spindlers* Auffassung zugrunde gelegt, müsste aber allein die objektive Korrespondenz zwischen Entscheidung und Unternehmenswohl für eine Anwendung des § 93 Abs. 1 S. 2 AktG genügen. Auf gleiche Weise ließe sich jedoch ebenfalls gegen die gesonderte Prüfung sämtlicher Kriterien außer einem Handeln zum Wohle der Gesellschaft – wie dem einer angemessenen Informationsbeschaffung und dem eines Freiseins von Interessenkonflikten – argumentieren. Auch ein Verstoß gegen diese Kriterien würde nämlich keine Pflichtverletzung begründen, soweit die Entscheidung objektiv „richtig" war. Dies liegt indes allein daran, dass die Entscheidung dem Sorgfaltsmaßstab des § 93 Abs. 1 S. 1 AktG genügen würde und sagt damit nichts über die Voraussetzungen eines Eingreifens von § 93 Abs. 1

140 *Mertens/Cahn*, in: KK AktG, § 93 Rn. 31; in diesem Sinne auch *Spindler*, in: MK AktG, § 93 Rn. 59; *Weiss/Buchner*, WM 2005, 162 (165).

141 *Hopt/Roth*, in: GK AktG, § 93 Abs. 1 S. 2, 4 n.F. Rn. 42 f.; *Schlimm*, Das Geschäftsleiterermessen des Vorstands einer Aktiengesellschaft, 2009, S. 334–337; ebenfalls wohl *Fleischer*, in: Spindler/Stilz, AktG, § 93 Rn. 76.

142 So auch *Hopt/Roth*, in: GK AktG, § 93 Abs. 1 S. 2, 4 n.F. Rn. 42 unter Verweis auf BegrRegE UMAG, BT-Drucks. 15/5092, S. 11 (linke Spalte).

143 Vgl. BegrRegE UMAG, BT-Drucks. 15/5092, S. 11 (rechte Spalte); darauf verweisen *Mertens/Cahn*, in: KK AktG, § 93 Rn. 31.

144 *Spindler*, in: MK AktG, § 93 Rn. 66.

S. 2 AktG aus. Diese Regelung bietet dem Vorstandsmitglied gerade ein besonderes Privileg und kann deshalb durchaus strengere Voraussetzungen haben als jene, die für ein Bestehen vor dem Sorgfaltsmaßstab des § 93 Abs. 1 S. 1 AktG zu fordern sind. Das Missverständnis diesbezüglich tritt umso deutlicher zutage, wenn *Spindler* seine Sichtweise durch die Feststellung zu stützen sucht, dass ein Vorstandsmitglied „allein für den fehlenden guten Glauben" nicht hafte.[145] Um die Haftungsfrage geht es schließlich in § 93 Abs. 1 S. 2 AktG nur im weiteren Sinne. Vielmehr wird allein ein Fall „garantierter Nichthaftung" legislativ festgestellt. Soweit diesem nicht genügt wird, ist die Klärung der Haftungsfrage in einer ergebnisoffenen Prüfung abermals auf den Maßstab des § 93 Abs. 1 S. 1 AktG zu verweisen.[146] Freilich ist die praxisrelevante Gesamtaussage *Spindlers* bezüglich des Nichtvorliegens einer Pflichtwidrigkeit unter den dargestellten Bedingungen korrekt. Als Argumentation gegen eine gesonderte Tatbestandsvoraussetzung des § 93 Abs. 1 S. 2 AktG bzw. eine bestimmte Prüfungsreihenfolge der Voraussetzungen überzeugt sie indes unter dogmatischen Gesichtspunkten nicht. Schließlich ließe sich auf diese Weise ebenfalls mit dem Verweis auf den Maßstab des § 93 Abs. 1 S. 1 AktG gegen eine Notwendigkeit des § 93 Abs. 1 S. 2 AktG insgesamt argumentieren, was jedoch den durch das UMAG umgesetzten gesetzgeberischen Absichten offensichtlich zuwiderliefe.[147]

Gegen das Erfordernis einer getrennten Prüfung der Gutgläubigkeit spricht allerdings das Praxiserfordernis einer möglichst einfachen und kompakten Prüfung der Voraussetzungen des § 93 Abs. 1 S. 2 AktG. Wenn ein Merkmal bereits vollumfänglich unter einem anderen Prüfungspunkt behandelt werden kann, sollte auf eine künstliche Spaltung der Prüfung verzichtet werden, soweit die Gesamtprüfung auf diese Weise nicht verkompliziert wird oder Klarstellungsgesichtspunkte entgegenstehen. In der Sache wird bei der Prüfung des § 93 Abs. 1 S. 2 AktG ein Handeln zum Wohle der Gesellschaft unmittelbar aus der *ex ante*-Sicht des Vorstandsmitglieds zu beurteilen sein, denn auch solche Entscheidungen können dem Schutzbereich der Norm unterfallen, die *ex post* gar nicht im Unternehmensinteresse liegen, dies jedoch für das Vorstandsmitglied zum Entscheidungszeitpunkt so erscheinen musste.[148] Diese *ex ante*-Bewertung der Entscheidung unter Zugrundelegung der Frage, ob sie vernünftigerweise zum Wohle der Gesellschaft erfolgte, umfasst bereits die Prüfung des guten Glaubens

---

145 *Spindler*, in: MK AktG, § 93 Rn. 66.

146 Zumindest bezüglich nicht im Unternehmensinteresse liegender Entscheidungen sieht das auch *Spindler* so, vgl. *dens.*, in: MK AktG, § 93 Rn. 66.

147 Dazu bereits B.I.3.c).

148 Vgl. in diesem Sinne BegrRegE UMAG, BT-Drucks. 15/5092, S. 11.

auf Seiten des Entscheidungsträgers.[149] Mithin wird das Vorstandsmitglied bei vorliegender Bösgläubigkeit auch nie vernünftigerweise annehmen können, im Unternehmensinteresse zu handeln.[150] Dies spricht gegen das Erfordernis einer gesonderten Gutgläubigkeitsprüfung.

cc) Vernünftige Annahme, auf Basis angemessener Information zu handeln

Weiterhin ist nach dem Wortlaut des § 93 Abs. 1 S. 2 AktG zu fordern, dass der Entscheidungsträger „vernünftigerweise annehmen durfte, auf der Grundlage angemessener Information (...) zu handeln." Das Vorstandsmitglied muss sich also aus subjektiver *ex ante*-Sicht dem Entscheidungsgegenstand angemessen informiert haben.[151] Auch diese Tatbestandsvoraussetzung einer Annahme ist einer restriktiv-objektiven Plausibilitätskontrolle zu unterziehen.[152]

Die Anforderung angemessener Information ist wesentlicher Bestandteil des durch § 93 Abs. 1 S. 2 AktG statuierten Sorgfaltsmaßstabs für Entscheidungsfindungsprozesse.[153] Die Informationsbeschaffung muss situationsbedingt angemessen sein.[154] Das bedeutet, dass sich ihr Umfang und der zu betreibende

149 So explizit die BegrRegE UMAG, BT-Drucks. 15/5092, S. 11 rechte Spalte; aus diesem Grund erkennt auch *Fleischer*, der sich eigentlich für eine gesonderte Gutgläubigkeitsprüfung ausspricht, dass eine Anwendbarkeit des § 93 Abs. 1 S. 2 AktG in den einschlägigen Konstellationen ganz überwiegend schon mangels eines anderen Kriteriums scheitern würde, so dass er dem gesonderten Gutgläubigkeitserfordernis lediglich eine „Notbremsfunktion" beimisst, vgl. *Fleischer*, in: Spindler/Stilz, AktG, § 93 Rn. 76 mit Verweis auf *dens.*, ZIP 2004, 685 (691).

150 So auch *Mertens/Cahn*, in: KK AktG, § 93 Rn. 31.

151 Das Erfordernis einer vernünftigen Annahme bezieht sich damit neben dem Merkmal eines Handelns zum Wohle der Gesellschaft auch auf das hier zu beschreibende Informationskriterium, vgl. BegrRegE UMAG, BT-Drucks. 15/5092, S. 11; hierzu auch *Kocher*, CCZ 2009, 215 (220 f.); zu der Frage nach dem Erfordernis einer von dieser Feststellung gesonderten Gutgläubigkeitsprüfung kann entsprechend auf die Ausführungen unter B.I.3.d)bb)(3) verwiesen werden.

152 Bezüglich der Notwendigkeit einer objektiven Plausibilitätskontrolle („vernünftigerweise") dieser Annahme gilt damit das unter B.I.3.d)bb)(1) Festgestellte in entsprechender Weise.

153 Vgl. hierzu auch *Bosch/Lange*, JZ 2009, 225 (231).

154 Das Kriterium der Angemessenheit soll nach dem Willen des Gesetzgebers einen Ausgleich zwischen unternehmerischer Risikofreude und der Vorsicht eines Treuhänders für fremdes Vermögen schaffen, vgl. BegrRegE UMAG, BT-Drucks. 15/5092, S. 12.

Aufwand nach dem individuellen Entscheidungsgegenstand zu richten hat.[155] Die Einholung vollumfänglicher Information durch Heranziehung sämtlicher verfügbarer Quellen ist damit nicht nötig, solange dem an die konkrete Entscheidungssituation zu richtenden Angemessenheitsmaßstab genügt wird.[156] Der Gesetzgeber verweist in diesem Zusammenhang auf „betriebswirtschaftlich gegebene Schwerpunkte" wie „Rentabilität, Risikobewertung, Investitionsvolumen, Finanzierung etc.", die konkret einzelfallbezogen sowie „unter Berücksichtigung anerkannter betriebswirtschaftlicher Verhaltensmaßstäbe" der Informationsgewinnung zugrunde zu legen seien.[157] Selbst wenn sich durch angemessen erscheinenden Ermittlungsaufwand keine abschließenden Informationen zu der einer Entscheidung anhaftenden Risikoverwirklichungswahrscheinlichkeit einholen lassen, bleibt im Einzelfall eine Entlastung nach § 93 Abs. 1 S. 2 AktG möglich. Dies trifft zu, wenn alle denkbaren Risiken auch im Fall ihrer Verwirklichung noch verantwortbar erscheinen. In einem solchen Fall ist der Kernanforderung des § 93 Abs. 1 S. 2 AktG Genüge getan, denn es wurde auf Grundlage einer vernünftigen Annahme, „zum Wohle der Gesellschaft zu handeln", entschieden.[158]

Soweit es um die Auswahl der zur Verfügung stehenden Information geht, ist dem entscheidenden Vorstandsmitglied ein weiter Ermessensspielraum zuzubilligen, so dass bei Einhaltung eines Vertretbarkeitsrahmens auch die Angemessenheit indiziert ist.[159] In diesem Zusammenhang sind wieder der konkrete Entscheidungsgegenstand und die Umstände der Entscheidung der Angemessenheitsbeurteilung

---

155 In BegrRegE UMAG, BT-Drucks. 15/5092, S. 12 wird auf Kosten-, Nutzen- sowie zeitliche Erwägungen verwiesen, welche insgesamt in einem angemessenen Verhältnis stehen müssten; vgl. auch *Spindler*, in: MK AktG, § 93 Rn. 48 f.; *Brömmelmeyer*, WM 2005, 2065 (2067).

156 Vgl. *Mertens/Cahn*, in: KK AktG, § 93 Rn. 33; *Balthasar/Hamelmann*, WM 2010, 589 (591 f.).

157 BegrRegE UMAG, BT-Drucks. 15/5092, S. 12; vgl. zu einem betriebswirtschaftlichen Informationsansatz in diesem Zusammenhang auch *Baums*, ZGR 2011, 218 (233–237); *Grundei/v. Werder*, AG 2005, 825 (828–834); in Unternehmen können auch Informationen der *Compliance*-Abteilung oder der internen Revision zu berücksichtigen sein, vgl. zu dem letztgenannten Aspekt *Hüffer*, Aktiengesetz, § 93 Rn. 20–22 mit Verweis auf *Arbeitskreis Überwachung*, DB 2006, 2189 (2195); allgemein zugunsten einer Berücksichtigung betriebswirtschaftlicher Aspekte bei der Prüfung von Untreuestrafbarkeit *Schmid*, in: Müller-Gugenberger/Bieneck, Wirtschaftsstrafrecht, § 31 Rn. 160 f.

158 Vgl. *Baums*, ZGR 2011, 218 (223).

159 So auch *Mertens/Cahn*, in: KK AktG, § 93 Rn. 34 f.; vgl. zur Einräumung eines weiten Beurteilungs- bzw. Ermessenspielraums an die Vorstandsmitglieder in einer

zugrunde zu legen.[160] Entscheidungen, welche die Gesamtausrichtung des Unternehmens betreffen oder sich gar unmittelbar auf die Unternehmensexistenz auswirken können, verlangen daher nach einer deutlich detaillierteren Informationsauswahl, als tagesgeschäftliche Routine- oder auch Eilentscheidungen, bei denen im Einzelfall bereits eine „grobmaschigere" Information unter Praktikabilitätsgesichtspunkten und zur Gewährleistung von unternehmerischer Handlungsfähigkeit angemessen erscheinen muss.[161] Die Gewichtung der einzelnen Informationsbestandteile unterliegt in gleichem Maße wie die Wahl der Informationsgrundlage für Prognosen insgesamt dem unter Berücksichtigung eines weiten Ermessensspielraums zu beurteilenden Angemessenheitsmaßstab.[162]

dd) Freiheit von Interessenskonflikten

Weiterhin darf die unternehmerische Entscheidung nicht unter Einfluss „von Interessenkonflikten, Fremdeinflüssen und unmittelbarem Eigennutz" getroffen werden.[163]

(1) Allgemeines

Diese Anforderung ergibt sich nicht unmittelbar aus dem Wortlaut des § 93 Abs. 1 S. 2 AktG, sie entspricht jedoch dem expliziten Willen des Gesetzgebers.[164] Die US-amerikanische *Business Judgement Rule* enthält ebenfalls das Erfordernis einer frei von Eigeninteressen getroffenen Entscheidung.[165] Auch die

---

Aktiengesellschaft schon vor der Neuregelung des § 93 Abs. 1 S. 2 AktG im Zuge des UMAG, BGHZ 135, 244 ff., dazu auch bereits B.I.2.a).

160 Für eine Beurteilung anhand der konkreten Entscheidungsumstände auch *Fleischer*, in: Spindler/Stilz, AktG, § 93 Rn. 73.

161 In diesem Sinne *Spindler*, in: MK AktG, § 93 Rn. 48 f.; ebenfalls *Hopt/Roth*, die sich für proportional zu der Tragweite einer Entscheidung ansteigende Informationspflichten aussprechen, vgl. *dies.*, in: GK AktG, § 93 Abs. 1 S. 2, 4 n.F. Rn. 47; vgl. außerdem *Mertens/Cahn*, in: KK AktG, § 93 Rn. 34; *Baums*, NZG 2011, 218 (235–237); *Bosch/Lange*, JZ 2009, 225 (231); *Brömmelmeyer*, WM 2005, 2065 (2067); *Kock/Dinkel*, NZG 2004, 441 (444); *Schlimm*, Das Geschäftsleiterermessen des Vorstands einer Aktiengesellschaft, 2009, S. 223.

162 *Mertens/Cahn*, in: KK AktG, § 93 Rn. 35; *Spindler*, in: MK AktG, § 93 Rn. 48 f.

163 BegrRegE UMAG, BT-Drucks. 15/5092, S. 11.

164 Vgl. BegrRegE UMAG, BT-Drucks. 15/5092, S. 11; zustimmend *Lutter*, in: FS Canaris, Band 2, 2007, S. 245 (247).

165 Vgl. dazu bereits B.I.1; ebenfalls auf diese Parallele verweisen *Hopt/Roth*, in: GK AktG, § 93 Abs. 1 S. 2, 4 n.F. Rn. 38; *Krieger/Sailer-Coceani*, in: Schmidt/Lutter, AktG, § 93 Rn. 15.

Rechtsprechung des Bundesgerichtshofs ließ bereits vor der Einfügung des § 93 Abs. 1 S. 2 AktG durch das UMAG keinen Raum für die Umsetzung von Eigeninteressen des Führungsorgans, wenn sie eine ausschließliche Orientierung am Unternehmenswohl bei der Ausübung unternehmerischen Ermessens forderte.[166] Hieran anknüpfend sah der parlamentarische Gesetzgeber das Treffen einer frei von sachfremden Einflüssen zustande gekommenen Entscheidung bereits in ausreichendem Maße durch die Anforderung einer Orientierung am Unternehmenswohl gewährleistet und mithin keine Notwendigkeit für eine Aufnahme dieses Kriteriums in den Wortlaut des § 93 Abs. 1 S. 2 AktG.[167]

(2) Objektive Voraussetzung?

Kontrovers wird in diesem Zusammenhang die Frage diskutiert, ob das Vorliegen sachfremder Erwägungen als negatives Tatbestandsmerkmal grundsätzlich objektiv vorliegen muss oder ob eine diesbezügliche Gutgläubigkeit des Vorstandsmitglieds ausreicht, um der Entlastung des § 93 Abs. 1 S. 2 AktG unterfallen zu können.

(a) Literaturansichten

Einerseits wird in der Literatur die objektive Freiheit von Interessenkonflikten bei der Entscheidungsfindung als Voraussetzung für ein Eingreifen der *Business Judgement Rule* gefordert.[168]

Andererseits wollen Stimmen in der Literatur die schlichte Gutgläubigkeit des Vorstandsmitglieds bezüglich dieser Voraussetzung genügen lassen.[169]

---

166 Vgl. nur BGHSt 50, 331 (338 f.); BGHZ 135, 244 (253); dazu ebenfalls *Lutter*, in: FS Priester, 2007, S. 417 (417 m.w.N., 419); differenzierend für Aufsichtsratsmitglieder *Tiedemann*, in: FS Tröndle, 1989, S. 319 (324).

167 BegrRegE UMAG, BT-Drucks. 15/5092, S. 11; kritisch hinsichtlich der mangelnden Aufnahme dieses Tatbestandsmerkmals in den Gesetzestext *Brömmelmeyer*, WM 2005, 2065 (2068); inhaltlich kritisch gegenüber dem Merkmal *Krieger/Sailer-Coceani*, in: Schmidt/Lutter, AktG, § 93 Rn. 15; kritisch aufgrund beider Aspekte allerdings noch bezogen auf den Referentenentwurf zum UMAG und die entsprechende Begründung *Ihrig*, WM 2004, 2098 (2105).

168 *Spindler*, in: MK AktG, § 93 Rn. 60 f. unter konkretisierender Restriktion auf potentiell entscheidungserhebliche Interessenkonflikte in Rn. 62; in diesem Sinne auch *Hopt/Roth*, in: GK AktG, § 93 Abs. 1 S. 2, 4 n.F. Rn. 41.

169 *Hüffer*, Aktiengesetz, § 93 Rn. 25; *Mertens/Cahn*, in: KK AktG, § 93 Rn. 27; so wohl auch *Schäfer*, ZIP 2005, 1253 (1255, 1257).

(b) Stellungnahme

Für das Erfordernis einer objektiv nicht von sachwidrigen Erwägungen beeinflussten Entscheidung lässt sich zunächst die objektiv gewählte Formulierung in der Begründung des Regierungsentwurfs anführen.[170] Ausweislich der Gesetzgebungsmaterialien kann zudem bereits von einem Handeln, das unmittelbar dem Führungsorgan oder seinem Umfeld nützt, auf einen Einfluss sachfremder Erwägungen bei der Entscheidungsfindung geschlossen werden.[171]

Diese „Objektivitätsindizien" lassen vermuten, dass das bloße „Annehmen-Dürfen" in Bezug auf das Nichtvorliegen eines solchen Umstands oder der sachfremden Erwägungen selbst das Vorstandsmitglied nicht in den Genuss der Haftungsfreistellung nach § 93 Abs. 1 S. 2 AktG bringen kann.

Hiergegen lässt sich zwar anführen, dass ein Vorstandsmitglied, das von der Existenz eines Interessenwiderstreits keine Kenntnis hat, durch diesen auch keiner Beeinflussung unterliegt.[172] Allein unter diesem Einwand dürfte ein durch die objektive Formulierung zum Ausdruck gekommener Wille des Gesetzgebers allerdings nicht übergangen werden. Gegen eine starr objektive Auslegung des Merkmals „Freiheit von Interessenkonflikten" sprechen indes darüber hinaus Teile der Begründung des Gesetzentwurfs der Bundesregierung zum UMAG selbst. Denn in der Begründung des Regierungsentwurfs wird dem betroffenen Vorstandsmitglied in Aussicht gestellt, dem Anforderungskriterium des Fernseins sachwidriger Erwägungen unter Umständen auch durch die Offenlegung einer möglichen Interessenkollision genügen zu können.[173] Eine Offenlegung ist jedoch tatsächlich nur bei Kenntnis eines Konflikts von Interessen möglich. Dies muss auch dem Gesetzgeber klar gewesen sein, so dass es naheliegend ist, eine Anwendung des § 93 Abs. 1 S. 2 AktG zugunsten eines Vorstandsmitglieds nicht allein aufgrund eines diesem nicht bekannten Interessenkonflikts auszuschließen. Allerdings muss sich dafür die Gutgläubigkeit auf das Vorliegen des Interessenkonflikts als solchem beziehen und nicht etwa auf eine Annahme des Vorstandsmitglieds, dass ein bekannter Interessenkonflikt ihn nicht an einer vernünftigen Entscheidung hindern werde.

---

170 Vgl. BegrRegE UMAG, BT-Drucks. 15/5092, S. 11; darauf beziehen sich *Hopt/Roth*, in: GK AktG, § 93 Abs. 1 S. 2, 4 n.F. Rn. 41; zustimmend insofern auch noch als Vertreter der Gegenauffassung *Mertens/Cahn*, in: KK AktG, § 93 Rn. 27.

171 BegrRegE UMAG, BT-Drucks. 15/5092, S. 11.

172 So auch *Mertens/Cahn*, in: KK AktG, § 93 Rn. 27.

173 BegrRegE UMAG, BT-Drucks. 15/5092, S. 11 unter Bezugnahme auf eine entsprechende Empfehlung im Deutschen Corporate Governance Kodex; in diesem Sinne zuvor bereits *Paefgen*, AG 2004, 245 (253, 261).

Letztlich kann auch dieser Meinungsstreit durch den Hinweis entschärft werden, dass, selbst wenn ein objektives Freisein von Interessenkonflikten vorausgesetzt würde, einem diesbezüglich Gutgläubigen nicht unmittelbar das Verdikt einer Pflichtwidrigkeit droht. Auch soweit man eine Anwendung des § 93 Abs. 1 S. 2 AktG an dem Objektivitätserfordernis scheitern ließe, würde eine objektiv nachvollziehbare Gutgläubigkeit während der Entscheidung im Rahmen der offenen Prüfung einer Pflichtverletzung am Maßstab des § 93 Abs. 1 S. 1 AktG für eine Einhaltung der zu fordernden Sorgfalt durch das Führungsorgan sprechen. Dazu dürfte freilich in den die Gutgläubigkeit selbst begründenden Umständen keine Sorgfaltspflichtverletzung zu sehen sein. Auf der anderen Seite ist die objektive Freiheit von sachfremden Erwägungen und Interessen für sich gesehen keine Garantie für eine Anwendung des § 93 Abs. 1 S. 2 AktG. Das zentrale Merkmal bleibt in diesem Zusammenhang ein Handeln, von dem angenommen werden konnte, dass es zum Wohle der Gesellschaft erfolgte. Dem Merkmal des Freiseins von Interessenkonflikten kommt mithin in beide Richtungen – sowohl im Fall seines (objektiven) Vorliegens als auch seines Fehlens – lediglich nachrangige Bedeutung zu.

(3) Eigennützige Entscheidungen

Bei der weiteren Betrachtung des Kriteriums der Freiheit von Interessenkonflikten stellt sich die Frage nach der Bewertung eigennützigen Handelns. Ein eigennütziges Entscheiden ist einer Anwendung des § 93 Abs. 1 S. 2 AktG allein dann nicht hinderlich, wenn die Interessen des Vorstandsmitglieds und der Gesellschaft unmittelbar parallel laufen.[174] Dies ist beispielsweise bei gesellschaftsgewinnabhängigen Vorstandsvergütungsmodellen der Fall.[175] Anderes gilt für eine Vielzahl von Entscheidungen, welche bei Übernahmen von Gesellschaften getroffen werden. In diesen Fällen kann die Bestimmung der individuellen

---

174 Nicht zu beanstanden ist deshalb das Erstreben eines Vorteils durch ein Vorstandsmitglied, der sich „(…) nur mittelbar aus dem Wohl der Gesellschaft ableitet", vgl. BegrRegE UMAG, BT-Drucks. 15/5092, S. 11; dazu ebenfalls *Fleischer*, in: Spindler/Stilz, AktG, § 93 Rn. 72; *Mertens/Cahn*, in: KK AktG, § 93 Rn. 26; *Spindler*, in: MK AktG, § 93 Rn. 60; eine nur zum Schein vorgenommene Auflösung eines Interessenkonflikts kann jedoch auch bei Einhaltung aller Verfahrensregeln die Schutzwirkung des § 93 Abs. 1 S. 2 AktG nicht zur Anwendung bringen, eines gesonderten Missbrauchskriteriums bedarf es insoweit nicht, vgl. in diesem Sinne jedoch *Adick*, Organuntreue und Business Judgment, 2010, S. 126 f.

175 *Fleischer*, in: Spindler/Stilz, AktG, § 93 Rn. 72; *ders.*, ZIP 2004, 685 (691); *Mertens/Cahn*, in: KK AktG, § 93 Rn. 26; zwischen „*Stock Options*" bezogen auf die eigene Gesellschaft und solchen bezüglich anderer Gesellschaften eines Konzerns differenziert *Spindler*, in: MK AktG, § 93 Rn. 60.

Interessenlage große Komplikationen bereiten. Dabei kommt es leicht zu einer Vermischung von Interessen der übernehmenden und der übergehenden Gesellschaft.[176] Es ist deshalb dezidiert die Interessenlage des konkreten Vorstandsmitglieds unter Berücksichtigung seiner aktuellen und gegebenenfalls zukünftigen Funktion in der jeweiligen Gesellschaft zu ermitteln und diese mit dem Interesse der von ihm im Entscheidungszeitpunkt zu betreuenden Gesellschaft abzugleichen. Eine Anwendung des § 93 Abs. 1 S. 2 AktG scheidet zudem aus, wenn das Vorstandsmitglied als Organ unterschiedlicher Gesellschaften in einem Konzern zeitgleich tätig ist und die Interessenausrichtung der jeweiligen Gesellschaften nicht exakt deckungsgleich ist.[177]

(4) Gremienentscheidungen

Problematisch erscheint unter dem Aspekt der Freiheit von Interessenkonflikten die Bewertung von Gremienentscheidungen des Vorstands.[178] Es stellt sich die Frage, wie sich der Interessenkonflikt eines einzelnen Vorstandsmitglieds auf den Entscheidungsprozess der übrigen Vorstandsmitglieder auswirkt und inwieweit eine Anwendbarkeit des § 93 Abs. 1 S. 2 AktG davon beeinträchtigt ist.

Einigkeit besteht in der Literatur lediglich bezüglich des grundsätzlichen Erfordernisses einer Offenlegung durch das befangene Vorstandsmitglied für eine weitere Anwendungsmöglichkeit des § 93 Abs. 1 S. 2 AktG.[179] Einer solchen bedarf es allein bei sonstiger Kenntniserlangung von dem Interessenkonflikt eines Mitglieds durch die übrigen Vorstandsmitglieder nicht.[180] Die Frage, inwieweit

---

176 *Mertens/Cahn*, in: KK AktG, § 93 Rn. 26; *Hopt/Roth* verweisen in diesem Zusammenhang ebenfalls auf Probleme bei der Bestimmung der Gesellschaft, zu deren Wohle im Rahmen einer Übernahme maßgeblich zu handeln ist, vgl. *dies.*, in: GK AktG, § 93 Abs. 1 S. 2, 4 n.F. Rn. 29; *Spindler* hält eine Anwendung des § 93 Abs. 1 S. 2 AktG zugunsten der Mitglieder des Vorstands der Zielgesellschaft zumindest nicht *per se* wegen eines Interessenkonflikts für ausgeschlossen, *ders.*, in: MK AktG, § 93 Rn. 105.

177 *Mertens/Cahn*, in: KK AktG, § 93 Rn. 28; *Lutter*, ZIP 2007, 841 (844); *Schlimm*, Das Geschäftsleiterermessen des Vorstands einer Aktiengesellschaft, 2009, S. 297.

178 Hierzu ausführlich aus strafrechtlicher Sicht *Loeck*, Strafbarkeit des Vorstands einer Aktiengesellschaft wegen Untreue, 2006, S. 239–297.

179 Dazu auch bereits B.I.3.d)dd)(2)(b) unter Bezugnahme auf BegrRegE UMAG, BT-Drucks. 15/5092, S. 11; vgl. ebenfalls *Blasche*, AG 2010, 692 (697 f.); das Erfordernis der Offenlegung von Interessenkonflikten durch die Mitglieder des Vorstands hat mittlerweile auch in Ziffer 4.3.4. des Deutschen Corporate Governance Kodexes seinen Ausdruck gefunden, dabei wird eine Offenlegung sowohl gegenüber dem Aufsichtsrat als auch gegenüber den übrigen Vorstandskollegen gefordert.

180 Vgl. nur *Mertens/Cahn*, in: KK AktG, § 93 Rn. 29; *Blasche*, AG 2010, 692 (698 f.).

sich die Entlastungswirkung des § 93 Abs. 1 S. 2 AktG ungeachtet des Interessenkonflikts weiterhin auf das befangene und die übrigen Vorstandsmitglieder erstreckt, wird uneinheitlich beantwortet.

(a) Literaturansichten

Eine Ansicht in der Literatur vertritt einen besonders rigiden Ansatz bei der Beurteilung dieser Frage. Danach soll der Einfluss sachfremder Erwägungen bzw. konträrer Interessen auf die Entscheidungsfindung nur eines Vorstandsmitglieds bereits die Anwendung des § 93 Abs. 1 S. 2 AktG zugunsten des gesamten Vorstands, unabhängig von dem Kenntnisstand der übrigen Mitglieder bezüglich des Interessenkonflikts, ausschließen.[181] Den einzigen Ausweg soll dann die angesprochene Offenlegung des Interessenkonflikts durch das befangene Mitglied bieten. Im Fall des gemeinsamen Vorstandshandelns mehrerer Mitglieder soll diese jedoch lediglich den übrigen Vorstandsmitgliedern eine Berufungsmöglichkeit auf § 93 Abs. 1 S. 2 AktG bewahren können.[182] Dies gelte allerdings auch nur unter der Bedingung eines Ausscheidens des sachwidrig beeinflussten Mitglieds aus sämtlichen Prozessen rund um die Entscheidungsfindung und Beschlussfassung, da nur so ausgeschlossen werden könne, dass die Entscheidung unter dem Einfluss sachwidriger Erwägungen zustande gekommen sei.[183]

Abweichend hiervon wird in einem großzügigeren Ansatz unter Zugrundelegung der gleichen Offenlegungsanforderungen und einer wirksamen Beschlussfassung durch die übrigen Vorstandsmitglieder eine Entlastung gemäß § 93 Abs. 1 S. 2 AktG auch zugunsten des befangenen Vorstandsmitglieds weiter für möglich erachtet.[184]

---

181 In diesem Sinne *Fleischer*, in: Spindler/Stilz, AktG, § 93 Rn. 72; vgl. ebenfalls *Lutter*, in: FS Canaris, Band 2, 2007, S. 245 (248–251); *ders.*, in: FS Priester, 2007, S. 417 (419 f.); differenzierend und ablehnend gegenüber einem generellen Anwendungsausschluss der Regelung für die übrigen Vorstandsmitglieder dagegen neuerdings *Spindler*, in: MK AktG, § 93 Rn. 64 – in der Vorauflage hatte *ders.* sich noch zugunsten eines Ausschlusses der Anwendung auch für die übrigen Mitglieder aufgrund einer „Infektion" des Entscheidungsprozesses positioniert, vgl. *dens.*, in: MK AktG (3. Aufl. 2008), § 93 Rn. 55.

182 Vgl. *Lutter*, in: FS Canaris, Band 2, 2007, S. 245 (248–251).

183 So *Lutter*, in: FS Priester, 2007, S. 417 (419 f.); *ders.*, in: FS Canaris, Band 2, 2007, S. 245 (249 f.); einen Ausschluss des befangenen Mitglieds bereits im Entscheidungsvorfeld hält dagegen offensichtlich nicht für erforderlich *Paefgen*, AG 2004, 245 (253, 261); bezogen auf den Stimmrechtsausschluss eines befangenen Aufsichtsratsmitglieds von der Zustimmungsentscheidung zu einem von diesem geschlossenen Vertrag, vgl. auch OLG Frankfurt ZIP 2005, 2322 (2324 f.).

184 Vgl. *Hopt/Roth*, in: GK AktG, § 93 Abs. 1 S. 2, 4 n.F. Rn. 41.

Wiederum andere Autoren weisen die erstgenannte Auffassung als zu weitgehende Begrenzung des Anwendungsbereichs von § 93 Abs. 1 S. 2 AktG in noch größerem Umfang zurück. Dabei wird eine flexiblere Sichtweise propagiert, welche unter einem stärkeren Einzelfallbezug auszuloten versucht, ob sich der Interessenkonflikt des einzelnen Mitglieds unter den gegebenen Umständen auf die Entscheidung der übrigen Mitglieder auswirken musste.[185] So soll eine Anwendung des § 93 Abs. 1 S. 2 AktG gegebenenfalls auch dann den übrigen Vorstandsmitgliedern nicht *per se* vorenthalten bleiben, wenn das sich in einem Interessenkonflikt befindliche Mitglied an den Beratungsgesprächen oder sogar an der Entscheidung selbst mitgewirkt habe.[186] Für einen Ausschluss der Anwendbarkeit des § 93 Abs. 1 S. 2 AktG bedürfe es nach dieser Auffassung eines gesonderten Nachweises, dass die übrigen und beschlussfähigen Vorstandsmitglieder explizit durch die sachwidrigen Erwägungen des Vorstandskollegen nicht zu einer allein am Wohle der Gesellschaft orientierten Handlung in der Lage gewesen seien.[187] Dies gelte selbst bei einer Abstimmungspartizipation des befangenen Vorstandsmitglieds.[188] Da der Nachweis eines so gravierenden Einflusses der sachfremden Interessen auf die übrigen Vorstandskollegen lediglich in Ausnahmekonstellationen gelingen werde, solle im Regelfall einzige Konsequenz die Nichtberücksichtigung der Stimme des befangenen Mitglieds sein.[189]

Die vorgestellten Literaturansichten unterscheiden sich mithin in zentraler Weise bezüglich des Maßstabs, der an einen die Anwendbarkeit des § 93 Abs. 1 S. 2 AktG hindernden Einflussgrad sachwidriger Interessen zu richten ist.

Die erstgenannte und strengste Auffassung versucht einen Einfluss der sachfremden Interessen des befangenen Vorstandsmitglieds definitiv auszuschließen. Diesem Erfordernis ist nach der ersten Ansicht allein durch einen kompletten Ausschluss des sachwidrigen Interessen ausgesetzten Mitglieds Genüge getan. Nur unter dieser Bedingung darf es danach zu einer Anwendung des § 93 Abs. 1 S. 2 AktG kommen.

185 Anschaulich *Mertens/Cahn*, in: KK AktG, § 93 Rn. 29.

186 *Mertens/Cahn*, in: KK AktG, § 93 Rn. 29 – nur konsequent ist vor diesem Hintergrund die Auffassung der Autoren, dass einer Anwendung des § 93 Abs. 1 S. 2 AktG, unabhängig von einer Offenlegung des Interessenkonflikts, stets dann nichts im Weg stehe, wenn das Mitglied weder an der Beratung noch an der tatsächlichen Entschlussfassung teilgenommen habe, weil in der angeführten Situation keine Gefahr eines Einflusses der sachfremden Erwägungen auf den Entscheidungsfindungsprozess besteht.

187 Vgl. *Mertens/Cahn*, in: KK AktG, § 93 Rn. 29.

188 *Mertens/Cahn*, in: KK AktG, § 93 Rn. 29.

189 *Mertens/Cahn*, in: KK AktG, § 93 Rn. 29.

Anders beurteilt dies die letztgenannte Ansicht. Hiernach soll eine Einflussnahme durch die Interessen des befangenen Kollegen stets im Einzelfall nachgewiesen werden müssen. Selbst soweit ein solcher Nachweis gelingt, soll aber die Anwendung des § 93 Abs. 1 S. 2 AktG erst ausgeschlossen sein, wenn den übrigen Mitgliedern infolgedessen die Möglichkeit einer im Unternehmensinteresse liegenden Entscheidung genommen war.

Es lässt sich also feststellen, dass die unterschiedlichen Ansichten erheblich voneinander abweichende Anforderungen an eine Anwendbarkeit des § 93 Abs. 1 S. 2 AktG stellen: Einerseits soll keine Möglichkeit eines sachfremden Einflusses auf die Entscheidung insgesamt bestehen dürfen, andererseits soll bereits die Möglichkeit einer unabhängig von dem sachfremden Einfluss zustande gekommenen Entscheidung genügen.

(b) Stellungnahme

Letzterer Auffassung ist zuzugeben, dass eine Infiltrierung des Entscheidungsfindungsprozesses mit den Interessen des befangenen Vorstandsmitglieds durch den Ausschluss dieses Mitglieds nicht mit abschließender Sicherheit verhindert werden kann.[190] Eine Einflussnahme auf die übrigen Vorstandsmitglieder lässt sich schließlich auch außerhalb des Gremiums auf vielfältige Weise vollziehen. Allerdings ist dies – für sich gesehen – kein Argument gegen das grundsätzliche Erfordernis einer völlig unabhängig von Interessenkonflikten zustande gekommenen Entscheidung für eine Entlastung gemäß § 93 Abs. 1 S. 2 AktG. Vielmehr wäre eine Beeinflussung der Vorstandsmitglieder außerhalb des Gremiums gesondert auf das Hervorrufen einer sachwidrigen Interessenlage hin zu untersuchen.

Die Problematik der Nachvollziehbarkeit von Interesseneinflüssen im Rahmen von Gremienentscheidungen beruht auf einer oftmals diffusen Situation wechselseitiger Beeinflussung zwischen den einzelnen Vorstandsmitgliedern innerhalb und außerhalb der Sitzungen und auf unterschiedlichen Informationswegen. Während im Rahmen der Beurteilung von Einzelentscheidungen allein zu prüfen ist, ob der Entscheidungsträger gutgläubig war oder im Fall des Wissens von einem Interessenkonflikt diesen offenlegte, ist die Untersuchung eines Einflusses sachfremder Erwägungen bei Gremienentscheidungen bedeutend vielschichtiger.[191] So ist die Beurteilung, wann eine Entscheidung tatsächlich ohne einen, womöglich auch nur mittelbaren, Befangenheitseinfluss eines

190 Dies klingt auch bei *Mertens/Cahn* an, vgl. *dies.*, in: KK AktG, § 93 Rn. 29.

191 Vgl. zum Bewertungsmaßstab bei Einzelentscheidungen die Ausführungen unter B.I.3.d)dd)(2).

Vorstandsmitglieds zustande gekommen ist, im Rahmen der Überprüfung einer Gremienentscheidung eklatant erschwert. Denn der sachfremde Einfluss kann auch in einer unterschwelligen oder gar unbewussten Beeinflussung des übrigen Abstimmungsverhaltens bestehen.[192] Einen solchen Einfluss sachwidriger Erwägungen konträr zum Interesse des Unternehmens will der Gesetzgeber des UMAG aber gerade explizit von der Entlastungswirkung des § 93 Abs. 1 S. 2 AktG ausgeschlossen wissen.[193] Dies spricht für den strengeren Ansatz und ein Erfordernis, das befangene Vorstandsmitglied aus dem laufenden Entscheidungsprozess auszuschließen. Wenn diesem Erfordernis Genüge getan ist, sollte entsprechend der Ansicht von *Hopt/Roth* auch eine Anwendung des § 93 Abs. 1 S. 2 AktG zugunsten des sich in einem Interessenkonflikt befindlichen Mitglieds erfolgen können. Schließlich hat es durch die frühe Offenlegung und das anschließende Ausscheiden gerade bestmöglich auf einen unbeeinflussten Entscheidungsprozess hingewirkt. Würde man ihm – vorbehaltlich der Erfüllung aller sonstigen Kriterien – dennoch eine Berufung auf § 93 Abs. 1 S. 2 AktG verwehren, so stellte man das befangene Vorstandsmitglied allein aufgrund der Entscheidungsfindung in einem Gremium schlechter gegenüber dem Treffen einer Einzelentscheidung. Dies erschiene in der Sache unbillig.

ee) Kein Eingehen „übergroßer" Risiken

Teilweise wird für ein Eingreifen des § 93 Abs. 1 S. 2 AktG über den Wortlaut hinaus gefordert, dass die zu bewertende Entscheidung keine Eingehung „übergroßer" Risiken darstelle.[194] Jedoch ist der Inhalt dieser Tatbestandsvoraussetzung bereits in vollem Umfang in der Voraussetzung einer „vernünftigen Annahme, zum Wohle der Gesellschaft zu handeln", enthalten.[195] Damit bedarf dieses Kriterium keiner gesonderten Prüfung.

---

192 *Lutter* spricht hierbei von einer „Infektion" der übrigen Vorstandsmitglieder, vgl. *dens.*, in: FS Canaris, Band 2, 2007, S. 245 (248); dem in der Vorauflage der Kommentierung noch folgend *Spindler*, in: MK AktG (3. Aufl. 2008), § 93 Rn. 55 und im Ergebnis auch *Fleischer*, in: Spindler/Stilz, AktG, § 93 Rn. 72.

193 Vgl. bereits B.I.3.d)dd)(1) unter Verweis auf BegrRegE UMAG, BT-Drucks. 15/5092, S. 11.

194 Vgl. *Lutter*, ZIP 2007, 841 (845).

195 So behandeln *Krieger/Sailer-Coceani* bezeichnenderweise das Eingehen „übergroßer" Risiken im Rahmen der Frage nach einem Handeln zum Wohle der Gesellschaft bei potentiell existenzgefährdenden Entscheidungen, vgl. *dies.*, in: K. Schmidt/Lutter, AktG, § 93 Rn. 13; in ähnlichem Zusammenhang behandeln *Hopt/Roth* die Frage nach der „Unvertretbarkeit" einer Entscheidung, welche inhaltlich wohl dem

4. Zwischenergebnis

Die *Business Judgement Rule* des deutschen Aktienrechts wurde in Anlehnung an ein entsprechendes Rechtsinstitut des angelsächsischen Rechtskreises und unter Berücksichtigung der bis dahin ergangenen deutschen Rechtsprechung in § 93 Abs. 1 S. 2 AktG als Entlastungsinstrument zugunsten der Mitglieder des Vorstands einer Aktiengesellschaft kodifiziert. Danach handelt ein Vorstandsmitglied stets pflichtmäßig, wenn es eine unternehmerische Entscheidung in der vernünftigen Annahme trifft, auf der Basis angemessener Information zum Wohle der Gesellschaft zu handeln. Das Vorliegen einer vernünftigen Annahme umfasst dabei eine Gutgläubigkeit des Vorstandsmitglieds, so dass diese keiner gesonderten Prüfung bedarf. Das Vorstandsmitglied darf sich weiterhin keinem Interessenkonflikt ausgesetzt sehen bzw. hat einen solchen unmittelbar offenzulegen, um in den Genuss der Entlastungswirkung des § 93 Abs. 1 S. 2 AktG kommen zu können.

II. Die Untreue

Die Untreue gemäß § 266 StGB ist eine zentrale Norm des Wirtschaftsstrafrechts.[196] Die besondere Relevanz des § 266 StGB für das Wirtschaftsleben liegt darin begründet, dass große Unternehmen in der Regel als juristische Personen organisiert sind. Diese handeln ausschließlich durch ihre Organe.[197] Den Organen eröffnet sich dadurch notwendigerweise eine Zugriffsmöglichkeit auf das ihnen fremde Vermögen der Gesellschaft.[198] Die Gesellschaft selbst kann die Ausübung der ihnen eingeräumten Machtstellung durch die Organe nicht überwachen, sondern ist hierzu zwecks eines wirksamen Schutzes ihres Vermögens auf die

Maßstab des Eingehens „übergroßer“ Risiken entspricht, vgl. *dies.*, in: GK AktG, § 93 Abs. 1 S. 2, 4 n.F. Rn. 35–37.

196 So *Schünemann*, in: LK StGB, § 266 Rn. 3; ebenfalls in diesem Sinne *Seier*, in: Achenbach/Ransiek, Handbuch Wirtschaftsstrafrecht, 5. Teil, 2. Kapitel Rn. 1; *Ransiek*, ZStW 116 (2004), 634 (634); *ders./Hüls*, ZGR 2009, 157 (161); *Kudlich/Oglakcioglu*, Wirtschaftsstrafrecht, Rn. 327; als „Norm des Wirtschaftsstrafrechts“ begreift die Untreue ebenfalls *Bräunig*, Untreue in der Wirtschaft, 2011, S. 59–61; allgemein zu dem Begriff des Wirtschaftsstrafrechts und dem daraus folgenden Rechtscharakter der Untreue *Rönnau*, ZStW 119 (2007), 887 (890–902) – wobei *ders.* § 266 StGB im Ergebnis nicht als Wirtschaftsdelikt sieht, ebenfalls jedoch zu Recht auf die mangelnde Erheblichkeit der diesbezüglichen Einordnung auf die Auslegung des Tatbestands hinweist, vgl. *dens.*, ZStW 119 (2007), 887 (901 f.).

197 Vgl. *K. Schmidt*, Gesellschaftsrecht, § 10 I. 1. a) und b) (S. 247 f.).

198 Zu daraus erwachsenden Vertrauensaspekten vgl. *Schmid*, in: Müller-Gugenberger/Bieneck, Wirtschaftsstrafrecht, § 31 Rn. 6–7a.

Überwachung durch andere Organe angewiesen.[199] Schädigt ein Organ in Ausübung der ihm anvertrauten Stellung unter Verletzung der ihm zukommenden Betreuungspflicht das Vermögen der Gesellschaft, so liegt darin typischerweise kein Angriff auf das Gesellschaftsvermögen, wie ihn jeder außenstehende Dritte begehen könnte, sondern eine Schädigung des Gesellschaftsvermögens „von innen heraus."[200] Eine solche ist exklusiv durch den Untreuetatbestand pönalisiert.

Um die Relevanz des § 93 Abs. 1 S. 2 AktG für die Untreuestrafbarkeit eines AG-Vorstands untersuchen zu können, bedarf es zunächst einer Auseinandersetzung mit dem tatbestandlichen Aufbau und der Struktur des § 266 Abs. 1 StGB. Nur so kann eine dogmatisch genaue Lokalisierung einer möglichen Relevanzentfaltung innerhalb der einzelnen Tatbestandsmerkmale und -alternativen erfolgen.

1. Der Untreuetatbestand

Der Tatbestand des § 266 Abs. 1 StGB zeichnet sich durch eine besondere Weite aus.[201] Diese liegt in der geringen Anzahl und teilweisen Unbestimmtheit der

199 In diesem Sinne *Brammsen*, wistra 2009, 85 (85).

200 Dazu *Kindhäuser*, in: NK StGB, § 266 Rn. 3; *Dierlamm*, in: MK StGB, § 266 Rn. 2.

201 *Saliger*, ZStW 112 (2000), 563 (563); aufgrund der Weite des Tatbestands halten Teile der Literatur § 266 Abs. 1 StGB für verfassungswidrig, dabei wird entweder allein bezüglich des Treubruchstatbestands ein Verstoß gegen Art. 103 Abs. 2 GG angenommen oder es werden beide Tatbestandsalternativen als verfassungswidrig erachtet, weil sich die Unbestimmtheit des Treubruchstatbestands als „Oberfall" auf den „Unterfall" des Missbrauchstatbestands erstrecke, so explizit *Kargl*, ZStW 113 (2001), 565 (589 f.); mit Bedenken hinsichtlich der Verfassungsmäßigkeit des Tatbestands ebenfalls *Dierlamm*, in: MK StGB, § 266 Rn. 3 [„Dies gilt insbesondere für den Treubruchstatbestand, (...)."], 270; zuvor bereits *Lesch*, DRiZ 2004, 135 (135); kritisch zu dieser Auffassung insgesamt *Ransiek*, ZStW 116 (2004), 634 (644); *Saliger* sah den Untreuetatbestand zumindest „nahe an der Grenze zur Verfassungswidrigkeit" und bezog sich dabei auf *Schünemann*, in: LK StGB (11. Aufl. 2005), § 266 Rn. 29 ff. (Stand: 1.5.1998), vgl. *Saliger*, ZStW 112 (2000), 563 (563) – *Schünemann* hat seine diesbezügliche Auffassung aus der 11. Auflage [§ 266 Rn. 31: „Aber so einfach darf man sich die Frage der Verfassungsmäßigkeit des Treubruchtatbestandes (sic!) schon deshalb nicht machen, weil (...)"] jedoch angesichts der zwischenzeitlich ergangenen verfassungsgerichtlichen Rechtsprechung in der aktuellen 12. Auflage seiner Kommentierung zu § 266 StGB im LK StGB geändert und verwirft nunmehr jeden Zweifel an der Verfassungsmäßigkeit des § 266 StGB („An der Verfassungsmäßigkeit dieser Strafvorschrift ist deshalb nicht zu zweifeln."), vgl. *dens.*, in: LK StGB, § 266 Rn. 28; so zwischenzeitlich auch bereits *Saliger*, in: Satzger/Schluckebier/Widmaier, StGB, § 266 Rn. 4 m.w.N. und mit *dems.* die ganz überwiegende Literaturauffassung, vgl. nur *Schmid*, in: Müller-Gugenberger/Bieneck, Wirtschaftsstrafrecht,

Tatbestandsmerkmale begründet.[202] Der Untreuetatbestand ist akzessorisch gegenüber außerstrafrechtlichen Normen, durch die der Pflichtenkreis des Treunehmers zu ermitteln sein kann.[203]

---

§ 31 Rn. 8, 8a; *Ransiek*, ZStW 116 (2004) 634 (644, 678 f.); ebenfalls *Rönnau*, wenngleich *ders.* dem Treubruchstatbestand zumindest eine „notorische Unterbestimmtheit" attestiert, vgl. *dens.*, ZStW 119 (2007), 887 (892 f.); zumindest in der Nähe der Verfassungswidrigkeit sehen den Untreuetatbestand weiterhin *Ignor/Sättele*, in: FS Hamm, 2008, S. 211 (211–213); *P.-A. Albrecht*, in: FS Hamm, 2008, S. 1 (1–4); demgegenüber vertritt *Seier* die Auffassung, dass der Untreuetatbestand gerade weit sein müsse, um eine Vielzahl sehr unterschiedlich gelagerter, aber allesamt untreuestrafwürdiger, wirtschaftlicher Sachverhalte erfassen zu können, wobei sich aus dieser Erkenntnis freilich nichts Unmittelbares bezüglich der Frage nach der Einhaltung des Bestimmtheitsgebots aus Art. 103 Abs. 2 GG ergibt, welche *ders.* zumindest in Zweifel zieht, vgl. *dens.*, in: Achenbach/Ransiek, Handbuch Wirtschaftsstrafrecht, 5. Teil, 2. Kapitel Rn. 19 f.; eine vergleichbare Argumentation allgemein gegen eine übersteigert starre Formulierung von Strafnormen im Interesse ihrer Bestimmtheit, aber zulasten der Möglichkeit einer sachgerechten Einzelfallanwendung, findet sich bereits in BVerfGE 14, 245 (251); ebenfalls in diesem Sinne *Altvater*, DRiZ 2004, 134 (134); auf diese gegensätzliche Bewertung des Untreuetatbestands im Schrifttum bezieht sich *Saliger*, HRRS 2006, 10 (11); unter Formulierung von untreuebezogenen Auslegungserfordernissen zur Wahrung des Bestimmtheitsgrundsatzes bei Anwendung des Treubruchstatbestands bereits *Sax*, JZ 1977, 663 (664–667); zu Reformvorschlägen auf der Basis der vorgebrachten Kritik an der Norm vgl. exemplarisch *U. Weber*, in: FS Dreher, 1977, S. 555 (564–571); schließlich hatte sich das Bundesverfassungsgericht wiederholt mit der Frage nach der Verfassungsmäßigkeit des Untreuetatbestands zu befassen und bejahte diese, vgl. zuletzt BVerfGE 126, 170–233, vgl. hierzu an späterer Stelle dieser Arbeit C.II.2.b)cc)(1)(a)(ee) und C.II.2.b)cc)(1)(a)(ff); ebenfalls in diesem Sinne, aber zurückhaltender zuvor noch BVerfG NJW 2009, 2370–2373 mit Blick auf das Tatbestandsmerkmal Vermögensnachteil.

202 Auf die geringe Anzahl an Tatbestandsmerkmalen des Treubruchstatbestands als Oberfall verweist *Samson*, in: Gesellschaftsrecht in der Diskussion 2004, 2005, S. 109 (111); bezogen auf beide Tatbestandsalternativen *Saliger*, HRRS 2006, 10 (12); vgl. außerdem *dens.*, ZStW 112 (2000), 563 (563); *Ransiek*, ZStW 116 (2004), 634 (646); die Unbestimmtheit der Norm bezieht sich besonders auf das Merkmal der Vermögensbetreuungspflichtverletzung, vgl. auch C.II.2.b)cc)(1).

203 Statt vieler *Saliger*, HRRS 2006, 10 (14); bezogen auf die Tatbestandsmerkmale „Vermögensbetreuungspflicht" und „Missbrauch" ebenfalls *Ransiek*, ZStW 116 (2004), 634 (644 f.); vor dem Hintergrund der Akzessorietät des § 266 Abs. 1 StGB sieht *Lüderssen* bei Anknüpfung an eine ebenfalls konkretisierungsbedürftige Norm (in dem Fall § 87 Abs. 1 S. 1 AktG) einen Verstoß gegen Art. 103 Abs. 2 GG, vgl *dens.*, in: FS Schroeder, 2006, S. 569 (573 f.); zu der Frage der Natur der Pflichtverletzung im Sinne des § 266 Abs. 1 StGB als normatives Tatbestandsmerkmal oder

§ 266 Abs. 1 StGB weist zwei Tatbestandsalternativen auf: Einerseits den Missbrauchstatbestand, § 266 Abs. 1 1. Alt. StGB, andererseits den Treubruchstatbestand, § 266 Abs. 1 2. Alt. StGB. Das Verhältnis der beiden Tatbestandsalternativen war lange Zeit stark umstritten.[204]

Anhänger der so genannten „dualistischen Theorie" wollen jeder Tatbestandsalternative einen sich ergänzenden, aber getrennten Anwendungsbereich zuschreiben.[205] Hierzu kann geltend gemacht werden, dass bei einer abweichenden Sichtweise der Missbrauchstatbestand praktisch obsolet wäre.[206] Außerdem könnte man im Rahmen des Missbrauchstatbestands die Sonderbeziehung zwischen einem potentiellen Täter und dem geschützten Vermögen gerade aus der Verpflichtungs- oder Verfügungsbefugnis ableiten.[207]

Blankett vgl. an späterer Stelle C.II.1.a)aa)(7); ebenfalls Bedenken bezüglich einer Anwendung des § 87 Abs. 1 S. 1 AktG, der „generalklauselartig weit gefasst" sei, im Rahmen der „blankettartig weit gefassten Strafnorm" des § 266 Abs. 1 StGB hat *Dierlamm*, in: MK StGB, § 266 Rn. 270.

204 Vgl. umfassend zum Streitstand und den diversen vertretenen Untreuetheorien *Saliger*, in: Satzger/Schluckebier/Widmaier, StGB, § 266 Rn. 6 m.w.N.; *Dierlamm*, in: MK StGB, § 266 Rn. 24–31 m.w.N.; *Schünemann*, in: LK StGB, § 266 Rn. 6–22; *Fischer*, StGB, § 266 Rn. 6–8 m.w.N.

205 So setzen diese mit unterschiedlicher Akzentuierung im Einzelnen zwar ebenfalls im Rahmen des Missbrauchstatbestands eine Vermögensbetreuungspflicht voraus, diese soll jedoch nicht mit jener im Rahmen des Treubruchstatbestands zu fordernden Pflicht identisch sein, sondern bereits aus der dem Täter erteilten und außenwirksamen Verfügungs- bzw. Verpflichtungsbefugnis resultieren, vgl. *Otto*, Grundkurs Strafrecht, § 54 Rn. 5, 8–11; *ders.*, JR 1989, 208 (210); *ders.*, JZ 1988, 883 (884); *ders.*, JR 1985, 29 (29 f.), wonach die beiden Tatbestandsalternativen zwei selbständige Strafgesetze im Sinne des § 265 Abs. 1 StPO seien; *Ranft*, JuS 1988, 673 (673 f.); *Labsch*, Jura 1987, 343 (345 f.); *ders.*, NJW 1986, 104 (106–108); ebenfalls *Sax*, JZ 1977, 702 (702); *Bringewat*, NStZ 1985, 535 (537); *Saliger* bezeichnet diese Sichtweise anschaulich als „modifiziert dualistische Untreuetheorie", vgl. *dens.*, in: Satzger/Schluckebier/Widmaier, StGB, § 266 Rn. 6; wiederum abweichend positioniert sich *Schünemann*, der, von einem dualistischen Ansatz ausgehend, Sachverhalte anhand von Typusmerkmalen dem Missbrauchs- bzw. Treubruchstatbestand zuordnen will (sog. „typologische Theorie"), vgl. *dens.*, in: LK StGB, § 266 Rn. 18–22 – dieser Ansatz vermag indes nach der hier vertretenen Auffassung keine trennscharfe Abgrenzung zwischen dem Anwendungsbereich der jeweiligen Tatbestandsalternativen zu gewährleisten, so auch *Dierlamm*, in: MK StGB, § 266 Rn. 30.

206 In diesem Sinne *Schünemanns* Argumentation gegen eine streng monistische Untreuetheorie, vgl. *dens.*, in: LK StGB, § 266 Rn. 13, 16.

207 Vgl. *Sax*, JZ 1977, 702 (702); in diesem Sinne auch *Otto*, Grundkurs Strafrecht, § 54 Rn. 5, 11.

Mittlerweile wird der Missbrauchstatbestand jedoch nach ganz überwiegender Auffassung in Rechtsprechung und Literatur als Unterfall des Treubruchstatbestands verstanden. Entsprechend der diesem Verständnis zugrunde liegenden so genannten „monistischen Theorie" setzt der „Unterfall" des Missbrauchstatbestands – genau wie der „Oberfall" des Treubruchstatbestands – die Verletzung einer identischen Vermögensbetreuungspflicht voraus. [208] Neben dem Wortlaut der Norm, welcher einen Bezug des Tatbestandsmerkmals einer Vermögensbetreuungspflicht auf beide Tatbestandsalternativen des § 266 Abs. 1 StGB nahe legt, spricht für diese Sichtweise auch unter Restriktionsgesichtspunkten das Erfordernis eines zusätzlichen Tatbestandsmerkmals im Rahmen des Missbrauchstatbestands.[209] Die „monistische Theorie" soll den weiteren Ausführungen zum Tatbestand des § 266 Abs. 1 StGB zugrunde gelegt werden.

---

208 Vgl. nur BVerfGE 126, 170 (175 f. m.w.N.); BGHSt 50, 331 (342); 24, 386 (387); *Lackner/Kühl*, StGB, § 266 Rn. 4, 8 f.; *Samson/Günther*, in: SK StGB (39. Lfg.), § 266 Rn. 5; *Saliger*, in: Satzger/Schluckebier/Widmaier, StGB, § 266 Rn. 6 f., wobei *ders.* diesen Ansatz als „streng monistische Untreuetheorie" bezeichnet; außerdem *Dierlamm*, in: MK StGB, § 266 Rn. 26; *Kindhäuser*, in: NK StGB, § 266 Rn. 26; *Hoyer*, in: SK StGB, § 266 Rn. 17 f.; *Wessels/Hillenkamp*, Strafrecht BT 2, Rn. 750, 752; *Arzt/Weber/Heinrich/Hilgendorf*, Strafrecht BT, § 22 Rn. 68; *Küper*, Strafrecht BT, S. 358; *Brüning/Samson*, ZIP 2009, 1089 (1090); teilweise wird in der Literatur dabei eine Strafbarkeit nach § 266 Abs. 1 1. Alt. StGB auf Tathandlungen unter der Verletzung fremdnütziger Verpflichtungs- oder Verfügungsbefugnis beschränkt, um auf diese Weise eine Abgrenzung zum Treubruchstatbestand herzustellen, vgl. *Perron*, in: Schönke/Schröder, StGB, § 266 Rn. 2, 12; *Schlüchter*, JuS 1984, 675 (676 f., 680); *Steinhilper*, Jura 1983, 401 (408); *Seelmann*, JuS 1982, 914 (916 f.); *Saliger* spricht hierbei von der „eingeschränkt monistischen Untreuetheorie", vgl. *dens.*, in: Satzger/Schluckebier/Widmaier, StGB, § 266 Rn. 6.

209 Zum Wortlautargument vgl. nur *Dierlamm*, in: MK StGB, § 266 Rn. 31; *Saliger*, in: Satzger/Schluckebier/Widmaier, StGB, § 266 Rn. 6; neben dem Wortlaut auch auf eine begrüßenswerte Restriktionswirkung als Argument zugunsten des einheitlichen Erfordernisses einer Vermögensbetreuungspflicht abstellend bereits *Samson/Günther*, in: SK StGB (39. Lfg.), § 266 Rn. 5; zum Restriktionserfordernis bei der Tatbestandsanwendung des § 266 StGB allgemein vgl. BVerfGE 126, 170 (200, 211, 213, 215); *Dierlamm*, in: MK StGB, § 266 Rn. 4, 31 sowie bereits *Fabricius*, NStZ 1993, 414 (414 f.); speziell bezogen auf die Anwendung der Treubruchsalternative als Oberfall, vgl. nur BGHSt 47, 295 (297 f.); *Saliger*, in: Satzger/Schluckebier/Widmaier, StGB, § 266 Rn. 24; *Perron*, in: Schönke/Schröder, StGB, § 266 Rn. 22; *Dierlamm*, in: MK StGB, § 266 Rn. 161.

Von § 266 Abs. 1 StGB ist also in beiden Tatbestandsalternativen die Schädigung eines anvertrauten fremden Vermögens durch die Verletzung einer Vermögensbetreuungspflicht unter Strafe gestellt. Damit ist die Untreue ein Sonderdelikt, welches allein von einer vermögensbetreuungspflichtigen Person verwirklicht werden kann.[210] Außerdem ist die Untreue zugleich Verletzungs- und Erfolgsdelikt.[211] Es ist ausschließlich vorsätzliches Handeln vom Tatbestand erfasst. Als vom Tatbestand geschütztes Rechtsgut ist nach ganz überwiegender Auffassung in Rechtsprechung und Literatur allein das Vermögen des Treugebers zu sehen.[212]

Die „monistische Theorie" liefert bereits eine Erkenntnis für den Fall, dass die Relevanzentfaltung des § 93 Abs. 1 S. 2 AktG allein im Rahmen der Prüfung einer Vermögensbetreuungspflichtverletzung zu thematisieren wäre. Die diesbezüglichen Ergebnisse gelten pauschal für beide Tatbestandsalternativen.[213] Vielfach werden aus diesem Grund in Rechtsprechung und Literatur allein die Verletzung einer Vermögensbetreuungspflicht und ein dadurch verursachter Schaden geprüft, wobei auf eine Differenzierung zwischen den Tatbestandsalternativen der Untreue vollends verzichtet wird.[214] Dies erscheint

---

210 So explizit *Schünemann*, in: LK StGB, § 266 Rn. 29; *Saliger*, in: Satzger/Schluckebier/Widmaier, StGB, § 266 Rn. 1; *Esser*, in: Anwaltkommentar StGB, § 266 Rn. 2; implizit ebenfalls *Lackner/Kühl*, StGB, § 266 Rn. 2; vgl. zu dem speziell durch die Beschränkung des Täterkreises bedingten Charakter des § 266 Abs. 1 StGB als Wirtschaftsdelikt *Rönnau*, ZStW 119 (2007), 887 (891 f.).

211 Statt vieler *Saliger*, in: Satzger /Schluckebier/Widmaier, StGB, § 266 Rn. 1.

212 Vgl. BGHSt 50, 331 (342); 47, 295 (301); 43, 293 (297); *Perron*, in: Schönke/Schröder, StGB, § 266 Rn. 1; *Schünemann*, in: LK StGB, § 266 Rn. 23; *Fischer*, StGB, § 266 Rn. 2; *Lackner/Kühl*, StGB, § 266 Rn. 1; *Dierlamm*, in: MK StGB, § 266 Rn. 1; *Kindhäuser*, in: NK StGB, § 266 Rn. 1; *Saliger*, in: Satzger/Schluckebier/Widmaier, StGB, § 266 Rn. 1; damit handelt es sich bei der Untreue um ein *Vermögensdelikt im engeren Sinne*, statt vieler *Wessels/Hillenkamp*, Strafrecht BT/2, Rn. 4; zur Frage eines durch das Unternehmensinteresse bedingten mittelbaren Schutzes von Arbeitnehmerinteressen in einer Aktiengesellschaft über den Untreuetatbestand, vgl. *Hoffmann*, Untreue und Unternehmensinteresse, 2010, S. 207–258.

213 Das betrifft insbesondere die Ausführungen unter C.II.2.b)ff).

214 Vgl. nur BGHSt 50, 331 (341 f.); 47, 187 (192); *Brüning/Samson*, ZIP 2009, 1089 (1090); *Samson*, in: Gesellschaftsrecht in der Diskussion 2004, 2005, S. 109 (110 f.); *ders.*, in: Non Profit Law Yearbook 2004, 2005, S. 233 (234); darauf verweist auch *Ransiek*, ZStW 116 (2004), 634 (635); ein regelmäßig „geringes Gewicht" für den Praktiker bescheinigt *Fischer* der Unterscheidung zwischen den Tatbestandsalternativen, vgl. *dens.*, StGB, § 266 Rn. 23; kritisch zu der beschriebenen Praxis *Seier*,

aus Praktikabilitätsgesichtspunkten folgerichtig. Im Interesse einer dogmatisch differenzierten Auseinandersetzung mit der Tatbestandsstruktur des § 266 Abs. 1 StGB wird nun jedoch vorerst in gebotener Kürze erörtert, ob die Regelung des § 93 Abs. 1 S. 2 AktG bereits eine spezielle Relevanz im Rahmen des Missbrauchstatbestands entfaltet. Erst im Anschluss daran wird auf den Oberfall des Treubruchstatbestands eingegangen.

2. Möglichkeit einer Relevanzentfaltung des § 93 Abs. 1 S. 2 AktG innerhalb der Tatbestandsalternativen des § 266 Abs. 1 StGB

Um die Relevanz des § 93 Abs. 1 S. 2 AktG für die Untreuestrafbarkeit des Vorstandsmitglieds einer Aktiengesellschaft tatbestandlich genau lokalisieren zu können, bedarf es zunächst einer Auseinandersetzung mit der Struktur des § 266 Abs. 1 StGB. Hierzu soll zunächst unter a) der Frage nach einer speziellen Relevanz im Rahmen des Missbrauchstatbestands nachgegangen werden, um sodann unter b) die Frage nach einer möglichen Relevanzentfaltung der *Business Judgement Rule* bei der Prüfung des Oberfalls des Treubruchstatbestands zu stellen und einer Antwort zuzuführen.

a) § 266 Abs. 1 1. Alt. StGB (Missbrauchstatbestand)

Der Missbrauchstatbestand stellt den Missbrauch einer rechtlichen Befugnis, über fremdes Vermögen zu verfügen oder einen anderen zu verpflichten unter Strafe, soweit das zu betreuende Vermögen hierdurch einen Schaden erleidet. Erfasst sind also Konstellationen, in denen der Treunehmer unter Ausnutzung seines rechtlichen Könnens im Außenverhältnis sein durch das Innenverhältnis vorgegebenes rechtliches Dürfen überschreitet.[215] Dabei wird für die vermögensschädigende Verfügung oder Verpflichtung nach überwiegender Ansicht ein zivilrechtlich wirksames Rechtsgeschäft vorausgesetzt.[216]

---

in: Achenbach/Ransiek, Handbuch Wirtschaftsstrafrecht, 5. Teil, 2. Kapitel Rn. 39 f.; *Saliger*, in: Satzger/Schluckebier/Widmaier, StGB, § 266 Rn. 7; *ders.*, NStZ 2007, 545 (546); zugunsten einer klaren Differenzierung zwischen den Tatbestandsalternativen ebenfalls *Loeck*, Strafbarkeit des Vorstands der Aktiengesellschaft wegen Untreue, 2006, S. 32.

215 So bereits BGHSt 5, 61 (63); *Dierlamm*, in: MK StGB, § 266 Rn. 133–137; *Schmid*, in: Müller-Gugenberger/Bieneck, Wirtschaftsstrafrecht, § 31 Rn. 43; im Ausgangspunkt ebenfalls *Schünemann*, in: LK StGB, § 266 Rn. 47.

216 Statt vieler BGHSt 50, 331 (341 f. m.w.N.); *Dierlamm*, in: MK StGB, § 266 Rn. 134, 136; *Schmid*, in: Müller-Gugenberger/Bieneck, Wirtschaftsstrafrecht, § 31 Rn. 43; a.A. *Schünemann*, in: LK StGB, § 266 Rn. 47–50; zuvor bereits *Arzt*, in: FS Bruns,

Eine Relevanz des § 93 Abs. 1 S. 2 AktG könnte sich originär im Rahmen des Missbrauchstatbestands ergeben, wenn die *Business Judgement Rule* einen Einfluss auf das, aus dem Innenverhältnis folgende, rechtliche Dürfen hätte. Wenn keine Entlastung gemäß § 93 Abs. 1 S. 2 AktG erfolgt, bedeutet dies jedoch nicht ohne weiteres zugleich eine unmittelbare Verletzung des Innenverhältnisses. Eine Beschränkung im Rahmen des Innenverhältnisses, die verletzt werden könnte, müsste sich aus § 82 Abs. 1, 2 in Verbindung mit § 93 Abs. 1 S. 1, 2 AktG ergeben. Es ist nicht davon auszugehen, dass ein Vorstand vertraglich bzw. *qua* Satzung speziell zu einer Selbstentlastung gemäß § 93 Abs. 1 S. 2 AktG verpflichtet wird oder für ihn eine sonstige Vorgabe besteht, sich zwingend entsprechend der Kriterien des § 93 Abs. 1 S. 2 AktG zu verhalten.[217] Damit kann sich ein Mitglied des Vorstands einer Aktiengesellschaft durchaus auch dann noch im Rahmen des im Innenverhältnis Zulässigen bewegen, wenn seine Entscheidung nicht unter kumulativer Erfüllung der Tatbestandsmerkmale des § 93 Abs. 1 S. 2 AktG zustande kommt. Eine spezifische Relevanz des § 93 Abs. 1 S. 2 AktG im Rahmen des Missbrauchstatbestands ist demnach nicht ersichtlich.[218]

1978, S. 365 (365–375), wobei *ders.* sich zur Stützung seines Ansatzes auf den Jubilar und dessen zur Zeit des Nationalsozialismus im Jahr 1938 veröffentlichtes Werk mit dem Titel „Die Befreiung des Strafrechts vom zivilistischen Denken" bezog; kritisch zu einer wissenschaftlichen Berufung auf *Bruns* Werk positioniert sich *Lüderssen*, in: FS Eser, 2005, S. 163 (164 m.w.N.).

217 Vgl. in erweitertem Zusammenhang auch *Jungmann*, der in Bezug auf eine kapitalistisch strukturierte GmbH einzelfallbezogen eine Haftungsfreistellung des Geschäftsführers durch ergänzende Auslegung der Satzung anstatt durch analoge Anwendung des § 93 Abs. 1 S. 2 AktG vorschlägt, *ders.*, in: FS K. Schmidt, 2009, S. 831 (851).

218 Dagegen spricht nicht etwa, dass der Oberbegriff der „Risikogeschäfte" in der Literatur oft im Zusammenhang mit § 266 Abs. 1 1. Alt. StGB behandelt wird, vgl. nur *Schünemann*, in: LK StGB, § 266 Rn. 115; *Lackner/Kühl*, StGB, § 266 Rn. 7; *Perron*: in: Schönke/Schröder, StGB, § 266 Rn. 20; *Wessels/Hillenkamp*, Strafrecht BT 2, Rn. 757; *Ransiek*, ZStW 116 (2004), 634 (635); so ist eine Strafbarkeit nach dem Missbrauchstatbestand bei der Vornahme von Geschäften gegeben, deren Abschluss *per se* gegen das Innenverhältnis zwischen Treunehmer und Treugeber verstößt – in der vorliegenden Arbeit geht es indes um die rechtliche Bewertung (riskanter) Entscheidungen, zu denen der Vorstand zwar allgemein berechtigt ist, bei denen sich jedoch im konkreten Fall die Einhaltung des an ihn zu richtenden Sorgfaltsmaßstabs als fraglich erweist.

Die Ausführungen werden sich deshalb im Folgenden auf den Oberfall des Treubruchstatbestands konzentrieren.[219] Soweit es um die Frage eines mittelbaren Einflusses der mangelnden Erfüllung einzelner Kriterien des § 93 Abs. 1 S. 2 AktG auf das Vorliegen eines Verstoßes gegen das Innenverhältnis geht, werden sich die bezüglich einer Vermögensbetreuungspflichtverletzung zu erzielenden Untersuchungsergebnisse gegebenenfalls in entsprechender Weise übertragen lassen.[220] Dabei wird jedoch die konkret einzelfallbezogene Ausgestaltung des Innenverhältnisses zu berücksichtigen sein, die nicht geeignet ist, zum Gegenstand pauschaler Aussagen für die Rechtsform der Aktiengesellschaft als solcher gemacht zu werden.

b) § 266 Abs. 1 2. Alt. StGB (Treubruchstatbestand)

Der Treubruchstatbestand stellt, wie ausgeführt, nach überwiegender Ansicht in Rechtsprechung und Literatur den tatbestandlichen Oberfall des § 266 Abs. 1 StGB dar.[221] Die Prüfung beschränkt sich dabei auf das Vorliegen einer dem Treunehmer zukommenden Betreuungspflicht für das Vermögen des Treugebers, einer Verletzung dieser Pflicht und eines kausal dadurch hervorgerufenen Vermögensschadens.[222]

Der Vermögensbetreuungspflicht und ihrer Verletzung kommen somit innerhalb des Tatbestands von § 266 Abs. 1 StGB eine zentrale Bedeutung zu.[223] Die Pflichtverletzung als Tatbestandsmerkmal des § 266 Abs. 1 StGB setzt die Verletzung der dem Täter obliegenden Vermögensbetreuungspflicht voraus.[224] Die Pflicht zur Betreuung des fremden Vermögens kann, ausweislich des Wortlauts

219 Die hier zu untersuchende Relevanz des § 93 Abs. 1 S. 2 AktG für das Vorliegen einer Vermögensbetreuungspflichtverletzung kann sich dabei freilich im Einzelfall auch innerhalb der Prüfung des Missbrauchstatbestands auswirken, vgl. dazu die Ausführungen zur monistischen Theorie unter B.II.1.

220 Vgl. dazu C.II.2.

221 Dazu bereits B.II.1.

222 Vgl. nur *Samson*, in: Gesellschaftsrecht in der Diskussion 2004, 2005, S. 109 (111); zwischen der Vermögensbetreuungspflicht und der konkreten Pflichtverletzung muss dabei ein funktionaler Zusammenhang bestehen, dazu *Perron*, in: Schönke/Schröder, StGB, § 266 Rn. 23a, 36; *Saliger*, Parteiengesetz und Strafrecht, 2005, S. 35 f.; *ders.*, JA 2007, 326 (329); *Kubiciel*, NStZ 2005, 353 (355); *Rönnau/Hohn*, NStZ 2004, 113 (114); *Kudlich/Oglakcioglu*, Wirtschaftsstrafrecht, Rn. 340 m.w.N.

223 In diesem Sinne *Samson*, in: Gesellschaftsrecht in der Diskussion 2004, 2005, S. 109 (111).

224 Vgl. nur *Dierlamm*, in: MK StGB, § 266 Rn. 170.

der Norm, „kraft Gesetzes, behördlichen Auftrags, Rechtsgeschäfts oder aufgrund eines Treueverhältnisses“ bestehen. Die Vermögensbetreuungspflicht kennzeichnet dabei allgemein, dass sie „als Hauptpflicht eine durch Eigenverantwortlichkeit und Selbstständigkeit geprägte Geschäftsbesorgung für einen anderen in einer nicht ganz unbedeutenden Angelegenheit zum Gegenstand“ hat.[225] Bestehen und Umfang einer Vermögensbetreuungspflicht hängen folglich von der Stellung des jeweiligen Treunehmers zu dem betreuten Vermögen ab.[226] In diesem Zusammenhang ist, zumindest im Ausgangspunkt, Rekurs auf außerstrafrechtliche Normen zu nehmen, an welche der Untreuetatbestand akzessorisch anknüpft.[227] Nach § 76 Abs. 1 AktG hat der Vorstand die Gesellschaft eigenverantwortlich zu leiten. Den Vorstandsmitgliedern einer Aktiengesellschaft kommt bereits dadurch eine Fürsorgepflicht für das Vermögen der Gesellschaft zu, die gleichsam eine Vermögensbetreuungspflicht im Sinne des § 266 Abs. 1 StGB darstellt.[228]

---

225 So anschaulich *Kindhäuser*, Strafrecht BT II, § 34 Rn. 29.

226 Statt vieler *Böttger/Brockhaus*, in: Wirtschaftsstrafrecht in der Praxis, Kapitel 3 Rn. 37.

227 Dazu *Fischer*, StGB, § 266 Rn. 58 f.; *Saliger*, in: Satzger/Schluckebier/Widmaier, StGB, § 266 Rn. 31 („negative, asymmetrische Akzessorietät“); *Tiedemann*, Wirtschaftsstrafrecht AT, Rn. 2, 5, 11; *Arzt/Weber/Heinrich/Hilgendorf*, Strafrecht BT, § 22 Rn. 11; *Rönnau*, ZStW 119 (2007), 887 (906); *Kubiciel*, NStZ 2005, 353 (354); *Ransiek*, ZStW 116 (2004), 634 (644); *Lüderssen*, in: FS Lampe, 2003, S. 727 (729); kritisch gegenüber der Annahme von Zivilrechtsakzessorietät *Schünemann*, in: LK StGB, § 266 Rn. 56–59, 61–64, 93 f.; *ders.*, Organuntreue, 2004, S. 21–30 – da *ders.* der Zivilrechtsmaterie auf der Basis einer „Zivilrechtsaffinität“ lediglich deklaratorische Relevanz zumessen will, vgl. *dens.*, in: LK StGB, § 266 Rn. 70, 94 sowie zugunsten einer nur „sektoralen Zivilrechtsakzessorietät“ *dens.*, Organuntreue, 2004, S. 25; zum konkreten Umfang der Akzessorietät, vgl. an späterer Stelle C.II.1.b) sowie C.II.2.b)cc)(1).

228 Vgl. nur BGHSt 47, 187 (192); *Brammsen*, wistra 2009, 85 (86 m.w.N.); *Ransiek*, ZStW 116 (2004), 634 (635) fragt in diesem Zusammenhang treffend: „Wer etwa sonst als der Vorstand einer AG sollte ihr gegenüber vermögensbetreuungspflichtig sein?“; für die Mitglieder des Aufsichtsrats folgt eine Vermögensbetreuungspflicht gegenüber der AG aus § 111 Abs. 1 AktG, vgl. in diesem Sinne BGHSt 47, 187 (200 f.); *Brammsen*, wistra 2009, 85 (86 m.w.N.); in BGHSt 50, 331 (336) leitet der 3. Strafsenat die Vermögensbetreuungspflicht eines Vorstandsmitglieds unmittelbar aus § 93 Abs. 1 S. 1 AktG sowie die eines Aufsichtsratsmitglieds aus § 116 S. 1 in Verbindung mit § 93 Abs. 1 S. 1 AktG ab und bezieht sich dazu auf BGHSt 47, 187 (200 f. m.w.N.) – wobei diese Normen nach der hier vertretenen Auffassung lediglich für die inhaltliche Ausgestaltung der bereits aus § 76 Abs. 1 AktG bzw. § 111 Abs. 1 AktG herzuleitenden Verpflichtung zur Betreuung des fremden

Der Umfang dieser strafbewehrten Pflicht bemisst sich nach den Sorgfaltsanforderungen, die aus strafrechtlicher Sicht an ein Vorstandsmitglied zu stellen sind. Bei der Ermittlung dieser Sorgfaltspflicht ist eine akzessorietätsbedingte Orientierung am Aktiengesetz angezeigt. Zur Konkretisierung der soeben angeführten Leitungsbefugnis gemäß § 76 Abs. 1 AktG ist für die Mitglieder des Vorstands einer Aktiengesellschaft insbesondere § 93 Abs. 1 AktG relevant. Nach § 93 Abs. 1 S. 1 AktG haben die Vorstandsmitglieder bei ihrer Geschäftsführung die Sorgfalt eines ordentlichen und gewissenhaften Geschäftsleiters anzuwenden.[229] Eine aktienrechtliche Pflichtverletzung liegt bei Außerachtlassung eben jener Sorgfalt vor. Dabei stellt sich zunächst die Frage, welche Anforderungen an die Sorgfalt eines ordentlichen und gewissenhaften Geschäftsleiters aus aktienrechtlicher Sicht zu stellen sind.[230] Eine allgemein gültige Beantwortung dieser Frage erscheint kaum möglich.[231] Der Sorgfaltsmaßstab des § 93 Abs. 1 S. 1 AktG richtet sich nach der objektiven *ex ante*-Sicht eines Vorstandsmitglieds in dem entsprechenden Verkehrskreis.[232] Diese kann von Branche zu Branche unterschiedlich zu bemessen sein.[233] Maßstab ist damit der billigerweise an ein durchschnittliches Vorstandsmitglied in der konkreten Situation und dem spezifischen Umfeld zu richtende Pflichtenumfang.[234] Hieran knüpft die Frage an,

---

Gesellschaftsvermögens heranzuziehen sind und auch in BGHSt 47, 187 (200 f.) lediglich zur näheren Bestimmung des Umfangs der Betreuungspflichten eines Aufsichtsratsmitglieds auf § 116 S. 1 in Verbindung mit § 93 Abs. 1 S. 1 AktG verwiesen wird, wobei das Bestehen der Vermögensbetreuungspflicht auch hier aus § 111 Abs. 1 AktG gefolgert wird.

229 Gleiches gilt nach § 116 S. 1 AktG für die Mitglieder des Aufsichtsrats, dazu BGHSt 47, 187 (200 f.); 50, 331 (336); vgl. bezüglich des Umfangs der Vermögensbetreuungspflicht von Vorstand und Aufsichtsrat speziell im Vertragskonzern, *Arnold*, Untreue im GmbH- und Aktienkonzern, 2006, S. 128 ff.

230 Auf die Unbestimmtheit der Regelung wird auch in BVerfGE 126, 170 (205) verwiesen, dazu bereits A.II und später C.II.2.b)cc)(1)(a)(ee).

231 In Bezug auf den Umfang des Innenverhältnisses bei der Prüfung des Missbrauchstatbestands ähnlich *Perron*, in: Schönke/Schröder, StGB, § 266 Rn. 20.

232 Vgl. die weitergehenden Ausführungen zu der Anwendung des § 93 Abs. 1 S. 1 AktG im Rahmen der Prüfung einer untreuerelevanten Vermögensbetreuungspflichtverletzung unter Berücksichtigung des strafrechtlichen Restriktionsbedarfs unter C.II.2.b)ff)(2).

233 Dies bedeutet indes nicht, dass der an das Vorstandsmitglied zu richtende Sorgfaltsfaltsmaßstab durch den abstrakten Verweis auf eine „Branchenüblichkeit“ von Fehlverhalten herabgesetzt wäre, vgl. *Hüffer*, Aktiengesetz, § 93 Rn. 6; *Spindler*: in: MK AktG, § 93 Rn. 25.

234 *Spindler*, in: MK AktG, § 93 Rn. 25.

inwieweit dieser aktienrechtliche Maßstab bei seiner Anwendung im Rahmen der Prüfung der Verwirklichung eines Straftatbestands zu modifizieren ist. Dabei wird vor allem die Notwendigkeit einer restriktiven Auslegung des § 266 Abs. 1 StGB zu berücksichtigen sein.[235] Auf dieser Grundlage gelangt man zu der für diese Arbeit zentralen Frage nach einer Relevanz des § 93 Abs. 1 S. 2 AktG und einer Tauglichkeit der *Business Judgement Rule*, den Sorgfaltsmaßstab des § 93 Abs. 1 S. 1 AktG auszufüllen bzw. zu konkretisieren. Daran anknüpfend wird zu untersuchen sein, ob die Regelung eine Relevanz im Rahmen der Prüfung einer Vermögensbetreuungspflichtverletzung nach § 266 Abs. 1 StGB entfaltet und wie eine solche inhaltlich ausgestaltet ist.

3. Zwischenergebnis

Die Frage nach einer möglichen Relevanz des § 93 Abs. 1 S. 2 AktG stellt sich im Rahmen der Prüfung des Untreuetatbestands in seiner Treubruchsalternative. Es ist zu untersuchen, ob und gegebenenfalls wie sich die *Business Judgement Rule* nach § 93 Abs. 1 S. 2 AktG auf das Vorliegen einer Vermögensbetreuungspflichtverletzung im Sinne des § 266 Abs. 1 StGB auswirkt.

235 Zu der Notwendigkeit einer restriktiven Auslegung des Untreuetatbestands statt vieler *Rönnau*, ZStW 119 (2007), 887 (902).

C. Mögliche Formen der Relevanz

Nunmehr soll die Relevanz der *Business Judgement Rule* in der Form des § 93 Abs. 1 S. 2 AktG für das Vorliegen einer Vermögensbetreuungspflichtverletzung im Sinne des § 266 Abs. 1 StGB untersucht werden. Die Untersuchung differenziert dabei nach den denkbaren Formen, in denen die *Business Judgement Rule* eine Relevanz entfalten könnte. Soweit ein Vorstandsmitglied die Tatbestandsvoraussetzungen des § 93 Abs. 1 S. 2 AktG erfüllt, könnte dies eine entlastende Relevanz für die Frage nach einer Untreuestrafbarkeit entfalten, vgl. dazu I. Konträr dazu wird ebenfalls zu untersuchen sein, ob sich eine belastende Relevanz des § 93 Abs. 1 S. 2 AktG daraus ergibt, dass ein Vorstandsmitglied nicht unter Einhaltung der Voraussetzungen der Norm gehandelt hat. Dies geschieht unter II.

I. Entlastende (strafausschließende) Relevanz

Im Folgenden soll der Blick auf eine mögliche entlastende Wirkung des § 93 Abs. 1 S. 2 AktG im Rahmen der Prüfung einer Untreuestrafbarkeit gerichtet werden. Gemeint sind hier Fälle, in denen die Regelung des § 93 Abs. 1 S. 2 AktG eine Pflichtverletzung im Sinne des § 266 Abs. 1 StGB ausschließt. Die entlastende Wirkung könnte sich einerseits unmittelbar, vgl. 1., und andererseits bloß mittelbar, dazu näher unter 2., im Rahmen der untreuebezogenen Pflichtverletzungsprüfung auswirken.

1. Unmittelbar entlastende Relevanz

Es wird hier die Konstellation untersucht, in der eine unternehmerische Entscheidung entsprechend den Anforderungen der *Business Judgement Rule* zustande gekommen ist.[236] In diesem Fall liegt eine Pflichtverletzung durch das Handeln der Entscheidungsträger ausweislich des Wortlauts von § 93 Abs. 1 S. 2 AktG nicht vor. Diese Feststellung bezieht sich zunächst auf die Pflichtmäßigkeit des Vorstandshandelns im Rahmen der Frage nach einem aktienrechtlichen

236 Dabei soll der Fokus auf der materiell-rechtlichen Betrachtung liegen – freilich müsste die Erfüllung der Kriterien des § 93 Abs. 1 S. 2 AktG zur vollen Überzeugung des Strafgerichts feststehen, vgl. § 261 StPO.

Innenhaftungsanspruch und schließt eine Haftung des Vorstands gemäß § 93 Abs. 2 S. 1 in Verbindung mit Abs. 1 S. 1 AktG aus.[237]

Eine unmittelbare zivilrechtliche Relevanz des Ausschlusses einer Pflichtverletzung *qua* § 93 Abs. 1 S. 2 AktG ergibt sich damit bereits aus dem gesetzlichen Regelungszusammenhang. An diesen Befund schließt sich die Frage an, ob eine darüber hinausgehende Relevanz dieses Haftungsausschlusses durch die *Business Judgement Rule* für die Prüfung einer untreuerelevanten Vermögensbetreuungspflichtverletzung besteht.

Eine entsprechende Relevanz ergibt sich bereits aus dem Verhältnis zwischen Straf- und Zivilrecht. Denn zwischen beiden besteht ein Rangverhältnis.[238] Dem Strafrecht kommt dabei ein *ultima ratio*-Charakter zu und es unterliegt dem Prinzip der Einheit der Rechtsordnung.[239] Vor diesem Hintergrund darf der strafrechtliche Schutz des Vermögens der Aktiengesellschaft nicht etwa bereits dort stattfinden, wo ein zivilrechtliches Eingreifen mangels Pflichtwidrigkeit des Handelns offensichtlich versagt bleibt.[240] Dafür spricht auch die Akzessorietät des Untreuetatbestands zu außerstrafrechtlichen – in diesem Fall aktienrechtlichen – Normen.[241] Aus dem *ultima ratio*-Charakter des Strafrechts folgt, dass

237 Auch zugunsten der Mitglieder des Aufsichtsrats kann eine entsprechende Entlastung durch die *Business Judgement Rule* gem. § 116 S. 1 in Verbindung mit § 93 Abs. 2 S. 1, Abs. 1 S. 1 AktG erfolgen.

238 Dazu ausführlich C.II.1.b)aa) und bezogen auf das Verhältnis zwischen Straf- und Gesellschaftsrecht C.II.2.b)aa).

239 Vgl. zum Wesen des Strafrechts als *ultima ratio* explizit BVerfGE 39, 1 (47); *Roxin*, Strafrecht AT I, § 2 Rn. 97 f.; ebenfalls *Dierlamm*, StraFo 2005, 397 (398); *Spindler*, in: Die Finanzkrise, das Wirtschaftsstrafrecht und die Moral, 2010, S. 71 (95 f.); *Lüderssen*, in: FS Lampe, 2003, S. 727 (729); auf das Prinzip der Einheit der Rechtsordnung verweist *Große Vorholt*, Wirtschaftsstrafrecht, Rn. 404; *Lutter*, NZG 2010, 601 (603); vgl. außerdem *Dittrich*, Die Untreuestrafbarkeit von Aufsichtsratsmitgliedern bei der Festsetzung überhöhter Vorstandsvergütungen, 2007, S. 33 f.

240 In diesem Sinne auch *Lutter*, NZG 2010, 601 (601–603); *Dittrich*, Die Untreuestrafbarkeit von Aufsichtsratsmitgliedern bei der Festsetzung überhöhter Vorstandsvergütungen, 2007, S. 34.

241 Vgl. dazu nur *Dierlamm*, in: MK StGB, § 266 Rn. 173 f.; *Rönnau*, ZStW 119 (2007), 887 (906 m.w.N.); die Asymmetrie dieser Akzessorietät ist in diesem Zusammenhang noch nicht relevant; es geht lediglich um die Feststellung, dass „nicht strafbar sein kann, was zivilrechtlich erlaubt“ ist; der Aspekt einer Asymmetrie wird erst im Rahmen der Feststellung relevant, dass „nicht alles strafbar sein muss, was zivilrechtlich verboten ist“ – dies ist Teil der Argumentation gegen eine unmittelbar belastende Relevanz der *Business Judgement Rule* bei der Prüfung einer Untreuestrafbarkeit, vgl. dazu C.II.1.b)bb); zur Akzessorietät des Untreuetatbestands bereits B.II.1.

dieses nicht strenger sein darf als das Zivilrecht.[242] Inhaltlich daran anknüpfend ergibt sich aus dem Grundsatz der Einheit der Rechtsordnung, dass nicht nach § 266 Abs. 1 StGB strafbar sein kann, was gesellschafts- bzw. aktienrechtlich nicht pflichtwidrig, und damit erlaubt, ist.[243]

Folglich ist die zivilrechtliche Pflichtverletzung eine „notwendige, nicht aber hinreichende Bedingung" für das Vorliegen einer untreuerelevanten Vermögensbetreuungspflichtverletzung.[244] Soweit die Tatbestandsvoraussetzungen des § 93 Abs. 1 S. 2 AktG kumulativ erfüllt sind, fehlt es jedoch bereits an der zivilrechtlichen Pflichtverletzung. Demnach schließt eine Entlastung nach § 93 Abs. 1 S. 2 AktG auch eine Untreuestrafbarkeit des Vorstandsmitglieds aufgrund der

242 Statt vieler *Becker/Walla/Endert*, WM 2010, 875 (878); *Lutter*, NZG 2010, 601 (601–603); *Hopt/Roth*, in: GK AktG, § 93 Abs. 1 S. 2, 4 n.F. Rn. 63 f.; vgl. in diesem Zusammenhang auch *Tachau*, Ist das Strafrecht strenger als das Zivilrecht?, 2005.

243 So explizit LG Düsseldorf NJW 2004, 3275 (3276); darauf Bezug nehmend *Dierlamm*, StraFo 2005, 397 (397, 400); vgl. auch *dens.*, in: MK StGB, § 266 Rn. 14, 173 f.; *Böttger/Brockhaus*, in: Wirtschaftsstrafrecht in der Praxis, Kapitel 3 Rn. 37; *Große Vorholt*, Wirtschaftsstrafrecht, Rn. 404; *Lutter*, NZG 2010, 601 (601–603); *Brammsen*, wistra 2009, 85 (88, 90 m.w.N.); *Samson* tituliert diese Feststellung bezeichnenderweise als „trivial", vgl. *dens.*, in: Gesellschaftsrecht in der Diskussion 2004, 2005, S. 109 (112); allgemein bezogen auf „(…) ein zivilrechtlich oder öffentlichrechtlich pflichtgemäßes Handeln (…)" *Saliger*, HRRS 2006, 10 (14); vgl. außerdem *Lüderssen*, in: FS Lampe, 2003, S. 727 (728); *Adick*, Organuntreue und Business Judgment, 2010, S. 51; *Bräunig*, Untreue in der Wirtschaft, 2011, S. 132, 149 sowie in der Sache S. 147; in diesem Sinne auch *Hopt/Roth*, in: GK AktG, § 93 Abs. 1 S. 2, 4 n.F. Rn. 63; im Ergebnis ebenfalls *Schünemann*, der zwar den Untreuetatbestand nicht allgemein als zivilrechtsakzessorisch begreift, vgl. *dens.*, in: LK StGB, § 266 Rn. 56–59, 61–64, 93 f., jedoch unter dem Begriff der Zivilrechtsaffinität „zivilrechtliche Erlaubnisse als Rechtfertigungsgründe anerkennt, die aufgrund der besonderen Tatbestandsfassung des § 266 bereits als Tatbestandsausschließungsgründe in Erscheinung treten können", so *ders.*, in: LK StGB, § 266 Rn. 94, 70; vgl. ebenfalls *dens.*, NStZ 2005, 473 (474); ebenfalls in diesem Sinne jedoch vorsichtiger („in der Regel") *Fischer*, StGB, § 266 Rn. 59; in gänzlich abzulehnender Weise von diesem Grundsatz abweichen wollte *Bruns* zur Zeit des Nationalsozialismus, vgl. *dens.*, Die Befreiung des Strafrechts vom zivilistischen Denken, 1938.

244 *Dierlamm*, StraFo 2005, 397 (397); *Lüderssen*, in: FS Lampe, 2003, S. 727 (729), wobei der Aspekt, welcher die zivilrechtliche Pflichtverletzung als „nicht hinreichende Bedingung" ausmacht erst unter C.II.1.b)aa)(2)(b) relevant wird; dem folgend *Helmrich/Eidam*, ZIP 2011, 257 (260); *Brammsen*, wistra 2009, 85 (88); *Bunz*, Der Schutz unternehmerischer Entscheidungen durch das Geschäftsleiterermessen, 2011, S. 256 f.

betreffenden unternehmerischen Entscheidung aus.[245] Es besteht eine unmittelbar strafausschließende Wirkung einer Entlastung durch § 93 Abs. 1 S. 2 AktG im Hinblick auf eine Untreuestrafbarkeit wegen der gleichen Entscheidungshandlung.

2. Mittelbar entlastende Relevanz

Der Regelung des § 93 Abs. 1 S. 2 AktG könnte ebenfalls eine mittelbar entlastende Wirkung bei der Prüfung einer untreuerelevanten Pflichtverletzung zukommen. Danach wäre ein Schluss von der Einhaltung einzelner Kriterien der *Business Judgement Rule* auf ein pflichtgemäßes Verhalten statthaft.

a) Die Ausführungen Adicks

Zu beachten sind in diesem Zusammenhang die monographischen Ausführungen von *Adick* aus dem Jahr 2010.[246] Der Verfasser setzt sich darin unter anderem mit den Auswirkungen der *Business Judgement Rule* auf die Organuntreue auseinander. Dabei kommt auch der Verfasser zu dem Schluss, dass Entscheidungen, die gemäß § 93 Abs 1 S. 2 AktG nicht pflichtwidrig sind, gleichsam zu keiner Strafbarkeit führen können.[247] Diese Feststellung entspricht der bereits zuvor herrschenden Meinung in der juristischen Fachliteratur und ist aus oben gezeigten Gründen[248] fast unbestritten.[249]

---

245 Vgl. *Bittmann*, NStZ 2012, 57 (59); *Lutter*, NZG 2010, 601 (601–603); *Brammsen*, wistra 2009, 85 (90); *Brüning/Samson*, ZIP 2009, 1089 (1092); *Spindler*, in: Die Finanzkrise, das Wirtschaftsstrafrecht und die Moral, 2010, S. 71 (96 f.); zu einer möglichen Entlastung durch Orientierung an den Kriterien der US-amerikanischen *Business Judgement Rule* vor der Einführung des § 93 Abs. 1 S. 2 AktG im Rahmen des UMAG bereits *Lutter*, GmbHR 2000, 301 (308 f.); insoweit anders beurteilt *Ransiek* die entlastende Relevanz bloßer Verfahrensvorschriften, denn durch solche ist nach seiner Auffassung der Kontrollmaßstab zwar herabgesetzt, die Notwendigkeit einer Missbrauchskontrolle sieht *ders.* hingegen weiter als gegeben, vgl. *dens.*, ZStW 116 (2004), 634 (674–677) – auf die Regelung des § 93 Abs. 1 S. 2 AktG ist dies nach der hier vertretenen Auffassung nicht direkt übertragbar, da die *Business Judgement Rule* bereits inhaltliche Anforderungen stellt, welche eine gesonderte Missbrauchskontrolle obsolet erscheinen lassen; bezogen auf die Entlastungswirkung der *Business Judgement Rule* von aktienrechtlicher Haftung nach § 93 Abs. 2 S. 1 AktG vgl. *Blasche*, WM 2011, 343 (345).

246 *Adick*, Organuntreue und Business Judgment, 2010.

247 *Adick*, Organuntreue und Business Judgment, 2010, S. 51.

248 Vgl. C.I.1.

249 Statt vieler *Große Vorholt*, Wirtschaftsstrafrecht, Rn. 404; *Lutter*, NZG 2010, 601 (601–603).

Im Anschluss an diese Feststellung wird untersucht, ob sich eine darüber hinausgehende Relevanz der zivilrechtlichen Kriterien für eine Haftungsfreistellung nach § 93 Abs. 1 S. 2 AktG bezüglich der Frage nach einer Untreuestrafbarkeit ergibt. Hierzu trifft *Adick* folgende Feststellung:

> *„Zudem stellt es jedenfalls einen Anhaltspunkt für eine Einhaltung der Vermögensbetreuungspflicht nach § 266 StGB dar, wenn bei einer schädigenden Handlung eines oder mehrere der vorstehend genannten Merkmale für ein Handeln im sicheren Hafen erfüllt sind.“*[250]

Diese Aussage bedarf einer kritischen Hinterfragung.

b) Kritik

Wenn *Adick* bereits an früherer Stelle seiner Ausführungen einen „strafrechtlichen *Safe harbour*“[251] zu bestimmen sucht, so ist damit der bereits oben beschriebene Umstand gemeint, dass eine zivilrechtlich pflichtgemäße Entscheidung keine Strafbarkeit begründen kann.[252] Trotz einer zum Teil rigiden Verfolgungspraxis der Staatsanwaltschaften[253] bedarf es bei Ernstnahme der Unschuldsvermutung keines strafrechtlichen *„safe harbours“* – die Mitglieder des Vorstands unterliegen schließlich auch nicht etwa einer strafrechtlichen „Unschuldsbeweislast“.[254] Vielmehr ist eine Verletzung der Vermögensbetreuungspflicht, die zu einer Schädigung des von § 266 StGB geschützten Rechtsguts, des (Gesellschafts-) Vermögens, geführt hat, gemäß § 261 StPO zur vollen Überzeugung des Gerichts positiv festzustellen.[255]

Diesen Befund zugrunde gelegt, überrascht *Adicks* Ausführung, die in konträrer Weise von der „Erfüllung“ einzelner Tatbestandsmerkmale der *Business*

---

250 *Adick*, Organuntreue und Business Judgment, 2010, S. 79.

251 *Adick*, Organuntreue und Business Judgment, 2010, S. 70.

252 Vgl. C.I.1 und darauf Bezug nehmend C.II.1.b)aa)(1).

253 Dazu *Feddersen*, in: FS Laufs, 2006, S. 1169 (1171 f.).

254 So gilt auch die Regelung des § 93 Abs. 2 S. 2 AktG allein im Aktienrecht, was aus systematischer Sicht gegen eine unmittelbar strafbegründende Relevanz des § 93 Abs. 1 S. 2 AktG spricht, vgl. dazu an späterer Stelle C.II.1.a)cc)(1).

255 Zwar mag die Feststellung einer untreuerelevanten Pflichtverletzung aus der Sicht eines laienhaften Beobachters und auch des Angeklagten selbst als das Ergebnis eines undurchsichtigen gerichtlichen Abwägungsprozesses mit negativem Ausgang für den Angeklagten erscheinen, dies ändert jedoch nichts an der tatsächlichen Aufgabe des Strafrichters, eine auf den konkreten Fall bezogene Verletzung der dem Angeklagten zukommenden Vermögensbetreuungspflicht, ausweislich des Wortlauts von § 266 Abs. 1 StGB, explizit positiv festzustellen.

Judgement Rule auf eine „Einhaltung" der Vermögensbetreuungspflicht im Rahmen des § 266 Abs. 1 StGB schließen will.[256]

Noch schwerer wiegt allerdings die inhaltliche Hinterfragung der genannten Feststellung. Es scheint zumindest fraglich, ob anhand der Einhaltung einzelner *Business Judgement*-Kriterien eine Verletzung der Vermögensbetreuungspflicht (in der Tendenz) ausgeschlossen werden kann. Der *Business Judgement Rule* als Gesamtregelung wird damit eine Aussagekraft zugeschrieben, die ihr tatsächlich nicht zukommt. Die Norm des § 93 Abs. 1 S. 2 AktG trifft allein für den Fall der kumulativen Einhaltung sämtlicher Tatbestandsvoraussetzungen eine entlastende Aussage.[257] Für das Eingreifen der Entlastungswirkung gilt mithin ein „alles oder nichts"-Prinzip. Dem widerspricht jedoch der Ansatz *Adicks*, eine tendenzielle Entlastungswirkung bei Erfüllung „eines oder mehrerer" Kriterien der *Business Judgement Rule* herleiten zu wollen.[258] Zudem ist die Herangehensweise höchst unbestimmt.

Dies verdeutlicht der folgende Fall:

Ein Vorstandsmitglied hat sich umfassend informiert und dann, in Kenntnis sämtlicher Umstände, eine Entscheidung ausschließlich zu seinen Gunsten und zum Nachteil der Gesellschaft getroffen.

Es bestünde wohl kein Zweifel daran, dass das Vorstandsmitglied in diesem Fall vermögensbetreuungspflichtwidrig gehandelt hätte. Bezugnehmend auf *Adicks* Vorschlag wurde jedoch zumindest eine Tatbestandsvoraussetzung der *Business Judgement Rule* „eingehalten", so dass ein „Anhaltspunkt" für strafrechtlich nicht beanstandenswertes Handeln vorläge. Ist dies tatsächlich die Auffassung des Autors oder würde auch er hier zu einem anderen Ergebnis kommen? Wären gegebenenfalls die vorliegenden Missachtungen zweier anderer Tatbestandsvoraussetzungen der *Business Judgement Rule* der Beachtung des Informationserfordernisses gegenüberzustellen? Diese Fragen bleiben unbeantwortet. Bereits der simple Beispielsfall zeigt, dass die Ausführungen *Adicks* zu keinen

256 Diese Formulierung zeigt eine Parallele zu der unter C.II.1.a)aa)(3) diskutierten Formulierung *Feddersens*, in: FS Laufs, 2006, S. 1169 (1185).

257 Dazu detaillierte Ausführungen unter C.II.1.a)aa).

258 Vgl. in diesem Zusammenhang auch die Kritik an einem Ansatz, welcher auf dem Prinzip der Kumulation von Risiken aufbaut, unter C.II.2.a)cc)(2); der dort diskutierte Ansatz hat zwar in vorzugswürdiger Weise eine positive Begründung der Vermögensbetreuungspflichtverletzung zum Gegenstand, ist jedoch ebenfalls abzulehnen – die dort vorgebrachte Kritik kann teilweise unmittelbar auf den hier in Rede stehenden Ansatz zum tendenziellen Ausschluss einer solchen Pflichtverletzung übertragen werden.

klaren Ergebnissen im Rahmen der Prüfung des Untreuetatbestands beizutragen vermögen. Der beschriebene Ansatz kann deshalb inhaltlich nicht überzeugen.

Zielführender erscheint es aus strafrechtlicher Sicht, die Frage zu stellen, inwieweit eine einzelnen oder mehreren Kriterien der *Business Judgement Rule* im Sinne des § 93 Abs. 1 S. 2 AktG nicht genügende Entscheidung einen untreuerelevanten Pflichtverstoß darstellt oder zumindest indiziert.[259]

c) *Zwischenergebnis*

Die Ausführungen *Adicks* können nicht überzeugen. Die Vornahme eines indiziellen Schlusses auf die Erfüllung der Vermögensbetreuungspflicht lässt sich nicht mit der im Strafrecht geltenden Unschuldsvermutung vereinbaren.

3. Zwischenergebnis

Es besteht eine unmittelbar entlastende Wirkung. Soweit eine unternehmerische Entscheidung ausweislich der Regelung des § 93 Abs. 1 S. 2 AktG nicht pflichtwidrig ist, kann aus dieser auch keine Untreuestrafbarkeit erwachsen. Dies ergibt sich aus dem Verhältnis zwischen Zivil- und Strafrecht und dem Prinzip der Einheit der Rechtsordnung.

Dem Vorschlag der Herleitung einer mittelbar entlastenden Wirkung aus der Einhaltung einzelner Kriterien des § 93 Abs. 1 S. 2 AktG kann dagegen nicht gefolgt werden.

II. Belastende (strafbegründende) Relevanz

Im Anschluss an die bereits getroffenen Feststellungen sollen sich die nun folgenden Ausführungen mit der Frage befassen, ob und inwieweit sich die Regelung des § 93 Abs. 1 S. 2 AktG im Rahmen der Prüfung einer Untreuestrafbarkeit belastend auswirken kann.[260]

Zunächst ist denkbar, dass ein nicht den Anforderungen des § 93 Abs. 1 S. 2 AktG genügendes Handeln unmittelbar auf eine untreuerelevante

---

259 Vgl. hierzu C.II.; vor diesem Hintergrund verwundert, dass *Adick* sich in dem Fazit zu seinen Untersuchungen auf die richtige, aber vergleichsweise unproblematische, Feststellung beschränkt, dass ein den Anforderungen der *Business Judgement Rule* genügendes Handeln einer weiteren strafrechtlichen Prüfung bezüglich § 266 Abs. 1 StGB entzogen sei, vgl. *dens.*, Organuntreue und Business Judgment, 2010, S. 129.

260 Diese Frage deutet *Bunz* zwar an, verweist zu ihrer Beantwortung jedoch an die Strafrechtswissenschaft, vgl. *dens.*, Der Schutz unternehmerischer Entscheidungen durch das Geschäftsleiterermessen, 2011, S. 257.

Pflichtverletzung hindeutet. Die Berechtigung einer solchen Annahme soll unter 1. einer Prüfung unterzogen werden. Unter Gliederungspunkt 2. wird eine mittelbar belastende Relevanz eines nicht nach § 93 Abs. 1 S. 2 AktG entlasteten Handelns für die Untreuestrafbarkeit eines Vorstandsmitglieds untersucht.

1. Unmittelbar belastende Relevanz

Ein den Anforderungen des § 93 Abs. 1 S. 2 AktG genügendes unternehmerisches Führungshandeln kann, wie unter I.1. festgestellt, nicht strafbar sein und entfaltet damit unmittelbar entlastende Relevanz im Strafrecht.[261]

Anknüpfend hieran soll nun der Frage nach einer unmittelbar belastenden Wirkung für den Fall nachgegangen werden, dass die Tatbestandsvoraussetzungen des § 93 Abs. 1 S. 2 AktG nicht in kumulativer Weise erfüllt werden.

Eine solche Wirkung wäre das logische Resultat eines „spiegelbildlichen" Umkehrschlusses aus § 93 Abs. 1 S. 2 AktG. Dieser setzte allerdings einen Aussagegehalt des § 93 Abs. 1 S. 2 AktG voraus, dass alles, was nicht ausweislich dieser Regelung pflichtgemäß ist, gleichsam eine Pflichtverletzung konstatierte. Auf die positiv-rechtliche Feststellung eines Pflichtverstoßes durch das Aktienrecht könnte sich unter Einhaltung einer durch das *ultima ratio*-Prinzip vorgegebenen restriktiven Auslegungsweise gegebenenfalls auch das Strafrecht zur Begründung einer Verletzung der Vermögensbetreuungspflicht beziehen.[262]

Ob ein solcher Umkehrschluss auf strafrechtlicher Wertungsebene angesichts des Regelungsgehalts von § 93 Abs. 1 S. 2 AktG und des allgemeinen Verhältnisses zwischen Straf- und Zivilrecht statthaft ist, soll Gegenstand der folgenden Untersuchungen sein.

a) Tauglichkeit des § 93 Abs. 1 S. 2 AktG zur unmittelbaren Begründung einer Vermögensbetreuungspflichtverletzung im Sinne des § 266 Abs. 1 StGB

Nachdem die Regelung des § 93 Abs. 1 S. 2 AktG und ihre einzelnen Tatbestandsmerkmale unter B.I.3.d) erörtert wurden, stellt sich die Frage, ob diese Norm tauglich ist, eine unmittelbar strafbarkeitsbegründende Relevanz zu entfalten. Dies wäre der Fall, wenn aus der schlichten Tatsache, dass eine unternehmerische

---

261 Der Gegenschluss aus C.I.1. lautet also, dass ein strafbewehrtes Handeln grundsätzlich nicht den Anforderungen der *Business Judgement Rule* entsprechen darf.

262 Vereinfacht geht es um die Frage, ob ein nicht den Anforderungen der *Business Judgement Rule* genügendes Handeln stets eine Pflichtverletzung nach § 266 Abs. 1 StGB begründet und damit unmittelbar strafschaffende Relevanz hat.

Entscheidung bzw. ihr Zustandekommen nicht den Kriterien des § 93 Abs. 1 S. 2 AktG genügt, bereits auf das Vorliegen der Verletzung einer Vermögensbetreuungspflicht gemäß § 266 Abs. 1 StGB geschlossen werden könnte. Die Untersuchung soll anhand der klassischen Kriterien juristischer Auslegung nach Wortlaut, *Telos* und Systematik des § 93 Abs. 1 S. 2 AktG vorgenommen werden. Eine historische Auslegung verspricht angesichts der noch jungen Norm keinen Erkenntnisgewinn.

aa) Wortlaut

Ausgangspunkt aller juristischen Auslegung ist der Wortlaut bzw. -sinn einer Norm.[263] Die einzelnen Tatbestandsmerkmale des § 93 Abs. 1 S. 2 AktG sind bereits dargestellt und die inhaltlichen Anforderungen der Norm damit skizziert worden.[264] Nunmehr soll die Konzentration auf die Art der Formulierung in § 93 Abs. 1 S. 2 AktG gerichtet werden.

(1) Negativformulierung

Bei § 93 Abs. 1 S. 2 AktG handelt es sich um eine negativ formulierte Norm (*„Eine Pflichtverletzung liegt nicht vor, wenn ...“*).[265] Durch die Negativformulierung der *Business Judgement Rule* soll eine unzweifelhaft pflichtgemäße Ausübungsform des unternehmerischen Ermessens kodifiziert werden.[266] Es wird umschrieben, in welchem Fall ein Vorstandsmitglied definitiv nicht pflichtwidrig handelt. Dabei wird jedoch keine positive Feststellung darüber getroffen, wann ein Vorstand pflichtwidrig handelt. Ebenso wenig wird festgestellt, dass der Vorstand ausschließlich unter den durch § 93 Abs. 1 S. 2 AktG aufgestellten Voraussetzungen pflichtgemäß handeln kann. Damit gilt: Eine Entscheidung, bei deren Zustandekommen eine oder mehrere Tatbestandsvoraussetzungen des

---

263 Vgl. *Larenz/Canaris*, Methodenlehre der Rechtswissenschaft, S. 141.

264 B.I.3.d).

265 Eine Alternative hätte in der positiven Formulierung bestanden, dass der Sorgfaltspflicht bei Erfüllung der Kriterien des § 93 Abs. 1 S. 2 AktG genügt sei, vgl. dazu den Vorschlag des *DAV-Handelsrechtsausschusses*, NZG 2004, 555 (556).

266 Der Gesetzgeber spricht hierbei von dem „Bereich unternehmerischen Handlungsspielraums“ bzw. dem „unternehmerischen Entscheidungsspielraum“, vgl. BegrRegE UMAG, BT-Drucks. 15/5092, S. 11 und die Gegenäußerung der Bundesregierung zur Stellungnahme des Bundesrats, BT-Drucks. 15/5092, S. 41; vgl. hierzu auch C.II.1.a)bb)(c)(dd).

§ 93 Abs. 1 S. 2 AktG nicht erfüllt wurden, ist weder zwangsweise pflichtwidrig im Sinne des Aktienrecht noch besteht eine entsprechende Vermutung.[267]

Folglich ist § 93 Abs. 1 S. 2 AktG lediglich die Aussage zu entnehmen, dass ein Vorstandsmitglied sich bei Einhaltung bestimmter, an seine Entscheidung bzw. den vorangehenden Entscheidungsfindungsprozess zu stellender Anforderungen eines nicht pflichtwidrigen Handelns sicher sein kann.[268] Dies erfordert ein kumulatives Einhalten der Kriterien des § 93 Abs. 1 S. 2 AktG. Über die Pflichtwidrigkeit eines Handelns für den Fall, dass die Kriterien des § 93 Abs. 1 S. 2 AktG nicht kumulativ erfüllt werden, wird indes nichts ausgesagt. Der Bereich des Nichterfüllens einer oder mehrerer Kriterien wird durch die Regelung schlicht offen gelassen, so dass die *Business Judgement Rule* lediglich einen möglichen Weg beschreibt, pflichtgemäßes Handeln festzustellen.

Zur weiteren Untersuchung der Konsequenzen aus der negativen Formulierung des § 93 Abs. 1 S. 2 AktG soll im Folgenden unter (2) ein Vergleich mit der Formulierungsweise des II. Zivilsenats des Bundesgerichtshofs in der ARAG/Garmenbeck-Entscheidung bezüglich der Pflichtwidrigkeit von

---

267 Ein entsprechender Gegenschluss aus § 93 Abs. 1 S. 2 AktG wird auch in der Literatur ganz überwiegend abgelehnt, vgl. nur *Hüffer*, Aktiengesetz, § 93 Rn. 12; *Fleischer*, in: Spindler/Stilz, AktG, § 93 Rn. 65; *Mertens/Cahn*, in: KK AktG, § 93 Rn. 15; *Spindler*, in: MK AktG, § 93 Rn. 40; *Krieger/Sailer*, in: K.Schmidt/Lutter, AktG, § 93 Rn. 11; *Blasche*, WM 2011, 343 (347); *Brüning/Samson*, ZIP 2009, 1089 (1092); *Lutter*, ZIP 2007, 841 (845 f.); *ders.*: in FS Canaris, Band 2, 2007, S. 245 (247, 250 f.); *Jungmann*, in: FS K.Schmidt, 2009, S. 831 (833 f.); bereits vor Inkrafttreten des UMAG unter Heranziehung der Gesetzgebungsmaterialien *Schäfer*, ZIP 2005, 1253 (1255); ebenso *Ihrig*, WM 2004, 2098 (2103) und *Fleischer*, ZIP 2004, 685 (689); auch *Hopt/Roth* gehen davon aus, dass § 93 Abs. 1 S. 2 AktG den unternehmerischen Ermessenspielraum nur zum Teil abbildet, vgl. *dies.*, in: GK AktG, § 93 Abs. 1 S. 2, 4 n.F. Rn. 50; allerdings merkt *Spindler* darüber hinausgehend in Bezug auf das Aktienrecht an, dass eine „Verletzung der *Business Judgement Rule*, etwa eine unzureichende Tatsachengrundlage, (…) eine entsprechende Pflichtverletzung" indiziere, vgl. *dens.*, in: MK AktG, § 93 Rn. 40; dem folgen in leicht abgeschwächter Form *Mertens/Cahn*, in: KK AktG, § 93 Rn. 15; *Blasche*, WM 2011, 343 (347) – auf die Frage nach der Übertragbarkeit einer derartigen aktienrechtlichen Indizwirkung auf die strafrechtliche Wertungsebene wird zurückzukommen sein, vgl. dazu C.II.2.b)ff)(3).

268 *Hüffer* bezeichnet die vom Gesetzgeber gewählte Negativformulierung als „vorsichtiger" gegenüber einer positiven Kodifikation der Voraussetzungen pflichtgemäßen Handelns, vgl. *dens.*, Aktiengesetz, § 93 Rn. 12, und verweist dabei exemplarisch auf den positiv gefassten Kodifikationsvorschlag des *DAV-Handelsrechtsausschuss*, NZG 2004, 555 (556).

Führungshandeln in einer Aktiengesellschaft erfolgen.[269] Dieser Vergleich erscheint angebracht, da die gerichtlichen Ausführungen in dieser Entscheidung dem Gesetzgeber des UMAG als Orientierungsmaßstab bei der Formulierung des § 93 Abs. 1 S. 2 AktG dienten.[270] Im Anschluss daran erfolgt unter (3) und (4) eine Behandlung zweier Literaturbeiträge und eine Bewertung dieser Beiträge im Hinblick auf den wortlautbezogenen Aussagegehalt des § 93 Abs. 1 S. 2 AktG.

(2) Vergleich mit BGHZ 135, 244 ff. (ARAG/Garmenbeck-Entscheidung)

In der ARAG/Garmenbeck-Entscheidung vom 21. April 1997 macht der II. Zivilsenat des Bundesgerichtshofs Ausführungen zu dem Vorliegen pflichtwidrigen Vorstandshandelns.[271] Dabei werden Kriterien in Bezug genommen, welche großteils den Merkmalen des § 93 Abs. 1 S. 2 AktG entsprechen, so dass sich hinsichtlich der Auswahl von Kriterien, welche für die Bewertung von aktienrechtlicher Pflichtmäßigkeit heranzuziehen sind, eine frappierende Parallelität offenbart. Gleichzeitig ist den gerichtlichen Ausführungen in der ARAG/Garmenbeck-Entscheidung und der Regelung des § 93 Abs. 1 S. 2 AktG gemein, dass dem unternehmerisch tätigen Entscheider jeweils ein weiter Ermessensspielraum als notwendige Basis erfolgreichen unternehmerischen Handelns eingeräumt wird. Diese parallele Grundausrichtung, die einerseits in dem Revisionsurteil des II. Zivilsenats und andererseits in § 93 Abs. 1 S. 2 AktG zum Ausdruck kommt, liegt freilich an der bereits angesprochenen gesetzgeberischen Orientierung an der ARAG/Garmenbeck-Entscheidung bei der Schaffung des UMAG.[272]

Allerdings hat der Gesetzgeber gerade nicht die gerichtlichen Ausführungen in der ARAG/Garmenbeck-Entscheidung unmittelbar gesetzlich festgeschrieben. Vielmehr hat er eine andere Regelung getroffen, denn zwischen den gerichtlichen Ausführungen des II. Zivilsenats und dem Wortlaut des § 93 Abs. 1 S. 2 AktG gibt es einen erheblichen Unterschied.[273]

---

269 Siehe auch bereits B.I.2.a).

270 BegrRegE UMAG, BT-Drucks. 15/5092, S. 11.

271 BGHZ 135, 244–257; vgl. zum Sachverhalt und den hier maßgeblichen Details der Entscheidung des Gerichts bereits B.I.2.a).

272 Vgl. BegrRegE, BT-Drucks. 15/5092, S. 11.

273 *Hüffer* bezeichnet die Negativformulierung des Gesetzgebers in § 93 Abs. 1 S. 2 AktG als eine „vorsichtigere" Lösung gegenüber einer positiven Kodifikation der Voraussetzungen für pflichtmäßiges Handeln, vgl. *dens.*, Aktiengesetz, § 93 Rn. 12; *Seibert/Schütz* sehen die Regelung in § 93 Abs. 1 S. 2 AktG, bezogen auf die mit der heutigen Gesetzesfassung identische Formulierung im Gesetzentwurf der Bundesregierung zum UMAG, zutreffenderweise als gegenüber einer rein objektiven Formulierung weniger streng an, vgl. *dies.*, ZIP 2004, 252 (254); die Feststellung

Während in § 93 Abs. 1 S. 2 AktG, wie dargestellt, negativ formuliert wird, stellt das erkennende Gericht in der ARAG/Garmenbeck-Entscheidung positiv fest, ab wo dem weiten unternehmerischen Ermessensspielraum eine Grenze zu setzen ist und das Vorliegen einer Schadensersatzansprüche begründenden aktienrechtlichen Pflichtverletzung des Vorstandsmitglieds in Betracht kommt.[274] Die zu diesem Zweck angeführten Kriterien des „ausschließlich am Unternehmenswohl" orientierten Handelns und der sorgfältigen „Ermittlung der Entscheidungsgrundlagen" weisen zwar eine Übereinstimmung mit den Merkmalen des § 93 Abs. 1 S. 2 AktG auf, sie sind jedoch nicht als abschließende Enumeration zu verstehen. Vielmehr macht der II. Zivilsenat deutlich, dass ein Handeln nicht ausschließlich aufgrund einer erheblichen Verletzung der aufgeführten Kriterien als pflichtwidrig zu bewerten sein könne, sondern darüber hinaus auch im Einzelfall, wenn „das Verhalten des Vorstands aus anderen Gründen als pflichtwidrig gelten" müsse.[275]

Der erkennende Senat tastet sich also in seinen Ausführungen gewissermaßen an das positive Vorliegen einer aktienrechtlichen Pflichtverletzung heran. Er zeigt Voraussetzungen auf, unter denen eine Pflichtverletzung durch das Vorstandsmitglied als konkret möglich erscheint und – je nach Intensität des Verstoßes und der Gesamtwürdigung des Vorgangs – sogar intendiert ist. Die positive Feststellung, ab wann eine Pflichtverletzung in Betracht kommt, deckt sich jedoch gerade nicht mit dem Aussagegehalt von § 93 Abs. 1 S. 2 AktG, denn in der Kodifikation der *Business Judgement Rule* wird negativ formuliert, unter welchen Voraussetzungen eine Pflichtverletzung definitiv ausscheidet.[276]

Der Unterschied in der Art und Weise der Formulierung mag auf den ersten Blick marginal erscheinen. Er erweist sich jedoch für die Verwendbarkeit der getroffenen Aussage zur positiven Begründung einer haftungsbegründenden Pflichtverletzung als erheblich. In der ARAG/Garmenbeck-Entscheidung werden zwar keine festen Voraussetzungen für das Vorliegen einer gesellschaftsrechtlichen Pflichtverletzung definiert. Indem aber zumindest exemplarisch

---

Jungmanns, dass die *Business Judgement Rule* „jedenfalls seit der ARAG/Garmenbeck-Entscheidung des Bundesgerichtshofs der Sache nach längst als Bestandteil des deutschen Aktienrechts anerkannt" gewesen sei, vgl. *dens.*, in: FS K. Schmidt, 2009, S. 831 (831 f.), bezieht sich deshalb wohl vornehmlich auf den Aspekt eines weiten Handlungs- und Ermessensspielraums zugunsten des Führungsorgans.

274 BGHZ 135, 244 (253).

275 BGHZ 135, 244 (253 f.).

276 Zu der strafrechtlichen Wirkung einer den Anforderungen des § 93 Abs. 1 S. 2 AktG genügenden Entscheidung, vgl. bereits C.I.1.

ausgeführt wird, unter welchen Bedingungen eine Pflichtverletzung des Vorstands konkret „in Betracht" kommt, vermag die ARAG/Garmenbeck-Entscheidung in konkretisierender Weise zu einer besseren Orientierung bei der Feststellung einer aktienrechtlichen Pflichtverletzung beizutragen. In der Sache geht es dabei um die Feststellung eines Verstoßes gegen den Pflichtenmaßstab des § 93 Abs. 1 S. 1 AktG. Durch die Ausführungen des II. Zivilsenats wird somit der „äußere Rahmen" eines gesellschaftsrechtlich pflichtwidrigen Verhaltens abgesteckt, wobei ein erheblicher Verstoß gegen die aufgeführten Kriterien einen Pflichtverstoß zumindest intendiert.[277] Sollte das Fehlverhalten darüber hinaus eine dem *ultima ratio*-Charakter des Strafrechts genügende Evidenz aufweisen, so kann es gleichsam eine Vermögensbetreuungspflichtverletzung nach § 266 Abs. 1 StGB darstellen.[278]

Eine solche unmittelbare Orientierungshilfe bei der positiven Pflichtwidrigkeitsfeststellung stellt § 93 Abs. 1 S. 2 AktG bereits aufgrund der negativen Formulierung der Norm nicht dar. Der positive Aussagegehalt des § 93 Abs. 1 S. 2 AktG ergibt anhand eines Gegenschlusses, dass eine Entscheidung, die nicht den Merkmalen des § 93 Abs. 1 S. 2 AktG genügt, zumindest pflichtwidrig im Sinne des Aktienrechts sein könnte. Die positive Feststellung einer Pflichtverletzung ist dann jedoch anhand des in diesem Fall geltenden Maßstabs von § 93 Abs. 1 S. 1 AktG gesondert zu treffen.[279] Damit lässt sich § 93 Abs. 1 S. 2 AktG in strafrechtlicher Hinsicht erst recht kein unmittelbares Pflichtwidrigkeitsverdikt entnehmen.[280]

Gleichzeitig wird im Rahmen des Vergleichs deutlich, dass bei einem bloß leichten Verstoß gegen eines der durch die ARAG/Garmenbeck-Entscheidung in Bezug genommenen Kriterien – die wohlgemerkt teilweise zugleich solche des § 93 Abs. 1 S. 2 AktG sind – eine aktienrechtliche Pflichtverletzung noch nicht

277 Auf dieser Grundlage sahen einige Stimmen in der Literatur bereits im Rahmen der unmittelbaren Aufarbeitung des Urteils die Notwendigkeit einer über die Ausführungen in der ARAG/Garmenbeck-Entscheidung hinausgehenden Konkretisierung, vgl. *Boujong*, DZWir 1997, 326 (328); eine Übertragbarkeit der Grundsätze des US-amerikanischen Rechtsinstituts der *Business Judgement Rule* erwog vor diesem Hintergrund *Heermann*, AG 1998, 201 (204–206).

278 Zum untreuebezogenen Restriktionserfordernis der Evidenz siehe an späterer Stelle C.II.2.b)cc)(1)(c).

279 In diesem Sinne statt vieler *Spindler*, in: MK AktG, § 93 Rn. 40.

280 Vgl. auch C.II.1.b)bb); der Pflicht zur Wahrnehmung fremder Vermögensinteressen, vgl. zu dieser nur BGHSt 47, 187 (200 f.), kann folglich auch auf andere Weise nachgekommen werden.

einmal in Betracht kommen soll. Dies spricht unabhängig von dem Wortlautargument gegen die unmittelbare Annahme insbesondere eines strafrechtlich relevanten Pflichtverstoßes außerhalb des Anwendungsbereichs von § 93 Abs. 1 S. 2 AktG, ohne die Umstände und Intensität des Verstoßes in eine gesonderte Bewertung einzubeziehen.[281]

Letztlich ergibt sich auch aus der Subjektivierung in § 93 Abs. 1 S. 2 AktG ein Unterschied zu den Ausführungen in der ARAG/Garmenbeck-Entscheidung.[282] Während in der Entscheidung des II. Zivilsenats ein rein objektiver Maßstab angelegt wird, lässt § 93 Abs. 1 S. 2 AktG ausreichen, dass der Vorstand „vernünftigerweise annehmen durfte, auf Grundlage angemessener Information zum Wohle der Gesellschaft zu handeln." Die *Business Judgement Rule* lässt mithin für die Entfaltung ihrer Entlastungswirkung bereits genügen, dass der Entscheider *ex ante* vernünftigerweise von der Erfüllung der genannten Kriterien ausgehen durfte.[283] Zivilrechtlich schafft die Regelung des § 93 Abs. 1 S. 2 AktG

---

281 Die bereits auf gesellschaftsrechtlicher Ebene für eine Pflichtverletzung zu fordernde Erheblichkeit des Pflichtverstoßes veranlasst *Hoffmann* das Merkmal einer „gravierenden" Pflichtverletzung im Sinne einer evidenten Unvertretbarkeit des Handelns bei der Prüfung des § 266 Abs. 1 StGB abzulehnen, weil dieses Kriterium aus ihrer Sicht keine Unterscheidung zwischen straf- und bloß gesellschaftsrechtlicher Pflichtverletzung gewährleisten könne, vgl. *dies.*, Untreue und Unternehmensinteresse, 2010, S. 52 f.

282 *Fleischer*, in: Spindler/Stilz, AktG, § 93 Rn. 64; *Seibert/Schütz*, ZIP 2004, 253 (254) sowie *Bunz*, Der Schutz unternehmerischer Entscheidungen durch das Geschäftsleiterermessen, 2011, S. 78 verweisen vornehmlich auf diesen Aspekt als Unterscheidungskriterium des § 93 Abs. 1 S. 2 AktG gegenüber den gerichtlichen Ausführungen in der ARAG/Garmenbeck-Entscheidung.

283 *Bunz* begreift die Subjektivierung in § 93 Abs. 1 S. 2 AktG zwar ebenfalls als Unterscheidungsmerkmal gegenüber den Ausführungen des II. Zivilsenats in der ARAG/Garmenbeck-Entscheidung, er sieht den § 93 Abs. 1 S. 2 AktG jedoch in Abweichung zu dem hier Vertretenen als „gegenüber der ARAG-Formel" aussagekräftigeren Maßstab für das Vorliegen von Pflichtwidrigkeit, weil „nun klare formelle Kriterien für die Überprüfung der Entscheidung aufgestellt" worden seien, vgl. *dens.*, Der Schutz unternehmerischer Entscheidungen durch das Geschäftsleiterermessen, 2011, S. 78; *Hüffer*, Aktiengesetz, § 93 Rn. 12; *Weiss/Buchner*, WM 2005, 162 (163) sowie *Roth*, BB 2004, 1066 (1068) rekurrieren zentral auf die Gemeinsamkeiten zwischen den gerichtlichen Ausführungen in der ARAG/Garmenbeck-Entscheidung und § 93 Abs. 1 S. 2 AktG – so betrachten sie die Norm als Kodifizierung der Rechtsprechung; dem ist zuzugeben, dass die ARAG-Rechtsprechung ausweislich der Gesetzgebungsmaterialien tatsächlich als Orientierung bei der Schaffung des § 93 Abs. 1 S. 2 AktG diente, vgl. B.I.3.c), es sollten jedoch die aufgezeigten Unterschiede

wegen ihrer subjektiven Ausrichtung einen noch weiteren Freiraum, als er für unternehmerische Entscheidungen in der ARAG/Garmenbeck-Entscheidung postuliert wird.[284] Sie ist damit weniger streng bzw. „vorsichtiger".[285] Dies beruht jedoch auf einer bewussten Entscheidung des Gesetzgebers. Ein Schluss dahingehend, dass bei Verlassen eines derart weiten Handlungsspielraums auch der Weg zu einer Untreuestrafbarkeit nicht mehr weit sein kann, ist nicht statthaft. Vielmehr ist die restriktive Haltung des Aktienrechts in Bezug auf die Annahme von Pflichtverstößen in jedem Fall auf die, abermals restriktiver zu handhabende, strafrechtliche Wertungsebene zu übertragen. Gegen eine unmittelbare Heranziehung der *Business Judgement Rule* spricht dann jedoch, wie aufgezeigt, die negative Formulierung der Norm und ihr daraus resultierender Aussagegehalt.

(3) *Auseinandersetzung mit den Ausführungen* Feddersens *in der Festschrift für Adolf Laufs*

Im Rahmen der Untersuchung des Aussagegehalts von § 93 Abs. 1 S. 2 AktG anhand des Wortlauts der Norm verdienen die Ausführungen *Feddersens* in seinem Beitrag zu der Festschrift für Adolf Laufs aus dem Jahr 2006 besondere Beachtung.[286] Der Beitrag von *Feddersen* befasst sich in bis dahin nicht ersichtlicher Prägnanz mit der Problematik des Einflusses der *Business Judgement Rule* auf das Bestehen einer Untreuestrafbarkeit. Für die hier vorzunehmende Untersuchung erscheint es sachgerecht, die Ausführungen des Autors anhand zweier Aspekte näher zu beleuchten. Zum einen misst der Autor der *Business Judgement Rule* offensichtlich einen besonderen Aussagehalt zu, hierzu im Anschluss unter (a). Zum anderen schlägt der Autor am Ende seines Beitrags eine Aufnahme der *Business Judgement Rule* in den Untreueparagraphen vor. Zu dieser Anregung wird auf Grundlage der bis dahin erzielten Ergebnisse unter (b) Stellung genommen.

---

nicht außer Acht gelassen werden – so verweist auch *Hüffer* an späterer Stelle auf eine durch den Gesetzgeber gewählte „vorsichtigere" negative Formulierung, vgl. *dens.*, Aktiengesetz, § 93 Rn. 12; zu den subjektiv gefassten Tatbestandsvoraussetzungen des § 93 Abs. 1 S. 2 AktG bereits B.I.3.d)bb), B.I.3.d)cc); zu dem Problem des Anlegens eines *ex ante*-Maßstabs bei der Prüfung einer untreuerelevanten Vermögensbetreuungspflichtverletzung vgl. an späterer Stelle C.II.2.b)ff)(1)(a)(bb).

284 So auch *Feddersen*, in: FS Laufs, 2006, S. 1169 (1181).

285 *Hüffer*, Aktiengesetz, § 93 Rn. 12.

286 *Feddersen*, in: FS Laufs, 2006, S. 1169–1192.

(a) Das Überschreiten der „Grenzen der Business Judgement Rule"

Nach den obigen Feststellungen betreffend den Wortlaut des § 93 Abs. 1 S. 2 AktG, insbesondere in Abgrenzung zu den gerichtlichen Ausführungen in der ARAG/Garmenbeck-Entscheidung, scheint die Aussage *Feddersens* beachtenswert, dass „von der grundsätzlichen Entscheidungsfreiheit des Vorstandes und des Aufsichtsrats" auszugehen sei, „soweit nicht die Grenzen der *Business Judgement Rule* überschritten" seien.[287] An späterer Stelle seines Beitrags verweist der Autor zunächst auf den allgemeinen Sorgfaltsmaßstab des § 93 Abs. 1 S. 1 AktG, um nunmehr festzustellen, dass „damit (...) die Anwendung der *Business Judgement Rule* eigentlich schon zwingend" sei.[288] Dies müsse „zumindest nach Inkrafttreten der Neufassung des § 93 AktG im UMAG" gelten.[289]

Soweit *Feddersen* von einem Übertreten der „Grenzen" des § 93 Abs. 1 S. 2 AktG auf ein Verlassen des Entscheidungsspielraums schließen will, misst der Autor der Regelung offensichtlich einen, dieser tatsächlich nicht zukommenden, Aussagegehalt bei.[290] Er scheint davon auszugehen, dass nicht gemäß den Anforderungen des § 93 Abs. 1 S. 2 AktG getroffene bzw. zustande gekommene Entscheidungen stets pflichtwidrig seien. Ein solcher Umkehrschluss wird, wie dargestellt, bereits aufgrund des Wortlauts der Norm zu Recht ganz überwiegend abgelehnt und auf eine gesonderte Prüfung der Pflichtverletzung verwiesen.[291] Damit kann man den

---

287 *Feddersen*, in: FS Laufs, 2006, S. 1169 (1185).

288 *Feddersen*, in: FS Laufs, 2006, S. 1169 (1190).

289 *Feddersen*, in: FS Laufs, 2006, S. 1169 (1190).

290 *Feddersen*, in: FS Laufs, 2006, S. 1169 (1191).

291 Vgl. nur *Hüffer*, Aktiengesetz, § 93 Rn. 12; *Spindler*, in: MK AktG, § 93 Rn. 40; *Lutter*, ZIP 2007, 841 (845 f.); ebenfalls gegen einen unmittelbaren Umkehrschluss positionieren sich *Brüning/Samson*, ZIP 2009, 1089 (1092); *Jungmann*, in: FS K. Schmidt, 2009, S. 831 (833 f.); auf eine gesonderte inhaltliche Überprüfung der Entscheidung außerhalb des Anwendungsbereichs von § 93 Abs. 1 S. 2 AktG verweisen *Blasche*, WM 2011, 343 (347); *Brammsen*, wistra 2009, 85 (90); a.A. *Schmid*, der *contra legem* davon ausgeht, dass ein pflichtgemäßes Handeln lediglich unter Einhaltung der Voraussetzungen des § 93 Abs. 1 S. 2 AktG möglich sei und anderenfalls unmittelbar auf eine untreuerelevante Vermögensbetreuungspflichtverletzung schließen will, vgl. *dens.*, in: Müller-Gugenberger/Bieneck, Wirtschaftsstrafrecht, § 31 Rn. 167a; mindestens missverständlich erscheint auch die Ansicht *Verjans*, der § 93 Abs. 1 S. 2 AktG als Maßstab für ein „noch vertretbares Verhalten" sieht und dazu auf eine BGH-Entscheidung verweist, die fünf Jahre vor der Einführung des § 93 Abs. 1 S. 2 AktG datiert, vgl. *dens.*, in: Wirtschaftsstrafrecht in der Praxis, Kapitel 4 Rn. 178 – überzeugender schiene nach der hier vertretenen Auffassung, eine dem Maßstab des § 93 Abs. 1 S. 2 AktG genügende Entscheidung als „zweifelsfrei vertretbares Verhalten" zu bezeichnen.

Umkehrschluss aber erst recht nicht unmittelbar zu der Begründung von Strafbarkeit gemäß § 266 Abs. 1 StGB heranziehen.[292]

Angesichts der gewählten Formulierung des § 93 Abs. 1 S. 2 AktG schiene es ebenso problematisch, von einem „Verstoß“ gegen die oder einer „Verletzung“ der *Business Judgement Rule* zu sprechen. Diese statuiert schließlich kein Gebot im Sinne einer Pflicht.[293]

Ein Verstoß kann allein bezüglich der einzelnen Voraussetzungen vorliegen, bei deren kumulativer Einhaltung § 93 Abs. 1 S. 2 AktG eine Entlastung garantiert.[294] Es geht dann aber nicht um einen „Verstoß“ gegen die *Business Judgement Rule*, sondern vielmehr gegen Voraussetzungen, welche in § 93 Abs. 1 S. 2 AktG zwar aufgenommen sind, jedoch auch als unabhängig zu bestimmende Anforderungen an ein sorgfältiges Vorstandshandeln im Sinne des § 93 Abs. 1 S. 1 AktG verstanden werden können.[295] Eine alternative Zuwiderhandlung gegen jede einzelne Anforderung, insbesondere eines Handelns zum Unternehmenswohl oder einer ausreichenden Informationsbeschaffung im Vorfeld einer Entscheidung, kann bei entsprechender Intensität zu einer Vermögensbetreuungspflichtverletzung durch das handelnde Vorstandsmitglied führen.

Die unmittelbare Herleitung einer Pflichtverletzung aus der schlichten Tatsache einer Nichterfüllung sämtlicher Tatbestandsvoraussetzungen des § 93 Abs. 1 S. 2 AktG würde den Wortlaut der Norm, wie gezeigt, überdehnen.[296] Nach

---

292 Für die Einhaltung eines Rangverhältnisses zwischen gesellschaftsrechtlicher Haftung und strafrechtlicher Sanktion unter Verweis auf Art. 103 Abs. 2 GG spricht sich allerdings auch *Feddersen* aus, vgl. *dens.*, in: FS Laufs, 2006, S. 1169 (1190); zum Prinzip der asymmetrischen Akzessorietät vgl. insbesondere C.II.1.b)aa)(2)(b).

293 Zur Rechtsnatur des § 93 Abs. 1 S. 2 AktG vgl. C.II.1.a)bb)(c).

294 Etwa so, wie der II. Zivilsenat des Bundesgerichtshofs die Kriterien im Rahmen seiner ARAG/Garmenbeck-Entscheidung in Bezug genommen hat, dazu soeben C.II.1.a)aa)(2).

295 Zur Form der Relevanz der einzelnen, in § 93 Abs. 1 S. 2 AktG zum Tragen kommenden, Anforderungen bei der Prüfung des § 93 Abs. 1 S. 1 AktG vgl. an späterer Stelle dieser Arbeit C.II.2.b)ff)(2)(e).

296 C.II.1.a)aa)(1); indes bleibt *Feddersen* zuzugeben, dass bei einer Entscheidung, die ohne kumulatives Einhalten der Tatbestandsvoraussetzungen des § 93 Abs. 1 S. 2 AktG getroffen wurde, eine Pflichtverletzung zumindest nicht mehr ausgeschlossen ist; der Autor fordert weitere strafrechtliche Befassung mit dem Thema des Einflusses der *Business Judgement Rule* auf eine mögliche Strafbarkeit – diese Arbeit knüpft daran an und versucht diesbezüglich eine Präzisierung vorzunehmen.

Art. 103 Abs. 2 GG bildet jedoch für die strafrechtliche Auslegung der Wortlaut bzw. -sinn die äußere Grenze.[297]

Die *Business Judgement Rule* darf mithin nicht mit dem Resultat des Vorliegens ihrer Voraussetzungen im spiegelverkehrten Sinn – also der positiven Bestimmung einer Pflichtverletzung – gleichgesetzt werden.

(b) Der Vorschlag einer Aufnahme der Business Judgement Rule *in § 266 StGB*

Die zweifelhafte Auffassung *Feddersens* bezüglich eines der *Business Judgement Rule* zuzumessenden Aussagegehalts manifestiert sich in seinem Vorschlag, neben der Erweiterung des § 266 Abs. 1 StGB um das Tatbestandsmerkmal einer „gravierenden Verletzung von Geschäftsleiterpflichten" die *Business Judgement Rule* in den Untreuetatbestand aufzunehmen.[298] Eine solche Aufnahme machte nur Sinn, wenn sich der Verfasser von ihr einen Zuwachs an Konkretisierung versprechen würde. *Feddersen* geht also offensichtlich davon aus, dass § 93 Abs. 1 S. 2 AktG die Anforderungen an das Vorliegen einer („gravierenden") Pflichtverletzung konkretisieren könnte. Dies erscheint jedoch bereits aufgrund der Negativformulierung des § 93 Abs. 1 S. 2 AktG zweifelhaft. Der Normempfänger könnte anhand einer in § 266 Abs. 1 StGB eingefügten *Business Judgement Rule* lediglich ersehen, in welchen Fällen eine Untreuestrafbarkeit garantiert ausscheidet. Über das Vorliegen einer Vermögensbetreuungspflichtverletzung bei all jenen Entscheidungen, welche nicht die Tatbestandsvoraussetzungen der *Business Judgement Rule* erfüllen, wäre damit aber, wie festgestellt, noch nichts Konkretes gesagt. Der Normempfänger könnte allein folgern, dass eine untreuerelevante Pflichtverletzung bei Nichterfüllung der *Business Judgement Rule* nicht mehr *per se* ausgeschlossen ist und bei besonders eklatantem Fehlverhalten konkret möglich erscheint.[299]

Die Einfügung einer *Business Judgement Rule* in den Untreuetatbestand wäre folglich auch aus Bestimmtheitserwägungen kein großer Gewinn.[300]

---

297 Vgl. nur *Degenhart*, in: Sachs, GG, Art. 103 Rn. 69; *Tiedemann*, Wirtschaftsstrafrecht AT, Rn. 227.

298 *Feddersen*, in: FS Laufs, 2006, S. 1169 (1191 f.); zum Merkmal der „gravierenden" Pflichtverletzung sogleich ausführlich C.II.2.b)cc)(1)(a).

299 Vgl. zu der Wirkung des Verstoßes gegen einzelne Kriterien der *Business Judgement Rule* an späterer Stelle C.II.2.b)ff)(1).

300 Dazu auch C.II.1.a)aa)(7), C.II.1.a)aa)(8).

(c) Zwischenergebnis
Die *Business Judgement Rule* markiert nicht die Grenzen der unternehmerischen Entscheidungsfreiheit. Vielmehr kennzeichnet sie unternehmerische Entscheidungen, die unter bestimmten Bedingungen zustande gekommen sind, als in jedem Fall pflichtmäßig. Damit ist aber zunächst nichts Näheres über das positive Vorliegen einer aktien- oder strafrechtlich relevanten Pflichtverletzung gesagt. Vor diesem Hintergrund kann der Vorschlag einer Aufnahme der *Business Judgement Rule* in den Untreueparagraphen nicht überzeugen.

(4) Auseinandersetzung mit den Ausführungen Winnens
Eine in vergleichbarer Weise missverständliche Interpretation des Aussagegehalts von § 93 Abs. 1 S. 2 AktG lässt sich der Dissertation *Winnens* aus dem Jahr 2009 entnehmen.[301] Der Verfasser nimmt in seiner Arbeit unter anderem eine umfassende Darstellung der *Business Judgement Rule* und eine Würdigung ihrer Kodifikation in § 93 Abs. 1 S. 2 AktG vor.[302] Abschließend nimmt er zu der Aufnahme des § 93 Abs. 1 S. 2 AktG durch die Rechtsprechung Stellung.[303] Die Würdigung bezieht sich dabei auf den Zeitraum bis zur Drucklegung der Arbeit Ende 2008. *Winnen* bezieht sich einerseits auf die Entscheidung des Bundesgerichtshofs vom 21. Dezember 2005 zum Fall Mannesmann[304] und andererseits auf ein Urteil des OLG Oldenburg vom 22. Juni 2006.[305]

In beiden Entscheidungen stellt das jeweils erkennende Gericht fest, dass einem leitenden Gesellschaftsorgan bei seinen unternehmerischen Entscheidungen grundsätzlich ein weiter Beurteilungs- und Ermessensspielraum eröffnet sei.[306] Dies geschieht in beiden Fällen unter Berufung auf die ARAG/Garmenbeck-Entscheidung[307] und die in ihr aufgestellten Voraussetzungen für das mögliche Vorliegen einer Pflichtverletzung. Bezug nehmend hierauf äußert *Winnen* Verwunderung darüber, dass die Gerichte im Rahmen ihrer Ausführungen zur Beurteilung der Pflichtwidrigkeit unternehmerischen Handelns jeweils Rekurs auf die ARAG/Garmenbeck-Entscheidung nähmen und die seit dem 1. November 2005 geltende Regelung in § 93 Abs. 1 S. 2 AktG höchstens am Rande – nach

301 *Winnen*, Die Innenhaftung des Vorstandes nach dem UMAG, 2009.
302 *Winnen*, Die Innenhaftung des Vorstandes nach dem UMAG, 2009, S. 88–289.
303 *Winnen*, Die Innenhaftung des Vorstandes nach dem UMAG, 2009, S. 287–289.
304 BGHSt 50, 331–346; vgl. ausführlich zu dieser Entscheidung an späterer Stelle C.II.2.a)bb) und C.II.2.b)cc)(1)(a)(dd).
305 OLG Oldenburg NZG 2007, 434–439.
306 BGHSt 50, 331 (336); OLG Oldenburg NZG 2007, 434 (435).
307 BGHSt 50, 331 (336); OLG Oldenburg NZG 2007, 434 (435).

der hier vertretenen Auffassung in der Mannesmann-Entscheidung zudem in anderem Zusammenhang – erwähnten.[308]

Der Verwunderung *Winnens* über die ausgebliebene Orientierung an § 93 Abs. 1 S. 2 AktG sollte bereits durch einen Verweis auf den genauen Wortlaut der Regelung Abhilfe geleistet werden können. Soweit Gerichte die Pflichtwidrigkeit unternehmerischen Handelns zu untersuchen haben, können sie sich explizit nur auf verbindliche gesetzliche Vorgaben zum Vorliegen einer Pflichtverletzung beziehen. Eine solche bietet § 93 Abs. 1 S. 2 AktG gerade nicht.[309] Die Regelung nimmt lediglich solche unternehmerischen Entscheidungen vor dem Vorwurf der Pflichtwidrigkeit in Schutz, die nach bestimmten Kriterien getroffen wurden. Soweit diese Kriterien nicht erfüllt sind, lässt sich hieraus jedoch mitnichten der direkte Umkehrschluss einer Pflichtwidrigkeit ziehen.[310] Die unternehmerische Entscheidung wäre also in diesem Fall weiter vollumfänglich unter Berücksichtigung eines weiten Ermessensspielraums des geschäftsführenden Organs anhand des allgemeinen Sorgfaltsmaßstabs gerichtlich auf ihre Unvertretbarkeit hin zu überprüfen.[311] Dies ließe einigen Raum für die Feststellung einer Pflichtmäßigkeit auch jener Entscheidungen, die nicht unter Einhaltung der Kriterien des § 93 Abs. 1 S. 2 AktG zustande gekommen sind.[312]

Folglich besteht eine allein aus dem Wortlaut des § 93 Abs. 1 S. 2 AktG resultierende Insuffizienz der Norm zur positiven Begründung einer Pflichtverletzung. Anders ist dies bei der ARAG/Garmenbeck-Entscheidung, die zumindest eine verbindliche Orientierung für das Vorliegen einer Pflichtverletzung gibt und sich nicht bloß auf die Festlegung eines Haftungsfreiraums beschränkt.[313] Damit erscheint es nach der hier vertretenen Auffassung nur nachvollziehbar, dass sich auch zukünftige Gerichtsentscheidungen auf die höchstrichterlichen Vorgaben in der ARAG/Garmenbeck-Entscheidung beziehen werden. Während es sich bei den von *Winnen* in Bezug genommenen Entscheidungen um solche von Zivilgerichten

---

308 So *Winnen*, Die Innenhaftung des Vorstandes nach dem UMAG, 2009, S. 289 – wobei diese Ausführungen vor dem Hintergrund überraschen, dass der Autor selbst auf den S. 97–105 die Annahme einer Konkretisierung von Sorgfaltspflichten durch § 93 Abs. 1 S. 2 AktG ablehnt.

309 Vgl. dazu auch C.II.1.a)bb)(c).

310 So statt vieler *Jungmann*, in: FS K. Schmidt, 2009, S. 831 (833 f.).

311 Vgl. nur *Hüffer*, Aktiengesetz, § 93 Rn. 12; *Lutter*, ZIP 2007, 841 (845 f.); *ders.*, in: FS Canaris, Band 2, 2007, S. 245 (247).

312 In diesem Sinne *Lutter*, ZIP 2007, 841 (845 f.).

313 Vgl. dazu C.II.1.a)aa)(2); insoweit unklar *Winnen*, Die Innenhaftung des Vorstandes nach dem UMAG, 2009, S. 286.

handelt, gilt dies erst recht für die strafrichterliche Praxis. Denn hier muss die eine Vermögensbetreuungspflichtverletzung aufgrund der Unvertretbarkeit einer Entscheidung unter Wahrung des *ultima ratio*-Gedankens positiv zur vollen richterlichen Überzeugung festgestellt werden, vgl. § 261 StPO.

(5) Vergleich mit BGHZ 175, 365 ff. (UMTS-Entscheidung)
Desweiteren können die Ausführungen des II. Zivilsenats des Bundesgerichtshofs in der so genannten UMTS-Entscheidung vom 3. März 2008 vergleichend herangezogen werden, um eine Differenz gegenüber der negativen Formulierung des § 93 Abs. 1 S. 2 AktG aufzuzeigen.

(a) Sachverhalt
Dem Urteil liegt ein Rechtsstreit zwischen einem Aktionär der Deutschen Telekom AG (Kläger) und der Bundesrepublik Deutschland (Beklagte) zugrunde. Der Kläger richtet sich gegen den Ankauf von UMTS-Lizenzen durch die Deutsche Telekom AG in Deutschland im Jahr 2000. Zum Zeitpunkt des Ankaufs im Rahmen einer Versteigerung war die Beklagte herrschendes Unternehmen im Sinne von §§ 317 Abs. 1, 4; 309 Abs. 4 AktG bei der Deutschen Telekom AG. Der Kläger ist der Meinung, dass die Deutsche Telekom AG die UMTS-Lizenzen durch eine Tochtergesellschaft zu einem überhöhten Preis gekauft habe. Dies führt er auf einen Bieterwettstreit nach §§ 311 Abs. 1, 317 AktG zurück, der durch die Beklagte initiiert worden sei. Der Kläger verlangt deshalb von der Beklagten Zahlung von Schadensersatz in Höhe von 50.000,– € und entsprechender Zinsen hieraus an die Deutsche Telekom AG. Eine entsprechende Klage wurde zunächst vom Landgericht Bonn abgewiesen und sodann die Berufung durch das Oberlandesgericht Köln zurückgewiesen. Die hier diskutierte Entscheidung ist das danach ergangene Revisionsurteil des Bundesgerichtshofs. Im Rahmen der Prüfung eines Haftungsausschlusses nach § 317 Abs. 2 AktG setzte sich der erkennende Senat mit dem Umfang der Sorgfaltspflicht eines ordentlichen Geschäftsführungsorgans nach § 93 Abs. 1 S. 1 AktG und der Kriterien für das Vorliegen eines pflichtwidrigen Handelns auseinander.

(b) In diesem Zusammenhang maßgebliche Entscheidungsgründe
Die Revisionsentscheidung des II. Zivilsenats vom 3. März 2008 schafft eine weitere Konkretisierung im Rahmen der angesprochenen Gesamtschau zur Bestimmung der Pflichtwidrigkeit unternehmerischer Entscheidungen. Es handelt sich zwar um eine zivilgerichtliche Entscheidung, die getroffenen Ausführungen wirken sich als aktienrechtliche Rechtsprechung jedoch akzessorietätsbedingt auch auf die Bestimmung der Vermögensbetreuungspflicht im Sinne des § 266

Abs. 1 StGB aus. Die Entscheidung bildet insoweit eine Fortführung der Rechtsprechung desselben Senats in dem Fall ARAG/Garmenbeck und nimmt auf diese auch explizit Bezug.[314] Bei der Frage, ob im konkreten Fall der Erwerb der UMTS-Lizenzen gegen die Sorgfaltspflicht des Leitungsorgans nach § 93 Abs. 1 S. 1 AktG verstoßen hat, rekurriert der erkennende Senat auch hier auf einen für unternehmerisches Handeln essentiell einzuräumenden weiten Handlungsspielraum.[315] Daran anknüpfend führt das Gericht die auch in der ARAG/Garmenbeck-Entscheidung angeführten Kriterien auf.

Hierbei handelt es sich um ein:

1. „von Verantwortungsbewusstsein getragenes",
2. „ausschließlich am Unternehmenswohl orientiertes",
3. „auf sorgfältiger Ermittlung der Entscheidungsgrundlagen beruhendes"

Führungshandeln.[316] Erst wenn diese Kriterien deutlich verfehlt würden, „die Bereitschaft, unternehmerische Risiken einzugehen, in unverantwortlicher Weise überspannt" würde oder „das Verhalten des Vorstands aus anderen Gründen pflichtwidrig" sei, wäre der einzuräumende Handlungsspielraum verlassen.[317]

(c) Schlussfolgerung

Auch die letztgenannte Formulierung entspricht in identischer Weise der im Rahmen der ARAG/Garmenbeck-Entscheidung gewählten. Dennoch geht die getroffene Feststellung – wenn auch nur unwesentlich – über das bei ARAG/Garmenbeck Judizierte hinaus. Der II. Zivilsenat formuliert hier, dass der einzuräumende Handlungsspielraum unter den genannten Bedingungen durch das Führungsorgan verlassen worden sei.[318] Dadurch wird eine aktienrechtliche Pflichtverletzung unmittelbar impliziert. Die gerichtliche Feststellung beschränkte sich in der ARAG/Garmenbeck-Entscheidung noch darauf, dass unter den genannten Voraussetzungen eine Pflichtverletzung konkret in Betracht komme.[319] Die Feststellung eines bereits erfolgten Verlassens der Pflichtmäßigkeit geht weiter, als das bloße in Betracht ziehen einer Pflichtverletzung. Damit fügt sich diese Entscheidung unmittelbar in die bisher angesprochene, bei der Prüfung einer Vermögensbetreuungspflichtverletzung relevante, vorgelagerte aktienrechtliche

314 BGHZ 175, 365 (369).
315 BGHZ 175, 365 (369) unter Verweis auf BGHZ 135, 244 (253 f.).
316 BGHZ 175, 365 (369).
317 BGHZ 175, 365 (369).
318 BGHZ 175, 365 (369).
319 BGHZ 135, 244 (253).

Rechtsprechung ein. Sie schafft eine noch stärkere Akzentuierung in Richtung eines zivilrechtlich pflichtwidrigen Handelns, soweit die genannten und überwiegend mit denen des § 93 Abs. 1 S. 2 AktG übereinstimmenden Kriterien grob verletzt werden. Die Entscheidung kann damit als weitere Stärkung der Kriterien begriffen werden und legt den Schluss nahe, dass die Kriterien als „Kernanforderungen" zumindest eine veritable Orientierung für den Inhalt des Sorgfaltsmaßstabs nach § 93 Abs. 1 S. 1 AktG schaffen, der auch bei der strafrechtlichen Überprüfung des Führungshandelns im Ausgangspunkt heranzuziehen ist. Der erkennende Senat bezieht sich – in einem Klammerzusatz – auch auf die durch das UMAG in § 93 Abs. 1 S. 2 AktG eingefügte *Business Judgement Rule* und verweist auf die Inhaltsgleichheit der Kriterien. Allerdings merkt der Senat an, dass die *Business Judgement Rule* in § 93 Abs. 1 S. 2 AktG „als Haftungsausschluss" kodifiziert worden sei.[320] Durch diese Formulierung und die lediglich ergänzende Inbezugnahme wird deutlich, dass sich der II. Zivilsenat auch in diesem Urteil zur Begründung eines sorgfalts- und damit pflichtwidrigen unternehmerischen Führungshandelns nicht unmittelbar auf § 93 Abs. 1 S. 2 AktG bezogen hat, sondern die Norm gegebenenfalls nur ergänzend bzw. klarstellend herangezogen hätte.

Dies stützt auch die unter (4) gemachten Ausführungen. Soweit *Winnen* sich verwundert zeigt, dass sich die oberen Gerichte in den herangezogenen Entscheidungen aus den Jahren 2005 und 2006 zur Begründung einer Pflichtverletzung nicht direkt auf § 93 Abs. 1 S. 2 AktG bezogen haben, wird deutlich, dass dies nicht etwa auf Unachtsamkeit, sondern auf einer bewussten und richtigen Normauslegung der Gerichte beruhte. Die hier besprochene Entscheidung zeigt anschaulich, dass aufgrund der gefundenen Ergebnisse auch zukünftig nicht mit einer unmittelbaren Heranziehung des § 93 Abs. 1 S. 2 AktG in strafbarkeitsbegründender Weise zu rechnen ist.

(6) Zwischenergebnis

Die bisherigen Untersuchungen des Wortlauts von § 93 Abs. 1 S. 2 AktG sprechen dafür, dass der Norm aufgrund ihrer Negativformulierung kein Aussagegehalt zukommt, nach dem sie unmittelbar strafbegründend im Rahmen der Prüfung einer Vermögensbetreuungspflichtverletzung im Sinne des § 266 Abs. 1 StGB relevant werden könnte.

---

320 BGHZ 175, 365 (369); vgl. hierzu bereits die Ausführungen unter B.I.; zu dem weiteren Unterschied der subjektiven Bezugnahme in § 93 Abs. 1 S. 2 AktG vgl. C.II.2.b)ff)(1)(a)(bb).

(7) Blankett oder normatives Tatbestandsmerkmal?

Bei der wortlautbezogenen Untersuchung der Relevanz des § 93 Abs. 1 S. 2 AktG für die Untreuestrafbarkeit des Vorstandsmitglieds einer Aktiengesellschaft soll die Struktur des Untreuetatbestands nicht unberücksichtigt bleiben. Auch in diesem Zusammenhang verdient das Tatbestandsmerkmal der Pflichtverletzung gemäß § 266 Abs. 1 StGB besondere Aufmerksamkeit. Die Akzessorietät dieses Merkmals zu außerstrafrechtichen Rechtsnormen wurde bereits thematisiert.[321] Dogmatisch schließt sich an den Befund der Akzessorietät des Untreuetatbestands die Frage an, ob es sich hierbei um eine Blankettnorm handelt oder das Merkmal der Pflichtverletzung ein normatives Tatbestandsmerkmal darstellt.[322] Diese wurde im Schrifttum lange Zeit uneinheitlich beantwortet.[323] Die besseren Gründe sprechen für die Annahme eines normativen Tatbestandsmerkmals.[324] Mittlerweile wird diese Auffassung auch überwiegend vertreten.[325] Fraglich ist

---

321 So geschehen unter B.II.1 und B.II.2.b); zu Problemen der Verwaltungsakzessorietät des Strafrechts vgl. *Kühl*, in: FS Lackner, 1987, S. 815–861.

322 Vgl. allgemein zum Wesen eines Blanketts sowie mit diesem verbundene Irrtums- und Vorsatzprobleme *Enderle*, Blankettstrafgesetze, 2000; die Frage, ob ein Blankett vorliegt, „hat Konsequenzen insbesondere für die Anwendung des nullum-crimen-Grundsatzes (Art. 103 Abs. 2 GG), des Meistbegünstigungsprinzips (§ 2 Abs. 3 StGB) sowie für Irrtumsfragen", formuliert hierzu treffend *Rönnau*, ZStW 119 (2007), 887 (903 m.w.N.).

323 Von einem „Blankettcharakter" ausgehend *Nelles*, Untreue zum Nachteil von Gesellschaften, 1991, S. 505; vgl. auch *Seier*, in: Entwicklungen und Probleme des Strafrechts an der Schwelle zum 21. Jahrhundert, 2004, S. 105 (110); ebenfalls zumindest als „blankettartig" bezeichnet den Untreuetatbestand *Dierlamm*, in MK StGB, § 266 Rn. 270; die überwiegende Ansicht sieht die Pflichtverletzung gemäß § 266 Abs. 1 StGB hingegen als normatives Tatbestandsmerkmal, vgl. *Rönnau*, ZStW 119 (2007), 887 (903–906); zustimmend BVerfGE 126, 170 (204); dem folgen *Böttger/Brockhaus*, in: Wirtschaftsstrafrecht in der Praxis, Kapitel 3 Rn. 38; so offensichtlich auch *Ransiek*, ZStW 116 (2004), 634 (645), wenn er § 266 StGB eine dem § 370 AO ähnliche Struktur bescheinigt, wobei nach seiner Auffassung die Bezugsmerkmale auf das Steuerrecht in § 370 AO normative Tatbestandsmerkmale darstellen, vgl. *Ransiek*, HRRS 2009, 421 (424); *ders.*, in: Kohlmann, Steuerstrafrecht, § 370 AO Rn. 27 f.

324 Zudem betont *Samson*, dass die Vermögensbetreuungspflichtverletzung im Sinne des § 266 Abs. 1 StGB ein gesamttatbewertendes Merkmal darstellt, vgl. den Bericht über die Diskussion der Referate *Samson* und *Taschke* von *Langrock*, in: Gesellschaftsrecht in der Diskussion 2004, 2005, S. 143 (148); vgl. auch *Rönnau*, ZStW 119 (2007), 887 (904 m.w.N.); a.A. hingegen *Hohn*, wistra 2006, 161 (164).

325 So geht insbesondere der Zweite Senat des Bundesverfassungsgerichts in BVerfGE 126, 170 (204) unter Verweis auf *Rönnau*, ZStW 119 (2007), 887 (904) von

indes, ob sich dieser Streit auf die hier zu untersuchende Frage nach einer unmittelbar strafbegründenden Wirkung des § 93 Abs. 1 S. 2 AktG überhaupt auswirkt. Dies wäre nicht der Fall, wenn § 93 Abs. 1 S. 2 AktG unter Zugrundelegung beider Sichtweisen im Rahmen der Ausfüllung des § 266 Abs. 1 StGB dem Bestimmtheitsgebot aus Art. 103 Abs. 2 GG nicht genügen würde.[326]

Genau so liegt es hier. Erforderlich wäre in beiden Fällen, dass von § 93 Abs. 1 S. 2 AktG zumindest eine klare, und damit für den Rechtsteilnehmer vorhersehbare, Pflichtwidrigkeitsumschreibung für den Bereich des Zivilrechts ausginge.[327] Wie dargestellt, trifft § 93 Abs. 1 S. 2 AktG jedoch weder eine positive Verbotsbestimmung („*pflichtwidrig handelt, wer …*“) noch eine Aussage, aus der sich ein unmittelbarer Gegenschluss ziehen ließe (etwa: „*nicht pflichtwidrig*

---

einem „komplexen normativen Tatbestandsmerkmal“ aus und verweist in diesem Zusammenhang explizit auf das Problem der Auslegung unbestimmter außerstrafrechtlicher Normen, da der Untreueparagraph keine Bestimmtheitsanforderungen an die zur Bewertung der Pflichtverletzung heranzuziehenden Gesetze richte, vgl. dazu bereits A.I. als Ausgangpunkt dieser Arbeit; das Bundesverfassungsgericht verweist ebenfalls auf das strafrechtliche Bedürfnis nach einer restriktiven Auslegung, welches dazu führt, dass auch nach der Auffassung des Gerichts eine Verwirklichung des normativen Tatbestandsmerkmals der Vermögensbetreuungspflichtverletzung eine eindeutige Unvertretbarkeit des Handelns erfordert, vgl. in diesem Sinne BVerfGE 126, 170 (210 f.); so auch davor bereits *Dittrich*, Die Untreuestrafbarkeit von Aufsichtsratsmitgliedern bei der Festsetzung überhöhter Vorstandsvergütungen, 2007, S. 208 f.; zum Restriktionsmerkmal der Evidenz im Sinne von Unvertretbarkeit später C.II.2.b)cc)(1)(c).

326 *Dierlamm* spricht sich in diesem Zusammenhang klar für eine Anwendung des Art. 103 Abs. 2 GG unabhängig von der Gesetzgebungstechnik aus, vgl. *dens.*, StraFo 2005, 397 (402); dabei ist zu beachten, dass unter Berücksichtigung der Rechtsprechung des Bundesverfassungsgerichts „Bestimmtheit“ nach Art. 103 Abs. 2 GG im Sinne von „Bestimmbarkeit“ ausgelegt werden muss, vgl. kritisch dazu *Eser/Hecker*, in: Schönke/Schröder, StGB, § 1 Rn. 20 m.w.N.; *Tiedemann*, Verfassungsrecht und Strafrecht, S. 44; zu der Frage der Anwendbarkeit ausländischen Rechts auf der Basis von Zivilrechtsakzessorietät einer deutschen Strafnorm *Mankowski/Bock*, ZStW 120 (2008), 704–758.

327 In diesem Sinne auch *Dierlamm*, StraFo 2005, 397 (400 f.); dieses Erfordernis erscheint nur zu einleuchtend, wenn man mit *Samson* berücksichtigt, dass die Pflichtverletzung gemäß § 266 Abs. 1 StGB ein gesamttatbewertendes Merkmal darstellt, vgl. dazu den Bericht über die Diskussion der Referate *Samson* und *Taschke* von *Langrock*, in: Gesellschaftsrecht in der Diskussion 2004, 2005, S. 143 (148); auf strafrechtlicher Wertungsebene wäre dabei stets eine restriktive Bezugnahme auf die zivilrechtliche Vorgabe angezeigt, vgl. zu den vertretenen Restriktionsansätzen C.II.2.b)cc).

handelt ausschließlich, wer …“).[328] Folglich geht von der getroffenen Negativregelung ein Normappell aus, der weder ein Blankett auf hinreichend bestimmte Weise ausfüllen noch ein normatives Tatbestandsmerkmal für den laienhaften Rechtsanwender ausreichend konkretisieren könnte, um den Bereich der Strafbarkeit vorhersehbar zu machen.

Damit kann § 93 Abs. 1 S. 2 AktG unabhängig von der obigen Streitfrage innerhalb der Untreuedogmatik aufgrund des grundrechtlichen Bestimmtheitsgebots nicht zur Begründung von Strafbarkeit herangezogen werden, so dass eine vertiefte Auseinandersetzung mit den vertretenen Ansätzen nicht angezeigt ist.[329]

(8) Schlussfolgerung

Aus dem Wortlaut des § 93 Abs. 1 S. 2 AktG lässt sich anhand eines Gegenschlusses allenfalls folgern, dass außerhalb des Schutzbereichs der Norm eine aktienrechtliche Pflichtverletzung möglich erscheint.[330] Positiv trifft § 93 Abs. 1 S. 2 AktG hierzu jedoch keine Aussage, so dass sich auch in Bezug auf mögliche Voraussetzungen einer Pflichtwidrigkeit – wie der Intensität des zu fordernden Verstoßes – keine unmittelbaren Rückschlüsse ziehen lassen. Nach ganz überwiegender Literaturauffassung muss außerhalb des Schutzbereichs von § 93 Abs. 1 S. 2 AktG keinesfalls stets eine Pflichtwidrigkeit des Handelns gegeben sein.[331] Damit ergibt sich ein konkretisierungsbedürftiger Auslegungsbereich für Entscheidungen, der an der äußeren Grenze des Haftungsfreiraums gemäß § 93 Abs. 1 S. 2 AktG beginnt und an der Schwelle zur Pflichtwidrigkeit endet. Für die Konkretisierung gerade dieses, für die Haftungsfrage entscheidenden, Bereiches, lässt sich § 93 Abs. 1 S. 2 AktG aber nicht unmittelbar heranziehen. Damit bleibt § 93 Abs. 1 S. 1 AktG in diesen Fällen der Beurteilungsmaßstab.[332]

Die wortlautbezogene Insuffizienz zur unmittelbaren Begründung gesellschaftsrechtlicher Pflichtwidrigkeit führt freilich dazu, dass aus § 93 Abs. 1

328 Vgl. zur Rechtsnatur des § 93 Abs. 1 S. 2 AktG vor diesem Hintergrund C.II.1.a)bb)(c).

329 Dies spricht jedoch nicht gegen die Annahme einer unmittelbar entlastenden Relevanz der Erfüllung der Voraussetzungen des § 93 Abs. 1 S. 2 AktG, weil lediglich strafbegründend wirkende Normen Art. 103 Abs. 2 GG genügen müssen.

330 Vgl. zum Umfang der hieraus erwachsenden Indizwirkung C.II.2.b)ff)(3).

331 So wird ein entsprechender Gegenschluss aus § 93 Abs. 1 S. 2 AktG abgelehnt durch *Spindler*, in: MK AktG, § 93 Rn. 40; *Mertens/Cahn*, in: KK AktG, § 93 Rn. 15; *Blasche*, WM 2011, 343 (347 m.w.N.).

332 Statt vieler *Blasche*, WM 2011, 343 (347); vgl. in diesem Zusammenhang auch die Ausführungen unter C.II.2.b)ff)(2)(e).

S. 2 AktG erst recht nicht direkt auf eine Vermögensbetreuungspflichtverletzung nach § 266 Abs. 1 StGB geschlossen werden kann. Die ARAG/Garmenbeck-Entscheidung liefert insofern ein belastbareres Gerüst. Der inhaltliche Unterschied der getroffenen Feststellung mutet zwar marginal an. Jedoch wird in der ARAG/Garmenbeck-Entscheidung das Vorliegen einer gesellschaftsrechtlichen Pflichtverletzung zumindest positiv in Bezug genommen und eine Aussage zu der für eine Pflichtverletzung notwendigen Intensität eines Verstoßes gegen die angeführten Sorgfaltskriterien getroffen.

Soweit im Schrifttum mit Bezug auf die *Business Judgement Rule* pauschal von einer Kodifikation der bisherigen Rechtsprechung zu ARAG-Garmenbeck ausgegangen wird, verkennen diese Stimmen gerade die aufgezeigten Differenzen.[333]

Die Annahme eines weiten Handlungs- und Ermessensspielraums zugunsten der handelnden Vorstandsmitglieder liegt, wie aufgezeigt, sowohl der ARAG/Garmenbeck-Entscheidung wie auch der Regelung des § 93 Abs. 1 S. 2 AktG zugrunde. Auch bezüglich der jeweils in Bezug genommenen Anforderungen einer Orientierung am Unternehmensinteresse und einer sorgfältigen Informationsbeschaffung besteht eine angesprochene Parallelität. Es wäre jedoch fehlerhaft, auf dieser Grundlage eine unmittelbare Adaption der gerichtlichen Ausführungen zu ARAG/Garmenbeck in den Aussagegehalt des § 93 Abs. 1 S. 2 AktG vorzunehmen. Folgende Überlegung zeigt dies besonders plastisch:

Wenn man mit der ARAG/Garmenbeck-Entscheidung von einem weiten Entscheidungsspielraum des Vorstandsmitglieds in einer Aktiengesellschaft ausgeht, außerhalb dessen Grenzen eine Pflichtverletzung überhaupt erst „in Betracht" kommt und gleichzeitig zu Recht annimmt, dass aus einer Nichtbefolgung der Kriterien des § 93 Abs. 1 S. 2 AktG nicht zwingend eine gesellschaftsrechtliche Pflichtwidrigkeit der getroffenen Entscheidung zu folgern ist, dann ergibt die Gesetzmäßigkeit der Logik, dass der Ermessensspielraum nicht dort endet, wo die Entlastung gemäß § 93 Abs. 1 S. 2 AktG aufhört. Soweit § 93 Abs. 1 S. 2 AktG eine Pflichtverletzung außerhalb ihres Anwendungsbereichs zumindest nicht mehr ausschließt, kommt eine solche jedoch nach ARAG/Garmenbeck erst ab einer erheblichen Verletzung der sich entsprechenden Kriterien „in Betracht". Schon allein aus diesem Grund verbietet sich der unmittelbare Gegenschluss auf eine Pflichtverletzung außerhalb des Schutzbereichs nach § 93 Abs. 1 S. 2 AktG,

333 So scheinbar *Hüffer*, Aktiengesetz, § 93 Rn. 11 unter Verweis auf *Weiss/Buchner*, WM 2005, 162 (163); *Roth*, BB 2004, 1066 (1068), wobei *Hüffer* dann unter Rn. 12 die Regelung des § 93 Abs. 1 S. 2 AktG ob ihrer Negativfassung selbst als eine „vorsichtigere" gegenüber der positiven Kodifikation einer aktienrechtlichen Pflichtverletzung begreift.

denn es ist keinesfalls davon auszugehen, dass durch die Einfügung der *Business Judgement Rule* eine Haftungsverschärfung bewirkt werden sollte.[334] Vielmehr muss der gegenüber der *Business Judgement Rule* weiter gehende Entscheidungsspielraum durch die getroffene Entscheidung verlassen worden sein. Dann steht eine Verletzung des Sorgfaltsmaßstabs gemäß § 93 Abs. 1 S. 1 AktG im Raum. Erst auf Basis dieser Feststellung erlaubt sich die strengere strafrechtliche Prüfung einer untreuerelevanten Vermögensbetreuungspflichtverletzung.[335] Sämtliche Schwellen können freilich durch dieselbe Fehlentscheidung überschritten werden, jedoch setzt das strafrechtliche Pflichtverletzungsverdikt im Rahmen der Untreueprüfung eine besondere Schwere des Pflichtverstoßes voraus.[336]

Bezogen auf die Gesamtnorm des § 93 Abs. 1 S. 2 AktG ergibt die vorgenommene Analyse des Wortlauts jedoch in Ansehung des Art. 103 Abs. 2 GG keinen hinreichenden Aussagegehalt, um den Untreuetatbestand in unmittelbar strafbegründender Weise akzessorisch auszufüllen.

(9) Zwischenergebnis

Allein aufgrund der negativen Formulierung des § 93 Abs. 1 S. 2 AktG ist die Regelung nicht geeignet, in unmittelbar belastender Art und Weise eine Relevanz im Rahmen der Prüfung einer Vermögensbetreuungspflichtverletzung gemäß § 266 Abs. 1 StGB zu entfalten. Die Vorgaben zur Bestimmung einer aktienrechtlichen Pflichtverletzung aus der ARAG/Garmenbeck-Entscheidung können durch § 93 Abs. 1 S. 2 AktG nicht konkretisiert werden, weil der Wortlaut keine positive Bestimmung der Pflichtverletzung ermöglicht.

bb) *Telos*

Des Weiteren ist zu prüfen, ob Sinn und Zweck des § 93 Abs. 1 S. 2 AktG eine Heranziehung der Norm zur unmittelbaren Begründung einer Pflichtverletzung im Sinne des Untreuetatbestands angezeigt sein lassen.[337] Bezüglich der Vorgeschichte des Gesetzgebungsprozesses und der gesetzgeberischen Intention bei

---

334 Dazu sogleich C.II.1.a)bb).

335 Vgl. zur Notwendigkeit der Einhaltung eines Rangverhältnisses zwischen Straf- und Gesellschaftsrecht auch C.II.1.b) sowie zu den möglichen Restriktionsansätzen in Bezug auf den Untreuetatbestand C.II.2.b)cc).

336 Diesbezüglich erfolgt an späterer Stelle unter C.II.2.b)cc) eine ausführliche Darstellung.

337 *Bunz* will dem *Telos* des § 93 Abs. 1 S. 2 AktG ein gegenüber dem Wortlaut der Norm höheres Gewicht beimessen, vgl. *dens.*, Der Schutz unternehmerischer Entscheidungen durch das Geschäftsleiterermessen, 2011, S. 77 f.

der Einfügung des neuen Satzes 2 in § 93 Abs. 1 AktG kann im Wesentlichen nach oben verwiesen werden.[338] Die Konzentration soll daran anknüpfend auf die Vereinbarkeit des *Telos* der Norm mit einem unmittelbaren Schluss auf das Vorliegen einer Vermögensbetreuungspflichtverletzung nach § 266 Abs. 1 StGB jenseits einer Tatbestandserfüllung des § 93 Abs. 1 S. 2 AktG gerichtet werden.

(a) Ein rettender Hafen („safe harbour") *für das Vorstandsmitglied versus Vermögensschutz zugunsten der Gesellschaft*

Sinn und Zweck der Einfügung eines neuen Satzes 2 in § 93 Abs. 1 AktG war die Schaffung eines Entlastungsinstruments zugunsten des Vorstands als Gegengewicht zu dessen durch die sonstigen Neuerungen des UMAG gestiegenen Innenhaftungsrisiko.[339] Die Notwendigkeit eines solchen Entlastungstatbestands beruht auf der Erkenntnis, dass eine gewisse Risikoaffinität zentrale Voraussetzung für ein wirtschaftlich erfolgreiches Handeln ist.[340] Die *Business Judgement Rule* soll dem Vorstand deshalb helfen, seiner Beweislast aus § 93 Abs. 2 S. 2 AktG nachzukommen. Zu diesem Zweck sollte ein Haftungsfreiraum („*safe harbour*") implementiert und in § 93 Abs. 1 S. 2 AktG kodifiziert werden, innerhalb dessen sich eine über die Tatbestandsvoraussetzungen der *Business Judgement Rule* hinausgehende gerichtliche Kontrolle der Entscheidung, unabhängig von einer möglichen Erfolglosigkeit des Vorstandshandelns, erübrigt.[341]

Diese gesetzgeberische Intention verdient besondere Beachtung. Denn so sehr der Gesetzgeber die Schaffung eines Haftungsfreiraums beabsichtigte, so wenig war eine darüber hinausgehende Relevanzzumessung an § 93 Abs. 1 S. 2 AktG

338 B.I.3.a) und B.I.3.c).

339 RegE sowie BegrRegE UMAG, BT-Drucks. 15/5092, S. 1, 10 f.; vgl. auch *Hopt/Roth*, in: GK AktG, § 93 Abs. 1 S. 2, 4 n.F Rn. 8; *Mertens/Cahn*, in: KK AktG, § 93 Rn. 13.

340 RegE sowie BegrRegE UMAG, BT-Drucks. 15/5092, S. 1, 12; darauf beziehen sich auch *Mertens/Cahn*, in: KK AktG, § 93 Rn. 13; zugunsten eines risikoneutralen Handelns indes *Jungmann*, in: FS K. Schmidt, 2009, S. 831 (842 f.); *ders.*, NZI 2009, 80 (81 f.).

341 RegE bzw. BegrRegE UMAG, BT-Drucks. 15/5092, S. 1, 10 f.; zur Intention des Gesetzgebers vgl. bereits B.I.3.c); die Tatsache, dass § 93 Abs. 1 S. 2 AktG eine weitere Prüfung des konkreten Einzelfalls (nach § 93 Abs. 1 S. 1 AktG) bei Erfüllung der Tatbestandsvoraussetzungen gerade obsolet machen soll, spricht zudem gegen eine unmittelbar strafbegründende Relevanz der Norm, weil bei der Prüfung einer Vermögensbetreuungspflichtverletzung stets auf die konkrete Handlung abzustellen ist und eine Strafbarkeit sich aus der Verletzung sämtlicher, zur Betreuungspflicht zählender Pflichten ergeben kann, anstatt nur aus einer Selektion von Pflichten innerhalb des gesamten Pflichtenkreises.

intendiert. Die Regelung ist vielmehr als ausschließlich entlastendes Korrektiv zu den verschärften aktienrechtlichen Haftungsbedingungen des Vorstands durch das UMAG zu sehen.[342] Sie stellt insofern ein reines Privileg dar. Unter Berücksichtigung des Sinns und des Zwecks der Norm könnte man dem Wortlaut des § 93 Abs. 1 S. 2 AktG ebenso gut ein „zweifelsohne" hinzufügen. Die Regelung zeigt damit unter mehreren denkbaren Wegen lediglich einen auf, die Pflichtmäßigkeit eines Vorstandshandelns festzustellen.[343] Durch die Erfüllung sämtlicher Tatbestandsvoraussetzungen des § 93 Abs. 1 S. 2 AktG sind wesentliche Risiken bei der Vornahme unternehmerischer Entscheidungen ausgeschlossen. Dies genügt dem Gesetzgeber, um unter Berücksichtigung der obigen Erwägungen eine pauschale Haftungsfreistellung vorzunehmen. Eine solche zweckgebundene Reduktion des Prüfungsmaßstabs darf jedoch nicht im Umkehrschluss zu einer Verschärfung der Strafbarkeit führen. Auf diese Weise würden Sinn und Zweck der Norm konterkariert. Zudem sanktioniert die Untreue eine pflichtwidrige Verletzung des anvertrauten Fremdvermögens, während § 93 Abs. 1 S. 2 AktG gerade den Schutz des Vorstandsmitglieds als Treunehmer vor verschärften Haftungsbedingungen bezweckt.[344] Teleologisch spricht auch dieser Aspekt gegen eine unmittelbar strafbegründende Relevanz des § 93 Abs. 1 S. 2 AktG für die Untreuestrafbarkeit eines Vorstandsmitglieds.

Mäße man § 93 Abs. 1 S. 2 AktG eine strafbegründende Bedeutung bei der Prüfung der Verletzung einer Vermögensbetreuungspflicht nach § 266 Abs. 1 StGB in der Weise zu, dass ein nicht die Kriterien der Norm kumulativ erfüllendes Handeln stets pflichtwidrigkeitsbegründend im Rahmen des strafrechtlichen Untreuetatbestands wäre, so würde man neben dem Wortlaut auch den *Telos* der Norm in erheblicher Weise überdehnen.

(b) Intention einer effektiven Konfliktlösung im Rahmen des Aktienrechts

Eine extensive Heranziehung der *Business Judgement Rule* zur Begründung von strafrechtlicher Sanktion würde zudem eine wichtige Tatsache vernachlässigen.

---

342 In diesem Zusammenhang stehen auch die Neuerungen durch das Restrukturierungsgesetz, vgl. dazu Fn 94.

343 Vgl. auch bereits C.II.1.a)aa)(1).

344 In diesem Zusammenhang stellt *Dierlamm* in Bezug auf außerstrafrechtliche Verhaltenspflichten fest, dass diese trotz einer Eigenschaft als Bestandteil des aktienrechtlichen Sorgfaltsmaßstabs nach § 93 Abs. 1 AktG nur dann zur Begründung einer Untreuestrafbarkeit beizutragen vermögen, wenn sie den Schutz des Treugebervermögens intendieren, vgl. *dens.*, in: Die Finanzkrise, das Wirtschaftsstrafrecht und die Moral, 2010, S. 201 (208).

Der angesprochene „Vormarsch“ strafrechtlicher Ermittlung war aus der Not geboren, dass die Vorstände ansonsten in der Vergangenheit nur selten für Fehlverhalten zur Rechenschaft gezogen wurden und dies den Strafverfolgungsbehörden in Anbetracht von gesamtwirtschaftlichen und sozialen Schäden, wie Arbeitsplatzabbau, unerträglich schien.[345] Das Aktiengesetz sieht eine Kontrolle des Vorstands durch zwei Organe vor: die Hauptversammlung und den Aufsichtsrat. Beide Kontrollinstanzen versagten jedoch in der Vergangenheit oft.[346]

Dies lag in Bezug auf die Aufsichtsräte an einem tatsächlichen Problem in der Unternehmenskultur. Die Seltenheit von durch den Aufsichtsrat initiierten Schadensersatzklagen gegen den Vorstand lässt nur den Schluss zu, dass es sich unter Top-Managern in der Vergangenheit nicht geziemte, sich auf diese Weise gegenseitig „Steine in den Weg zu legen.“[347] Teilweise fehlte es den Wirtschaftsakteuren

---

345 Auf ein entsprechend offensives Ermittlungs- und Anklageverhalten der Staatsanwaltschaften verweisen *Feddersen*, in: FS Laufs, 2006, S. 1169 (1171 f., 1185–1188); *Theile*, ZIS 2011, 616 (616, 618–620); die mangelhafte Durchsetzung von Gesellschaftsansprüchen gegen Vorstände und Aufsichtsräte veranlasste den Gesetzgeber gerade zu den Neuregelungen im Rahmen des UMAG, vgl. RegE UMAG, BT-Drucks. 15/5092, S. 1.

346 Einerseits obliegt die gerichtliche Durchsetzung von Ansprüchen der Gesellschaft gem. § 78 Abs. 1 AktG grundsätzlich dem Vorstand – dies gilt also auch für Schadensersatzansprüche gegen den Aufsichtsrat; für die Geltendmachung von Ansprüchen der Gesellschaft gegen den Vorstand ist dagegen nach § 112 AktG der Aufsichtsrat zuständig; mithin kontrollieren beide Organe sich gewissermaßen gegenseitig; dabei besteht die offensichtliche Gefahr eines „Waffenstillstands“ – sei es aus Solidarität zu den oft persönlich gut bekannten Mitgliedern des anderen Gremiums oder aus bloßer Bequemlichkeit, in diesem Zusammenhang attestiert bereits *Peltzer* eine real aufgrund der persönlichen Beziehungen zwischen den Führungskräften offenbar bestehende „Bißsperre“ auf Seiten des Vorstands hinsichtlich der Durchsetzung von Schadensersatzansprüchen der Gesellschaft gegen Mitglieder des Aufsichtsrat, vgl. *dens.*, WM 1981, 346 (348 f.); darauf bezieht sich in wechselseitiger Hinsicht zwischen Vorständen und Aufsichtsräten explizit *Trescher*, DB 1995, 661 (661); auch wenn bezogen auf den Aufsichtsrat in BGHZ 135, 244 (255) gerichtlich klargestellt wurde, dass dem Kontrollgremium bei der Geltendmachung von Ersatzansprüchen grundsätzlich kein Ermessen zukommt und nur in Ausnahmefällen von einer solchen abgesehen werden darf, stellt *Feddersen* unter Bezugnahme auf die vorgenannten Autoren auch im Jahr 2006 ein praktisch bestehendes Durchsetzungsdefizit fest, vgl. *dens.*, in: FS Laufs, 2006, S. 1169 (1170).

347 So sieht *Feddersen* die aus seiner Sicht teilweise zu beobachtenden „staatsanwaltlichen ‚Exzesse‘“ unter anderem in einem wenig konsequenten Vorgehen von Aufsichtsräten gegen Fehlverhalten des Vorstands begründet, vgl. *dens.*, in: FS Laufs, 2006, S. 1169 (1191); gegen diese Praxis des Aufsichtsrats wendet sich schließlich

auch schlicht an dem nötigen Fachwissen, um eine Kontrolle wirksam vornehmen zu können.[348]

In Bezug auf die Aktionäre lag dies jedoch, zumindest in Teilen, an einem Rechtsmangel.[349] Genau hier wollte der Gesetzgeber mit den Neuregelungen durch das UMAG ansetzen.[350]

Eine Verschärfung der Strafbarkeit von Vorstandsmitgliedern beabsichtigte der Gesetzgeber bei der Schaffung des UMAG indes nicht. Vielmehr lassen sowohl die Haltung des erkennenden Gerichts in der ARAG/Garmenbeck-Entscheidung als auch die Begründung des Gesetzentwurfs der Bundesregierung zum UMAG die Absicht erkennen, das Problem pflichtwidrig verursachter Schädigungen des Vermögens der Aktiengesellschaft primär innerhalb des Zivil- bzw. Gesellschaftsrechts zu lösen.[351]

Pflichtwidrig durch ein Vorstandsmitglied verursachte Schäden sollen primär durch die Aktionäre in der Hauptversammlung im Namen der Gesellschaft geltend gemacht und notfalls klageweise durchgesetzt werden.[352] Damit ist das monetäre Integritätsinteresse der Eigentümer gewahrt. Als Sanktion käme zudem die Abberufung des Vorstandsmitglieds in Betracht. Damit würden die

---

auch der II. Zivilsenat des Bundesgerichtshofs in der ARAG/Garmenbeck-Entscheidung, vgl. BGHZ 135, 244 (255).

348 Vgl. in diesem Sinne den Artikel „Juristisches Minenfeld" in der Wirtschaftswoche Nr. 051 vom 20. Dezember 2010, S. 62 ff. sowie den Artikel „Wie der Druck auf Unternehmenskontrolleure wächst" vom 22. Dezember 2010 mit einer Auflistung teils darauf bezogener gesetzgeberischer Maßnahmen unter http://www.wiwo.de/unternehmen/vorschriften-fuer-aufsichtsraete-wie-der-druck-auf-unternehmens kontrolleure-waechst/5708666.html (zuletzt abgerufen am 22. Oktober 2014).

349 Dazu *Feddersen*, in: FS Laufs, 2006, S. 1169 (1169 f.).

350 Vgl. RegE sowie BegrRegE UMAG, BT-Drucks. 15/5092, S. 1, 10; auf dieser Linie liegt auch die Verlängerung der aktienrechtlichen Organhaftung von fünf auf zehn Jahre durch das Restrukturierungsgesetz, vgl. dazu Fn. 94.

351 Zustimmend *Spindler*, in: Handbuch des Vorstandsrechts, § 15 Rn. 24; kritisch zu dem oft anders gelagerten Vorgehen von Strafverfolgungsbehörden *Feddersen*, in: FS Laufs, 2006, S. 1169 (1171 f.).

352 Der Vorstand haftet für Pflichtverletzungen gegenüber der Gesellschaft dieser unmittelbar gemäß § 93 Abs. 2 S. 1 AktG; eine entsprechende Haftung des Aufsichtsrats ergibt sich aus §§ 116, 93 Abs. 2 S. 1 AktG; auf der anderen Seite sind auch unmittelbare Ansprüche der Aktionäre gegen Vorstand und Aufsichtsrat möglich, denkbare Anspruchsgrundlagen sind § 826 BGB oder § 823 Abs. 2 BGB in Verbindung mit einem Schutzgesetz bzw. § 823 Abs. 1 BGB; als verletzte Schutzgesetze kämen insbesondere § 263 Abs. 1 StGB oder § 266 Abs. 1 StGB in Betracht, vgl. *Feddersen*, in: FS Laufs, 2006, S. 1169 (1170).

Ansprüche der Vertragsparteien „innerhalb der Aktiengesellschaft" auf dem Weg des Aktienrechts erhoben und durchgesetzt.

Bei konsequenter Verfolgung einer aktienrechtlichen Konfliktlösung bedarf eine darüber hinausgehende Anwendung des Strafrechts zumindest einer Begründung.[353] Das Vermögen der Gesellschaft muss also in einer Weise verletzt worden sein, die es geboten erscheinen lässt, den Vorstand über die zivilrechtliche Pflicht zum Schadensersatz gegenüber der Aktiengesellschaft hinaus auch strafrechtlich zu sanktionieren. Diese Voraussetzung ist allein bei besonders eklatanten Verstößen gegen Geschäftsleiterpflichten erfüllt.[354] Zur Herbeiführung von strafrechtlicher Sanktion darf jedoch nicht das, in der oben beschriebenen Absicht normierte, Entlastungsinstitut des § 93 Abs. 1 S. 2 AktG unmittelbar herangezogen werden.[355]

Eine gegenteilige Argumentation dahin gehend, dass der Gesetzgeber durch die Neuregelungen im Zuge des UMAG insgesamt eine rechtsgebietsübergreifend härtere Sanktionierung des Vorstands einer Aktiengesellschaft im Blick gehabt hätte, könnte hingegen nicht überzeugen.

Die vertretene Sichtweise ist zudem geeignet, ein gestuftes Verhältnis zwischen Straf- und Zivilrecht aufrechtzuerhalten, indem sie den *ultima ratio*-Charakter des Strafrechts berücksichtigt.[356]

(c) Die Rechtsnatur des § 93 Abs. 1 S. 2 AktG

Die Auseinandersetzung mit dem *Telos* des § 93 Abs. 1 S. 2 AktG führt zur Frage nach der dogmatischen Natur der Norm.[357]

---

353 So auch *Kutzner*, NJW 2006, 3541 (3543); kritisch gegenüber der Einnahme einer „Vorreiterrolle" durch das Strafrecht in diesem Zusammenhang *Theile*, ZIS 2011, 616 (620).

354 In diesem Sinne *Ignor/Sättele*, in: FS Hamm, 2008, S. 211 (219); dazu ausführlich C.II.2.b)ff)(2).

355 Hierfür spricht auch, dass die Untreue das Vermögen des Treugebers, hier der Aktiengesellschaft, schützt, während § 93 Abs. 1 S. 2 AktG eher das Vermögen des Treunehmers, also des Vorstands, schützt, indem er eine Erleichterung der Haftungsentlastung im Aktienrecht bewirkt, dazu soeben C.II.1.a)bb)(a).

356 Dazu *Dierlamm*, StraFO 2005, 397 (398); *Spindler*, in: Die Finanzkrise, das Wirtschaftsstrafrecht und die Moral, 2010, S. 71 (95 f.); *Ignor/Sättele*, in: FS Hamm, 2008, S. 211 (213 f.); *Kutzner*, NJW 2006, 3541 (3543); allgemein zum *ultima ratio*-Charakter des Strafrechts statt vieler *Roxin*, Strafrecht AT I, § 2 Rn. 97 f.; vgl. ebenfalls C.II.1.b) und C.II.2.b)aa).

357 *Spindler* vertritt die Auffassung, dass die Bestimmung des Rechtscharakters von § 93 Abs. 1 S. 2 AktG zumindest für das Zivil- bzw. Aktienrecht eher ohne

(aa) § 93 Abs. 1 S. 2 AktG als unwiderlegbare Rechtsvermutung

Teilweise wird § 93 Abs. 1 S. 2 AktG als unwiderlegbare Rechtsvermutung qualifiziert.[358] Danach geht mit einer Entscheidung, welche unter Einhaltung der Merkmale des § 93 Abs. 1 S. 2 AktG getroffen wurde, die Vermutung einher, dass der Entscheidungsträger objektiv pflichtkonform gehandelt hat. Diese Vermutung ist insofern unwiderlegbar, als eine weitere rechtliche Überprüfung der Entscheidung auch in Anbetracht eines möglicherweise durch sie verursachten Schadens in keiner Weise statthaft ist.

(bb) § 93 Abs. 1 S. 2 AktG als Konkretisierung von Sorgfaltspflichten

Gewichtige Stimmen im Schrifttum sehen dagegen § 93 Abs. 1 S. 2 AktG als Konkretisierung der objektiven Sorgfaltspflichten, die ein Führungsorgan im Rahmen von unternehmerischen Entscheidungen zu beachten hat.[359] Diese Ansicht geht von der Annahme aus, dass § 93 Abs. 1 S. 2 AktG gerade Ausdruck dessen ist, was von einem Mitglied des Vorstands einer Aktiengesellschaft *in puncto* Sorgfalt mindestens erwartet werden kann.

(cc) § 93 Abs. 1 S. 2 AktG als Tatbestandsausschlussgrund

Letztlich kann § 93 Abs. 1 S. 2 AktG auch als ein Tatbestandsausschlussgrund verstanden werden.[360] Danach ist der Norm lediglich der Aussagegehalt zu

---

praktische Bedeutung sei, vgl. *dens.*, in: MK AktG, § 93 Rn. 39 – aus der möglichen Annahme einer Konkretisierung von Sorgfaltspflichten könnte sich nach der hier vertretenen Auffassung jedoch eine Relevanz für die Prüfung einer Vermögensbetreuungspflichtverletzung ergeben; offenlassend *Nattkemper*, Die Untreuestrafbarkeit des Vorstands einer Aktiengesellschaft, 2013, S. 128 f.

358 *Hüffer*, Aktiengesetz, § 93 Rn. 12, 14; *Hauschka*, GmbHR 2007, 11 (11); *Koch*, ZGR 2006, 769 (784); *Lutter*, in: FS Canaris, Band 2, 2007, S. 245 (247, 249 f.); *U. H. Schneider*, in: FS Hüffer, 2010, S. 905 (908); *Schlimm* geht in leicht spezifizierender Abweichung hierzu im Ergebnis von einer „unwiderlegbaren gesetzlichen Tatsachenvermutung“ aus, vgl. *dies.*, Das Geschäftsleiterermessen des Vorstands einer Aktiengesellschaft, 2009, S. 148.

359 *Hopt/Roth*, in: GK AktG, § 93 Abs. 1 S. 2 n.F. Rn. 12; *Spindler*, in: MK AktG, § 93 Rn. 39, der dem Streit jedoch zumindest „aus zivil- und aktienrechtlicher Perspektive“ keine praktische Relevanz beimisst; *Hoffmann-Becking*, NZG 2006, 127 (128); *Zumbansen/Lachner*, BB 2006, 613 (614); *Spindler*, NZG 2005, 865 (871); *Weiss/Buchner*, WM 2005, 162 (163, 165); *Schramm* sieht § 93 Abs. 1 S. 2 AktG als „Präzisierung“ der an den Vorstand einer Aktiengesellschaft zu richtenden Sorgfaltspflichten, vgl. *dens.*, in: Momsen/Grützner, Wirtschaftsstrafrecht, Kapitel 5., B., Rn. 51.

360 *Fleischer*, in: Spindler/Stilz, AktG, § 93 Rn. 65; *ders.*, in: Handbuch des Vorstandsrechts, § 7 Rn. 51; *Jungmann* geht von einer Ausnahme der Entscheidung von

entnehmen, dass bei Erfüllung seiner Tatbestandsvoraussetzungen eine Prüfung der getroffenen Entscheidung auf ihre Vereinbarkeit mit dem allgemeinen Sorgfaltsmaßstab des § 93 Abs. 1 S. 1 AktG ausscheidet. Die Entscheidung gilt in diesen Fällen *per se* als pflichtgemäß, auch wenn sie möglicherweise im Einzelfall dem Maßstab des § 93 Abs. 1 S. 1 AktG nicht genügt hätte.[361] Sind die Kriterien des § 93 Abs. 1 S. 2 AktG indes nicht erfüllt, so findet der Sorgfaltsmaßstab des § 93 Abs. 1 S. 1 AktG unverändert Anwendung.[362]

(dd) Stellungnahme

Die dargestellte Meinungsstreitigkeit um die Rechtsnatur des § 93 Abs. 1 S. 2 AktG mag für die aktienrechtliche Bewertung der Pflichtmäßigkeit einer Entscheidung nicht unmittelbar ergebnisrelevant sein.[363] Für die strafrechtliche Bewertung einer Entscheidung, die nicht den Kriterien des § 93 Abs. 1 S. 2 AktG genügt, erscheint jedoch durchaus beachtenswert, ob die *Business Judgement Rule* als eine Konkretisierung von Sorgfaltspflichten des Vorstandsmitglieds zu sehen ist. Denn dies hätte zur Folge, dass außerhalb des Anwendungsbereichs von § 93 Abs. 1 S. 2 AktG gegen solche Pflichten verstoßen würde, was auch in der strafrechtlichen Bewertung des Handelns nicht außer Acht gelassen werden könnte.

Die Annahme der Konkretisierung von Sorgfaltspflichten durch § 93 Abs. 1 S. 2 AktG scheint indes das Ergebnis einer in ihrer Absolutheit überzogenen Interpretation des Aussagegehalts der Norm zu sein. Sollte die *Business Judgement Rule* tatsächlich Sorgfaltspflichten statuieren, so müsste ein nicht der Regelung unterfallendes Handeln konsequenterweise als Pflichtverstoß gewertet werden. Eine solche Annahme ist, wie bereits aufgezeigt, nicht statthaft.[364] Vielmehr zeigt

---

weiterer gerichtlicher Kontrolle unter den Voraussetzungen des § 93 Abs. 1 S. 2 AktG aus, was für einen Tatbestandsausschluss spricht, sieht darin jedoch ebenfalls eine unwiderlegliche Vermutung pflichtmäßigen Handelns, vgl. *dens.*, NZI 2009, 80 (81) sowie *dens.*, in: FS K. Schmidt, 2009, S. 831 (833); bereits vor der Kodifizierung der *Business Judgement Rule* im Zuge des UMAG *Fleischer*, ZIP 2004, 685 (689); zustimmend *Brömmelmeyer*, WM 2005, 2065 (2069); auch *Mertens/Cahn* stimmen dieser Sichtweise zumindest unter zweckbezogenen Gesichtspunkten zu, schreiben dem Meinungsstreit jedoch für die Praxis keine Ergebnisrelevanz zu und lassen ihn deshalb offen, vgl. *dies.*, in: KK AktG, § 93 Rn. 15.

361 So besonders anschaulich *Fleischer*, in: Spindler/Stilz, AktG, § 93 Rn. 65.

362 In diesem Sinne *Mertens/Cahn*, in: KK AktG, § 93 Rn. 19.

363 In diesem Sinne *Mertens/Cahn*, in: KK AktG, § 93 Rn. 15; *Spindler*, in: MK AktG, § 93 Rn. 39.

364 Vgl. nur C.II.1.a)aa)(8).

§ 93 Abs. 1 S. 2 AktG einen möglichen Weg auf, der allgemeinen Sorgfaltsanforderung nach § 93 Abs. 1 AktG zu genügen. Ein pflichtgemäßes Handeln ist jedoch auch auf anderen Wegen, also außerhalb des Anwendungsbereichs der *Business Judgement Rule*, möglich.

Ein Handeln in Erfüllung der Merkmale des § 93 Abs. 1 S. 2 AktG ist deshalb nicht zwingend als optimales Führungshandeln zu werten. Jedoch zeigt es eine Art „Basissorgfalt", welche nach dem Willen des Gesetzgebers eine weitere Prüfung des Handelns auf einen Pflichtverstoß anhand des allgemeinen Maßstabs von § 93 Abs. 1 S. 1 AktG nicht mehr angezeigt sein lässt.[365] Bei Anwendung dieser „Basissorgfalt" will der Gesetzgeber auch im Fall einer Fehlerhaftigkeit der getroffenen Entscheidung, von der in den hier relevanten Konstellationen auszugehen ist, dem Vorstandsmitglied gegenüber Nachsicht walten lassen.

In der Sache werden durch § 93 Abs. 1 S. 2 AktG folglich durchaus Sorgfaltsanforderungen gestellt. Diese sind jedoch keine Pflichten, weil gegen sie nicht in der Weise verstoßen werden kann, dass außerhalb ihres Anwendungsbereichs unmittelbar eine Pflichtverletzung vorliegen würde. Wenn die Kriterien des § 93 Abs. 1 S. 2 AktG nicht erfüllt werden, erfolgt vielmehr eine Prüfung der Entscheidung anhand von § 93 Abs. 1 S. 1 AktG.[366] Die *Business Judgement Rule* führt mithin Sorgfaltsanforderungen auf, die das Vorstandsmitglied im Fall ihrer kumulativen Erfüllung einseitig privilegieren. Folglich weist § 93 Abs. 1 S. 2 AktG eher den Charakter einer Obliegenheit auf als jenen einer Rechtspflicht.[367] Die einseitige Privilegierung besteht darin, dass die Entscheidung bei Erfüllung der Tatbestandsmerkmale des § 93 Abs. 1 S. 2 AktG keiner weiteren Prüfung unterzogen und das Führungsorgan so unter Anwendung einer verringerten gerichtlichen Prüfungsdichte „vorzeitig" aus der Haftbarkeit entlassen wird.[368]

Dies erscheint dem Regelungszweck der Norm angemessen, weil die Einhaltung der elementaren Sorgfaltsanforderungen gestärkt wird und das Vorstandsmitglied bereits bei Einhaltung überschaubarer Kriterien keine Haftung zu fürchten hat, so dass ein zukünftig risikoaffines oder -neutrales Handeln der Unternehmensleitung im wirtschaftlichen Interesse der Gesellschaft gefördert

---

365 In diesem Sinne BegrRegE UMAG, BT-Drucks. 15/5092, S. 11.

366 Vgl. nur *Blasche*, WM 2011, 343 (347); ebenfalls in diesem Sinne *Mertens/Cahn*, in: KK AktG, § 93 Rn. 19.

367 Zum Rechtscharakter der Obliegenheit statt vieler *Grüneberg*, in: Palandt, BGB, Einl v § 241 Rn. 13.

368 Vgl. in diesem Sinne *Jungmann*, in: NZI 2009, 80 (81); *ders.*, in FS K. Schmidt, 2009, S. 831 (833).

wird.[369] Teilweise wird in diesem Zusammenhang auch der Nutzen (kalkuliert) riskanten Handelns für die gesamte Volkswirtschaft angeführt.[370]

Der Gesetzgeber führt in diesem Zusammenhang explizit aus, dass § 93 Abs. 1 S. 2 AktG „den Bereich unternehmerischen Handlungsspielraums (...) aus dem Tatbestand der Sorgfaltspflichtverletzung nach [§ 93 Absatz 1] Satz 1 [AktG]" ausschließen soll.[371] Diese Formulierung mag auf den ersten Blick missverständlich anmuten. Es ist jedoch nicht damit gemeint, dass der unternehmerische Handlungsspielraum zwangsweise außerhalb einer Tatbestandserfüllung des § 93 Abs. 1 S. 2 AktG endet. Von einer solchen Annahme wäre lediglich dann auszugehen, wenn allein § 93 Abs. 1 S. 2 AktG den Weg zu einem pflichtgemäßen Handeln weisen würde. Davon geht der Gesetzgeber jedoch nicht aus. Vielmehr soll in § 93 Abs. 1 S. 2 AktG ein Bereich legislativ verankert werden, der zweifelsfrei innerhalb des unternehmerischen Handlungsspielraums liegt und deshalb von einer weiteren Prüfung anhand des allgemeinen Sorgfaltsmaßstabs gemäß § 93 Abs. 1 S. 1 AktG ausgeschlossen ist.

So bezeichnet der Gesetzgeber den Regelungsgehalt des § 93 Abs. 1 S. 2 AktG im Folgenden als „Tatbestandseinschränkung"[372] bzw. „Ausnahme und Einschränkung gegenüber [§ 93 Absatz 1] Satz 1."[373] Diese Formulierungen stützen das bisher gegen die Annahme einer reinen Konkretisierung von Sorgfaltspflichten Vorgebrachte. Der Gesetzgeber beabsichtigte gerade die Schaffung einer Ausnahme gegenüber dem ansonsten geltenden Maßstab des § 93 Abs. 1 S. 1 AktG, indem er die Entscheidung als pflichtgemäß erklärt, wenn sie nur unter Einhaltung der Tatbestandsvoraussetzungen des § 93 Abs. 1 S. 2 AktG zustandegekommen ist. Zwar ist dem Wortlaut der Regierungsbegründung lediglich zu entnehmen, dass der § 93 Abs. 1 S. 2 AktG als Ausnahme „formuliert" sei, ein entsprechender Schluss auch auf den dogmatischen Charakter der Norm

---

369 Die Förderung bzw. Erhaltung der Bereitschaft, auf Seiten der Unternehmensführung Risiken einzugehen, sah auch der Gesetzgeber des UMAG als wichtigen Faktor an, vgl. RegE UMAG, BT-Drucks. 15/5092, S. 1 sowie im Rahmen der Begründung desselben S. 12; ebenfalls auf diesen Aspekt rekurrierend *Hopt/Roth*, in: GK AktG, § 93 Abs. 1 S. 2, 4 n.F. Rn. 8; *Mertens/Cahn*, in: KK AktG, § 93 Rn. 15; *Spindler*, in: MK AktG, § 93 Rn. 36; zugunsten eines risikoneutralen Handelns *Jungmann*, NZI 2009, 80 (81 f.); *ders.*, in: FS K. Schmidt, 2009, S. 831 (842 f.); *Spindler*, NZG 2005, 865 (871).

370 Vgl. BGHZ 134, 392 (398); bereits Inkrafttreten des UMAG dazu *Fleischer*, ZIP 2004, 685 (685 f.); *Paefgen*, AG 2004, 245 (247).

371 BegrRegE UMAG, BT-Drucks. 15/5092, S. 11.

372 BegrRegE UMAG, BT-Drucks. 15/5092, S. 11.

373 BegrRegE UMAG, BT-Drucks. 15/5092, S. 12.

erscheint jedoch sachgerecht. Dies spricht zusätzlich dafür, § 93 Abs. 1 S. 2 AktG dogmatisch als Tatbestandsausschlussgrund einzuordnen.

Dagegen lässt sich auch nicht mit *Hopt/Roth* vorbringen, durch die Annahme eines Tatbestandsausschlussgrundes bzw. einer unwiderleglichen Rechtsvermutung würden die Fragen nach der Verletzung von Sorgfaltspflichten und der daraus resultierenden Haftung in abzulehnender Weise voneinander getrennt.[374] Nach Ansicht der Autoren führe dies zu einem kategorischen Haftungsausschluss trotz Vorliegens einer Sorgfaltspflichtverletzung.[375] Ein solcher sei dem deutschen Haftungsrecht jedoch fremd und in der Sache allein durch eine Erhöhung der Verschuldensanforderungen zu verwirklichen.[376] Der Gesetzgeber habe sich aber gerade dagegen entschieden, lediglich grob fahrlässiges Handeln von vornherein aus dem Schutzbereich des § 93 Abs. 1 S. 2 AktG auszuschließen.[377]

Den Autoren ist zuzugeben, dass § 93 Abs. 1 S. 2 AktG im Einzelfall einen Haftungsausschluss bewirken kann, obwohl man bei Überprüfung der getroffenen Entscheidung am Maßstab des § 93 Abs. 1 S. 1 AktG zu dem Ergebnis eines Sorgfaltspflichtverstoßes gekommen wäre. Vor dieser Überprüfung will § 93 Abs. 1 S. 2 AktG das Vorstandsmitglied, vorbehaltlich der Erfüllung seiner Tatbestandsvoraussetzungen, aber gerade nach dem Wesen eines „sicheren Hafens" schützen. Diese Form der Haftungsentlastung mag im deutschen Haftungsrecht ein Novum sein, sie ist jedoch vom parlamentarischen Gesetzgeber beabsichtigt.[378] Die Regelung des § 93 Abs. 1 S. 2 AktG bezieht sich allein auf das Nichtvorliegen einer haftungsbegründenden Pflichtverletzung im Fall der Erfüllung ihres Tatbestands, ohne dass damit der außerhalb dieses Ausschlussgrundes weiterhin unverändert anwendbare Maßstab des § 93 Abs. 1 S. 1 AktG herabgesetzt bzw. „konkretisiert" werden soll. Das wäre durch die Entlastungskriterien des § 93 Abs. 1 S. 2 AktG mangels eines ihnen zukommenden Pflichtcharakters auch gar nicht möglich. Daran ändert ebenfalls nichts, dass ein Vorschlag, der allein grob fahrlässiges Handeln *a priori* aus dem Anwendungsbereich der Norm ausscheiden wollte, im Rahmen des Gesetzgebungsverfahrens verworfen wurde.

---

374 *Hopt/Roth*, in: GK AktG, § 93 Abs. 1 S. 2 n.F. Rn. 12.

375 *Hopt/Roth*, in: GK AktG, § 93 Abs. 1 S. 2 n.F. Rn. 12.

376 *Hopt/Roth*, in: GK AktG, § 93 Abs. 1 S. 2 n.F. Rn. 12.

377 Vgl. BegrRegE UMAG, BT-Drucks. 15/5092, S. 11; darauf beziehen sich *Hopt/Roth*, in: GK AktG, § 93 Abs. 1 S. 2 n.F. Rn. 12.

378 *Fleischer* spricht deshalb von „der hierzulande noch wenig verbreiteten Figur des ‚sicheren Hafens'", vgl. *dens.*, in: Spindler/Stilz, AktG, § 93 Rn. 65; dazu ebenfalls bereits *ders.*, ZHR 168 (2004), 673 (700 f.).

Auf diese Weise wollte der Gesetzgeber lediglich eine „Vermengung" von Tatbestand und Verschulden verhindern.[379]

Das durch die *Business Judgement Rule* in § 93 Abs. 1 AktG implementierte Konzept des „sicheren Hafens" ist vor dem Hintergrund des beabsichtigten Ergebnisses zu verstehen. Zentrales Anliegen der Regelung ist ein Haftungsausschluss. Mithin hätte der Gesetzgeber in § 93 Abs. 1 S. 2 AktG auch formulieren können: „Eine Haftung des Vorstandsmitglieds scheidet aus, wenn ...."[380] Eine solche Formulierung hätte allerdings zu einer Unstimmigkeit mit dem Regelungsgehalt des § 93 Abs. 1 S. 1 AktG geführt. In der Sache sollten die gemäß § 93 Abs. 1 S. 1 AktG zu prüfenden Sorgfaltspflichten aber, wie aufgezeigt, nicht konkretisiert, sondern ihre (weitere) Prüfung schlicht unter der Bedingung einer Tatbestandserfüllung des § 93 Abs. 1 S. 2 AktG ausgeschlossen werden. Konsequenterweise ist eine Entscheidung im Fall der Erfüllung aller Tatbestandsmerkmale des § 93 Abs. 1 S. 2 AktG *per se* pflichtgemäß. *Ergo* stellt § 93 Abs. 1 S. 2 AktG zumindest keine Konkretisierung von Sorgfaltspflichten dar.[381]

Fraglich bleibt indes, ob der Einordnung des § 93 Abs. 1 S. 2 AktG als unwiderlegliche Rechtsvermutung gefolgt werden kann. Die Beantwortung dieser Frage hängt von dem Gegenstand der vertretenen Vermutung ab. Entsprechend den bereits getroffenen Ausführungen, bezieht sich eine Vermutung aus § 93 Abs. 1 S. 2 AktG nicht darauf, dass dem Maßstab des § 93 Abs. 1 S. 1 AktG genügt worden wäre. Vielmehr ist die Vermutung aus § 93 Abs. 1 S. 2 AktG unabhängig davon allein auf die, von einer Prüfung gemäß § 93 Abs. 1 S. 1 AktG ausgenommene, Pflichtmäßigkeit der Entscheidung bezogen. In diesem Umfang ist § 93 Abs. 1 S. 2 AktG sowohl ein Tatbestandsausschlussgrund als auch eine Rechtsvermutung.

Demnach stellt § 93 Abs. 1 S. 2 AktG einen Tatbestandsausschlussgrund dar, welcher auf einer unwiderleglichen Rechtsvermutung beruht. So soll der Nachweis sämtlicher Voraussetzungen des § 93 Abs. 1 S. 2 AktG gerade deshalb für das garantierte Freibleiben von Haftung genügen, weil ein sorgfältiges und damit

---

379 BegrRegE UMAG, BT-Drucks. 15/5092, S. 11; vgl. in diesem Zusammenhang jedoch zur „Doppelfunktion" des § 93 Abs. 1 S. 1 AktG *Mertens/Cahn*, in KK AktG, § 93 Rn. 11 sowie unten C.II.2.b)ff)(2).

380 Vgl. in diesem Zusammenhang *Winnen*, nach dem die *Business Judgement Rule* auch in § 93 Abs. 2 AktG hätte kodifiziert werden können, *ders.*, Die Innenhaftung des Vorstandes nach dem UMAG, 2009, S. 106 m.w.N.

381 Ebenfalls ablehnend gegenüber der Einordnung des § 93 Abs. 1 S. 2 AktG als Konkretisierung von Sorgfaltspflichten positioniert sich *Winnen*, Die Innenhaftung des Vorstandes nach dem UMAG, 2009, S. 98 f., 104 f.

pflichtgemäßes Handeln auf dieser Grundlage unwiderleglich vermutet und infolge dessen ausnahmsweise von einer darüber hinausgehenden Anwendung des § 93 Abs. 1 S. 1 AktG abgesehen wird.[382]

(d) Zwischenergebnis

Der *Telos* des § 93 Abs. 1 S. 2 AktG spricht gegen eine unmittelbare Relevanz der Norm für die positive Feststellung einer Vermögensbetreuungspflichtverletzung gemäß § 266 Abs. 1 StGB. Auch die Rechtsnatur des § 93 Abs. 1 S. 2 AktG spricht gegen eine entsprechende Relevanz, da die Norm eine rein privilegierende Tatbestandsausnahme auf Basis einer unwiderleglichen Rechtsvermutung und keine Konkretisierung von Sorgfaltspflichten repräsentiert. Aus dogmatischer Sicht kann das Nichtvorliegen einer Tatbestandsausnahme noch keine Antwort auf die Frage des Vorliegens des Tatbestands selbst geben. Daraus folgt, dass ein nicht den Voraussetzungen des § 93 Abs. 1 S. 2 AktG entsprechendes Handeln noch keine unmittelbaren Rückschlüsse auf einen Verstoß gegen die Sorgfaltspflicht aus § 93 Abs. 1 S. 1 AktG und so erst recht nicht auf das Vorliegen einer Vermögensbetreuungspflichtverletzung im Sinne des § 266 Abs. 1 StGB zulässt.

cc) Systematik

Abschließend soll eine systematische Einordnung des § 93 Abs. 1 S. 2 AktG vorgenommen werden, um die Eignung der Norm zur unmittelbaren Begründung einer Vermögensbetreuungspflichtverletzung gemäß § 266 Abs. 1 StGB auch unter diesem Aspekt zu bewerten.

(1) Berücksichtigung des § 93 Abs. 2 S. 2 AktG

Die Regelung des § 93 Abs. 1 S. 2 AktG ist notwendigerweise in Zusammenhang mit der aktienrechtlichen Beweislastverteilung nach § 93 Abs. 2 S. 2 AktG zu sehen. Nach § 93 Abs. 2 S. 2 AktG trägt das Vorstandsmitglied die Beweislast für die Anwendung der Sorgfalt eines ordentlichen und gewissenhaften Geschäftsleiters, welche § 93 Abs. 1 S. 1 AktG von ihm verlangt.[383] Die Gesellschaft hat lediglich das Vorliegen eines Schadens „und dessen Verursachung durch ein Verhalten des Geschäftsleiters in seinem Pflichtenkreis, das als pflichtwidrig

---

382 In diesem Sinne auch *Jungmann*, NZI 2009, 80 (81); *ders.*, in: FS K. Schmidt, 2009, S. 831 (833).

383 Der II. Zivilsenat des Bundesgerichtshofs überträgt in BGHZ 152, 280 (283 f.) diese Beweislastverteilung auch auf die Geltendmachung von Schadensersatzansprüchen einer GmbH gegen ihren Geschäftsführer nach § 43 Abs. 2 GmbHG.

überhaupt in Betracht kommt“, darzulegen und gegebenenfalls zu beweisen.[384] Der Vorstand muss dem gegenüber darlegen und gegebenenfalls beweisen, dass er dem Sorgfaltsmaßstab des § 93 Abs. 1 S. 1 AktG genügt hat oder diesem „schuldlos nicht nachkommen konnte, oder dass der Schaden auch bei pflichtgemäßem Alternativverhalten eingetreten wäre.“[385]

Diese Beweislastverteilung erstreckt sich nach dem erklärten Willen des Gesetzgebers auch auf die Erfüllung der Tatbestandsvoraussetzungen des § 93 Abs. 1 S. 2 AktG, da die Norm „als Ausnahme und Einschränkung gegenüber [§ 93 Abs. 1] Satz 1 formuliert“ sei.[386] Die von dem Vorstandsmitglied zu tragende Beweislast ist insbesondere unter Berücksichtigung des durch das UMAG verschärften Haftungsklimas für Vorstände in Aktiengesellschaften nicht zu unterschätzen.[387] Aus diesem Grund ist den handelnden Führungsorganen eine genaue Dokumentation des Entscheidungsprozesses zwecks späteren Beweises der Erfüllung sämtlicher Tatbestandsvoraussetzungen des § 93 Abs. 1 S. 2 AktG

---

384 So judiziert der II. Zivilsenat in Bezug auf die Regelung des § 93 Abs. 2 S. 2 AktG und weist dabei auf den in diesem Fall zugunsten der Gesellschaft geltenden § 287 ZPO hin, BGHZ 152, 280 (284).

385 BGHZ 152, 280 (284), wobei der II. Zivilsenat eine entsprechende Verteilung der Beweislast bezüglich § 43 Abs. 1 GmbHG annimmt und dabei bemerkt, dass von einem Schadenseitritt bei pflichtgemäßem Alternativverhalten auszugehen sei, wenn das Führungsorgan beweisen könne, sich innerhalb seines, durch BGHZ 135, 244 (253) vorgegeben, weiten Ermessens- und Handlungsspielraums gehalten zu haben.

386 BegrRegE UMAG, BT-Drucks. 15/5092, S. 12; in diesem Sinne auch *Hüffer*, Aktiengesetz, § 93 Rn. 12, 14; *Fleischer*, in: Spindler/Stilz, AktG, § 93 Rn. 77; *Mertens/Cahn*, in: KK AktG, § 93 Rn. 36, 141; *Winnen* bemerkt in diesem Zusammenhang, dass die *Business Judgement Rule* ebenfalls in § 93 Abs. 2 AktG hätte kodifiziert werden können, vgl. *dens.*, Die Innenhaftung des Vorstandes nach dem UMAG, 2009, S. 106 m.w.N.; so vor Kodifikation der *Business Judgement Rule* in § 93 Abs. 1 S. 2 AktG auch bereits *Fleischer*, ZIP 2004, 685 (690); auf die abweichende Beweislastverteilung im Rahmen der US-amerikanischen *Business Judgement Rule* verweisend, aber zustimmend *Spindler*, in: MK AktG, § 93 Rn. 182; ebenfalls auf eine unterschiedliche Beweislastverteilung im US-amerikanischen Gesellschaftsrecht verweisend *Lutter*, GmbHR 2000, 301 (308 f.); dazu auch bereits oben B.I.1; kritisch gegenüber dieser Art der Beweislastverteilung bei der Anwendung des § 93 Abs. 1 AktG hingegen insgesamt *Hopt/Roth*, in: GK AktG, § 93 Abs. 1 S. 2, 4 n.F. Rn. 67 ff., die sich zumindest im Ausgangspunkt in Anlehnung an die US-amerikanische *Business Judgement Rule* für die Vermutung einer Erfüllung der Kriterien des § 93 Abs. 1 S. 2 AktG aussprechen.

387 Eine Verschärfung der Vorstandshaftung bringen außerdem die Neuerungen durch das Restrukturierungsgesetz mit sich, vgl. dazu bereits Fn. 94.

anzuraten, um sich eine über diese Kriterien hinausgehende gerichtliche Prüfung ihrer Entscheidung zu ersparen.[388]

Zweifelhaft ist jedoch, ob sich eine Norm, die gerade vor dem Hintergrund der beschriebenen Beweislast auf Seiten des Vorstandsmitglieds geschaffen wurde, in unmittelbarer Weise auf das Vorliegen einer, positiv festzustellenden, Vermögensbetreuungspflichtverletzung gemäß § 266 Abs. 1 StGB auswirken kann.[389] Im Strafrecht trägt der Beschuldigte bzw. Angeklagte nicht etwa die Beweislast hinsichtlich des mangelnden Vorliegens der Merkmale eines objektiven Straftatbestands.[390] Es gelten vielmehr die Unschuldsvermutung aus Art. 6 Abs. 2 EMRK und der *in dubio*-Grundsatz.[391]

Dies spricht aus systematischer Sicht bereits gegen eine unmittelbar strafbegründende Heranziehung des § 93 Abs. 1 S. 2 AktG im Rahmen der Prüfung einer Vermögensbetreuungspflichtverletzung nach § 266 Abs. 1 StGB.[392]

(2) Subjektivierung in § 93 Abs. 1 S. 2 AktG

Neben der Frage nach der Beweislastverteilung fällt bei der Untersuchung des § 93 Abs. 1 S. 2 AktG die subjektive Einfassung der Tatbestandsmerkmale

---

388 So auch *Hüffer*, Aktiengesetz, § 93 Rn. 22; *Mertens/Cahn*, in: KK AktG, § 93 Rn. 36; *Fleischer*, in: Spindler/Stilz, AktG, § 93 Rn. 77; *Große Vorholt*, Wirtschaftsstrafrecht, Rn. 406 f.; *Lutter*, ZIP 2007, 841 (845 f.); *Arbeitskreis Überwachung*, DB 2006, 2189 (2193); *Kock/Dinkel*, NZG 2004, 441 (447 f.); in diesem Sinne auch für die Mitglieder des Aufsichtsrats auch *Preußner*, NZG 2008, 574 (575); vgl. außerdem an späterer Stelle der Arbeit C.II.3.

389 In diesem Sinne auch *Mutter*, der bereits vor der Neuregelungen durch das UMAG den § 92 Abs. 2 S. 2 AktG als Argument gegen eine Heranziehung des US-amerikanischen *Business Judgement Rule* im deutschen Aktienrecht anführte, vgl. *dens.*, Unternehmerische Entscheidungen, 1994, S. 217–219.

390 Darauf verweist unter Abgrenzung zu § 93 Abs. 2 S. 2 AktG ebenfalls *Kiethe*, WM 2003, 861 (868); allerdings macht *Bock* im Wirtschaftsstrafrecht unter Vergleich mit dem Fahrlässigkeitsdelikt eine Art praktische Beweislastumkehr aus, vgl. *dens.*, wistra 2011, 201 (205 f. m.w.N.); außerdem wird von Teilen der Literatur in Bezug auf den Untreuetatbestand eine faktische Beweislastumkehr durch die Rechtsprechung in Richtung der zivilrechtlichen Darlegungs- und Beweislast attestiert, wenn nach der Feststellung einer Vermögensbetreuungspflichtverletzung ein Pflichtwidrigkeitszusammenhang im Ergebnis unterstellt werde, vgl. in diesem Sinne *Bosch/Lange*, JZ 2009, 225 (235).

391 Vgl. *Esser*, in: AnwaltKommentar StGB, § 266 Rn. 74.

392 Zu den Gründen, die auch für den Fall der Außerachtlassung der aktienrechtlichen Beweislast im Strafrecht gegen eine solche Heranziehung des § 93 Abs. 1 S. 2 AktG sprechen, vgl. bereits C.II.1.a)aa) und C.II.1.a)bb).

„Handeln zum Wohle der Gesellschaft" und „Handeln auf Grundlage angemessener Information" auf. Die Subjektivierung spielt bei der Bewertung der strafrechtlichen Relevanz dieser Tatbestandsmerkmale des § 93 Abs. 1 S. 2 AktG auch eine gewichtige Rolle. Allerdings soll auf diesen Aspekt der Regelung erst im Rahmen der späteren Überprüfung der einzelnen Merkmale auf ihre Tauglichkeit zur Begründung einer Vermögensbetreuungspflichtverletzung gemäß § 266 Abs. 1 StGB näher eingegangen werden.[393]

(3) Zwischenergebnis

Die Systematik des § 93 Abs. 1 S. 2 AktG spricht in Ansehung der Beweislastverteilung nach § 93 Abs. 2 S. 2 AktG gegen eine unmittelbar strafbegründende Relevanz der Norm im Rahmen der Untreueprüfung.

dd) Zwischenergebnis

Die Insuffizienz des Wortlauts von § 93 Abs. 1 S. 2 AktG zur positiven Begründung einer Pflichtverletzung wird auch nicht durch teleologische oder systematische Erwägungen ausgeglichen. *Telos* und Systematik der Regelung bekräftigen vielmehr das aufgrund der Negativformulierung getroffene Judiz. Die *Business Judgement Rule* im Sinne von § 93 Abs. 1 S. 2 AktG ist damit bereits aus dreifachem Grund untauglich, eine unmittelbar belastende Relevanz bei der Prüfung einer Vermögensbetreuungspflichtverletzung nach § 266 Abs. 1 StGB durch ein Vorstandsmitglied zu entfalten.

b) Das Prinzip der asymmetrischen Akzessorietät

In dem vorigen Abschnitt wurde der Blick auf die *Business Judgement Rule* gerichtet und unter a) der Frage nachgegangen, ob die in § 93 Abs. 1 S. 2 AktG getroffene Regelung geeignet ist, im Rahmen der Prüfung einer Vermögensbetreuungspflichtverletzung unmittelbar strafbegründende Relevanz zu entfalten.

In dem nun folgenden Abschnitt soll die Betrachtung erweitert und in diesem Zusammenhang die Problematik des Zusammentreffens zweier unterschiedlicher Rechtsgebiete beleuchtet werden. Die *Business Judgement Rule* in der Form des § 93 Abs. 1 S. 2 AktG ist Teil des Aktienrechts und damit dem Zivilrecht zuzuordnen. Der Untreueparagraph, § 266 Abs. 1 StGB, gehört dagegen zum Kernstrafrecht.

393 Hierzu zentral C.II.2.b)ff)(1)(a), C.II.2.b)ff)(1)(b) und darauf Bezug nehmend C.II.2.b)ff)(2)(e), C.II.2.b)ff)(3).

aa) Akzessorietät zwischen Straf- und Zivilrecht

Straf- und Zivilrecht sind zwar eigenständige Rechtsgebiete mit unterschiedlicher Zielsetzung, sie bestehen jedoch nicht abstrakt voneinander. Vielmehr ist von einer grundsätzlichen Akzessorietät beider Rechtsgebiete auszugehen.[394] Die Akzessorietät zeigt sich insbesondere im Rahmen der Prüfung des Untreuetatbestands. Sie bewirkt eine Offenheit des § 266 Abs. 1 StGB, sich zur Bestimmung des Umfangs der Vermögensbetreuungspflicht auf zivilrechtliche Normen zu beziehen.[395] Damit ist auch § 93 Abs. 1 S. 2 AktG von grundsätzlicher Relevanz.

Die Akzessorietät kann sowohl einen positiven als auch einen negativen Bezug haben.

(1) Strafbarkeitsausschließende Akzessorietät

Der Kategorie strafbarkeitsausschließender Akzessorietät lassen sich Fälle zuordnen, in denen eine Strafbarkeit unter Rückgriff auf zivilrechtliche Normen ausgeschlossen werden kann. Dabei gilt die Formel: „Es kann nicht strafbar sein, was zivilrechtlich erlaubt ist!“[396] Die oben unter I.1. beschriebene unmittelbar entlastende Wirkung eines § 93 Abs. 1 S. 2 AktG genügenden Handelns auf die Untreueprüfung fällt unter diese Form der Akzessorietät. Sie bedarf hier keiner weiteren Vertiefung.

(2) Strafbarkeitsbegründende Akzessorietät

Mit der Kategorie strafbarkeitsbegründender Akzessorietät sind all jene Fälle gemeint, in denen unter der Heranziehung strafrechtsfremder Normen Strafbarkeit begründet wird. Die strafrechtsfremden Normen sind hier solche des Aktienrechts.

---

394 So bereits C.I.1.

395 Vgl. dazu oben B.II.1 und insbesondere B.II.2.b); der strafrechtliche Bezug auf das Zivilrecht hat jedoch in restriktiver Weise zu erfolgen, vgl. dazu für die Pflichtverletzung nach § 266 Abs. 1 StGB C.II.2.b)cc), was letztlich auch zu der unter C.II.1.b) aa)(2)(b) behandelten Asymmetrie des Akzessorietätsverhältnisses führt.

396 Vgl. nur *Dierlamm*, StraFo 2005, 397 (397, 400) unter Verweis auf LG Düsseldorf NJW 2004, 3275 (3276); ebenfalls *ders.*, in: MK StGB, § 266 Rn. 14, 173 f.; *Böttger/Brockhaus*, in: Wirtschaftsstrafrecht in der Praxis, Kapitel 3 Rn. 37; *Lüderssen*, in: FS Eser, 2005, S. 163 (170); *Bittmann*, wistra 2013, 1 (7); bezogen auf den Ausschluss von Strafbarkeit im Fall einer gesellschaftsrechtlichen Erlaubnis *Samson*, in: Gesellschaftsrecht in der Diskussion 2004, 2005, S. 109 (112); zur Erstreckung der Akzessorietät auf englisches Recht vgl. *Rönnau*, ZGR 2005, 832 (855–857).

(a) Ausgangspunkt

Soweit bei der Prüfung des objektiven Tatbestandes von § 266 Abs. 1 StGB[397] die Frage nach dem Merkmal der Pflichtverletzung aufgeworfen wird, gilt es zunächst, den Umfang der potentiell verletzten Vermögensbetreuungspflicht festzustellen. Der Umfang dieser Pflicht bemisst sich nach dem Verhältnis des Betreuers zu dem zu betreuenden Vermögen.[398] § 93 Abs. 1 S. 1 AktG beschreibt die „Sorgfaltspflicht der Vorstandsmitglieder"[399] gegenüber der Aktiengesellschaft. Der durch die Primärmaterie des Aktienrechts an einen Vorstand gesetzte Sorgfaltsmaßstab kann auch im Rahmen der Bestimmung des Umfangs einer untreuerelevanten Vermögensbetreuungspflicht nicht unberücksichtigt bleiben. Dies gilt auch für die Konkretisierungen in § 93 Abs. 1 S. 2–4 AktG.

Aufgrund der Zivilrechtsakzessorietät des Untreuetatbestands bzw. des Tatbestandsmerkmals „Pflichtverletzung" ist für den Vorstand einer Aktiengesellschaft § 93 Abs. 1 AktG Ausgangspunkt der Betrachtung.[400] Dies gebietet bereits der Grundsatz der Einheit der Rechtsordnung.[401]

Die Titulierung dieser Form von Akzesorietät als „strafbarkeitsbegründend" soll nicht über den Bezug auf den gesamten durch § 93 Abs. 1 AktG aufgestellten

397 Die Prüfung soll sich hier an der Treubruchsvariante des objektiven Tatbestandes von § 266 Abs. 1 StGB orientieren. Nach inzwischen gefestigter Meinung stellt die Missbrauchsvariante des § 266 Abs. 1 StGB lediglich einen Unterfall der Treubruchsvariante dar, vgl. bereits B.II.

398 Vgl. nur *Böttger/Brockhaus*, in: Wirtschaftsstrafrecht in der Praxis, Kapitel 3 Rn. 37.

399 So die amtliche Überschrift zu § 93 AktG; die dort ebenfalls genannte „Verantwortlichkeit" bezieht sich dabei auf die in den Absätzen II-VI geregelte Haftung gegenüber der Aktiengesellschaft.

400 Vgl. zur Zivilrechtsakzessorietät des Strafrechts *Lüderssen*, in: FS Eser, 2005, S. 163 (170); *H.-L. Günther*, in: FS U. Weber, 2004, S. 311 (314); allgemein zur Akzessorietät des Wirtschaftsstrafrechts zu außerstrafrechtlichen Normen *Tiedemann*, Wirtschaftsstrafrecht AT, Rn. 2, 5, 11; *ders.*, in FS Dünnebier, 1982, S. 519 (530); speziell zur Gesellschaftsrechtsakzessorietät des Untreuetatbestands *ders.*, in: FS U. Weber, 2004, S. 319 (322 f.); *Lüderssen*, in: FS Lampe, 2003, S. 727 (728 f.); vgl. ebenfalls in diesem Zusammenhang *Busch*, Konzernuntreue, 2004, S. 32–37; *Kubiciel*, NStZ 2005, 353 (354); *Saliger*, ZStW 112 (2000), 563 (570); kritisch dagegen *Schünemann*, Organuntreue, 2004, S. 21–30; zur Frage der Zivilrechtsakzessorietät insolvenzstrafrechtlicher Krisenmerkmale vgl. *Achenbach*, in: GS Schlüchter, 2002, S. 257–273.

401 In diesem Sinne auch *Dittrich*, Die Untreuestrafbarkeit von Aufsichtsratsmitgliedern bei der Festsetzung überhöhter Vorstandsvergütungen, 2007, S. 33; vgl. bereits BGHSt 4, 24 (32) zur restriktiven Heranziehung außerstrafrechtlicher Materie bei der Begründung von Strafbarkeit – im konkreten Fall bezogen auf eine Heranziehung der Wertungen des Sittengesetzes.

Maßstab hinwegtäuschen. Damit sind sowohl dem Vorstand günstige wie auch ungünstige Aspekte einbezogen. Das Merkmal „strafbarkeitsbegründend" soll lediglich verdeutlichen, dass hier die zivilrechtlichen Normen in die Prüfung des strafrechtlichen Tatbestandes einfließen und – vorbehaltlich der Erfüllung sonstiger Prüfungspunkte sowie der Berücksichtigung des strafrechtlichen *ultima ratio*-Charakters – in eine strafrechtliche Sanktion münden können.[402]

Soweit § 93 Abs. 1 S. 2 AktG mithin *e contrario* die Aussage zu entnehmen gewesen wäre, dass alle nicht der Norm entsprechenden unternehmerischen Entscheidungen gleichsam pflichtwidrig seien, hätte dies Anknüpfungspunkt eines Akzessorietätsbezugs sein können.[403]

Gleichwohl wäre auch hieraus, ungeachtet der bis hierher getroffenen Feststellungen zur Akzessorietät, nicht zwangsweise eine Untreuestrafbarkeit erwachsen. Ursache dafür ist die Asymmetrie der strafrechtlichen Akzessorietät zum Zivilrecht.

(b) Einschränkung: Asymmetrie der Akzessorietät

Die strafrechtliche Bezugnahme auf das Zivilrecht kann nicht „eins zu eins" erfolgen. Dies liegt an dem oben bereits angesprochenen *ultima ratio*-Charakter des Strafrechts und dem Bestimmtheitsgebot des Art. 103 Abs. 2 GG.[404]

Daraus folgt, dass zwar:

„Nicht strafbar sein kann, was zivilrechtlich erlaubt ist!"[405]

Aber gleichzeitig:

„Nicht alles strafbar sein muss, was zivilrechtlich verboten ist!"[406]

---

402 Dies gilt gerade in Abgrenzung zu dem vorigen Prüfungspunkt unter C.II.1.b)aa)(1).

403 Wie bereits unter C.II.1.a)aa) festgestellt, ist § 93 Abs. 1 S. 2 AktG eine solche Aussage nicht zu entnehmen; der folgende Aspekt ist jedoch ein zusätzliches Argument gegen eine unmittelbar belastende Wirkung des § 93 Abs. 1 S. 2 AktG allgemein im Strafrecht und speziell im Rahmen der Prüfung des § 266 Abs. 1 StGB.

404 Zum *ultima ratio*-Charakter des Strafrechts vgl. nur *Roxin*, Strafrecht AT I, § 2 Rn. 97 f.; *Tiedemann*, Wirtschaftsstrafrecht AT, Rn. 188 – dieser allerdings unter Andeutung einer Relativierung dieses Grundsatzes im Wirtschaftsstrafrecht; für *Theile* „stellt die Kriminalstrafe das denkbar eingriffsintensivste Instrument zur Lösung sozialer Konflikte dar", vgl. *dens.*, ZIS 2011, 616 (621); zum Bestimmtheitsgrundsatz siehe bereits die Ausführungen unter C.II.1.a)aa)(7).

405 Vgl. dazu bereits die Ausführungen unter C.I.1.

406 So BGHSt 50, 331 (344) im Rahmen eines *obiter dictum* zu der Voraussetzung einer „gravierenden" Pflichtverletzung, dabei unter Bezugnahme auf die Prüfung einer Untreuestrafbarkeit bei bankrechtlichen (Sorgfalts-) Pflichtverstößen in BGHSt 47, 148 (150); ebenfalls in diesem Sinne BGHSt 47, 187 (197); *Dierlamm*, in: MK StGB,

Diese Feststellung beschreibt die als asymmetrisch zu bezeichnende Akzessorietät des Strafrechts.[407] Sie drückt die Notwendigkeit von Restriktion der Strafrechtsanwendung gegenüber der zivilrechtlichen Konfliktbewältigung aus. Das Strafrecht soll also zunächst hinter dem Eingreifen des Zivilrechts zurückstehen und erst ab einer, gesondert festzustellenden, gesteigerten Intensität der Beeinträchtigung strafrechtlich geschützter Güter eingreifen.[408] Nach der genannten

---

§ 266 Rn. 14, 173 f.; *Fischer*, StGB, § 266 Rn. 59 m.w.N.; *Böttger/Brockhaus*, in: Wirtschaftsstrafrecht in der Praxis, Kapitel 3 Rn. 38; *Helmrich/Eidam*, ZIP 2011, 257 (260); ebenfalls in diesem Sinne bezogen auf eine Untreuestrafbarkeit bei Verstoß gegen außerstrafrechtliche Pflichten *Brammsen*, wistra 2009, 85 (87 f.).

407 Dazu *Dierlamm*, in: MK StGB, § 266 Rn. 14, 174; *ders.*, StraFo 2005, 397 (397 f.); *Saliger*, in: Satzger/Schluckebier/Widmaier, StGB, § 266 Rn. 31; *Schünemann*, in: LK StGB, § 266 Rn. 33; *Lüderssen*, in: FS Lampe, 2003, S. 727 (728 f.); *Esser*, in: AnwaltKommentar StGB, § 266 Rn. 73 – dem entspricht es auch inhaltlich wenn *ders.* unter Rn. 297 fordert, dass es „eine schmale Schutzzone" geben müsse, „in der die [Vorstands-] Mitglieder einer zivilrechtlichen Haftung (§ 93 Abs. 2 S. 1 StGB) unterliegen, sich aber noch nicht strafrechtlich verantworten müssen"; *Busch* bezeichnet diese Form des Verhältnisses als „positive" bzw. „negative Zivilrechtsakzessorietät", vgl. *dens.*, Konzernuntreue, 2004, S. 32–37; ebenfalls *Seibt/Schwarz*, AG 2010, 301 (304 ff.); so auch *Bräunig*, Untreue in der Wirtschaft, 2011, S. 91 f. m.w.N., 132, 149, der speziell zur Bestimmung einer Pflichtverletzung nach § 266 Abs. 1 StGB auf das Vorliegen eines „bestimmten funktionalen strafrechtsautonomen" Kriteriums abstellt; *H.-L. Günther*, in: FS U. Weber, 2004, S. 311 (314) sowie *Dittrich*, Die Untreuestrafbarkeit von Aufsichtsratsmitgliedern bei der Festsetzung überhöhter Vorstandsvergütungen, 2007, S. 35 titulieren das hier beschriebene Verhältnis zwischen Straf- und Zivilrecht dagegen bei inhaltlicher Identität des Bezeichneten als „limitierte Akzessorietät"; kritisch insgesamt *Rönnau*, ZStW 119 (2007), 887 (910), soweit Konsequenz aus der Annahme von „asymmetrischer Akzessorietät" nicht bloß ein zweistufiges Verfahren bei der Prüfung einer Vermögensbetreuungspflichtverletzung, sondern die Einrichtung einer getrennten und komplett strafrechtsautonomen Prüfungsebene sein solle, was nach der hier vertretenen Auffassung nicht der Fall ist, da die Annahme von – wenn auch asymmetrischer – Akzessorietät impliziert, dass ein unmittelbarer Anknüpfungsbezug auch für die Ermittlung des Endresultats besteht, der gegen die Schaffung einer völlig gesondert und strafrechtsoriginär zu prüfenden Ebene spricht; vgl. dagegen noch unter Berücksichtigung gesinnungsbezogener Aspekte BGHSt 2, 364 (367–369).

408 Zu einem abweichenden Ergebnis kommen *Bosch/Lange* in Bezug auf eine Heranziehung des § 93 Abs. 1 S. 2 AktG bei der Prüfung einer Untreuestrafbarkeit und gehen insoweit von einem Parallelverhältnis zwischen Straf- und Zivilrecht aus, das offenbar bereits außerhalb des Schutzschirms der *Business Judgement Rule* unmittelbar zu einer Untreuestrafbarkeit zu führen vermag, vgl. *dies.*, JZ 2009, 225 (234-

Formel bedarf es eines „plus X“, damit zivilrechtlich Verbotenes auch strafrechtliche Sanktion begründet.[409] Es verbietet sich also ein reflexhafter *a minore ad maius*-Schluss von zivil- bzw. aktienrechtlich pflichtwidrigem Handeln auf ein strafbares Handeln.

Dierlamm formuliert in diesem Zusammenhang anschaulich: „Der Verstoß gegen Zivilrecht ist zwar notwendige, aber nicht hinreichende Bedingung der Pflichtwidrigkeit i.S.d. Untreuetatbestandes.“[410] Konsequenterweise fordert der Autor deshalb, dass eine taugliche Tathandlung des § 266 Abs. 1 StGB durch das Zivilrecht „klar, eindeutig und vorhersehbar als unbefugt und pflichtwidrig bestimmt“ sein müsse.[411]

bb) Anwendung auf § 93 Abs. 1 S. 2 AktG

Folglich stünde für den Fall, dass eine unternehmerische Entscheidung nicht entsprechend den Tatbestandsvoraussetzungen des § 93 Abs. 1 S. 2 AktG zustande gekommen wäre, eine untreuerelevante Pflichtverletzung selbst dann nicht fest, wenn § 93 Abs. 1 S. 2 AktG eine aktienrechtliche Pflichtwidrigkeit positiv bestimmen würde. Von einer positiven Aussagekraft des § 93 Abs. 1 S. 2 AktG kann indes, wie bereits festgestellt, nicht ausgegangen werden. Vielmehr ist bei Nichterfüllung eines oder mehrerer Tatbestandsvoraussetzungen des § 93 Abs. 1 S. 2 AktG selbst im Rahmen einer aktienrechtlichen Haftungsprüfung eine gesondert positive Feststellung der Pflichtverletzung zwingend erforderlich.[412]

---

237) – dem kann nach der hier vertretenen Auffassung nicht gefolgt werden, weil außerhalb des Anwendungsbereichs von § 93 Abs. 1 S. 2 AktG noch nicht einmal eine gesellschaftsrechtliche Pflichtverletzung feststeht, vgl. C.II.1.a)aa)(1), so dass es unter Zugrundelegung der Ansicht *ders.* im Extremfall zu einer Strafbarkeit zivilrechtlich erlaubten Handelns kommen könnte.

409 Zugunsten eines damit verbundenen Stufenverhältnisses zwischen Zivil- und Strafrecht positioniert sich auch *Esser*, in: AnwaltKommentar StGB, § 266 Rn. 73, 297; *Theile*, ZIS 2011, 616 (626–628); ebenfalls *Schünemann*, der ein Rangverhältnis unter Ablehung von Zivilrechtsakzessorietät bereits in der Natur der Untreue als vorsätzliches Verletzungsdelikt begründet sieht, vgl. *dens.*, in: LK StGB, § 266 Rn. 94.

410 *Dierlamm*, StraFo 2005, 397 (397); bezogen auf das allgemeine Verhältnis zwischen strafrechtlichem und außerstrafrechtlichem Verbot zuvor bereits nahezu gleichlautend *Lüderssen*, in: FS Lampe, 2003, S. 727 (729); bezogen auf die Relevanz einer gesellschaftsrechtlichen Pflichtverletzung für die Frage nach einer Vermögensbetreuungspflichtverletzung im Sinne des § 266 Abs. 1 StGB vgl. *Kutzner*, NJW 2006, 3541 (3543).

411 *Dierlamm*, in: MK StGB, § 266 Rn. 173.

412 Statt vieler *Lutter*, ZIP 2007, 841 (845 f.).

Damit ist für die Untreueprüfung erst recht nicht von einer unmittelbar belastenden Wirkung eines nicht durch § 93 Abs. 1 S. 2 AktG entlasteten Handelns auszugehen.[413]

cc) Zwischenergebnis

Auch das Prinzip der asymmetrischen Akzessorietät zwischen Straf- und Zivilrecht spricht gegen eine unmittelbar belastende Relevanz des § 93 Abs. 1 S. 2 AktG für die Prüfung einer Vermögensbetreuungspflichtverletzung nach § 266 Abs. 1 StGB. Die kodifizierte *Business Judgement Rule* ist bereits aus aktienrechtlicher Sicht nicht geeignet, ein positives Pflichtwidrigkeitsurteil bezüglich einer unternehmerischen Entscheidung zu fällen. Dies hat aufgrund des Stufenverhältnissses zwischen Straf- und Aktienrecht erst recht für das restriktiv zu handhabende Strafrecht zu gelten.

2. Mittelbar belastende Relevanz

Die obigen Untersuchungen haben ergeben, dass die Nichterfüllung des § 93 Abs. 1 S. 2 AktG keine unmittelbare Aussagekraft hinsichtlich des positiven Vorliegens einer Vermögensbetreuungspflichtverletzung nach § 266 Abs. 1 StGB hat. Nunmehr sollen Möglichkeiten eines mittelbaren Einflusses des § 93 Abs. 1 S. 2 AktG auf das Vorliegen einer Untreuestrafbarkeit des Vorstandsmitglieds einer Aktiengesellschaft beleuchtet werden.

a) In Betracht kommende Ansätze

Zunächst könnte sich aus § 93 Abs. 1 S. 2 AktG eine originär strafrechtliche Wertung bezüglich einer Pflichtverletzung nach § 266 Abs. 1 StGB herleiten lassen, aa). Weiterhin könnte sich ein mittelbarer Einfluss *per se* aus dem legislativen Aufnahmeakt der Regelung in § 93 Abs. 1 S. 2 AktG ergeben, bb). Ebenfalls ist es denkbar, dass sich aus der Nichterfüllung einzelner Kriterien auf eine untreurelevante Pflichtverletzung schließen lässt, cc)-ee). Diese möglichen Begründungsansätze für eine mittelbare Relevanz des § 93 Abs. 1 S. 2 AktG im Rahmen der Prüfung einer Vermögensbetreuungspflichtverletzung gemäß § 266 Abs. 1 StGB sollen im Folgenden einzeln vorgestellt und bewertet werden.

---

413 Vgl. in diesem Zusammenhang *Rönnau/Hohn*, die den thematisch naheliegenden strafrechtlichen Evidenzmaßstab ebenfalls anhand eines „erst recht"-Schlusses herleiten, *dies.*, NStZ 2004, 113 (118, 123).

aa) Die *Business Judgement Rule* als strafrechtsautonom auszulegendes Prinzip?

Der Untreuetatbestand ist akzessorisch gegenüber außerstrafrechtlicher Rechtsmaterie.[414] Die Akzessorietät bezieht sich auf außerstrafrechtliche Normen, die zur inhaltlichen Ausgestaltung der Vermögensbetreuungspflicht beitragen. Soweit sich aus diesen Normen eine Pflichtmäßigkeit des Handelns ergibt, ist auch eine Untreuestrafbarkeit bezüglich dieses Tuns oder Unterlassens ausgeschlossen.[415] Die Wirkung eines Pflichtwidrigkeitsbefundes durch außerstrafrechtliche Normen ist im Hinblick auf seine Relevanz für die Frage nach einer Strafbarkeit des Handelns differenzierter zu beurteilen. Aus dem *ultima ratio*-Charakter des Strafrechts folgt die grundsätzliche Notwendigkeit einer restriktiven Auslegung strafrechtlicher Normen.[416] Nicht jedes zivilrechtlich pflichtwidrige Tun lässt eine strafrechtliche Sanktion angezeigt sein.[417] Dennoch wird zur Bestimmung des Umfangs der Vermögensbetreuungspflicht im Sinne des § 266 Abs. 1 StGB zumindest im Ausgangspunkt eine Bezugnahme auf außerstrafrechtliche Normen erfolgen, um den Pflichtenumfang zu ermitteln. Die in diesem Zusammenhang erfolgende Auslegung der außerstrafrechtlichen Normen obliegt nach § 262 Abs. 1 StPO in vollem Umfang dem Strafrichter.[418] Im Rahmen der Prüfung des Untreuetatbestands könnte also eine originär strafrechtliche Auslegung des § 93 Abs. 1 S. 2 AktG erfolgen. Fraglich ist jedoch, ob die Norm einer solchen, rein strafrechtlichen Auslegung zugänglich ist. Im Aktienrecht verfolgt die *Business Judgement Rule* einen rein privilegierenden Zweck.[419] Dies spiegelt sich im Wortlaut der Norm auch klar wider.[420] Der Wortlaut bzw. -sinn bildet jedoch im

414 B.II.1, B.II.2.b).

415 Vgl. in diesem Zusammenhang zur unmittelbar strafausschließenden Relevanz des § 93 Abs. 1 S. 2 AktG C.I.1.

416 Dazu in Bezug auf den Untreuetatbestand C.II.2.b)cc); soweit eine Auslegung des Straftatbestands notwendig ist, fogt diese Notwendigkeit bereits aus Art. 103 Abs. 2 GG.

417 Zur daraus folgenden Asymmetrie der Akzessorietät des Strafrechts gegenüber dem Zivilrecht soeben bereits C.II.1.b)aa)(2)(b).

418 Vgl. *Samson*, in: Gesellschaftsrecht in der Diskussion 2004, 2005, S. 109 (112); *Rönnau*, NStZ 2006, 218 (220); *ders.*, ZStW 119 (2007), 887 (913–915) unter Rekurs auf § 262 StPO; differenzierend unter Bezugnahme auf die Beiträge *Rönnaus* positioniert sich *Beulke*, in: FS Eisenberg, 2009, S. 245 (251 f.).

419 Dazu bereits B.I.3.c), C.II.1.a)bb)(a).

420 Vgl. C.II.1.a)aa).

Strafrecht die äußere Grenze einer rechtlich statthaften Auslegung.[421] Folglich kann § 93 Abs. 1 S. 2 AktG auch durch den Strafrichter keine darüber hinausgehende positive Aussage entnommen werden, die sich originär in unmittelbar strafbegründender Weise auswirkt.[422]

Vor diesem Hintergrund könnte eine Heranziehung des § 93 Abs. 1 S. 2 AktG zur Begründung einer Pflichtverletzung im Sinne des Untreuetatbestands allein bei Annahme eines abstrakt strafrechtsautonomen Prinzips auf Grundlage der Norm erfolgen. Ein solches würde sich indes zu weit von dem eigentlichen Regelungsgehalt der Norm entfernen und ihre Kodifikation im Aktiengesetz entgegen dem Bestimmtheitsgebot aus Art. 103 Abs. 2 GG gänzlich außer Acht lassen.

bb) Indizielle Bedeutung der Aufnahme der *Business Judgement Rule* in § 93 Abs. 1 S. 2 AktG, vgl. BGHSt 50, 331 ff. (Mannesmann-Entscheidung)

Möglicherweise ist bereits in der Aufnahme der *Business Judgement Rule* in das Aktiengesetz eine abstrakte Stärkung der generellen Anforderung einer Orientierung am Unternehmenswohl durch Führungsorgane zu sehen, die auch innerhalb der strafrechtlichen Beurteilung von Verstößen gegen die Sorgfalt eines ordentlichen Geschäftsleiters zu berücksichtigen wäre. Bei einem Handeln, welches nicht den Anforderungen des § 93 Abs. 1 S. 2 AktG genügt, läge dann eine Vermögensbetreuungspflichtverletzung nicht mehr fern.

Ein entsprechender Ansatz könnte der Entscheidung des 3. Strafsenats des Bundesgerichtshofs zum Fall Mannesmann vom 21. Dezember 2005 zu entnehmen sein.[423] Das Gericht sieht die Aufnahme der *Business Judgement Rule* in das Aktiengesetz als eine Stärkung bzw. Konkretisierung der Pflicht von Führungsorganen, sich ausschließlich an dem Interesse des Unternehmens als Vermögensinhaber zu orientieren.[424]

(1) Sachverhalt

In dem zugrunde liegenden Sachverhalt ging es um die Bewilligung von Sonderzahlungen durch den Aufsichtsrat der Mannesmann AG im Rahmen der einvernehmlichen Übernahme des Unternehmens durch das britische

---

421 Vgl. *Degenhart*, in: Sachs, GG, Art. 103 Rn. 69; *Tiedemann*, Wirtschaftsstrafrecht AT, Rn. 227.

422 Die Ausführungen unter B.I.3.c) und C.II.1.a)bb) zum *Telos* des § 93 Abs. 1 S. 2 AktG sprechen ebenso gegen eine strafrechtsautonome Heranziehung der Norm zur positiven Feststellung einer Vermögensbetreuungspflichtverletzung nach § 266 Abs. 1 StGB.

423 Vgl. BGHSt 50, 331–346.

424 BGHSt 50, 331 (338 f.); vgl. auch *Kocher*, CCZ 2009, 215 (216).

Telekommunikationsunternehmen Vodafone Airtouch plc (Vodafone) im Jahr 2000. Der Aufsichtsrat der Mannesmann AG hatte nach der Unternehmensübernahme die Zahlung freiwilliger Anerkennungsprämien an verschiedene Mitglieder des Vorstands sowie den Leiter der für die Betreuung der aktiven Vorstandsmitglieder zuständigen Abteilung beschlossen. Die Zahlungen erfolgten neben den dienstvertraglich geschuldeten Bezügen und sollten vergangene Verdienste für die Mannesmann AG bei der Steigerung des Unternehmenswertes würdigen und eine besondere Leistung während des vorangegangenen „Übernahmekampfs" entlohnen. Die Mitglieder des Aufsichtsrats gingen davon aus, sich bei der Bewilligung dieser Zahlungen im Rahmen des ihnen eingeräumten unternehmerischen Ermessensspielraums bewegt und erlaubt gehandelt zu haben.

Das Landgericht Düsseldorf hatte daraufhin die Aufsichtsratsmitglieder von dem Vorwurf der Untreue und zwei Zahlungsempfänger – demzufolge mangels Haupttat – von dem Vorwurf der Beihilfe zur Untreue freigesprochen. Das Landgericht war zwar von einem aktienrechtlich pflichtwidrigen und gegen die Vermögensbetreuungspflicht der Aufsichtsratsmitglieder verstoßenden Handeln bei der Bewilligung der Anerkennungsprämien ausgegangen. Es hätte dem Aufsichtsrat diesbezüglich kein Ermessen zugestanden und die Prämienzahlungen wären entgegen dem Interesse der Mannesmann AG gezahlt worden, weil die Leistungen der Begünstigten bereits durch die dienstvertraglich geschuldete Vergütung kompensiert worden waren. Auch wäre von den Leistungen der leitenden Organe kein zukünftiger Nutzen für die Mannesmann AG zu erwarten gewesen. Allerdings ordnete das Landgericht die Bewilligung der Anerkennungsprämien als risikobehaftete unternehmerische Entscheidung ein und ging unter dieser Voraussetzung von dem Erfordernis einer „gravierenden" Vermögensbetreuungspflichtverletzung aus. Eine solche vermochte das Landgericht in der dem Revisionsurteil zugrundeliegenden Entscheidung nicht zu erkennen.

Die Freisprüche hob der Bundesgerichtshof im Rahmen der durch die Staatsanwaltschaft eingelegten Revision wegen der Verletzung materiellen Rechts auf.

(2) In diesem Zusammenhang maßgebliche Entscheidungsgründe

Der 3. Strafsenat des Bundesgerichtshofs macht in seinem viel beachteten Urteil vom 21. Dezember 2005 zum Fall Mannesmann gleich mehrere Ausführungen, die eine hohe Relevanz für die Untreuestrafbarkeit von leitenden Organen einer Aktiengesellschaft im Allgemeinen und den Umfang der diesen zukommenden Vermögensbetreuungspflicht sowie die Anforderungen an eine untreuerelevante Verletzung dieser Pflichten im Speziellen haben. Teile der Ausführungen werden aufgrund des inhaltlichen Zusammenhangs an anderer Stelle dieser Arbeit behandelt.[425]

Hier soll der Fokus der Betrachtung auf die einzige Stelle des Urteils gerichtet werden, an der das Gericht die Regelung des § 93 Abs. 1 S. 2 AktG explizit erwähnt. Dies geschieht in Zusammenhang mit der Auslegung von Art und Umfang der einem Aufsichtsratsmitglied zukommenden Vermögensbetreuungspflicht und der Prüfung einer Verletzung dieser Pflicht.[426] Es wird dabei die Pflicht eines unmittelbar und ausschließlich am Unternehmensinteresse orientierten Handelns hervorgehoben.[427] Diese ergebe sich aus der reinen Verwalterstellung der Aufsichtsräte, nach der diese sich einzig am Interesse der Aktiengesellschaft als Inhaber des für sie fremden Vermögens zu orientieren hätten.[428] Für eine solche Sichtweise spreche auch die Regelung des § 93 Abs. 1 S. 2 AktG (in Verbindung mit § 116 S. 1 AktG), nach der eine Pflichtverletzung des Aufsichtsratsmitglieds ausscheide, wenn vernünftigerweise angenommen werden durfte, „auf der Grundlage angemessener Information zum Wohle der Gesellschaft zu handeln."[429] Die so charakterisierte Beziehung des Führungsorgans bzw. seiner Mitglieder zu dem Gesellschaftsvermögen lasse für die Bewilligung kompensationsloser Anerkennungsprämien keinen Raum, so dass diese eine Verletzung der Vermögensbetreuungspflicht repräsentiere.[430]

Der Bundesgerichtshof sieht die Einführung des § 93 Abs. 1 S. 2 AktG durch das UMAG damit als gesetzgeberische Klarstellung in Bezug auf unternehmerische Entscheidungen der leitenden Organe einer Aktiengesellschaft. Diese haben sich danach allein an dem Interesse des Unternehmens als Inhaber des durch sie zu betreuenden Vermögens zu orientieren. Eine eigenmächtige Vermögensverfügung „nach Gutsherrenart" ist damit stets pflichtwidrig.[431] Die Einführung des § 93 Abs. 1 S. 2 in das Aktiengesetz wird damit als eine aktienrechtliche Stärkung des „Wohls der Gesellschaft" als Maßstab, an dem sich Vorstands- und

425 Vgl. C.II.2.b)cc)(1)(a)(dd).

426 BGHSt 50, 331 (335 ff.).

427 BGHSt 50, 331 (338 f.).

428 BGHSt 50, 331 (338 f.).

429 BGHSt 50, 331 (338 f.).

430 BGHSt 50, 331 (337 ff.); so verstanden auch von *Große Vorholt*, Wirtschaftsstrafrecht, Rn. 520.

431 In BGHSt 50, 331 (339) hebt der 3. Strafsenat des Bundesgerichtshofs in diesem Zusammenhang den Unterschied zu einem Einzelunternehmer hervor, der sein eigenes Vermögen verwalte und durchaus einem Mitarbeiter nach freiem Ermessen eine nicht geschuldete Sonderzahlung leisten dürfe.

Aufsichtsratsentscheidungen zentral zu orientieren haben, begriffen. Konkret wird in dem Urteil eine Parallele zu dem – auch im Aktienrecht geltenden – zivilrechtlichen Grundsatz gezogen, nach dem der Betreuer fremden Vermögens allein gemäß dem Interesse des Vermögensinhabers zu handeln habe und keine vermögensmindernden Maßnahmen vornehmen dürfe.[432] Dieser Grundsatz ließe sich auch aus § 93 Abs. 1 S. 2 AktG [in Verbindung mit § 116 S. 1 AktG] ableiten.[433]

Eine dem § 93 Abs. 1 S. 2 AktG auf diese Weise zugemessene Bedeutung „strahlt" freilich auf die Ausgestaltung der Vermögensbetreuungspflicht eines Aufsichtsrats oder Vorstands aus. Allerdings bleibt zu konstatieren, dass der Bundesgerichtshof § 93 Abs. 1 S. 2 AktG nicht unmittelbar anwendet und damit auch nicht etwa zur konkret positiven Begründung der Pflichtverletzung in dem zu entscheidenden Fall heranzieht.[434]

(3) Adressatenkreis

In der behandelten Mannesmann-Entscheidung geht es primär um die Pflichtwidrigkeit des Handelns von Aufsichtsratsmitgliedern. Die Ausführungen des Gerichts lassen sich jedoch auch auf den Umfang der Vermögensbetreuungspflicht eines Vorstandsmitglieds übertragen. Dies ergibt sich aus §§ 116 S. 1, 93 Abs. 1 AktG. Die Sorgfaltspflicht von Aufsichtsrats- und Vorstandsmitgliedern ist indes nicht deckungsgleich.[435] Unterschiede ergeben sich insbesondere durch die unterschiedliche Aufgabenstruktur, so steht bei der Sorgfaltspflicht des Aufsichtsrats eine ordentliche Überwachungstätigkeit im Vordergrund, vgl. § 111 Abs. 1 AktG. Gleiche Sorgfaltspflichten bezüglich des Unternehmens gelten jedoch für Vorstand und Aufsichtsrat, soweit es um allgemeines unternehmerisches Führungshandeln – hier das Treffen von Vergütungsentscheidungen – als Verwalter des fremden Gesellschaftsvermögens geht und die Funktion bzw. der Aufgabenbereich des Aufsichtsrats nicht im konkreten Fall eine Modifikation des Maßstabs aus § 93 AktG gebietet.[436]

(4) Kritik an diesem Ansatz

Der dargestellte Ansatz ist bereits dem Grunde nach abzulehnen. Es ist zwar richtig, dass die Unternehmensführung einer Aktiengesellschaft sich ausschließlich

---

432 So explizit in BGHSt 50, 331 (338 f.).
433 BGHSt 50, 331 (338 f.).
434 Damit liegen die Ausführungen in BGHSt 50, 331 (339) im Einklang mit dem unter C.II.1.b)cc) festgehaltenen Ergebnis.
435 Vgl. nur *Hüffer*, Aktiengesetz, § 116 Rn. 1.
436 Dazu *Drygala*, in: Schmidt/Lutter, AktG, § 116 Rn. 1.

an dem Wohl der Gesellschaft zu orientieren und ihr Handeln auf eine Förderung dieses Wohls zu richten hat. Dies findet auch darin Ausdruck, dass der Orientierung am „Wohle der Gesellschaft" in § 93 Abs. 1 S. 2 AktG als zentralem Tatbestandsmerkmal eine besondere Relevanz eingeräumt wurde. Nur wer sich streng an dem Unternehmensinteresse orientiert, kann in den Genuss der Entlastungswirkung des § 93 Abs. 1 S. 2 AktG kommen. Der Gesetzgeber des UMAG bezweckte jedoch durch die Neuregelung in § 93 Abs. 1 S. 2 AktG keine allgemeingültige Steigerung der Sorgfaltsanforderungen an ein Führungsorgan, sondern lediglich die Schaffung eines Haftungsfreiraums.[437] Ein haftungsverschärfender Einfluss des § 93 Abs. 1 S. 2 AktG in der Weise, dass durch die Regelung die Anforderung an ein Führungsorgan, im Sinne des von ihm vertretenen Unternehmens zu handeln, allgemein verschärft würde und somit Handlungen, welche nicht der *Business Judgement Rule* unterfallen, ohne weiteres als Vermögensbetreuungspflichtverletzungen gemäß § 266 Abs. 1 StGB zu werten wären, besteht deshalb nicht.[438] Auch die Ausführungen des 3. Strafsenats in der Mannesmann-Entscheidung sind nicht in diesem Sinne zu verstehen, denn das erkennende Gericht erwähnte die Regelung des § 93 Abs. 1 S. 2 AktG lediglich beiläufig zur Verdeutlichung der Pflicht eines Handelns allein im Interesse der Gesellschaft. Eine Prüfung der Voraussetzungen des § 93 Abs. 1 S. 2 AktG wird in der Entscheidung nicht vorgenommen.

cc) Vorliegen einer Pflichtverletzung nach § 266 Abs. 1 StGB bei kumulativem Verstoß gegen mehrere Voraussetzungen der *Business Judgement Rule* („zwei bzw. drei aus vier")

Im Folgenden soll untersucht werden, ob sich aus einem gleichzeitigen Zuwiderhandeln gegen mehrere Tatbestandsvoraussetzungen des § 93 Abs. 1 S. 2 AktG das Vorliegen einer Vermögensbetreuungspflichtverletzung im Sinne des § 266 Abs. 1 StGB herleiten lässt.

(1) Grundüberlegung

Die Tatbestandsvoraussetzungen des § 93 Abs. 1 S. 2 AktG haben im Fall ihres kumulativen Vorliegens eine Entlastungswirkung in der Gestalt zur Folge, dass die Entscheidung des betreffenden Vorstandsmitglieds *per se* als nicht pflichtwidrig anzusehen ist. Bereits das Nichterfüllen einer der Tatbestandsvoraussetzungen bewirkt, dass eine Entlastung nach § 93 Abs. 1 S. 2 AktG ausscheidet.

---

437 Siehe bereits B.I.3.c) sowie C.II.1.a)bb)(c)(dd).

438 Zum *Telos* des § 93 Abs. 1 S. 2 AktG auch bereits B.I.3.c), C.II.1.a)bb).

Das positive Vorliegen einer Pflichtverletzung wird dann in gesellschaftsrechtlicher Hinsicht anhand des Maßstabs von § 93 Abs. 1 S. 1 AktG geprüft.[439] Bei Feststellung eines Pflichtverstoßes kann dieser wiederum als Grundlage für die Prüfung einer Vermögensbetreuungspflichtverletzung nach § 266 Abs. 1 StGB herangezogen werden.

Auch wenn also die Nichterfüllung eines der Kriterien, welche im Fall ihrer kumulativen Erfüllung die Haftungsfreistellung des § 93 Abs. 1 S. 2 AktG nach sich ziehen, weder im Rahmen des Gesellschaftsrechts noch im Rahmen der Untreueprüfung unmittelbar auf eine Pflichtverletzung schließen lässt, so könnte man möglicherweise die Vermögensbetreuungspflichtverletzung auf eine andere Art unter Anknüpfung an die Kriterien des § 93 Abs. 1 S. 2 AktG ermitteln. Denkbar wäre ein Ansatz, der auf dem Grundsatz der Kumulation von Risiken aufbaut und von der Annahme ausgeht, dass die Tatbestandsvoraussetzungen des § 93 Abs. 1 S. 2 AktG allesamt Ausdrucksformen eines sorgfältigen Vorstandshandelns bei dem Treffen unternehmerischer Entscheidungen sind.

Nach einem solchen Ansatz könnte von einer Vermögensbetreuungspflichtverletzung gemäß § 266 Abs. 1 StGB *jedenfalls* dann ausgegangen werden, wenn der Entscheidungsträger gleich mehrere Kriterien des § 93 Abs. 1 S. 2 AktG nicht erfüllt hat. Denkbar wäre beispielsweise, die kumulative Nichterfüllung von zwei oder drei verschiedenen Tatbestandsvoraussetzungen des § 93 Abs. 1 S. 2 AktG zur Grundlage einer Ermittlung der untreuerelevanten Pflichtverletzung zu machen.[440] Sollte sich ein solcher Ansatz als valide erweisen, so könnte dies die

439 Statt vieler *Blasche*, WM 2011, 343 (347); ebenfalls in diesem Sinne *Mertens/Cahn*, in: KK AktG, § 93 Rn. 19.

440 In einem vergleichbaren Ansatz wurde in der Literatur vorgeschlagen, eine (gravierende) Pflichtverletzung gemäß § 266 Abs. 1 StGB im Regelfall ab einem Verstoß gegen mindestens drei von vier so genannten Leitkriterien anzunehmen, wobei diese unter Verweis auf BGHSt 46, 30 ff.; 47, 148 ff.; 187 ff. „Unangemessenheit im Hinblick auf die Ertrags- und Vermögenslage (…), Verletzung von Informations- und Mitteilungspflichten, Vorliegen sachwidriger Motive und Überschreitung von Entscheidungsbefugnissen“ sein sollten, vgl. *Dierlamm*, StraFo 2005, 397 (403); *Matt*, NJW 2005, 389 (390); *Kiethe*, NStZ 2005, 529 (531); weiterhin zugunsten einer Heranziehung der Leitkriterien im Rahmen der Prüfung einer gravierenden Pflichtverletzung, indes neuerdings gegen eine schematisch quantitative Betrachtungsweise („mindestens drei von vier“) und zugunsten einer einzelfallbezogenen Abwägung positioniert sich *Dierlamm*, in: MK StGB, § 266 Rn. 181, 183; auf die genannten Kriterien zur Ermittlung einer (gravierenden) Pflichtverletzung verweist unter Bezugnahme aud die angeführte Rechtsprechung ebenfalls bereits *Schüne-*

Prüfung einer Vermögensbetreuungspflichtverletzung möglicherweise vereinfachen.

Die Frage nach der Relevanz eines kumulierten Fehlverhaltens bezogen auf die Anforderungen des § 93 Abs. 1 S. 2 AktG wurde, soweit ersichtlich, bisher nicht thematisiert. Auf eine Kumulation von Faktoren hat der Bundesgerichtshof allerdings in seiner SSV Reutlingen-Entscheidung abgestellt.[441]

(a) Vergleich mit BGHSt 47, 187 ff. (SSV Reutlingen-Entscheidung)
In seinem Urteil zum Fall SSV Reutlingen vom 6. Dezember 2001 hatte der 1. Strafsenat des Bundesgerichtshofs sich mit der Frage einer Untreuestrafbarkeit aufgrund von Unternehmensspenden zu befassen. Dabei bezog er sich im Rahmen der Prüfung einer Vermögensbetreuungspflichtverletzung auf eine Kumulation gesellschaftsrechtlicher Kriterien.[442]

(aa) Sachverhalt
Der Verkehrsminister des Landes Baden-Württemberg wurde durch eine Ministerienvereinigung zu Beginn des Jahres 1996 Umwelt- und Verkehrsminister. Obligatorischerweise wurde er als solcher auch zum Aufsichtsratsvorsitzenden der Südwestdeutschen Verkehrs AG gewählt, welche sich im Alleineigentum des Landes Baden-Würtemberg befand. Zugleich war er ab Ende 1995 Präsident des Sportvereins SSV Reutlingen. Der Verein befand sich seit rund zwei Jahren in einer akuten finanziellen Schieflage. Der Präsident hatte bereits einige Zeit zuvor Spenden und Darlehen zugunsten des Vereins aus der Wirtschaft generiert. Rund ein halbes Jahr vor Amtsantritt als Vereinspräsident wandte er sich an den Vorstandsvorsitzenden der Südwestdeutschen Verkehrs AG und bat ihn um eine Spende des Unternehmens an den SSV Reutlingen. Es war ihm dabei durchaus bekannt, dass er in naher Zukunft als Umwelt- und Verkehrsminister obligatorisch auch zum Aufsichtsratsvorsitzenden der Südwestdeutschen Verkehrs AG

---

mann, StV 2003, 463 (470); zu dem beschriebenen Ansatz auch *Saliger*, in: Satzger/Schluckebier/Widmaier, StGB, § 266 Rn. 42a.

441 BGHSt 47, 187–202; einen vergleichbaren Vorschlag macht auch *Dierlamm* zur Beurteilung, ob eine „gravierende“ Pflichtverletzung vorliegt und bezieht sich dabei auf die vom LG Düsseldorf im Fall Mannesmann aufgestellten Kriterien, vgl. *dens.*, StraFo 2005, 397 (403), wobei die Feststellung einer indiziellen Wirkung der Kriterien auf der Folgeseite mit dem schlussendlich den Kriterien des § 93 Abs. 1 S. 2 AktG in dieser Arbeit zugemessenen Bedeutungsgehalt teilweise in Einklang steht.

442 BGHSt 47, 187 (188, 197).

bestellt werden würde. Der Vorstandsvorsitzende der Südwestdeutschen Verkehrs AG leistete der Bitte Folge und übergab dem Verkehrminister einen Geldbetrag in Höhe von 20.000,– DM aus dem Gesellschaftsvermögen als Spende für die Jugendarbeit des Vereins SSV Reutlingen. Nach der Wahl zum Vereinspräsidenten wurde zwischen den beiden Beteiligten in ähnlicher Weise im Januar 1996 eine Zahlung in Höhe von 15.000,– DM und im Juni 1997 in Höhe von 10.000,– DM durchgeführt. Es wurde auf Grundlage dieser Vorgänge Anklage sowohl gegen den Vorstandsvorsitzenden als auch gegen den Aufsichtsratsvorsitzenden der Südwestdeutschen Verkehrs AG erhoben. Das Landgericht Offenburg verurteilte den Vorstandsvorsitzenden daraufhin wegen Untreue in mehreren Fällen und den Aufsichtsratsvorsitzenden und Inhaber der sonstigen genannten Ämter wegen Untreue und Anstiftung zur Untreue in mehreren Fällen. Hiergegen legten beide das Rechtsmittel der Revision ein.

(bb) In diesem Zusammenhang maßgebliche Entscheidungsgründe
In der Revisionsentscheidung vom 6. Dezember 2001 macht der 1. Strafsenat des Bundesgerichtshofs Ausführungen zu mehreren Aspekten der Pflichtverletzung im Rahmen der Untreue. Gleichzeitig erfolgt eine Auseinandersetzung mit der Sorgfaltspflicht von leitenden Organen einer Aktiengesellschaft im Allgemeinen und in Bezug auf die Gewährung von Unternehmensspenden bzw. das Sponsoring im Speziellen.

Das Gericht führt aus, dass für das Vorliegen einer Pflichtverletzung gemäß § 266 Abs. 1 StGB „nicht jede gesellschaftsrechtliche Pflichtverletzung“ genüge – eine solche müsse „vielmehr gravierend sein.“[443] Ob dieses Kriterium einer Untreuestrafbarkeit erfüllt ist, sei durch eine „Gesamtschau insbesondere der gesellschaftsrechtlichen Kriterien“ zu ermitteln.[444] Als solche werden angeführt:

1. „Fehlende Nähe zum Unternehmensgegenstand“,
2. „Unangemessenheit im Hinblick auf die Ertrags- und Vermögenslage“,
3. „Fehlende innerbetriebliche Transparenz“,
4. „Vorliegen sachwidriger Motive, namentlich Verfolgung rein persönlicher Präferenzen.“[445]

443 BGHSt 47, 187 (197) – auch hier prüfte der 1. Strafsenat den Missbrauchstatbestand, was jedoch an der Erheblichkeit der gerichtlichen Ausführungen für den Treubruchstatbestand nichts ändert, weil dieser eine identische Vermögensbetreuungspflicht und eine Verletzung dieser Pflicht voraussetzt.

444 BGHSt 47, 187 (197).

445 BGHSt 47, 187 (197).

Der Bundesgerichtshof stellt unter Bezugnahme auf diese Kriterien fest, dass zumindest für den Fall der Verwirklichung aller dieser Kriterien durch dieselbe Handlung eine Vermögensbetreuungspflichtverletzung gegeben sei.[446]

(b) Schlussfolgerung

Der Bundesgerichtshof schließt also im Rahmen einer Gesamtschau von einer Kumulation verschiedener Kriterien auf das Vorliegen einer untreuerelevanten Pflichtverletzung. Im Wortlaut heißt es:

> *„Jedenfalls dann, wenn bei der Vergabe sämtliche dieser Kriterien erfüllt sind, liegt eine Pflichtverletzung im Sinne des § 266 StGB vor.“*[447]

Aus dieser Formulierung ist ein Bedürfnis des 1. Strafsenats nach der Schaffung von Rechtssicherheit ersichtlich. Die gewählte Formulierung ist folglich eine „Sicherheitslösung“. Es wird versucht, durch eine Addition von Sorgfaltspflichtverstößen die Pflichtverletzung als Tatbestandsmerkmal des § 266 Abs. 1 StGB greifbarer zu machen.[448] Diese Intention erscheint zunächst einmal begrüßenswert und soll zum Gegenstand weiterer Überlegungen gemacht werden.

Mit Blick auf die Entscheidung des Gerichts im Fall SSV Reutlingen und den Wortlaut des § 93 Abs. 1 S. 2 AktG ist festzustellen, dass beiden Regelungen ein unterschiedlicher Aussagegehalt zukommt. Während in der Entscheidung des 1. Strafsenats von dem Vorliegen mehrerer Negativfaktoren tendenziell („jedenfalls“) auf eine Pflichtverletzung geschlossen wird, kommt § 93 Abs. 1 S. 2 AktG eine fast spiegelverkehrte Bedeutung zu. Hier wird aus der Einhaltung mehrerer Positivmerkmale die Pflichtmäßigkeit des Handelns hergeleitet.[449] Der Gesetzgeber hätte in § 93 Abs. 1 S. 2 AktG auch formulieren können: „Eine Pflichtverletzung liegt *jedenfalls* nicht vor, wenn ....“ Die Regelungsansätze versuchen damit, sich der positiven Feststellung einer Vermögensbetreuungspflichtverletzung aus entgegengesetzten Richtungen zu nähern. Zwischen den beiden in Bezug genommen Bereichen liegt deshalb Raum für Handlungen, die zwar nicht durch § 93 Abs. 1 S. 2 AktG privilegiert sind, bei denen andererseits aber auch nicht anhand der Kriterien der SSV Reutlingen-Entscheidung bereits auf eine Vermögensbetreuungspflichtverletzung geschlossen werden kann.

---

446 BGHSt 47, 187 (197); vgl. auch daran anknüpfend LG Düsseldorf NJW 2004, 3275 (3280 f.).

447 BGHSt 47, 187 (197).

448 Zum Problem der Weite des Untreuetatbestands vgl. bereits B.II.1.

449 Dies geschieht jedoch in § 93 Abs. 1 S. 2 AktG, abweichend von der Judikatur in der SSV Reutlingen-Entscheidung, nicht mit tendenziellem („jedenfalls“) Bezug.

Dieser Befund hindert freilich nicht die Möglichkeit einer Übertragung des Prinzips einer positiven Feststellung anhand der Kumulation von Faktoren aus der SSV Reutlingen-Entscheidung auf die Tatbestandsmerkmale der *Business Judgement Rule.* Soweit man diesem Vorschlag folgt, müsste man von dem kumulierten Nichtvorliegen mehrerer Entlastungskriterien des § 93 Abs. 1 S. 2 AktG positiv auf eine untreuerelevante Pflichtverletzung schließen.[450] In Übertragung der Ausführungen des 1. Strafsenats ließe sich formulieren:

> *„Jedenfalls dann, wenn keines der Tatbestandsmerkmale des § 93 Abs. 1 S. 2 AktG erfüllt ist, liegt eine Pflichtverletzung im Sinne des § 266 Abs. 1 StGB vor."*

(2) Kritische Würdigung des Vorschlags

Nachdem gezeigt wurde, dass sich eine Pflichtwidrigkeitsprüfung nach dem Vorbild der SSV Reutlingen-Entscheidung anhand des kumulativen Verstoßes gegen Kriterien des § 93 Abs. 1 S. 2 AktG durchführen ließe, gilt es zu hinterfragen, ob dies tatsächlich der Sache dienlich wäre. Davon könnte nur ausgegangen werden, wenn sich der vorgeschlagene Ansatz für die Überprüfung unterschiedlicher unternehmerischer Entscheidungen als tauglich erweisen würde. Daran bestehen jedoch erhebliche Zweifel.

Es entsteht der Eindruck, dass der erkennende Senat im Rahmen seiner Entscheidungsfindung zum Fall SSV Reutlingen zunächst den Lebenssachverhalt der Spendenzahlungen untersucht und anschließend subsumiert hat, durch welche Aspekte dabei im einzelnen die Vermögensbetreuungspflicht verletzt worden war. Sämtliche der hierbei ermittelten Kriterien wurden anschließend kumuliert und festgestellt, dass *„jedenfalls"* ausweislich dieser gesammelt vorliegenden Sorgfaltspflichtverletzungen bzw. Schädigungshandlungen von einem pflichtwidrigen Führungshandeln auszugehen sei. Dass in dem hier zu entscheidenden Fall pflichtwidrig gehandelt wurde, bedarf keiner ernsthaften Diskussion.[451] Es wurde Vermögen der Aktiengesellschaft zur Verfolgung persönlicher Zwecke fort gegeben, ohne dass der Gesellschaft hierfür ein erkennbarer Gegenwert – wie zum Beispiel eine positive öffentliche Wahrnehmung oder ein Werbungserfolg – zugute gekommen wäre.[452] Darüber hinaus stellen alle aufgeführten Kriterien

---

450 Vgl. zu dem umgekehrten Vorschlag *Adicks*, von dem Vorliegen mehrerer Kriterien des § 93 Abs. 1 S. 2 AktG auf ein pflichtgemäßes Verhalten zu schließen, bereits C.I.2.

451 In diesem Sinne bereits *Samson*, in: Non Profit Law Yearbook 2004, 2005, S. 233 (240).

452 Ein solcher hätte durchaus eine taugliche Kompensation darstellen können, vgl. nur *Samson*, in: Non Profit Law Yearbook 2004, 2005, S. 233 (240 f.).

tatsächlich einen Ausfluss dessen dar, wodurch die beiden Angeklagten gegen die ihnen zukommende Pflicht zur Betreuung des Vermögens der Aktiengesellschaft verstoßen hatten. Jedoch stellt sich die Frage, ob eine Zusammenfassung der genannten Kriterien zu einem Katalog, bei dessen kumulativem Vorliegen eine Vermögensbetreuungspflichtverletzung *„jedenfalls“* angenommen werden kann, der Konturierung des Merkmals „Pflichtverletzung“ *in toto* dienlich ist. Wie verhält es sich dann bei dem Vorliegen von zwei oder drei der aufgeführten Kriterien? Die Implementierung eines derart unbestimmten und von wertender Abwägung geprägten Ansatzes in die strafrechtliche Prüfung des Untreuetatbestands erscheint zumindest zweifelhaft.

Diese Skepsis hängt mit der Komplexität unternehmerischer Entscheidungen zusammen. Die angesprochenen Kriterien sind zwar für den vorliegenden Fall zutreffend, für einen auch nur marginal anders gelagerten Fall oder eine andere Branche wäre der Kreis von Vermögensbetreuungspflichten der verantwortlichen Organe indes mit hoher Wahrscheinlichkeit sachgerechter durch ein oder mehrere davon abweichende Kriterien beschrieben.[453] Soweit man den Versuch einer Komplexitätsreduktion unternehmen will, könnte die Pflichtwidrigkeit des Handelns in der SSV Reutlingen-Entscheidung zusammenfassend bereits aufgrund der Missbräuchlichkeit eines „Verschenkens“ von Gesellschaftsvermögen festgestellt werden, das sich als evident außerhalb des Unternehmensinteresses der Aktiengesellschaft liegend darstellte.[454] Auf diese Weise wäre der Grund des Pflichtverstoßes pointierter formuliert. Auch eine Übertragungsmöglichkeit auf andere Sachverhaltskonstellationen wäre so in höherem Maße gewährleistet. Freilich leuchtet die Suche nach Orientierung schaffenden Kriterien besonders im Rahmen der Pflichtwidrigkeitsprüfung nach § 266 Abs. 1 StGB ein, da diese aufgrund ambivalenter Beurteilungsgegenstände oft extrem schwer zu handhaben ist. Durch die Erstellung von Kriterienkatalogen besteht jedoch die Gefahr eines falschen Gefühls von Handhabbarkeit durch Vereinfachung. Dies wird durch folgende Überlegung deutlich:

---

453 In diesem Sinne auch *Bräunig*, Untreue in der Wirtschaft, 2011, S. 135; vgl. ebenfalls *Theile*, ZIS 2011, 616 (626).

454 Einen Rekurs auf die genannten Kriterien erachtet im vorliegenden Fall auch *Samson* für überflüssig, vgl. *dens.*, in: Non Profit Law Yearbook 2004, 2005, S. 233 (240, 242); kritisch gegenüber weiterer Aspekte der Rechtsprechung in BGHSt 47, 187–202, *ders.*, in: Gesellschaftsrecht in der Diskussion 2004, 2005, S. 109 (118–122, 124); vgl. ebenfalls *Saliger*, HRRS 2006, 10 (19 f.); eine mangelnde Kompensationswirkung infolge der Zahlungen wäre im Rahmen der Prüfung eines Vermögensnachteils explizit festzustellen.

Ein Verstoß gegen jedes der in der SSV Reutlingen-Entscheidung aufgeführten Kriterien würde – die zu fordernde Evidenz vorausgesetzt – bereits für sich gesehen eine Verletzung der Vermögensbetreuungspflicht begründen.[455] Dies gilt zumindest für ein dem Unternehmensgegenstand zuwiderlaufendes Handeln, eine finanzielle Überforderung der Gesellschaft und das Verfolgen rein persönlicher Ziele. Allein ein intransparentes Handeln vermag für sich gesehen noch keinen Verstoß gegen die Vermögensbetreuungspflicht zu begründen.[456] Die Aussage, dass bei Verstößen gegen sämtliche Kriterien eine Pflichtverletzung vorliegt, ist vor diesem Hintergrund trivial. Andererseits sind Fälle denkbar, in denen lediglich ein leichter Verstoß gegen eines oder zwei der Kriterien aus der SSV Reutlingen-Entscheidung vorliegt. Der *„jedenfalls"*-Formulierung lässt sich dann wenig Konkretes entnehmen, denn aus der bloßen Kumulation von Kriterien kann in diesem Fall nicht mehr viel abgeleitet werden. So sind zwei leichte Verstöße nicht zwangsweise eher zur Begründung einer Vermögensbetreuungspflichtverletzung tauglich als ein singulärer Verstoß, der das Unternehmensinteresse besonders eklatant verletzt.[457]

Gleiches dürfte in entsprechender Form für den Ansatz gelten, der von einer kumulativen Nichterfüllung der Kriterien des § 93 Abs. 1 S. 2 AktG auf eine Vermögensbetreuungspflichtverletzung nach § 266 Abs. 1 StGB schließen will. Auch diesem Ansatz wäre in seiner Kernaussage zuzustimmen. Soweit ein Vorstandsmitglied sämtliche Kriterien des § 93 Abs. 1 S. 2 AktG missachtet, verletzt es dadurch in aller Regel seine Vermögensbetreuungspflicht. Eine Vermögensbetreuungspflichtverletzung wird in so gelagerten Fällen jedoch bereits von dem bewussten Verstoß gegen das Unternehmensinteresse ausgehen.[458] Dann bedarf es des Kumulationsansatzes nicht mehr. Für Fälle der Nichterfüllung eines oder mehrerer der übrigen Kriterien des § 93 Abs. 1 S. 2 AktG vermag der Ansatz

455 *Samson*, in: Non Profit Law Yearbook 2004, 2005, S. 233 (242).

456 *Samson*, in: Non Profit Law Yearbook 2004, 2005, S. 233 (240, 242).

457 Die einzelnen in der SSV Reutlingen-Entscheidung aufgeführten Kriterien können deshalb freilich im Rahmen der Prüfung einer Vermögensbetreuungspflichtverletzung heranzuziehen sein, vgl. an späterer Stelle C.II.2.b)ff)(2)(e) – die Kritik richtet sich allein gegen die Ermittlung einer untreuerelevanten Pflichtverletzung anhand von einzelfallgeprägten Indizienkatalogen und auf diesen aufbauenden Abwägungen („jedenfalls").

458 Dazu an späterer Stelle C.II.2.b)ff)(1)(a), C.II.2.b)ff)(2)(e) unter Berücksichtigung der subjektiven Orientierung am „Wohle der Gesellschaft" in § 93 Abs. 1 S. 2 AktG.

im Einzelfall aufgrund der getroffenen „*jedenfalls*"-Formulierung indes ebenfalls keine belastbaren Ergebnisse zu liefern.[459]

Folglich können die Ansätze, welche das Vorliegen einer Vermögensbetreuungspflichtverletzung positiv oder negativ kriterienbezogen tendenziell herleiten wollen, nicht überzeugen. Sie treffen zwar im Kern eine richtige Aussage. Die Vermögensbetreuungspflichtverletzung ließe sich bei Vorliegen mehrerer Kriterien aber auch losgelöst davon bereits auf Grundlage des evidenten Verstoßes gegen eine oder mehrere zentrale Anforderungen an sorgfältiges Führungshandeln feststellen. In den übrigen Fällen können die Ansätze keine hinreichend bestimmbaren Ergebnisse hinsichtlich des Vorliegens einer Pflichtverletzung nach § 266 Abs. 1 StGB beitragen. Die kriterienbezogene Tendenzformulierung („*jedenfalls*") ist außerhalb der Erfüllung bzw. des Ausbleibens sämtlicher Katalogkriterien nicht tauglich, dem Einzelfall in hinreichender Weise Rechnung zu tragen.[460] Folglich sind die Ansätze einer tendenzbasierten Kumulation von Faktoren abzulehnen.

dd) Zwischenergebnis

Die bisher dargestellten Ansätze zur Herleitung einer mittelbar belastenden Relevanz des § 93 Abs. 1 S. 2 AktG für die Prüfung einer Vermögensbetreuungspflichtverletzung können nicht überzeugen.

ee) Vorliegen einer Vermögensbetreuungspflichtverletzung bei Nichterfüllung einzelner Tatbestandsmerkmale des § 93 Abs. 1 S. 2 AktG?

Unter 1. konnte gezeigt werden, dass sich von einer Vorstandsentscheidung, die nicht unter § 93 Abs. 1 S. 2 AktG fällt, nicht unmittelbar auf eine Pflichtverletzung nach § 266 Abs. 1 StGB schließen lässt. Dabei wurde festgestellt, dass § 93 Abs. 1 S. 2 AktG als aktienrechtliches Entlastungsinstitut keine Pflicht statuiert, gegen die in unmittelbar strafbegründender Weise verstoßen werden könnte.[461]

Damit ist aber noch nichts Abschließendes zu der möglichen Relevanz der einzelnen Tatbestandsmerkmale des § 93 Abs. 1 S. 2 AktG gesagt, die im Fall ihres kumulativen Vorliegens die Entlastungswirkung der *Business Judgement*

---

459 Vgl. hierzu C.II.2.b)ff)(1), C.II.2.b)ff)(2).

460 Die aufgeführten Kriterien können unabhängig von dem Tendenzbezug der hier vorgestellten Ansätze im Rahmen der Prüfung einer untreuerelevanten Vermögensbetreuungspflichtverletzung freilich Berücksichtigung finden, vgl. in diesem Sinne zu der Vornahme einer Gesamtschau C.II.2.b)ff)(2)(e).

461 Vgl. C.II.1.a)aa) und insbesondere C.II.1.a)bb)(c)(dd).

Rule nach sich ziehen. Ein Verstoß gegen ein solches Kriterium wäre mangels Gebotscharakter des § 93 Abs. 1 S. 2 AktG nicht etwa als Verstoß gegen die *Business Judgement Rule* zu sehen. Vielmehr handelt es sich um den originären Verstoß gegen ein Merkmal, an dessen Vorliegen, in Zusammenspiel mit der Erfüllung weiterer Voraussetzungen, § 93 Abs. 1 S. 2 AktG eine der hier zu prüfenden untreuerelevanten Pflichtverletzung entgegenstehende Vermutung der Pflichtmäßigkeit einer Entscheidung knüpft. Vor diesem Hintergrund würde sich die unmittelbare Relevanz eines der Kriterien aus § 93 Abs. 1 S. 2 AktG für das Vorliegen einer untreuerelevanten Pflichtverletzung als mittelbare Relevanz der *Business Judgement Rule* selbst darstellen. Eine solche Bezugnahme auf die einzelnen Kriterien stellt den einzig sinnvollen Ansatz zur Untersuchung einer mittelbaren Relevanz des § 93 Abs. 1 S. 2 AktG dar, so dass ihm weiter nachgegangen werden soll.

ff) Zwischenergebnis

Allein eine Orientierung an einem Verstoß gegen die einzelnen Tatbestandsmerkmale des § 93 Abs. 1 S. 2 AktG erscheint als tauglicher Ansatz, um eine mögliche mittelbare Relevanz der *Business Judgement Rule* für die Prüfung einer Vermögensbetreuungspflichtverletzung gemäß § 266 Abs. 1 StGB herzuleiten.

b) Einfluss der Nichterfüllung einzelner Tatbestandsmerkmale des § 93 Abs. 1 S. 2 AktG auf das Vorliegen einer Pflichtverletzung gemäß § 266 Abs. 1 StGB

Nunmehr wird der Fokus der Betrachtung auf die Pflichtverletzung im Sinne des § 266 Abs. 1 StGB und die Tauglichkeit der einzelnen Voraussetzungen des § 93 Abs. 1 S. 2 AktG zu deren inhaltlicher Herleitung gerichtet. Da es um den Einfluss der Nichtbeachtung einzelner Tatbestandsvoraussetzungen einer gesellschaftsrechtlichen Norm im Rahmen der Prüfung eines Straftatbestands geht, wird zunächst kurz auf das Verhältnis zwischen Gesellschaftsrecht und Strafrecht im Allgemeinen eingegangen, aa). Hiervon ausgehend erfolgt eine Fokussierung auf das Tatbestandsmerkmal der Vermögensbetreuungspflichtverletzung, bb). Davon ausgehend werden unter cc) und dd) restriktions- und konkretisierungsgeleitete Auslegungs- und Anwendungsansätze in Bezug auf den Untreuetatbestand untersucht. Nach Formulierung eines Zwischenergebnisses, ee), werden schließlich die Merkmale des § 93 Abs. 1 S. 2 AktG vor diesem Hintergrund auf ihre Tauglichkeit zur Begründung einer Pflichtverletzung nach § 266 Abs. 1 StGB untersucht, ff).

aa) Das Verhältnis zwischen Gesellschaftsrecht und Strafrecht

Ausgangspunkt der Überlegung ist die schlichte Feststellung, dass das Rechtssystem der Bundesrepublik Deutschland sich in unterschiedliche Rechtsmaterien einteilen lässt. Diese erfüllen voneinander abweichende Funktionen. Während an früheren Stellen dieser Arbeit bereits kurz auf das allgemeine Verhältnis zwischen Straf- und Zivilrecht eingegangen wurde,[462] soll im Folgenden hieran angeknüft werden. Da diese Arbeit sich mit der *Business Judgement Rule* in der gesetzlichen Form des § 93 Abs. 1 S. 2 AktG auseinandersetzt und das Aktiengesetz Rechtsquelle des Gesellschaftsrechts ist, soll der Fokus der Betrachtung nunmehr speziell auf das Verhältnis des Strafrechts zur unmittelbar wirtschaftsgeprägten Materie des Gesellschaftsrechts gerichtet werden.[463] Das Strafrecht dient nach überwiegender Auffassung dem Rechtsgüterschutz.[464] Das Gesellschaftsrecht hingegen ist „das Recht der privatrechtlichen Zweckverbände und der kooperativen Vertragsverhältnisse."[465] Auch hier gilt, dass beide Rechtsgebiete nicht abstrakt nebeneinander bestehen, sondern das Strafrecht akzessorisch zu den Rechtsnormen des Gesellschaftsrechts ist.[466] Während das Gesellschaftsrecht innerhalb seines definierten Anwendungsbereichs gerade auch der Konfliktlösung dient, soll das Strafrecht lediglich dort Anwendung finden, wo es der Schutz rechtlich geschützter Güter unbedingt erfordert.[467]

(1) Subsidiaritätsgrundsatz

Im Ausgangspunkt ist zu konstatieren, dass das Strafrecht gegenüber dem Gesellschaftsrecht subsidiär ist. Das Strafrecht stellt das „schärfste Schwert" des Staats dar und soll deshalb nur als *ultima ratio* zur Anwendung kommen. Die Subsidiarität des Strafrechts resultiert in ein Stufenverhältnis zum Gesellschaftsrecht.

---

462 C.I.1, C.II.1.b)aa).

463 Zum Aktiengesetz als Rechtsquelle des Gesellschaftsrechts vgl. *K. Schmidt*, Gesellschaftsrecht, § 1 I. 1., S. 4; *Kraft/Kreutz*, Gesellschaftsrecht, S. 2; *Windbichler*, Gesellschaftsrecht, Rn. 4.

464 Vgl. *Rengier*, Strafrecht AT, § 3 Rn. 2; *Wessels/Beulke/Satzger*, Strafrecht AT, Rn. 6; dazu auch *Lüderssen*, in: FS Eser, 2005, S. 163 (165); *Roxin* geht von „subsidiärem Rechtsgüterschutz" aus, vgl. *dens.*, Strafrecht AT I, § 2 Rn. 1; unter Rückschluss auf ein asymmetrisches Akzessorietätsverhältnis zum Zivilrecht *Dierlamm*, StraFo 2005, 397 (398).

465 *K. Schmidt*, Gesellschaftsrecht, § 1 I. 1., S. 4.

466 Dazu auch bereits B.II.1, B.II.2.b) sowie C.I.1, C.II.1.b)aa).

467 Vgl. zum *ultima ratio*-Grundsatz statt vieler *Roxin*, Strafrecht AT I, § 2 Rn. 97 f.; gegen eine vorschnelle Anwendung des Untreuetatbestands vor diesem Hintergrund auch *Saliger*, ZStW 112 (2000), 563 (564 f.).

Letzteres soll im Konfliktfall primär zur Lösung herangezogen werden.[468] Diese Erkenntnis findet ebenfalls in dem bereits behandelten Prinzip der asymmetrischen Akzessorietät ihren Ausdruck: Die zivil- oder gesellschaftsrechtliche Pflichtwidrigkeit ist zwar erforderlich für eine Strafbarkeit derselben Handlung, sie reicht jedoch für sich gesehen nicht aus, um eine Strafbarkeit zu begründen.[469] Dafür spricht auch der Grundsatz der Einheit der Rechtsordnung. Damit verbietet sich eigentlich ein Strafrecht, das auf die gezielte „Überholung" des Gesellschaftsrechts angelegt ist.[470] Aus dem Stufenverhältnis zwischen den Rechtsmaterien erwächst zudem ein Legitimationsbedarf für strafrechtliches Eingreifen, wenn bei Auslegung des unbestimmten § 266 Abs. 1 StGB akzessorietätsbedingt auf aktienrechtliche Normen zugegriffen wird. Die Erforderlichkeit der strafrechtlichen Intervention ist darzulegen, weil primär eine Konfliktlösung im Aktien- bzw. Gesellschaftsrecht erfolgen sollte.[471] Gleichzeitig sind Straftatbestände wegen des Bestimmtheitsgebots aus Art. 103 Abs. 2 GG restriktiv konkretisierend auszulegen.[472] Dieses Erfordernis bezieht sich auch auf die Auslegung

468 So bestand die Intention des Gesetzgebers bei der Schaffung des UMAG auch in einer Verbesserung der gesellschaftsrechtlichen Haftungsmechanismen, vgl. bereits B.I.3.c), C.II.1.a)bb)(b).

469 Vgl. die anschauliche Formulierung bei *Dierlamm*, StraFo 2005, 397 (397), zitiert unter C.II.1.b)aa)(2)(b).

470 Vgl. in diesem Zusammenhang ablehnend gegenüber einer „Vorreiterrolle" des Strafrechts bei der Beantwortung zivilrechtlicher Fragen *Theile*, ZIS 2011, 616 (619–623, explizit 620); so auch zu verstehen sind *Krekeler/Werner*, Unternehmer und Strafrecht, Rn. 1090; *Rönnau* stellt fest, dass „die Strafverfolgungsorgane faktisch ersichtlich die Scheu abgelegt haben, gegen die Eliten in Wirtschaft, Politik und Gesellschaft strafrechtlich vorzugehen", vgl. *dens.*, ZStW 119 (2007), 887 (888); ähnlich *Ransiek*, ZStW 116 (2004), 634 (636); *Feddersen* geht gar von einem „Strafrechtsimperialismus" aus, vgl. *dens.*, in: FS Laufs, 2006, S. 1169 (1171 f.); ebenfalls hierzu – allerdings bezogen auf die Norm des § 241a BGB – *Tachau*, Ist das Strafrecht strenger als das Zivilrecht?, 2005.

471 In diesem Sinne auch *Große Vorholt*, Wirtschaftsstrafrecht, Rn. 404; *Rönnau/Hohn*, NStZ 2004, 113 (123).

472 Dies gilt insbesondere für den Treubruchstatbestand der Untreue, vgl. nur *Saliger*, in: Satzger/Schluckebier/Widmaier, StGB, § 266 Rn. 24; kritisch in diesem Zusammenhang zu der Rechtsprechung des Bundesverfassungsgerichts, die den Strafgerichten eine Normenkonkretisierung durch Auslegung zugestehe und so den Gesetzgeber zum Teil aus seiner Verpflichtung entlasse, *Kunig*, in: v. Münch/Kunig, GG, Art. 103 Rn. 29.

außerstrafrechtlicher Normen, an welche das (Wirtschafts-) Strafrecht akzessorisch anknüpft.[473]

(2) Zulässigkeit einer systematischen Abweichung vom Subsidiaritätsgrundsatz im Wirtschaftsstrafrecht?

Andererseits könnte das gerade Festgestellte für das Wirtschaftsstrafrecht abweichend zu beurteilen sein.[474] So wird von Teilen der Literatur offen ein Abweichen vom Subsidiaritätsgrundsatz im Wirtschaftsstrafrecht gefordert.[475]

Alwart propagiert in diesem Zusammenhang eine Abkehr vom klassischen Rechtsgüterschutz durch das Wirtschaftsstrafrecht hin zu einem, nach seiner Ansicht ohnehin bereits praktizierten und damit methodenehrlicheren, Schutz von Handlungsvorschriften und der Sanktion bloßer Pflichtverletzungen.[476] Wenn aber das Wirtschaftsstrafrecht programmatisch den Schutz bloßer Handlungsvorschriften, und damit eine klassischerweise strafrechtsfremde Regelungsausfgabe übernähme, so wäre auch eine strikte Aufrechterhaltung des Subsidiaritätsgrundsatzes kaum praktikabel.[477]

---

473 Vgl. dazu *Tiedemann*, Wirtschaftsstrafrecht AT, Rn. 172 f., 220, 227.

474 Zum Streit um den Charakter des § 266 StGB als Wirtschaftsdelikt bzw. Norm des Wirtschaftsstrafrechts, vgl. bereits Fn. 196.

475 Insgesamt kritisch gegenüber einer zunehmenden Extension des Wirtschaftsstrafrechts dagegen *Lüderssen*, Entkriminalisierung des Wirtschaftsrechts, 1998.

476 *Alwart*, JZ 2006, 546 (546–548); *ders.*, in: FS Otto, 2007, S. 3 (17–24); darauf bezieht sich auch *Mansdörfer*, Zur Theorie des Wirtschaftsstrafrechts, 2011, Rn. 1 f.; kritisch zu dieser Tendenz bezogen auf das gesamte Strafrecht *K. Günther*, in: Vom unmöglichen Zustand des Strafrechts, 1995, S. 445–459.

477 In der Sache ist zumindest bei der Anwendung des Untreuetatbestands eine gewisse Berücksichtigung von außerstrafrechtlichen Handlungspflichten unumgänglich, vgl. dazu auch B.II.1, B.II.2.b) sowie C.II.2.b)ff)(2), hiervon zu trennen ist aber die Frage, ob man diesen Befund zu einem allgemeingültigen Grundsatz für die Auslegung wirtschaftsstrafrechtlicher Normen erheben sollte – die hier im Endeffekt relevante Norm des § 93 Abs. 1 S. 2 AktG repräsentiert dabei ohnehin keine Handlungspflicht, zum Rechtscharakter der *Business Judgement Rule* vgl. bereits C.II.1.a) bb)(c); eine generelle Ablösung des Rechtsgüterschutzes als primäre Aufgabe des Strafrechts, um Verbrechen im Sinne schlichter Pflichtwidrigkeiten durch einzelfallbezogene Tatsachenauslegung ermitteln zu können, schlug im Ergebnis auch *Bruns* zu Zeiten des Nationalsozialismus vor, vgl. *dens.*, Die Befreiung des Strafrechts vom zivilistischen Denken, 1938 – der Autor verfolgte hierbei jedoch im Interesse des Regimes die Schaffung einer wissenschaftlichen Grundlage für eine willkürliche Anwendung des Strafrechts, womit sich seine Motivation grundlegend

Tiedemann zieht ein Abweichen vom Subsidiaritätsgrundsatz im Wirtschaftsstrafrecht unter dem Hinweis in Erwägung, dass strafrechtliche Sanktion im Wirtschaftsbereich gar nicht als intensivste Belastung zu sehen sei und somit auch nicht zwingend auf die Rolle einer *ultima ratio* beschränkt bleiben müsse.[478]

Der Subsidiaritätsgrundsatz scheint also zumindest im Wirtschaftsstrafrecht nicht mehr unantastbar zu sein. Es stellt sich jedoch die Frage, ob ein Abweichen von diesem Prinzip mit Blick auf die gesamtgesellschaftliche Aufgabe des Strafrechts sinnvoll wäre. Einige Rückschlüsse zur Beantwortung dieser Frage können aus der Rechtssoziologie gewonnen werden.

(3) Rechtssoziologischer Ansatz

Die dargestellte Problematik erfasst das Verhältnis zwischen Gesellschaftsrecht und Strafrecht. Sie lässt sich auf unterschiedliche Regelungsaufgaben beider Rechtsmaterien zurückführen.

Das Gesellschaftsrecht kann als Primärrechtsmaterie für die rechtlichen Beziehungen gesehen werden. Bezogen auf die zu untersuchende Konstellation regelt das Aktiengesetz die Rechte und Pflichten des Vorstands einer Aktiengesellschaft. Es steht damit in unmittelbarer Beziehung zu den Wirtschaftswissenschaften, welche sich mit dem Umfeld und den Umständen der Betätigung einer Aktiengesellschaft und ihrer Organe befassen.[479]

Das Strafrecht dient dem gegenüber allein dem Rechtsgüterschutz.[480] Es stellt nach klassischem Verständnis die *ultima ratio* unter den Rechtsmaterien dar und verfolgt einen, den anderen Rechtsmaterien nachgeordneten, Regelungsansatz, der allein an den zu schützenden Rechtsgütern orientiert ist und keinen

---

von jener hinter den heutigen Vorschlägen eines Abweichens vom reinen Rechtsgüterschutz im Strafrecht unterschied.

478 Vgl. *Tiedemann*, Wirtschaftsstrafrecht AT, Rn. 188 – soweit der Autor das Strafrecht nicht als eingriffsintensivste Rechtsmaterie sieht, kann dem aus der hier vertretenen Sicht indes bereits deshalb nicht zugestimmt werden, weil die strafrechtliche Sanktion mangels ausgebildeten Unternehmensstrafrechts stets natürliche Personen trifft und somit keine mit dem Zivilrecht vergleichbare Haftungsbeschränkung durch die „Zwischenschaltung" juristischer Personen denkbar ist.

479 Zur Problematik, die aus der getrennten Entwicklung von Rechts- und Wirtschaftswissenschaften resultiert, vgl. bereits *v. Hayek*, Recht, Gesetz und Freiheit, 2003, S. 69–71.

480 So zumindest die herrschende Literaturansicht, vgl in diesem Sinne nur *Rengier*, Strafrecht AT, § 3 Rn. 2; *Roxin*, Strafrecht AT I, § 2 Rn. 1 („subsidiärer Rechtsgüterschutz").

Unmittelbarkeitsbezug zu anderen Disziplinen, wie den Wirtschaftswissenschaften, aufweist.[481]

Aufgrund der Unmittelbarkeitsbeziehung zwischen Gesellschaftsrecht und Wirtschaftswissenschaften kann der Konflikt auch als ein solcher zwischen den Aufgaben der Wirtschaftswissenschaften und jenen des Strafrechts verstanden werden. Zum besseren Verständnis der Konfliktursachen hilft möglicherweise eine interdisziplinäre Auseinandersetzung mit der Aufgabenzuweisung an beide Regelungssysteme aus rechtssoziologischer Sicht.[482] In diesem Zusammenhang sind die Forschungen des Soziologen *Niklas Luhmann* maßgeblich. Die Ergebnisse der zahlreichen und umfassenden Arbeiten *Luhmanns* sind Gegenstand diverser Monographien.[483] Eine detaillierte Auseinandersetzung mit ihnen würde den vorgesehenen Umfang dieser Arbeit sprengen. Die Darstellung seiner Systemtheorie erfolgt deshalb bewusst als Überblick und in gebotener Kürze.

Nach *Luhmanns* Systemtheorie bestehen in einer Gesellschaft parallel diverse soziale Systeme.[484] Das „Recht" und die „Wirtschaft" sind in diesem Sinne als getrennte soziale Systeme zu begreifen.[485]

Jedem System lässt sich ein so genannter Code zuweisen, der zweipolig ist und gleichsam die Handlungsmaximen innerhalb des spezifischen Systems vorgibt. Der Code dient innerhalb des Systems einerseits der Orientierung, andererseits generiert er Erwartungen.[486] Im System „Recht" wäre dieser Code aus den Polen „Recht" und „Unrecht" zu bilden, im System „Wirtschaft" findet dagegen eine Orientierung primär anhand der Größen „Gewinn" und „Verlust" statt.[487]

---

481 Zum *ultima ratio*-Charakter des Strafrechts *Roxin*, Strafrecht AT I, § 2 Rn. 97 f.; *Rengier*, Strafrecht AT, § 3 Rn. 5 f.; *Theile*, ZIS 2011, 616 (621); *Dittrich*, Die Untreuestrafbarkeit von Aufsichtsratsmitgliedern bei der Festsetzung überhöhter Vorstandsvergütungen, 2007, S. 32 f., 205, 210.

482 Einen vergleichbaren Ansatz verfolgt *Theile*, ZIS 2011, 616 (618–623); allgemein zur „Verbindung von Recht und Soziologie" *Estermann*, in: Wie wirkt Recht?, 2010, S. 101–112; vgl. auch *Bräunig*, Untreue in der Wirtschaft, 2011, S. 28–58, 62–80.

483 Vgl. nur *Huber*, Systemtheorie des Rechts, Die Rechtstheorie Niklas Luhmanns, 2007.

484 Dazu *Luhmann*, Rechtssoziologie, S. 38; zum Ganzen instruktiv ebenfalls *ders.*, Soziale Systeme.

485 So zu verstehen *Luhmann*, Rechtssoziologie, S. 140 – wobei *ders.* dabei von einer „funktionalen Differenzierung" in Teilsysteme spricht, vgl. in diesem Zusammenhang ebenfalls S. 144 f.

486 *Luhmann*, Das Recht der Gesellschaft, S. 165–194; *ders.*, Soziale Systeme, S. 197 f.

487 Vgl. explizit *Luhmann*, Das Recht der Gesellschaft, S. 131; in diesem Sinne auch *Theile*, ZIS 2011, 616 (618); *ders.*, ZIS 2008, 406 (412).

Die Entscheidung über die konkrete Ausgestaltung eines Codes erfolgt nach der Systemtheorie *Luhmanns* anhand so genannter Programme.[488] Diese geben vor, wonach bzw. auf welche Weise innerhalb eines Systems über den Code entschieden wird.[489] In dem System „Recht“ würden demnach die geltenden Gesetze und die Rechtsprechung als Programme über das Vorliegen des Codes als „Recht“ oder „Unrecht“ entscheiden.[490] Eine entsprechende Differenzierung zwischen den Codes „Gewinn“ und „Verlust“ im System „Wirtschaft“ findet dagegen anhand eines Haushalts- oder Finanzplans als geltendem Programm statt.[491]

Die sozialen Systeme bestehen mit ihren jeweiligen Codes und Programmen neben und zugleich getrennt von einander. Dieser Befund schließt jedoch bestimmte intersystemische Verquickungen nicht aus.[492] Grundsätzlich unterliegen Vorgänge innerhalb der unterschiedlichen Systeme durch deren spezifische Handlungsmaximen auch unterschiedlichen Erwartungen.

So wird die Erwartungslage im System „Wirtschaft“ in der Regel kurzweilig und stark kognitiv geprägt sein.[493] Im Fall von Misserfolg in Form von Verlusten kann auf die entscheidenden Programme spontan Einfluss – beispielsweise in Form der Änderung eines Finanzplans – genommen werden, um eine Wandlung des Codes hin zum Gewinn bzw. zumindest einer Konsolidierung zu erreichen. Im Gegensatz dazu ist das System „Recht“ stark normativ geprägt und damit

488 Dazu *Luhmann*, Rechtssoziologie, S. 87–93; zur Differenzierung wiederum zwischen „Programmen“ und (bloß abstrakten) „Werten“ vgl. insbesondere S. 88 f.; zu der Programmstruktur speziell in Bezug auf Verfahren vgl. *dens.*, Legitimation durch Verfahren, S. 129–135.

489 So stellt *Luhmann* fest: „Das Recht nimmt nun die Form von satzmäßig fixierten *Entscheidungsprogrammen* an“, vgl. *dens.*, Rechtssoziologie, S. 178.

490 Exemplarisch verweist *Luhmann* auf „Zwecke“ und „Normen“ als mögliche Programme, vgl. *dens.*, Rechtssoziologie, S. 85; zu der damit einhergehenden „konditionalen Programmierung“ des Rechts ingesamt, *ders.*, Rechtssoziologie, S. 227–234; darauf verweist auch *Theile*, ZIS 2008, 406 (412).

491 So *Theile*, ZIS 2011, 616 (618); *ders.*, ZIS 2008, 406 (412) jeweils unter Verweis auf *Luhmann*, Soziale Systeme, S. 197, 278, 432 f., 602 f.; zum Einfluss strafrechtlicher Elemente auf die Codes am Beispiel von Unternehmensrichtlinien vgl. bereits *Theile*, ZIS 2008, 406 (412 f.).

492 Vgl. zu den Interdependenzen zwischen Recht und Politik anschaulich *Luhmann*, Das Recht der Gesellschaft, S. 150, 407–422 (insbesondere S. 416).

493 Dies kann bereits anhand eines Gegenschlusses aus den Hervorhebungen der Bedeutung der Zeitkomponente für das System Recht konstatiert werden, vgl. dazu *Luhmann*, Gesellschaft der Gesellschaft, S. 125–131.

weniger kognitiv sowie schwerfälliger in Bezug auf Änderungen als das System Wirtschaft.[494] Plastisch formuliert *Luhmann* zur Funktion des Rechts:

> *„Konkret geht es um die Funktion der Stabilisierung normativer Erwartungen durch Regulierung ihrer zeitlichen, sachlichen und sozialen Generalisierung."*[495]

Dies gilt in besonderer Weise für die Materie des Strafrechts. Dieses regelt aus systemtheoretischer Sicht die Enttäuschung dauerhaft gebildeter Erwartungen, die durch den Schutz mittels der Strafsanktion als „schärfstem Schwert des Staates" wiederum eine besondere Bestätigung erfahren.[496]

Den durch das Strafrecht in Form von Straftatbeständen abgebildeten Erwartungen kommt aus systemtheoretischer Sicht zudem dadurch eine gesteigerte Bedeutung zu, dass sie – anders als sonstige systemspezifische Erwartungen – ausnahmsweise eine gesamtgesellschaftliche Geltung beanspruchen können (so genannte „strukturelle Kopplung").[497] Folglich bilden die Strafgesetze über die Systemgrenzen hinaus eine Art Tabubereich, welcher sich in der Erwartungslage aller sozialen Systeme in der Weise manifestiert, dass innerhalb sämtlicher

---

494 *Luhmann*, Das Recht der Gesellschaft, S. 131 f., unter Differenzierung zwischen Recht und Politik ebenfalls *ders.*, Das Recht der Gesellschaft, S. 151–153; gleichzeitig verweist *ders.*, Rechtssoziologie, S. 190–205, 207–217 auf eine grundsätzliche Notwendigkeit der kontinuierlichen Anpassung des Rechts an die sich im Wandel befindliche Gesellschaft; auf diese Doppelfunktion des Rechts der Stabilisierung gefestigter Erwartungen und der Anpassung an sich wandelnde Anforderungen in einem sozialen System nach den Ausführungen *Luhmanns* (bezogen auf Rechtssoziologie, 3. Aufl. 1987) verweist auch *Raiser*, Beiträge zur Rechtssoziologie, S. 138; *Theile* kritisiert in diesem Zusammenhang eine, nach seiner Auffassung, zu strenge Zuweisung kognitiver Prägungselemente an das System „Wirtschaft" und normativer Prägungselemente an das System „Recht" durch *Luhmann* – *Theile* akzeptiert diese Aufteilung zwar in der Tendenz, verweist jedoch auf eine divergierend gemischt normativ und kognitiv geprägte Erwartungslage innerhalb beider Systeme, vgl. *dens.*, ZIS 2011, 616 (621, 623), und sieht in der zunehmend kognitiven Prägung des Strafrechts durchaus eine Gefahr für dessen Stablisierungsfunktion, vgl. *dens.*, Wirtschaftskriminalität und Strafverfahren, 2009, S. 316 f.

495 *Luhmann*, Das Recht der Gesellschaft, S. 131 m.w.N.

496 Nach *Luhmann* handelt es sich „bei Rechtsnormen um ein Gefüge symbolisch generalisierter Erwartungen", vgl. *dens.*, Das Recht der Gesellschaft, S. 129 f.; implizit zugunsten einer besonders intensiven Stabilisierung von Erwartungen durch das Strafrecht ebenfalls *ders.*, Das Recht der Gesellschaft, S. 134 f.; im Ergebnis ähnlich *Wessels/Beulke/Satzger*, Strafrecht AT, Rn. 4–9; ebenfalls *Rengier* unter Verweis auf BVerfGE 88, 203 (258); 96, 245 (249), vgl. *dens.*, Strafrecht AT, § 3 Rn. 6.

497 Instruktiv hierzu *Luhmann*, Das Recht der Gesellschaft, S. 440–495.

Systeme von einer Achtung der geschützten Rechtsgüter ausgegangen bzw. im Fall eines Verstoßes gegen einen Straftatbestand die Verfolgung, Verhängung und Vollstreckung von Strafe durch den Staat als Monopolträger erwartet wird.[498]

Im Folgenden soll vor diesem rechtssoziologischen Hintergrund eine strukturell extensive Handhabung des (Wirtschafts-) Strafrechts, wie sie mit den dargestellten Vorschlägen zu einem Abweichen vom Subsidiaritätsgrundsatz einhergehen würde, hinterfragt werden.

(4) Ineffektivität eines „überholenden Strafrechts"

Es stellt sich die Frage, welche Rückschlüsse aus den bisherigen Untersuchungen für und wider eine Einhaltung des Subsidiaritätsgrundsatzes zu ziehen sind. Desweiteren erscheint das gegebenenfalls notwendige Maß an Subsidiarität des Wirtschaftsstrafrechts diskussionsbedürftig.

Soweit man mit *Luhmann* die Funktion des Rechts in einer „Stabilisierung normativer Erwartungen" sieht[499] und der Stabilisierungswirkung des Strafrechts eine besondere Intensität zumisst,[500] kann dies bei der Beantwortung der Frage nach der Notwendigkeit einer Einhaltung des Subsidiaritätsgrundsatzes auch in Bezug auf das Wirtschaftsstrafrecht nicht unberücksichtigt bleiben.

Nun ließe sich zugunsten einer Abweichung vom Subsidiaritätsgrundsatz im Wirtschaftsstrafrecht argumentieren, dass Erwartungen durchaus auch originär mittels des Strafrechts geändert und begründet werden könnten. Aus gesellschaftlicher Sicht geht mit der Sanktionierung einer bestimmten Handlung bzw. eines Lebenssachverhalts mittels einer Strafnorm eine besonders intensive Tabuisierung einher. Die Schaffung solcher Tabus wirkt sich konsequenterweise auf die Erwartungen der Normadressaten in der Zukunft aus. Die zukünftigen gesellschaftlichen Erwartungen orientieren sich dann an einer Einhaltung etwaiger neuer Strafgesetze.[501] Auf dieser Basis ließe sich weiter vertreten, dass mittels

498 So stellt *Luhmann* fest, dass das Recht die Erkenntnis bringe, „(…) mit welchen Erwartungen man sozialen Rückhalt findet, [sic!] und mit welchen nicht."; vgl. *dens.*, Das Recht der Gesellschaft, S. 131 f.; in disem Zusammenhang auch *Theile*, ZIS 2008, 406 (412); zuvor bereits *Boers/Theile/Karliczek*, in: Oberwittler/Karstedt, Soziologie der Kriminalität, 2004, S. 469 (480 f.).

499 Nach *Luhmann* ist es zunächst allen sozialen Systemen gemein „objektive, gültige Erwartungen" zu stabilisieren, vgl. *dens.*, Rechtssoziologie, S. 38; dies soll insbesondere für das Recht gelten, da Normen für *dens.* „kontrafaktisch stabilisierte Verhaltenserwartungen" darstellen, so *ders.*, Rechtssoziologie S. 43.

500 *Luhmann*, Das Recht der Gesellschaft, S. 134 f.

501 Bezogen auf Vertrauen in das Recht aufgrund von Erwartungssicherheit vgl. *Luhmann*, Das Recht der Gesellschaft, 131 f., 151 f.

des Strafrechts in zunehmendem Maße steuernd auf die Gesellschaft eingewirken werden sollte.

Ob ein solcher Einsatz von Strafe jedoch mit der heute überwiegend vertretenen präventiven Vereinigungstheorie[502] und der Art des in ihr angelegten Präventionsgedankens vereinbar ist, erscheint äußerst fraglich.[503] Gegen eine Abweichung vom Subsidiaritätsgrundsatz spricht zudem bereits eine genaue Analyse der Formulierungen *Luhmanns*. So misst er dem Recht – und damit in besonderer Weise dem Strafrecht – nicht lediglich eine Funktion zur Stabilisierung irgendwelcher Erwartungen zu. Vielmehr müssen diese normativer Art sein.[504] Damit setzt *Luhmann* eine gesetzliche Verankerung der gesellschaftlichen (soweit er von einer „strukturellen Kopplung" ausgeht) bzw. systeminternen Erwartungen voraus. Demnach können die Erwartungen nicht einfach durch das Strafrecht generiert werden, sondern sie müssen bereits über den „Transmissionsriemen" sonstiger Rechtsmaterie zu Erwartungen der Gesellschaft geworden sein.[505] Dies sollte zumindest im Grundsatz gelten und spricht für ein generelles Festhalten am Subsidiaritätsgrundsatz. Schließlich ist bei einer außerstrafrechtlichen Verankerung von Erwartungen, an die das Strafrecht anknüpft, eine größere Berechenbarkeit der Strafnormen gewährleistet.[506]

---

502 Instruktiv *Roxin*, Strafrecht AT I, § 3 Rn. 37–43.

503 Insgesamt kritisch gegenüber einer „Funktionalisierung" des Strafrechts *Prittwitz*, StV 1991, 435 (439–441).

504 So braucht ein System „Wirtschaft" trotz einer primär kognitiven Prägung zwingend eine normative Bezugsbasis, vgl. in diesem Sinne und unter Betonung eines besonderen Bedürfnisses nach Rechtssicherheit in der Wirtschaft *Beulke*, in: FS Eisenberg, 2009, S. 245 (247) – auf *dens.* bezieht sich auch *Theile*, ZIS 2011, 616 (623).

505 Vgl. *Theile*, ZIS 2011, 616 (623); zu weit geht nach der hier vertretenen Auffassung die Darstellung *Lüderssens*, aus der „Rezeption der Luhmann'schen Systemtheorie" ergebe sich eine Abkehr des Strafrechts vom Rechtsgüterschutz hin zum Schutz bloßer normativer Handlungspflichten, vgl. *dens.*, StV 2004, 97 (99) – denn die außerstrafrechtlichen Normen bilden lediglich die Erwartungsgrundlage, auf der strafrechtlicher Schutz bestimmter rechtlicher Güter aufbaut.

506 Dies gilt zumindest für Normen mit Nähe zum System der Wirtschaft, so ist das aufgrund einer Täuschung abgeschlossene Rechtsgeschäft anfechtbar nach §§ 119 ff. BGB, der Getäuschte kann unter Umständen Schadensersatz verlangen, §§ 280 Abs. 1, 241 Abs. 2, 311 Abs. 1 BGB bzw. § 826 BGB, und der Täuschende kann sich gegebenenfalls strafbar gemäß § 263 Abs. 1 StGB gemacht haben, anders ist dies allein bei Kapitaldelikten wie §§ 212, 211 StGB – hier gibt es freilich keine zugrundeliegende zivilrechtliche Norm, die eine Missbilligung der Rechtsordnung gegenüber dem Töten anderer Menschen zum Ausdruck bringt.

Die Berechenbarkeit von Strafnormen hat gemäß Art. 103 Abs. 2 GG Verfassungsrang und muss deshalb zentrales Anliegen von Legislative und Judikative sein.[507] Positiver Effekt aus rechtssoziologischer Sicht ist die aus der Berechenbarkeit folgende Akzeptanz.[508] Eng gefasste Nomen sind demnach wirkungsvoller, weil sie eine tatsächliche Implementierung des Normappells im Bewusstsein der Rechtskreisteilnehmer bewirken. Konträr hierzu fehlt bei weit gefassten Normen das Schuldbewusstsein. Auf der Grundlage von (Rechts-) Unsicherheit wird dann ausschließlich Angst geschürt.[509] Dies führt zu einem Absinken der für eine Rechtsnorm essentiellen Akzeptanz bei den Rechtskreisteilnehmern.[510] Ein solches wiederum hat verheerende Folgen für die Effektivität dieser Norm.[511]

Friktionen ergeben sich insbesondere bei Strafnormen, die akzessorisch an außerstrafrechtliche Materie anknüpfen. Die Akzessorietät *per se* hindert nicht eine Einhaltung des Bestimmheitsgrundsatzes aus Art. 103 Abs. 2 GG.[512] Problematisch wird die Handhabung strafrechtlicher Sanktion, soweit in dem konkret zu entscheidenden Fall die Strafnorm an ihrerseits unbestimmte bzw. generalklauselartige Normen des Zivil- oder öffentlichen Rechts anknüpft.[513] Eine entsprechende Konstellation zeigt sich regelmäßig bei der Anwendung des Untreuetatbestands. Grundsätzlich ist das Strafgericht gemäß § 262 Abs. 1 StPO frei in seiner Auslegung sowohl des § 266 Abs. 1 StGB als auch der generalklauselartigen Bezugsnorm.[514] Auf dieser Grundlage ließe sich eine weitgehend

---

507 Vgl. dazu *Tiedemann*, Wirtschaftsstrafrecht AT, Rn. 173, 227.

508 So stellt *Bock* treffend fest, dass Normen konkret gefasst sein müssen, um akzeptiert zu werden, vgl. *dens.*, wistra 2011, 201 (204 m.w.N.); soweit Rechtsnormen nicht mehr respektiert werden, spricht *Luhmann* von einer „Vertrauenskrise", vgl. *dens.*, Das Recht der Gesellschaft, S. 132.

509 So merkt auch *Luhmann* in Bezug auf das Recht im Allgemeinen an: „Erwartungsunsicherheit ist viel unerträglicher als das Erleben von Überraschungen und Enttäuschungen", vgl. *dens.*, Das Recht der Gesellschaft, S. 151 f.

510 Vgl. dazu *Präve*, Legitimation durch Anerkennung, DÖV 1990, S. 18–22.

511 *Rehbinder*, Rechtssoziologie, S. 23 f.

512 BVerfGE 126, 170 (200); zuvor bereits BVerfG NJW 2009, 2370–2373.

513 Dazu auch BVerfGE 126, 170 (205).

514 *Samson*, in: Gesellschaftsrecht in der Diskussion 2004, 2005, S. 109 (112); *Rönnau*, ZStW 119 (2007), 887 (913–915); der legislativ vorgegebenen, umfassenden Auslegungskompetenz des Strafrichters steht nicht etwa *Theiles* Auffassung entgegen, dass § 266 Abs. 1 StGB ein Schutzgesetz nach § 823 Abs. 2 BGB darstelle, weswegen eine besonders extensive Handhabung des Untreuetatbestands über § 823 Abs. 2 BGB in Verbindung mit § 266 Abs. 1 StGB im Endeffekt auch auf die zivilrechtliche Wertung zurückwirke, wodurch die unter Grundrechtsaspekten bessere Stellung eines

eigenständige Handhabung zivilrechtlicher Fragen im Strafrecht annehmen. Eine völlig losgelöste Bewertung an sich zivilrechtlicher Rechtsfragen ist jedoch, zumindest wenn sie in strafbegründender Weise stattfinden soll, mit dem Verweis auf § 262 Abs. 1 StPO nicht gemeint. Der Strafrichter wird sich vielmehr grundsätzlich bei der strafrechtlichen Auslegung akzessorischer Tatbestandsmerkmale an den zivilrechtlichen und zivilgerichtlichen Vorgaben orientieren.[515] Dies zeigt sich plastisch bei der Auslegung des objektiven Tatbestands von § 266 Abs. 1 StGB in Bezug auf die Strafbarkeit des Vorstandsmitglieds einer Aktiengesellschaft. Wie sollten die Strafrichter den Umfang der Vermögensbetreuungspflicht des Vorstands auslegen, ohne einen Blick in das Aktiengesetz zu werfen? Wenn dann der Wortlaut einer Norm so wenig aussagt, wie der des § 93 Abs. 1 S. 1 AktG, wird auch ein Strafrichter zunächst Orientierung in der aktienrechtlichen Kommentarliteratur suchen. Zumindest dort, wo das Aktiengesetz dem Vorstandsmitglied keine Pflichten auferlegt, die er verletzt haben könnte, oder sein Handeln gesetzlich explizit erlaubt war, wird eine Strafbarkeit ausscheiden.[516] Soweit Pflichten bestehen, wird das Strafgericht diese bei der Ermittlung des Umfangs der Vermögensbetreuungspflicht berücksichtigen. Hier steht ihm indes frei, strengere Anforderungen für eine Strafbarkeit zu stellen, als jene, die das Gesellschaftsrecht zur Begründung einer Pflichtverletzung vorgibt. Mit einem solchen Vorgehen sind in der Regel auch keine Auslegungsprobleme im eigentlichen Sinne verbunden. Probleme in strafbegründender Weise können sich vielmehr ergeben, wenn der Umfang einer Pflichtenstellung bereits im Zivilrecht umstritten ist und wenn der anzulegende Maßstab, wie im Fall des § 93 Abs. 1 S. 1 AktG, seinerseits unbestimmt ist.

Beklagten im Zivilprozess gegenüber der eines Beschuldigten im Strafprozess faktisch egalisiert zu werden drohe, vgl. *dens.*, ZIS 2011, 616 (621) – *Theiles* Argumentation ist nach der hier vertretenen Auffassung lediglich ein Argument für eine restriktive Auslegung des § 266 Abs. 1 StGB durch den Strafrichter, die jedoch ohnehin aufgrund von § 31 Abs. 1 BVerfGG nicht zuletzt seit BVerfGE 126, 170 (200) zwingend ist; in diesem Zusammenhang auch bereits *Lampe*, der § 823 Abs. 2 BGB zumindest im Ausgangspunkt als zivilgesetzgeberisch intendierten Verweis auf das Strafrecht begreift, wodurch ein „Voranschreiten" des Strafrechts unter Berücksichtigung außerstrafrechtlicher Normen im Einzelfall nur legitim erscheint, vgl. *dens.*, GA 1987, 241 (244, 246).

515 Vgl. *Rönnau*, ZStW 119 (2007), 887 (914); zudem besteht nach § 262 Abs. 2 StPO die Möglichkeit für den Strafrichter, eine Frist zur Erhebung einer Zivilklage zu bestimmen bzw. das Urteil eines Zivilgerichts abzuwarten.

516 Dies ergibt sich bereits aus der Akzessorietät zwischen Straf- und Zivilrecht, dazu bereits C.I.1.

Soweit über die Pflichtmäßigkeit einer konkreten Entscheidung noch nicht durch ein Zivilgericht geurteilt wurde, muss das Strafgericht freilich autonom entscheiden, wobei es sich auch hier an den zivilrechtlichen Auffassungen zumindest orientieren und auf dieser Grundlage eine eigene Rechtsauffassung bilden wird.[517] § 262 Abs. 1 StPO gestattet hier die Klärung sämtlicher sich stellender Auslegungsfragen, einschließlich ungelöster zivilrechtlicher Vorfragen, durch den Strafrichter.[518] Auch im Ermittlungsverfahren lässt der Amtsermittlungsgrundsatz oftmals kein Abwarten der Strafverfolgungsbehörden zu, vielmehr haben diese bei einem Anfangsverdacht den Sachverhalt zu erforschen, um über die Erfolgsaussichten einer Anklage entscheiden zu können, § 160 Abs. 1 StPO.[519] In so gelagerten Fällen ist mithin ein strafrechtlicher Eingriff auch insoweit angezeigt, als die Zivilgerichte, beispielsweise mangels Klageerhebung durch einen Geschädigten, untätig bleiben müssen. Dies mag im Einzelfall für den Angeklagten überraschend sein, es ist aber schlichte Konsequenz daraus, dass gegenüber dem zivilprozessualen Beibringungsgrundsatz im Strafverfahren der Amtsermittlungsgrundsatz gilt. Eine grundsätzlich restriktive Handhabung des Untreuetatbestands hat freilich auch dann zu erfolgen.

Andererseits kann bereits ein zivilrechtliches Urteil gesprochen worden sein. So ist der Vorstand einer Aktiengesellschaft womöglich zur Leistung von

---

517 Eine solche Situation ging BGHSt 50, 331 ff. (Mannesmann-Entscheidung) voraus, weil im Vorfeld dieses Urteils durch den 3. Strafsenat keine zivilrechtliche Entscheidung ergangen war, das erkennende Gericht setzte sich zwecks Prüfung der Verletzung einer Vermögensbetreuungspflicht mit § 87 Abs. 1 S. 1 AktG auseinander, vgl. BGHSt 50, 331 (337 f.) – auch wenn die Norm letztlich nicht entscheidungsrelevant war, vgl. *Bosch/Lange*, JZ 2009, 225 (226); kritisch zu dem Vorgehen des 3. Strafsenats *Theile*, ZIS 2011, 616 (620); vgl. zur Mannesmann-Entscheidung C.II.2.a)bb) und C.II.2.b)cc)(1)(a)(dd).

518 Vgl. *Samson*, in: Gesellschaftsrecht in der Diskussion 2004, 2005, S. 109 (112); *Rönnau*, ZStW 119 (2007), 887 (913–915); *ders.*, NStZ 2006, 218 (220); ebenfalls in diesem Sinne *Fischer*, StraFo 2010, 329 (333); differenzierend *Dreher*, AG 2006, 213 (220); a.A. offensichtlich *Tiedemann*, ZIP 2004, 2056 (2056) – wobei nach der hier vertretenen Auffassung eine von *Tiedemann* geforderte Fokussierung der Strafgerichte auf „gesicherte Maßstäbe und Wertungen" des Wirtschaftsrechts einer durch *dens.* abgelehnten selbständigen strafrichterlichen Auslegung des Aktienrechts *per se* nicht entgegensteht; vgl. ebenfalls in diesem Zusammenhang *Kubiciel*, NStZ 2005, 353 (355).

519 Eine umfängliche Sachverhaltsaufklärung findet unter Umständen erst durch die Ermittlungen von Strafverfolgungsbehörden statt, vgl. in diesem Sinne *Lüderssen*, StV 2004, 97 (98); *Rönnau* verweist zudem darauf, dass ein generelles Zuwarten auf die Entscheidungen anderer Gerichtsbarkeiten im Strafverfahren aus zeitökonomischer Sicht schlicht unpraktikabel sein kann, vgl. *dens.*, ZStW 119 (2007), 887 (914).

Schadensersatz an die Gesellschaft nach § 93 Abs. 2 S. 1 in Verbindung mit § 93 Abs. 1 S. 1 AktG aufgrund einer Verletzung seiner Pflichten verurteilt worden oder die Klage wurde abgewiesen. Soweit das Strafgericht in Bezug auf diesen Sachverhalt eine mögliche Verletzung der dem Vorstandsmitglied zukommenden Vermögensbetreuungspflicht gemäß § 266 Abs. 1 StGB zu prüfen hat, stellt sich die Frage, ob es an das zivilrechtliche Urteil gebunden ist.

Grundsätzlich gilt auch hier § 262 Abs. 1 StPO, der dem Strafgericht eine umfassende und eigenständige Anwendung und Auslegung aller anzuwendenden Nomen zugesteht.[520] So kann der Strafrichter im Fall einer erfolgreichen Klage auf Schadensersatz in der Sache durchaus zu einem abweichenden Ergebnis bei der Beurteilung einer Pflichtverletzung auf strafrechtlicher Ebene kommen. Sei dies, weil er bereits den zugrundeliegenden Sorgfaltsmaßstab nach dem Aktiengesetz, anders als das erkennende Zivilgericht, für nicht verletzt hält oder, weil er zwar aus zivilrechtlicher Sicht zu dem gleichen Ergebnis gekommen wäre, jedoch die strafrechtliche Erheblichkeitsschwelle einer Pflichtverletzung nach § 266 Abs. 1 StGB für nicht erreicht hält.

Wurde die zivilrechtliche Klage dagegen abgewiesen, weil das erkennende Zivilgericht keinen Verstoß gegen Pflichten aus dem Aktiengesetz feststellen konnte, so bindet dies das Strafgericht ebenfalls nicht absolut. Jedoch wird es hier wohl nur im Ausnahmefall bei seiner Prüfung zu einer Untreuestrafbarkeit kommen. Dies gebietet zum einen die Einheit der Rechtsordnung, die den Sachverhalt bereits in zivilrechtlicher Weise als nicht rechtswidrig erachtet hat, und zum anderen der Grundsatz der Akzessorietät zwischen Straf- und Zivilrecht.[521]

Eine strafrechtliche Sanktion wäre schließlich in letzterem Szenario auch aus rechtssoziologischer Sicht abzulehnen. Einer „Stabilisierung" von Erwartungen in Bezug auf die Lösung sozialer Konflikte liefe es gerade entgegen, wenn das betroffene Vorstandsmitglied sich einerseits im Rahmen eines Zivilprozesses durch die Abweisung der gegen ihn gerichteten Klage rehabilitiert zu haben glaubt, er dann jedoch aufgrund der gleichen Handlung nach § 266 Abs. 1 StGB strafbar sein soll. Dies würde das Vertrauen in die Rechtsordnung erschüttern und so

520 Vgl. *Meyer-Goßner*, in: Meyer-Goßner/Schmitt, StPO, § 262 Rn. 1 f.; *Samson*, in: Gesellschaftsrecht in der Diskussion 2004, 2005, S. 109 (112); *Rönnau*, ZStW 119 (2007), 887 (913–915); ebenfalls *Vogel/Hocke*, die darauf verweisen, dass der strafrechtliche *in dubio pro reo*-Grundsatz sich nicht auf Rechtsfragen beziehe, vgl. *dies.*, JZ 2006, 568 (569).

521 Vgl. auch bereits C.I.1.

einer gesellschaftlichen Akzeptanz des Rechts insgesamt zuwiderlaufen.[522] Strafrechtliche Sanktion ist als *ultima ratio* des Staates nur bei einer erheblichen Verletzung zivilrechtlich manifestierten Erwartungen angezeigt.

Ein auf die „Überholung" des Zivilrechts oder öffentlichen Rechts *per intentionem* angelegtes Strafrecht begegnet damit tiefgreifenden Bedenken.[523] Es verspricht keinen effektiveren Rechtsgüterschutz, der indes (noch) als alleiniger Zweck des Strafrechts gesehen werden muss.[524] Damit ist am Subsidiaritätsgrundsatz festzuhalten und strafrechtliche Sanktion auf das notwendige Minimum zu beschränken. Der angesprochene Ansatz zur generellen Umstellung des Wirtschaftsstrafrechts hin zu einem System, das primär den Verstoß von Handlungspflichten sanktioniert, wird durch die Strafrechtswissenschaft weiter bearbeitet werden.[525] Derzeit bildet ein solcher Ansatz jedoch kein hinreichend konkretes Konzept, um auf dieser Grundlage ein Abweichen vom Subsidiaritätsprinzip rechtfertigen zu können. Die Lösung von gesellschaftsinternen Konflikten bleibt damit primär den außerstrafrechtlichen Rechtsgebieten – hier dem Aktienrecht – zugeordnet, während das Strafrecht lediglich nachrangig hinzu gezogenen werden sollte.[526]

(5) Zwischenergebnis

Damit ist am Subsidiaritätsprinzip vollumfänglich festzuhalten und eine restriktive Handhabung des Strafrechts auch im wirtschaftsnahen Bereich zu befürworten. Dafür spricht die dargestellte Ineffektivität eines auf die „Überholung" des Zivilrechts angelegten Strafrechts. Soweit die Zivilgerichte bezüglich eines wirtschaftlichen Entscheidungsvorgangs kein Urteil hinsichtlich der Pflichtwidrigkeit der Handlung gesprochen haben, kann es ungeachtet der Regelung des

522 Zu der Stabilisierungswirkung der Akzeptanz von Rechtsnormen vgl. bereits Fn. 507, 509.

523 In diesem Sinne auch *Theile*, ZIS 2011, 616 (619–623).

524 Vgl. nur *Wessels/Beulke/Satzger*, Strafrecht AT, Rn. 6 sowie oben bereits C.II.2.b) aa).

525 Es wird vor allem die Frage zu klären sein, ob der Zweck einer Handlungspflichtensanktion in dem Straftatbestand originär angelegt sein muss oder solche Normzwecke nachträglich festgelegt werden können; eine entsprechende Systemumstellung könnte nicht allein durch die Rechtsprechung vollzogen werden, sondern würde umfassendes gesetzgeberisches Tätigwerden erfordern; der Gesetzgeber müsste angesichts der Strafsanktion eine Unterscheidung zum Zivilrecht gewährleisten und Art. 103 Abs. 2 GG berücksichtigen.

526 So auch *Spindler*, in: Die Finanzkrise, das Wirtschaftsstrafrecht und die Moral, 2010, S. 71 (95 f.).

§ 262 Abs. 1 StPO zumindest problematisch sein, wenn Strafgerichte diese Beurteilung in Abweichung zivilgerichtlicher Tendenzen inzident übernehmen.

bb) Auswirkungen auf die Pflichtverletzung als zentrales Merkmal des Untreuetatbestands

Die dargestellte Problematik eines „überholenden Strafrechts“ zeigt sich besonders eklatant im Rahmen der Handhabung des Untreuetatbestands.[527] Dies liegt insbesondere an seiner gravierenden Unbestimmtheit, die eine variable Anwendung der Norm zulässt.[528]

Zwar hat das Bundesverfassungsgericht in seinem Beschluss vom 23. Juni 2010[529] keine Zweifel an der Verfassungsmäßigkeit des § 266 StGB gelassen, jedoch kann die Tatsache der Unbestimmtheit der Norm und der daraus resultierenden Unwägbarkeiten deshalb nicht als hinfällig erachtet werden.

Die Unbestimmtheit der Norm ist auf ihre Armut an Tatbestandsmerkmalen zurückzuführen.[530] Betrachtet man den Oberfall des Treubruchstatbestands, so setzt dieser objektiv allein das Vorliegen einer Vermögensbetreuungspflicht, die Verletzung dieser Pflicht und einen dadurch verursachten Vermögensnachteil voraus. Subjektiv ist vorsätzliches Handeln des Vermögensbetreuungspflichtigen erforderlich.[531] In der wirtschaftsstrafrechtlichen Praxis erscheinen diese Voraussetzungen oft allzu leicht erreicht. *Samson* führt überzeugend aus, dass

---

527 *Feddersen*, in: FS Laufs, 2006, S. 1169 (1171 f., 1185–1188); *Theile*, ZIS 2011, 616 (619).

528 Vgl. zur Unbestimmtheit des § 266 StGB besonders anschaulich *Saliger*, in: Satzger/Schluckebier/Widmaier, StGB, § 266 Rn. 4; relativierend insofern *Schünemann* unter Verweis auf § 263 StGB, der keineswegs eine größere Bestimmtheit als der Untreuetatbestand aufweise, jedoch keiner vergleichbaren Kritik ausgesetzt sei, vgl. *dens.*, NStZ 2005, 473 (474); andererseits stellte *Schünemann*, in: LK StGB (11. Aufl. 2005), § 266 Rn. 1 (Stand: 1.5.1998) noch fest, der Untreuetatbestand sei „das dunkelste und verworrenste Kapitel des Besonderen Teils“, vgl. dazu und zu der diesbezüglichen Relativierung *dess.* in der aktuellen 12. Auflage der Kommentierung bereits Fn. 5, auf diesen Widerspruch verwies in der Vorauflage zu seiner aktuellen Kommentierung auch noch *Dierlamm*, vgl. *dens.*, in: MK StGB (1. Aufl. 2006), § 266 Rn. 3.

529 BVerfGE 126, 170 ff.

530 Dazu *Samson*, in: Gesellschaftsrecht in der Diskussion 2004, 2005, S. 109 (111); ebenfalls in diesem Sinne *Ransiek*, ZStW 116 (2004), 634 (646); *Saliger*, ZStW 112 (2000), 563 (563); ebenfalls *Theile*, ZIS 2011, 616 (624); *Kiethe* verweist darauf, dass § 266 StGB „auf eine nähere Beschreibung der Tathandlung verzichtet“, vgl. *dens.*, NStZ 2005, 529 (530).

531 Dazu auch bereits oben B.II.1.

die Voraussetzung eines Vermögensnachteils typischerweise in den Fällen negativ verlaufener unternehmerischer Entscheidungen vorliege.[532] Auch das Vorsatzerfordernis bilde im Falle des – für eine Untreuestrafbarkeit ausreichenden – dolus eventualis keine hohe Hürde.[533] Da einem leitenden Gesellschaftsorgan in aller Regel eine Pflicht zur Betreuung des Gesellschaftsvermögens zukomme, beschränke sich die Prüfung der Treubruchsuntreue dann faktisch auf jene einer Vermögensbetreuungspflichtverletzung.[534] Dies macht die Relevanz des Tatbestandsmerkmals deutlich. Zugleich erscheint das Merkmal jedoch äußerst schwer „greifbar" zu sein und zumeist eine Einzelfallauslegung zu erfordern. Es leuchtet ohne weiteres ein, dass dies dem Erfordernis der Schaffung von Rechtssicherheit diametral entgegensteht, was – ungeachtet des oben genannten Bundesverfassungsgerichtsbeschlusses – zumindest Zweifel an der Einhaltung des Art. 103 Abs. 2 GG angezeigt sein lässt. Eine restriktive Auslegungsweise des Merkmals Pflichtverletzung ist vor diesem Hintergrund zwingend.[535]

Saliger macht in diesem Zusammenhang sehr anschaulich darauf aufmerksam, dass es der Vermögensbetreuungspflicht zumeist schon an einem konkreten Umfang mangele, so dass allein von dem finalen Vorliegen eines Vermögensschadens auf ein pflichtwidriges Entscheidungshandeln im Vorfeld rückgeschlossen werde.[536] Dies beschreibt bereits im Ansatz die Probleme bei der Handhabung des Tatbestandsmerkmals der Vermögensbetreuungspflicht und der Bestimmung ihres Umfangs.

(1) Grundsatz: Berücksichtigung eines weiten Beurteilungsspielraums bei unternehmerischen Entscheidungen

Bei der Beurteilung (riskanter) unternehmerischer Entscheidungen ist grundsätzlich ein weiter Handlungs- und Beurteilungsspielraum zugunsten des

---

532 *Samson*, in: Gesellschaftsrecht in der Diskussion 2004, 2005, S. 109 (112); ähnlich auch bezogen auf Risikogeschäfte *Saliger*, in: Satzger/Schluckebier/Widmaier, StGB, § 266 Rn. 8.

533 *Samson*, in: Gesellschaftsrecht in der Diskussion 2004, 2005, S. 109 (112 f.).

534 *Samson*, in: Gesellschaftsrecht in der Diskussion 2004, 2005, S. 109 (113); diese Tathandlung erhält nach *Rönnau* im Treubruchstatbestand lediglich „(…) eine äußerst blasse, konturenlose Beschreibung (…)", vgl. *dens.*, ZStW 119 (2007), 887 (903).

535 Vgl. BVerfGE 126, 170 (200, 211, 213, 215); *Dierlamm* sieht „die Beschränkung der strafrechtlichen Pflichtwidrigkeit auf einen Kernbereich möglicher Rechtsverletzungen" schlicht als „Konsequenz der asymmetrischen Akzessorietät", vgl. *dens.*, in: MK StGB, § 266 Rn. 176.

536 *Saliger*, ZStW 112 (2000), 563 (610 f.); *ders.*, in: Satzger/Schluckebier/Widmaier, StGB, § 266 Rn. 8; dazu sogleich C.II.2.b)bb)(2).

entscheidenden Vorstandsmitglieds zu berücksichtigen.[537] Dies beruht auf der Tatsache, dass erfolgreiches unternehmerisches Handeln in der Regel das Eingehen gewisser Risiken verlangt.[538]

Allein durch den Verweis auf die notwendige Zubilligung eines weiten Beurteilungs- und Ermessensspielraums ist allerdings noch nichts an tatbestandlicher Klarheit gewonnen. Vielmehr entspricht diese Erkenntnis schlicht der allgemeinen Forderung nach Restriktion, während über die Art und Weise der Vornahme und das Ausmaß der vorzunehmenden Restriktion damit noch nichts gesagt ist.

(2) Vermeidung einer „Tatbestandsverschleifung“[539]

Die erhebliche Unsicherheit in Bezug auf die inhaltlichen Anforderungen an das Tatbestandsmerkmal einer Pflichtverletzung gemäß § 266 Abs. 1 StGB führt in der Praxis zu einem problematischen Phänomen. Bei der Subsumtion unter den Untreuetatbestand findet eine Konzentration auf das, ob seiner objektiven Nachprüfbarkeit, „greifbarere“ Tatbestandsmerkmal des Vermögensschadens statt.[540] Soweit dieses Tatbestandsmerkmal als erfüllt angesehen wird, schließen viele Rechtsanwender zumindest implizit auf das Vorliegen des, an sich vorgelagerten, Tatbestandsmerkmals der Pflichtverletzung rück. In der Sache wird damit eine Differenzierung zwischen Tathandlung und Taterfolg schlicht unterlassen.[541] Ein solches Vorgehen birgt jedoch die erhebliche Gefahr einer

537 Vgl. nur BGHSt 47, 187 (192); BGH NJW 2006, 453 (454 f.); BGHSt 50, 331 (336, 338) – jeweils unter Verweis auf BGHZ 135, 244 (253).

538 Die Berücksichtigung dieses Aspekts findet sich auch in den Gesetzgebungsmaterialien zum UMAG, vgl. BegrRegE UMAG, BT-Drucks. 15/5092, S. 11 f.

539 Der Begriff der „Tatbestandsverschleifung“ in dieser Arbeit geht zurück auf *Saliger*, ZStW 112 (2000), 563 (569 f.).

540 Ursache dieses Vorgehens ist mit *Saliger* also ein „Strukturproblem des Untreuetatbestandes“, vgl. *dens.*, ZStW 112 (2000), 563 (569); eine zumindest nicht klar getrennte Prüfung von Pflichtverletzung und Schaden in BGHSt 50, 331 ff. moniert *Hohn*, wistra 2006, 161 (162); ebenso *ders.*, in: FS Samson, 2010, S. 315 (319, Fußnote 23).

541 Zentral hierzu *Saliger*, ZStW 112 (2000), 563 (568–571, 610 f.); *ders.*, HRRS 2006, 10 (14); *ders.*, in: Satzger/Schluckebier/Widmaier, StGB, § 266 Rn. 8; *ders.*, in: FS Samson, 2010, S. 455 (463 f.); ebenfalls *Dierlamm*, in: MK StGB, § 266 Rn. 14; *Matt*, NJW 2005, 389 (390); *Keller/Sauer*, wistra 2002, 365 (366 f.); *P.-A. Albrecht*, in: FS Hamm, 2008, S. 1 (3); kritisch bezüglich eines Rückschlusses von der Existenz eines Vermögensschadens auf eine den § 266 Abs. 1 StGB erfüllende Tathandlung ebenso BVerfGE 126, 170 (211); zugunsten einer klaren Differenzierung zwischen den Tatbestandsmerkmalen desweiteren *Brüning/Samson*, ZIP 2009, 1089 (1091); *Hohn*, wistra 2006, 161 (162 m.w.N.); *Schünemann*, NStZ 2006, 196 (198); ebenfalls

willkürlichen oder gar missbräuchlichen Normanwendung.[542] Soweit nicht jedes einzelne Merkmal eines gesetzlichen Straftatbestands erfüllt ist, darf mit Blick auf Art. 103 Abs. 2 GG nicht gestraft werden. Gerade das Strafrecht als „schärfstes Schwert“[543] innerhalb der Rechtsordung des Staats verlangt dabei nach einer sorgfältigen Subsumtion. Nur diese gewährleistet eine rechtmäßige Normanwendung. Eine Herabsetzung des Prüfungssorgfaltsmaßstabs in der Weise, dass von dem Vorliegen eines Tatbestandsmerkmals auf die Erfüllung eines anderen Merkmals ohne eine gesondert inhaltliche Prüfung „rückgeschlossen“ wird, darf vor diesem Hintergrund nicht stattfinden. Wenn jedoch eine Erleichterung der Prüfung einer Pflichtverletzung im Sinne des Untreuetatbestands nicht über eine Orientierung an dem faktisch *per* Vermögenssaldierung festzustellenden Vermögensschaden erfolgen darf, ist nach anderen „Konkretisierungslösungen“ zu suchen.

cc) Restriktionsbemühungen

Die grundsätzliche Notwendigkeit einer restriktiven Handhabung des Untreuetatbestands wird vor dem dargestellten Hintergrund weitgehend anerkannt.[544]

---

unter Verweis auf den Unterschied zum Zivilrecht, in dem es gerade zulässig sei, von einem vorsätzlich zugeführten Schaden auf die Pflichtwidrigkeit zu schließen, *ders.*, NStZ 2005, 473 (474, 476); *Tiedemann*, in: FS U. Weber, 2004, S. 319 (327); anders dagegen *Ransiek*, der an einer „Verschleifung prinzipiell nichts Problematisches“ erkennt, solange der Umfang der inhaltlichen Verquickungen zwischen den einzelnen Merkmalen bei der Prüfung des Tatbestands hervorgehoben würde, vgl. *dens.*, ZStW 116 (2004), 634 (647) – was sich nach der hier vertretenen Auffassung selbst bei inhaltlicher Zustimmung zu diesem Vorbringen als unpraktikabel erweisen dürfte, weil der Rückschluss von dem einen auf das andere Tatbestandsmerkmal gerade erfolgt, um eine detaillierte Auseinandersetzung mit jedem einzelnen Merkmal zu vermeiden; differenzierend *Bräunig*, der eine „Verschleifung“ der Tatbestandsmerkmale Pflichtverletzung und Vermögensschaden zumindest dann für unvermeidbar hält, wenn zur Beurteilung des Vorliegens einer Pflichtverletzung eine mit der unternehmerischen Entscheidung verbundene abstrakte Gewinnerwartung zu prüfen ist, was allein anhand einer, eigentlich erst auf Schadensebene vorzunehmenden, Saldierung geschehen könne, vgl. *dens.*, Untreue in der Wirtschaft, 2011, S. 147, 153 f., 187; differenzierend *Bittmann*, wistra 2013, 1 (1–3).

542 In diesem Sinne *Saliger*, ZStW 112 (2000), 563 (613).

543 Zur Bezeichnung des Strafrechts als „schärfstes Schwert“ vgl. nur *Kubiciel*, ZIS 2010, 742 (742).

544 Vgl. bereits RGSt 69, 58 (61 f.); *Saliger*, in: Satzger/Schluckebier/Widmaier, StGB, § 266 Rn. 4; *ders.*, ZStW 112 (2000), 563 (563); *ders.*, HRRS 2006, 10 (17); *Deiters*, ZIS 2006, 152 (159); *Kiethe*, NStZ 2005, 529 (530); *Ransiek*, ZStW 116 (2004),

Eine restriktive Auslegung des § 266 Abs. 1 StGB ist gemäß § 31 Abs. 1 BVerfGG durch die Rechtsprechung des Bundesverfassungsgerichts zum Untreuetatbestand auch zwingend geboten.[545] Sie erscheint auch das einzige Mittel gegen die in § 266 Abs. 1 StGB angelegten Unsicherheiten zu sein.[546] Eine verbindliche

---

634 (642); *Sax*, JZ 1977, 663 (663); *P.-A. Albrecht* unter Verweis auf die Tätigkeit *Rainer Hamms*, welche auf die Förderung einer Restriktion des Untreuetatbestands gerichtet gewesen sei, vgl. *P.-A. Albrecht*, in: FS Hamm, 2008, S. 1 (1); *Dittrich*, Die Untreuestrafbarkeit von Aufsichtsratsmitgliedern bei der Festsetzung überhöhter Vorstandsvergütungen, 2007, S. 30; kritisch gegenüber einer derzeitig extensiven Anwendung des Untreuetatbestands vor diesem Hintergrund, *Matt*, NJW 2005, 389 (390); vor dem Hintergrund der Unbestimmtheit des § 266 Abs. 1 StGB auf ein aus der Rechtsprechung des Bundesverfassungsgerichts folgendes „Konkretisierungsgebot" an die Judikatur, das eine restriktive Auslegung angezeigt sein lasse, verweisend *Dierlamm*, in: MK StGB, § 266 Rn. 4 – inhaltlich in die gleiche Richtung geht *ders.*, wenn er feststellt, dass der Verstoß gegen das als zivilrechtliche Nebenpflicht bestehende allgemeine Schädigungsverbot für sich gesehen noch keine Pflichtverletzung gemäß § 266 Abs. 1 StGB begründe, vgl. *dens.*, in: MK StGB, § 266 Rn. 189 sowie außerdem Rn. 14, 173 f.; das Restriktionserfordernis gilt aufgrund des Bestimmtheitsgrundsatzes aus Art. 103 Abs. 2 GG insbesondere dort, wo die Pflichtverletzung nach § 266 Abs. 1 StGB unter Einfuss außerstrafrechtlicher Generalklauseln bzw. generalklauselartiger Rechtsbegriffe bestimmt wird, vgl. BVerfGE 126, 170 (205); 92, 1 (16); *Tiedemann*, Wirtschaftsstrafrecht AT, Rn. 172 f., 220, 227; *ders.*, in: FS Tröndle, 1989, S. 319 (328); *ders.*, in: FS Lackner, 1987, S. 737 (746 f.); so kann im Einzelfall allein der „Kernbereich einer Generalklausel" hinreichend bestimmt sein, um vom Strafrichter berücksichtigt zu werden, vgl. *Rönnau*, ZStW 119 (2007), 887 (816); letztlich ist strafrechtliche Restriktion auch das Ergebnis eines durch Straf- und Zivilrecht in unterschiedlichem Maße und unterschiedlicher Funktion gewährleisteten Vermögensschutzes, dazu *Kutzner*, NJW 2006, 3541 (3543); andererseits befürworten Teile der Lehre im Rahmen des § 266 Abs.1 StGB gerade einen gegenüber der Betrugsdogmatik erweiterten Schadensbegriff, vgl. *Otto*, JZ 1985, 69 (74); *ders.*, Grundkurs Strafrecht, § 54 Rn. 33, 35.

545 Vgl. BVerfGE 126, 170 (200, 211, 213, 215).

546 In diesem Sinne *Ransiek*, ZStW 116 (2004), 634 (640, 646); ungeachtet der tatbestandlichen Unbestimmtheit für „praktisch unverzichtbar" hält den Untreuetatbestand *Seier*, in: Achenbach/Ransiek, Handbuch Wirtschaftsstrafrecht, 5. Teil, 2. Kapitel Rn. 20; ähnlich zuvor bereits die verfassungsgerichtliche Rechtsprechung, welche sich auf die Unterschiedlichkeit der Konstellationen bezog, die notwendigerweise von § 266 Abs. 1 StGB erfasst werden sollen, vgl. BVerfGE 28, 175 (183); 4, 352 (358); gleichzeitig jedoch für nicht geeignet „zur Lösung von spezifischen Ordnungsproblemen des Zivilrechts und des öffentlichen Rechts" hält den § 266 StGB dagegen zu Recht *Saliger*, ZStW 112 (2000), 563 (564).

Vorgabe, wie diese restriktive Auslegung in der Praxis konkret umzusetzen ist, macht das Bundesverfassungsgericht jedoch nicht.[547] Durch den alleinigen Verweis auf die Entscheidungserheblichkeit der „Umstände des Einzelfalls" lässt sich eine Erhöhung der Rechtssicherheit nicht erzielen.[548] Die vertretenen Restriktionsansätze beziehen sich auf verschiedene Teile des Tatbestands von § 266 Abs. 1 StGB. Die wohl am intensivsten diskutierten Vorschläge richten sich unmittelbar auf das Merkmal der Vermögensbetreuungspflichtverletzung und damit auf das zentrale Merkmal des objektiven Tatbestands von § 266 Abs. 1 StGB,[549] vgl. dazu (1). Im Anschluss soll unter (2) auf Vorschläge eingegangen werden, die durch erhöhte subjektiven Anforderungen zu einer Tatbestandsrestriktion beitragen wollen.

(1) Gesteigerte Anforderungen an die Pflichtverletzung

Um eine Restriktion des Untreuetatbestands zu erreichen, lässt sich zunächst am Tatbestandsmerkmal der Vermögensbetreuungspflichtverletzung ansetzen. Es werden verschiedene Ansätze vertreten, durch die das unbestimmte Merkmal der Pflichtverletzung im Sinne des § 266 Abs. 1 StGB an Kontur gewinnen soll.

Zudem wird beabsichtigt, durch eine restriktive Handhabung des Merkmals der Pflichtverletzung auf strafrechtlicher Ebene zu verhindern, dass solche Handlungen durch die Untreue sanktionierbar werden, die der Sache nach lediglich die Begründung einer zivilrechtlichen Schadensersatzpflicht rechtfertigen.[550]

(a) Erfordernis einer „gravierenden" Pflichtverletzung

Zunächst soll auf den Restriktionsansatz des Erfordernisses einer „gravierenden" Pflichtverletzung eingegangen werden.[551] Über den Wortlaut des § 266 Abs. 1 StGB hinaus wird in diesem Zusammenhang vertreten, dass nur solche Pflichtverletzungen zu einer Verwirklichung des Untreuetatbestands führen können, die als besonders schwere Pflichtverstöße (gegen außerstrafrechtliche

---

547 Dazu sogleich unter C.II.2.b)cc)(1)(a)(ee) und C.II.2.b)cc)(1)(a)(ff).

548 So unter allgemeiner Kritik an der Kodifizierung von Unternehmensaufsichtspflichten durch Generalklauseln *Bock*, wistra 2011, 201 (202).

549 *U. Weber* will dagegen eine Restriktion des § 266 Abs. 1 StGB durch eine zurückhaltendere Annahme der Vermögensbetreuungspflicht selbst und eine damit einhergehende Begrenzung des Kreises tauglicher Täter erreichen, vgl. *dens.*, in: FS Dreher, 1977, S. 555 (566 f.).

550 In diesem Sinne *Krekeler/Werner*, Unternehmer und Strafrecht, Rn. 1090.

551 Dazu insgesamt *Böttger/Brockhaus*, in: Wirtschaftsstrafrecht in der Praxis, Kapitel 3 Rn. 39 f.; vgl. auch *Dierlamm*, StraFo 2005, 397 (402 f.); *Wollburg*, ZIP 2004, 646 (656 f.).

Normen) zu bewerten sind. Der Vorschlag einer scheinbaren Erweiterung des Untreuetatbestands um eine Pflichtverletzung, die speziell „gravierend" sein muss, soll anhand der einschlägigen Rechtsprechung des Bundesgerichtshofs, dazu (aa)-(dd), und des Bundesverfassungsgerichts, (ee), nachvollzogen werden, um schließlich zu einer Bewertung zu gelangen, (ff).

(aa) BGHSt 47, 148 ff. (Zweite Kreditvergabe-Entscheidung)

Zugunsten des Merkmals einer „gravierenden" Pflichtverletzung wird in Literatur und Rechtsprechung auf die Entscheidung BGHSt 47, 148 ff. (Zweite Kreditvergabe-Entscheidung[552]) rekurriert.[553] Dieser Revisionsentscheidung des 1. Strafsenats des Bundesgerichtshofs vom 15. November 2001 liegt ein Urteil des Landgerichts Mannheim zugrunde.

(i) Sachverhalt

Führende Angestellte einer Sparkasse waren vor dem Landgericht Mannheim wegen Untreue in mehreren Fällen zunächst angeklagt und später freigesprochen worden. Der Untreuevorwurf richtete sich auf die Vergabe verschiedener Kedite und Folgekredite. Die Freisprüche griff die Staatsanwaltschaft mit dem Rechtsmittel der Revision an.[554]

Der 1. Strafsenat des Bundesgerichtshofs hatte nun die Frage zu klären, ob die Angeklagten vor der Vergabe der später ausgefallenen Kredite ihre Prüfungs- und Informationspflichten bezüglich der Vermögensverhältnisse der Kreditnehmer verletzt hatten. Hierbei machte er auch Ausführungen zum Tatbestandsmerkmal der Pflichtverletzung gemäß § 266 Abs. 1 StGB.

---

552 Die Bezeichnung als „Zweite Kreditvergabe-Entscheidung" leitet sich von der so genannten „Ersten Kreditvergabe-Entscheidung" in BGHSt 46, 30 ff. ab. In dieser Entscheidung des 1. Strafsenats vom 6. April 2000 ging es ebenfalls um die Frage nach einer Untreuestrafbarkeit durch die Vergabe eines später ausgefallenen Kredits, vgl. dazu *Knauer*, NStZ 2002, 399 (399 f.); die in diesem Zusammenhang begonnene Judikatur zu einer untreuerelevanten Pflichtverletzung durch die pflichtwidrige Vergabe von Krediten wurde im darauf folgenden Jahr in der hier vorgestellten Entscheidung durch den selben Senat ausdrücklich fortgeführt und präzisiert, so dass sich die Ausführungen im Folgenden auf BGHSt 47, 148 ff. konzentrieren sollen.

553 Vgl. nur BVerfGE 126, 170 (211); *Saliger*, in: Satzger/Schluckebier/Widmaier, StGB, § 266 Rn. 40.

554 BGHSt 47, 148 (148 f.).

(ii) In diesem Zusammenhang maßgebliche Entscheidungsgründe

Der 1. Strafsenat führt aus, dass „für die Pflichtverletzung im Sinne des § 266 StGB" entscheidend sei, „ob die Entscheidungsträger bei der Kreditvergabe ihre bankübliche Informations- und Prüfungspflicht bezüglich der wirtschaftlichen Verhältnisse des Kreditnehmers ‚gravierend' verletzt haben."[555]

(bb) BGHSt 47, 187 ff. (SSV Reutlingen-Entscheidung)

Am 6. Dezember 2001 urteilte der 1. Strafsenat des Bundesgerichtshofs dann im Fall SSV Reutlingen. Dieses Urteil war gleich in zweierlei Hinsicht beachtlich. Einerseits führte der erkennende Senat seine Rechtsprechung zum Merkmal der „gravierenden" Pflichtverletzung fort, andererseits führte er zur Bestimmung der Pflichtverletzung im Sinne von § 266 Abs. 1 StGB einen Indizienkatalog an.[556]

(i) Sachverhalt

Der Sachverhalt zur SSV Reutlingen-Entscheidung wurde an obiger Stelle bereits vorgestellt. Auf die Darstellung wird verwiesen.[557]

(ii) In diesem Zusammenhang maßgebliche Entscheidungsgründe

In seiner Entscheidung führt der 1. Strafsenat des Bundesgerichtshofs aus, dass für das Vorliegen einer Pflichtverletzung gemäß § 266 Abs. 1 StGB „nicht jede gesellschaftsrechtliche Pflichtverletzung" genüge. Diese müsse „vielmehr gravierend sein."[558] Zur Prüfung der Verwirklichung dieses Kriteriums verweist das Gericht auf eine „Gesamtschau insbesondere der gesellschaftsrechtlichen Kriterien."[559]

---

555 BGHSt 47, 148 (150) – es ging dabei um die Frage einer Untreuestrafbarkeit nach § 266 Abs. 1 1. Alt. StGB, die Ausführungen betreffen jedoch die Prüfung des Vorliegens einer Vermögensbetreuungspflichtverletzung und sind so nach der herrschenden monistischen Theorie ebenso für die Alternative des Treubruchstatbestands relevant, dazu bereits B.II.1, B.II.2.b); vgl. ebenfalls in diesem Zusammenhang BGHSt 47, 148 (152 f.).

556 Vgl. *Große Vorholt*, Wirtschaftsstrafrecht, Rn. 490; zu letzterem Aspekt vgl. auch C.II.2.a)cc) und C.II.2.b)cc)(1)(a)(hh)(i) sowie die jeweile Kritik an diesen Ansätzen.

557 Vgl. C.II.2.a)cc)(1)(a)(aa) und BGHSt 47, 187 (188–191).

558 BGHSt 47, 187 (197); auch hier prüfte der 1. Strafsenat den Missbrauchstatbestand, was jedoch an der Erheblichkeit der gerichtlichen Ausführungen für den Treubruchstatbestand nichts ändert, weil dieser eine identische Vermögensbetreuungspflicht und eine Verletzung dieser Pflicht voraussetzt, vgl. bereits B.II.1.

559 BGHSt 47, 187 (197); zu den Kriterien siehe C.II.2.a)cc)(1)(a)(bb).

(cc) *Abkehr von dem Erfordernis einer „gravierenden" Pflichtverletzung in BGH NJW 2006, 453 ff. (Kinowelt-Entscheidung)?*

Einen weiteren Schritt in der Judikatur zum Merkmal der „gravierenden" Pflichtverletzung markiert die Kinowelt-Entscheidung des 1. Strafsenats vom 22. November 2005. Das Urteil wurde von Teilen des Schrifttums als Relativierung des Merkmals der „gravierenden" Pflichtverletzung verstanden.[560]

(i) Sachverhalt

Der Angeklagte war Vorstand der Kinowelt Medien AG. Diese wurde im Jahr 2001 zur Holding der Kinowelt-Gruppe mit über 60 Untergesellschaften. Die Kinowelt Medien AG handelte schwerpunktmäßig mit den Verwertungsrechten für Filme und unterhielt zunehmend auch eigene „Multiplex-Kinos". Der Angeklagte hielt neben seiner Tätigkeit als Vorstand privat Beteiligungen an einigen Gesellschaften, die er später an die Kinowelt-Gruppe zu veräußern plante. Der Angeklagte leistete im Januar und November 2001 jeweils in mehreren Fällen Geldtransfers aus dem Vermögen der Kinowelt-Gruppe an seine privaten Gesellschaften oder mit diesen in Geschäftskontakten befindliche Partner. Auch unmittelbare Zahlungen auf private Konten des Angeklagten wurden vorgenommen. Ab Mitte 2001 hatte die Kinowelt Medien AG akute finanzielle Schwierigkeiten und war schließlich 2002 insolvent. Das Landgericht München I verurteilte den Angeklagten daraufhin unter anderem wegen Untreue in mehreren Fällen. Von den Vorwürfen der Untreue in weiteren Fällen wurde er jedoch freigesprochen. Sowohl der Angeklagte als auch die Staatsanwaltschaft hatten daraufhin das Rechtsmittel der Revision eingelegt, die durch das hier angeführte Urteil verworfen wurden.[561]

(ii) In diesem Zusammenhang maßgebliche Entscheidungsgründe

Im Rahmen der Prüfung einer Vermögensbetreuungspflichtverletzung nach § 266 Abs. 1 StGB macht der erkennende 1. Strafsenat zunächst Ausführungen zu dem Pflichtenumfang eines Vorstandsmitglieds in einer Aktiengesellschaft. Dieser werde maßgeblich durch §§ 76, 82 und 93 AktG vorgegeben.[562] Dem Vorstand komme bei seinen Entscheidungen grundsätzlich ein weiter

560 Vgl. nur *Theile*, ZIS 2011, 616 (617); kritisch insofern *Schünemann*, NStZ 2006, 196 (197 f.).

561 Zum Sachverhalt vgl. BGH NJW 2006, 453 (453).

562 BGH NJW 2006, 453 (454).

Ermessensspielraum zu.[563] Das Vorliegen einer Vermögensbetreuungspflichtverletzung gemäß § 266 Abs. 1 StGB umschreibt das Gericht nun positiv:

Eine solche sei gegeben, wenn die weiten „Grenzen unternehmerischer Entscheidungsfreiheit überschritten und (...) damit eine Hauptpflicht gegenüber dem zu betreuenden Unternehmen verletzt" werde.[564] Denn dies führe zu einer „Verletzung gesellschaftsrechtlicher Pflichten (...), die so gravierend" sei, „dass sie zugleich eine Pflichtwidrigkeit" nach § 266 Abs. 1 StGB konstituiere.[565]

(dd) Aufgabe des Erfordernisses einer „gravierenden" Pflichtverletzung in BGHSt 50, 331 ff. (Mannesmann-Entscheidung)?

Das Mannesmann-Verfahren hat große Beachtung in der Öffentlichkeit gefunden. Dies bezieht sich zum einen auf die allgemeine mediale Wahrnehmung,[566] zum anderen aber auch auf das juristische Schrifttum.[567] Die juristische

---

563 BGH NJW 2006, 453 (454 f.) unter Rekurs auf BGHZ 135, 244 (253), vgl. zu dem Einfluss des Urteils auf die Einführung des § 93 Abs. 1 S. 2 AktG bereits B.I.2.b) und zu den Unterschieden zwischen Urteil und Norm C.II.1.a)aa)(2), vgl. in diesem Zusammenhang auch bereits die vergleichenden Ausführungen des II. Zivilsenats zur Haftung von Vorstand und Aufsichtsrat einer Aktiengesellschaft in BGHZ 134, 392 (398 f.); zuvor ebenfalls BGHZ 69, 207 (213) zugunsten eines weiten Beurteilungsmaßstabs eines Verwaltungsratsmitglieds unter entsprechender Heranziehung der §§ 116, 93 AktG.

564 BGH NJW 2006, 453 (454 f.).

565 BGH NJW 2006, 453 (454 f.).

566 Vgl. nur die Artikel „Ackermann unter Beschuss" vom 21. Dezember 2005 unter http://www.spiegel.de/wirtschaft/nach-bgh-urteil-ackermann-unter-beschuss-a-391668.html (zuletzt abgerufen am 22. Oktober 2014); „Es kann nun keinen faulen Frieden mehr geben" vom 21. Dezember 2005 unter http://www.spiegel.de/wirtschaft/strafrechtler-schuenemann-zu-mannesmann-prozess-es-kann-nun-keinen-faulen-frieden-mehr-geben-a-391689.html (zuletzt abgerufen am 22. Oktober 2014); „Politiker empört über Ackermanns Freikauf" vom 29. November 2006 unter http://www.spiegel.de/wirtschaft/mannesmann-verfahren-politiker-empoert-ueber-ackermanns-freikauf-a-451383.html (zuletzt abgerufen am 22. Oktober 2014); „Ackermann geht mit weißer Weste" ebenfalls vom 29. November 2006 unter http://www.focus.de/finanzen/news/mannesmann-prozess_aid_120140.html (zuletzt abgerufen am 22. Oktober 2014); „Strafanzeigen gegen Einstellung des Verfahrens" vom 9. Januar 2007 unter http://www.welt.de/print-welt/article707466/Strafanzeigen-gegen-Einstellung-des-Verfahrens.html (zuletzt abgerufen am 22. Oktober 2014).

567 Vgl. nur *Rönnau/Hohn*, NStZ 2004, 113 (113-123); *Hohn*, wistra 2006, 161 (161-164); *Hoffmann-Becking*, NZG 2006, 127 (127-131); *Vogel/Hocke*, JZ 2006, 568 (568-571); *Schünemann*, NStZ 2006, 196 (196 f.).

Auseinandersetzung mit dem Urteil bezog sich dabei auf unterschiedliche Aspekte der gerichtlichen Ausführungen. Im Rahmen seiner Auseinandersetzung mit den Tatbestandsmerkmalen der Untreue nimmt der 3. Strafsenat in seinem Urteil vom 21. Dezember 2005 zu der Voraussetzung einer „gravierenden" Verletzung der Vermögensbetreuungspflicht Stellung. Nach der Auffassung einer starken Literaturansicht gibt der 3. Strafsenat das Merkmal durch die Entscheidung auf bzw. relativiert seine Erforderlichkeit zumindest erheblich.[568]

Die diesbezüglichen Ausführungen des erkennenden Senats erfolgen in Form eines *obiter dictum*, weil zu der Berechtigung des Merkmals bei der Beurteilung riskanter unternehmerischer Entscheidungen explizit klarstellend gegenüber vorherigen Entscheidungen des 1. Strafsenats judiziert wird, ohne dass es sich hierbei um unmittelbar entscheidungsrelevante Ausführungen handeln würde.[569] Nach Auffassung des Gerichts liegt in dem zu entscheidenden Fall bereits keine riskante unternehmerische Entscheidung vor, so dass dem Angeklagten kein Handlungsspielraum zukam.[570]

(i) Sachverhalt

Bezüglich des dem Urteil zugrunde liegenden Lebenssachverhalts wird auf die obigen Ausführungen verwiesen.[571]

(ii) In diesem Zusammenhang relevante Festellungen des Gerichts

Der 3. Strafsenat des Bundesgerichtshofs nimmt am Ende seines Urteils in dem Fall Mannesmann zu dem Erfordernis einer „gravierenden" Pflichtverletzung bei der Prüfung einer tatbestandlichen Verwirklichung des § 266 Abs. 1 StGB Stellung.[572] Er macht hierbei deutlich, dass eine solche auch anlässlich der strafgerichtlichen Prüfung von riskanten unternehmerischen Prognoseentscheidungen nicht vorliegen müsse.[573] Auch durch eine „einfache"

568 Als Aufgabe des Merkmals begreift die Entscheidung *Große Vorholt*, Wirtschaftsstrafrecht, Rn. 491; als starke Relativierung des Merkmals begreift es *Saliger*, in: Satzger/Schluckebier/Widmaier, StGB, § 266 Rn. 40.

569 Insofern bedurfte es keiner Vorlage nach § 132 Abs. 2 GVG, vgl. BGHSt 50, 331 (346); zur Definition eines *obiter dictum* in Abgrenzung zur *ratio decidendi*, vgl. *Grüneberg*, in: Deutsches Rechts-Lexikon, Band 2, S. 3075; außerdem *Schlüter*, Das obiter dictum, 1973, S. 77–80.

570 BGHSt 50, 331 (344, 346).

571 Vgl. C.II.2.a)bb)(1) und BGHSt 50, 331 ff.

572 BGHSt 50, 331 (343–346).

573 BGHSt 50, 331 (343 f.).

Vermögensbetreuungspflichtverletzung könne das Führungsorgan den Untreuetatbestand verwirklichen.[574]

Das Landgericht Düsseldorf war in seiner später mit der Revision angegriffenen – und damit diesem Urteil zugrundeliegenden – Entscheidung von dem Erfordernis einer „gravierenden" Pflichtverletzung ausgegangen und hatte sich diesbezüglich auf die Urteile in BGHSt 47, 148 ff. und BGHSt 47, 187 ff. des 1. Strafsenats gestützt.[575]

Das Revisionsgericht stellt nun klar, dass ein solches Erfordernis tatsächlich auch bei der schwierigen strafgerichtlichen Beurteilung von Prognoseentscheidungen nicht bestehe.[576] Das Landgericht habe die beiden Urteile des 1. Strafsenats außerdem zu Unrecht herangezogen, um die Notwendigkeit einer speziell „gravierenden" Vermögensbetreuungspflichtverletzung zu stützen.

In Bezug auf das Urteil BGHSt 47, 148 ff. wird festgestellt, dass der 1. Strafsenat hier explizit von einem „gravierenden" Verstoß gegen bankübliche Informations- und Prüfungspflichten bei einer Kreditvergabe auf das Vorliegen einer Vermögensbetreuungspflichtverletzung im Sinne des § 266 Abs. 1 StGB geschlossen habe. Die Forderung nach einer „Gravität" des Pflichtverstoßes sei also ausdrücklich nicht auf das Tatbestandsmerkmal der Verletzung der Vermögensbetreuungspflicht bezogen. Schließlich genüge nicht jeder beliebige Verstoß gegen außerstrafrechtliche Normen oder aus diesen resultierende Pflichten. Der 1. Strafsenat habe damit lediglich den anerkannterweise weiten Beurteilungs- und Ermessenspielraum bei der Vornahme unternehmerischer Entscheidungen unter Berücksichtigung des Subsidiaritätsprinzips auf § 266 StGB angewandt.[577]

Auch aus BGHSt 47, 187 ff. lässt sich nach Auffassung des in der Mannesmann-Entscheidung erkennenden Senats abweichend von den Ausführungen des Landgerichts Düsseldorf kein Erfordernis einer „gravierenden" Pflichtverletzung für die tatbestandliche Verwirklichung einer Untreue ableiten. Diese Entscheidung sei zunächst durch die besonderen Probleme bei der strafrechtlichen Bewertung von unternehmerischen Sponsoring-Entscheidungen geprägt. Auch hierbei sei den Entscheidern im Rahmen der Prüfung einer Untreuestrafbarkeit, wie durch den 1. Strafsenat in der zugrunde liegenden Entscheidung geschehen, ein weiter Handlungs- und Ermessenspielraum an die Seite zu stellen. Der 3. Strafsenat lässt in diesem Zusammenhang explizit offen, ob er den

---

574 BGHSt 50, 331 (343 f.).

575 LG Düsseldorf NJW 2004, 3275 (3280 f.); vgl. zu den in Bezug genommenen Urteilen bereits C.II.2.a)cc)(1)(a), C.II.2.b)cc)(1)(a)(bb) sowie C.II.2.b)cc)(1)(a)(aa).

576 BGHSt 50, 331 (343); vgl. auch Nr. 2 der Leitsätze zu dem Urteil, BGHSt 50, 331 (332).

577 BGHSt 50, 331 (344).

aufgestellten Kriterienkatalog und die ihm zugemessene Funktion zum Zweck der Feststellung einer Überschreitung dieses Ermessensspielraums als zweckdienlich erachtet.[578] Jedoch beziehe sich auch in diesem Fall die Forderung nach einem „gravierenden" Pflichtverstoß unmissverständlich gerade auf den Verstoß gegen gesellschaftsrechtliche Pflichten, um im Endeffekt gleichsam eine Vermögensbetreuungspflichtverletzung im Sinne von § 266 Abs. 1 StGB darzustellen.[579]

(ee) Beschluss des Bundesverfassungsgerichts vom 23. Juni 2010

In seinem Beschluss vom 23. Juni 2010 nimmt der Zweite Senat des Bundesverfassungsgerichts zur Verfassungsmäßigkeit des § 266 StGB Stellung.[580]

Im Rahmen seiner Ausführungen verweist das Gericht auf die erhebliche Weite des Untreuetatbestands und einen daraus resultierenden Restriktionsbedarf.[581] Eine die Verfassungsmäßigkeit sichernde Vorhersehbarkeit in Bezug auf das Tatbestandsmerkmal der Pflichtverletzung sei jedoch aufgrund der durch die Strafgerichte vollzogenen Konkretisierung „in fallgruppenspezifischen Obersätzen" gegeben.[582] In diesem Zusammenhang verweist das Gericht auf das durch die Rechtsprechung eingeführte Merkmal der „gravierenden" Pflichtverletzung. Dabei verweist das Gericht einerseits auf die Urteile BGHSt 47, 148 (152 f.) (Zweite Kreditvergabe-Entscheidung) und BGHSt 47, 187 (197) (SSV Reutlingen-Entscheidung) zugunsten eines solchen Merkmals.[583] Andererseits erfolgt ein Hinweis auf BGHSt 50, 331 (343 ff.) (Mannesmann-Entscheidung) und BGH

578 BGHSt 50, 331 (345); vgl. indes die Kritik unter C.II.2.a)cc)(2) und C.II.2.b)cc)(1)(a)(hh)(iv).

579 BGHSt 50, 331 (345) unter Verweis auf den Leitsatz des Urteils BGHSt 47, 187–202.

580 BVerfGE 126, 170–233; dazu *Saliger*, NJW 2010, 3195–3198; *Kudlich*, JA 2011, 66–69; zuvor auch bereits BVerfG NJW 2009, 2370–2373; allgemein zur Frage der Verfassungsmäßigkeit der Norm *Ransiek*, ZStW 116 (2004), 634 (640–646).

581 BVerfGE 126, 170 (200, 211, 213, 215); darauf bezieht sich auch *Bittmann*, wistra 2013, 1 (6); vgl. ebenfalls BVerfG NJW 2009, 2370 (2370 f.).

582 BVerfGE 126, 170 (210); ebenfalls für verfassungsmäßig hält die Norm mit den überwiegenden Stimmen in der Literatur *Ransiek*, ZStW 116 (2004), 634 (641–643, 646); a.A. *Lesch*, DRiZ 2004, 135 (135); *Labsch*, Untreue (§ 266 StGB), Grenzen und Möglichkeiten einer neuen Deutung, 1983, S. 177–197 (insbesondere 196), 348; ebenfalls als tendenziell verfassungswidrig erachten den Untreuetatbestand *H. Mayer*, in: Materialien zur Strafrechtsreform, 1. Band, 1954, S. 333 (337); *Kargl*, ZStW 113 (2001), 565 (576, 589 f.); *Hamm*, NJW 2001, 1694 (1696); *Arzt*, in: FS Bruns, 1978, S. 365 (367); zumindest kritisch *Dierlamm*, in: MK StGB, § 266 Rn. 3; *Kiethe*, WM 2003, 861 (867).

583 BVerfGE 126, 170 (211).

NJW 2006, 453 (454 f.) (Kinowelt-Entscheidung).[584] Das Bundesverfassungsgericht nimmt also sowohl die – aus seiner Sicht – befürwortenden, als auch die differenzierenden und ablehnenden Urteile zur „gravierenden“ Vermögensbetreuungspflichtverletzung in Bezug. Damit setzt sich das Gericht, zumindest was das Verständnis der Aussagen in der Zweiten Kreditvergabe-Entscheidung und der SSV Reutlingen-Entscheidung zum Merkmal der „gravierenden“ Pflichtverletzung angeht, in Widerspruch zu der Auffassung des 3. Strafsenats in der Mannesmann-Entscheidung.[585]

Letztlich beschränkt sich das Bundesverfassungsgericht dann auf die Entkräftung zweier gegen das Merkmal der „gravierenden“ Pflichtverletzung vorgebrachter Bedenken: Auf der einen Seite spreche das Argument einer mangelnden Verankerung des Merkmals im Wortlaut des § 266 Abs. 1 StGB nicht gegen die Forderung nach einer „gravierenden“ Pflichtverletzung, weil durch das Merkmal dem bestehenden Restriktionsbedürfnis Rechnung getragen werde.[586] Diese Ausführung des Gerichts vermag bereits deshalb zu überzeugen, weil teleologische Reduktionen zugunsten des Täters nicht dem Bestimmtheitsgebot nach Art. 103 Abs. 2 GG genügen müssen. Auf der anderen Seite könne dem Vorbringen des Beschwerdeführers, durch das Merkmal der „gravierenden“ Pflichtverletzung „würden nur weitere Wertungsspielräume eröffnet, deren Folgen im Einzelfall unvorhersehbar seien“, nicht gefolgt werden, da die Pflichtverletzung infolge des Merkmals stets dem Maßstab der Evidenz unterworfen sei.[587]

(ff) Conclusio

Es stellt sich die Frage, ob unter Berücksichtigung der dargestellten Judikatur die Verwirklichung des Untreuetatbestands eine „gravierende“ Vermögensbetreuungspflichtverletzung erfordert.

Für die Beantwortung dieser Frage ist zunächst festzustellen, dass der Maßstab einer besonderen „Gravität“ in der Diskussion auf unterschiedliche Anknüpfungsmerkmale bezogen wird.

---

584 BVerfGE 126, 170 (211).

585 Vgl. BVerfGE 126, 170 (211); BGHSt 50, 331 (344 f.).

586 BVerfGE 126, 170 (211); kritisch sowohl gegenüber dem Merkmal der „gravierenden“ Pflichtverletzung, die sich nicht aus § 266 Abs. 1 StGB ableiten lasse, als auch gegenüber einer so ausgemachten „Restriktionsobsession“ in Bezug auf den Untreuetatbestand *Schünemann*, in: LK StGB, § 266 Rn. 17 sowie mit weiterer Kritik an dem Merkmal einer „gravierenden“ Pflichtverletzung *ders.*, in: LK StGB, § 266 Rn. 95–100; zuvor bereits *ders.*, NStZ 2005, 473 (475).

587 BVerfGE 126, 170 (211).

Teilweise wird für die Verwirklichung einer Pflichtverletzung nach § 266 Abs. 1 StGB ein besonders „gravierender" Verstoß gegen jene außerstrafrechtlichen Normen gefordert, welche bei der Bestimmung des Umfangs der Vermögensbetreuungspflicht wegen des akzessorischen Charakters des § 266 Abs. 1 StGB Relevanz entfalten. Bei genauer Analyse des Wortlauts der Ausführungen des 1. Strafsenats des Bundesgerichtshofs in seinen Entscheidungen BGHSt 47, 148 ff. (Zweite Kreditvergabe-Entscheidung) und 47, 187 ff. (SSV Reutlingen-Entscheidung) offenbart sich gerade ein solches Verständnis des Gravitätsbezugs. In der Zweiten Kreditvergabe-Entscheidung schließt der erkennende 1. Strafsenat von der gravierenden Verletzung bankbezogener Informations- und Prüfungspflichten auf das Vorliegen einer Vermögensbetreuungspflichtverletzung gemäß § 266 Abs. 1 StGB.[588] Derselbe Senat bezieht auch in der SSV Reutlingen-Entscheidung seine Forderung nach einem „gravierenden" Verstoß auf die Verletzung gesellschaftsrechtlicher Pflichten. Erst ein diesem Gravitätserfordernis genügender Verstoß gegen die außerstrafrechtlichen Normen des Gesellschaftsrechts könne zu einer Vermögensbetreuungspflichtverletzung im Sinne des § 266 Abs. 1 StGB führen.[589]

Insofern verdient die Auffassung des 3. Strafsenats des Bundesgerichtshofs in BGHSt 50, 331 (343–346) (Mannesmann-Entscheidung) Zustimmung, dass sich – abweichend von der Ansicht des Landgerichts Düsseldorf in der dem Revisionsurteil zugrunde liegenden Entscheidung[590] und einigen Stimmen in der Literatur[591] – weder aus der Zweiten Kreditvergabe-Entscheidung noch aus der SSV Reutlingen-Entscheidung das Erfordernis einer „gravierenden" Vermögensbetreuungspflichtverletzung für eine Verwirklichung des Untreuetatbestands entnehmen lasse.[592] Der 3. Strafsenat erachtet vor diesem Hintergrund

588 BGHSt 47, 148 (150, 152).

589 BGHSt 47, 187 (197).

590 LG Düsseldorf NJW 2004, 3275 (3280 f.).

591 In BGHSt 50, 331 (343) wird auf *Dierlamm*, StraFo 2005, 397 (402 f.); *Wollburg*, ZIP 2004, 646 (656 f.); *Braum*, KritV 2004, 67 (76 f.) verwiesen.

592 BGHSt 50, 331 (343–346) – der 3. Strafsenat des Bundesgerichtshofs rekurriert unter Bezugnahme auf die ARAG/Garmenbeck-Entscheidung in diesem Zusammenhang auf den grundsätzlich weiten Handlungs- und Ermessensspielraum zugunsten eines Organs, welches unternehmerische Entscheidungen zu treffen hat, jedoch macht er ebenso deutlich, dass den Präsidiumsmitgliedern im Mannesmann-Fall gerade kein Handlungsspielraum zustand, da es sich bei der Gewährung von Anerkennungsprämien gerade nicht um eine risikobehaftete unternehmerische Entscheidung in dem obigen Sinn handelte, BGHSt 50, 331 (336, 346), vor diesem Hintergrund differenziert der erkennende Senat gerade gegenüber der, seiner Auffassung nach ohnehin

das Erfordernis einer Pflichtverletzung, die speziell „gravierend" sein muss, insgesamt als obsolet.[593]

Zumindest die Bezugnahme auf die SSV Reutlingen-Entscheidung zugunsten des Erfordernisses einer „gravierenden" Vermögensbetreuungspflichtverletzung mag dabei auf einem Missverständnis gegenüber dem oben Dargestellten beruhen. Wenn der erkennende Senat in der Entscheidung ausführt, dass die Gravität einer Pflichtverletzung anhand „einer Gesamtschau insbesondere der gesellschaftsrechtlichen Kriterien" zu ermitteln sei,[594] so könnte man dies dem ersten Anschein nach als Statuierung des Erfordernisses gerade einer „gravierenden" Vermögensbetreuungspflichtverletzung unter akzessorisch bedingter Bezugnahme auf die Verletzung gesellschaftsrechtlicher Pflichten verstehen.[595] Damit ließe der Bewertende jedoch den dem zitierten unmittelbar vorausgehenden Satz innerhalb der Entscheidungsgründe außer Betracht. Hier stellt der 1. Strafsenat des Bundesgerichtshofs klar: „Vergibt der Vorstand aus dem Vermögen der Aktiengesellschaft Zuwendungen (...), genügt für die Annahme einer Pflichtwidrigkeit im Sinne des Untreuetatbestands des § 266 StGB nicht jede gesellschaftsrechtliche Pflichtverletzung; diese muß vielmehr gravierend sein."[596] Aus den gerichtlichen Ausführungen in der SSV Reutlingen-Entscheidung ergibt sich also eine klare Bezugnahme des Adjektivs „gravierend" auf die Verletzung gesellschaftsrechtlicher Pflichten. Aus dieser wiederum kann danach eine Vermögensbetreuungspflichtverletzung gemäß § 266 Abs. 1 StGB resultieren.

Auch in BGH NJW 2006, 453 ff. (Kinowelt-Entscheidung) bezieht sich der 1. Strafsenat auf eine besonders „gravierende" Verletzung gesellschaftsrechtlicher Pflichten, die im Ergebnis zu einer untreuerelevanten Vermögensbetreuungspflichtverletzung führen könne.[597] Es wird ausgeführt, dass eine Verletzung

---

höchst einzelfallgeprägten, Entscheidung zum Fall SSV Reutlingen und der Zweiten Kreditvergabe-Entscheidung, BGHSt 50, 331 (345 f.), so dass die Ausführungen zur „gravierenden" Pflichtverletzung in der Form eines *obiter dictum* erfolgen; zustimmend dazu *Schumacher*, Vermögensbetreuungspflichten von Kapitalgesellschaftsorganen, 2010, S. 176; zustimmend zur Mannesmann-Entscheidung insgesamt *Große Vorholt*, Wirtschaftsstrafrecht, Rn. 492; zu der Einzelfallbezogenheit von Entscheidungen als Argumentationsgrundlage gegen die Bildung von Fallgruppen zwecks Ermittlung einer Vermögensbetreuungspflichtverletzung, vgl. C.II.2.b)dd)(2).

593 BGHSt 50, 331 (343 sowie 332, Nr. 2 der Leitsätze zu dem Urteil).

594 BGHSt 47, 187 (197).

595 In diesem Sinne ebenfalls *Brüning/Samson*, allerdings unter Bezugnahme auf BGHSt 47, 148 (150), vgl. *dies.*, ZIP 2009, 1089 (1091).

596 BGHSt 47, 187 (197).

597 BGH NJW 2006, 453 (454 f.).

gesellschaftsrechtlicher Hauptpflichten aufgrund ihrer Schwere eine Vermögensbetreuungspflichtverletzung im Sinne des § 266 Abs. 1 StGB darstellt.[598] So lag es in dem zu entscheidenden Fall und es versteht sich unabhängig von diesen gerichtlichen Ausführungen, dass ein besonders gravierender Verstoß gegen die zentralen Pflichten zur Betreuung des Gesellschaftsvermögens nicht nur zu einer gesellschaftsrechtlichen Haftung, sondern – vorbehaltlich des Vorliegens aller sonstigen Strafbarkeitsvoraussetzungen – auch zu einer Untreuestrafbarkeit führt. Der Bezug auf die Verletzung einer gesellschaftsrechtlichen Hauptpflicht soll dabei gerade die besondere Schwere des Pflichtverstoßes ausdrücken.[599] Gleichzeitig ist zu bedenken, dass die Abgrenzung zwischen gesellschaftsrechtlichen Haupt- und Nebenpflichten im Einzelfall nicht eindeutig sein und demzufolge uneinheitlich beurteilt werden kann. Das explizite Gravitätserfordernis bezieht der 1. Strafsenat des Bundesgerichtshofs in der Kinowelt-Entscheidung ebenfalls nicht auf das objektive Tatbestandsmerkmal der Vermögensbetreuungspflichtverletzung, sondern auf die Frage ihrer inhaltlichen Herleitung.[600]

Selbst wenn die judikaturbezogene Begründung des Erfordernisses einer „gravierenden" Vermögensbetreuungspflichtverletzung für die Verwirklichung des objektiven Tatbestands von § 266 Abs. 1 StGB damit erheblichen Zweifeln ausgesetzt ist, so kann die Berechtigung eines solchen Erfordernisses damit noch nicht als hinreichend erörtert erachtet werden.

---

598 BGH NJW 2006, 453 (454 f.).

599 Deshalb begegnet es Zweifeln, wenn *Schünemann* hierin eine Aufgabe der Forderung eines besonders schweren Pflichtverstoßes auf strafrechtlicher Ebene sieht, vgl. *dens.*, NStZ 2005, 473 (475); gleiches gilt für *Theile*, ZIS 2011, 616 (617) – wobei *ders.* sich auf *Schünemann* bezieht; vgl. in diesem Sinne ebenfalls *Große Vorholt*, Wirtschaftsstrafrecht, Rn. 492; *Rönnau*, ZStW 119 (2007), 887 (911); zugunsten eines Rangverhältnisses zwischen Straf- und Zivilrecht in der Form einer (zumindest) „schmalen Schutzzone", in der trotz einer zivilrechtlichen Pflichtverletzung noch keine Untreuestrafbarkeit gegeben ist, vgl. *Esser*, in: AnwaltKommentar StGB, § 266 Rn. 73, 297; ebenfalls als sekundär gegenüber der außerstrafrechtlichen Materie heranziehbar erachtet das Wirtschaftsstrafrecht *Tiedemann*, in: FS Dünnebier, 1982, S. 519 (530).

600 Die Kinowelt-Entscheidung postuliert damit nach der hier vertretenen Auffassung auch keine Aufhebung des Rangverhältnisses zwischen Gesellschaftsrecht und Strafrecht – so jedoch offenbar *Theile*, ZIS 2011, 616 (617); vielmehr kommen beide Wertungsebenen in Fällen besonders eklatanten Fehlverhaltens zum gleichen Ergebnis, woraus jedoch nicht *per se* folgt, dass abseits solch eindeutiger Fälle von einer gesellschaftsrechtlichen Pflichtwidrigkeit auf die Verletzung einer Vermögensbetreuungspflicht geschlossen werden müsste, vgl. in diesem Sinne ausführlich C.II.2.b)cc)(1)(a)(hh)(iv).

Die Frage nach dem Bezug der Gravität auf die Verletzung der nebenstrafrechtlichen Pflichten oder die Verletzung der strafrechtlichen Vermögensbetreuungspflicht selbst, erscheint bei genauer Betrachtung als reine Auslegungsfrage. Die in Bezug genommenen Ausführungen des 1. Strafsenats sind nach der hier vertretenen Auffassung so zu verstehen, dass erst die „gravierende" Verletzung außerstrafrechtlicher Pflichten für eine Vermögensbetreuungspflichtverletzung gemäß § 266 Abs. 1 StGB – und damit für ein strafrechtliches Eingreifen – ausreicht. Andererseits ließe sich freilich vertreten, dass erst ein „gravierender" Verstoß gegen Regeln des Gesellschaftsrechts eine für die Verwirklichung des Untreuetatbestands notwendige „gravierende" Pflichtverletzung darstellen kann. Zumindest wird jeweils ein Stufenverhältnis bezüglich der alleinigen Heranziehung des Gesellschaftsrechts einerseits und der Hinzuziehung strafrechtlicher Sanktion andererseits deutlich.[601] Es bleibt jedoch unklar, ob das Maß der zu fordernden Gravität des Verstoßes durch eine unmittelbare Beziehung des Kriteriums auf die Vermögensbetreuungspflichtverletzung als Tatbestandsmerkmal des § 266 Abs. 1 StGB weiter erhöht würde oder die Schwelle für die Anwendung der *ultima ratio* Strafrecht bei der Verfolgung beider Auslegungsalternativen deckungsgleich wäre.

Eine Auseinandersetzung mit dem Erfordernis einer „gravierenden" Vermögensbetreuungspflichtverletzung erscheint ungeachtet dessen weiterhin angezeigt. Das Bundesverfassungsgericht hat sich auch gut viereinhalb Jahre nach der Mannesmann-Entscheidung erneut auf diese ungeschriebene Erweiterung des Tatbestandsmerkmals Pflichtverletzung bezogen. Dabei wendet das Gericht das Gravitätserfordernis explizit auf eine Pflichtverletzung gemäß § 266 Abs. 1 StGB und damit auf eine Vermögensbetreuungspflichtverletzung an. Bezüglich der Einführung dieses Restriktionsmerkmals durch die Rechtsprechung wird gerade auf die Zweite Kreditvergabe-Entscheidung und die Entscheidung zum Fall SSV Reutlingen verwiesen.[602]

Dies zeigt besonders deutlich, dass sich, ungeachtet der geäußerten Kritik, durchaus weiterhin vertreten lässt, zur Begründung der Forderung nach einer

---

601 Was jedoch nicht bedeutet, dass die Ablehnung des Tatbestandsmerkmals einer „gravierenden" Pfichtverletzung ohne weiteres als Befürwortung eines Gleichklangs zwischen Straf- und Gesellschaftsrecht an dieser Stelle zu verstehen ist, vgl. dazu C.II.2.b)cc)(1)(a)(hh)(iv) sowie zu weiteren strafrechtlichen Restriktionskriterien bezogen auf die Pflichtverletzung des § 266 Abs. 1 StGB C.II.2.b)cc)(1)(b) und C.II.2.b)cc)(1)(c).

602 BVerfGE 126, 170 (211), damit im Widerspruch zu der Auffassung des 3. Strafsenats des Bundesgerichtshofs in BGHSt 50, 331 (343–346); dazu auch bereits C.II.2.b)cc)(1)(a)(ee).

„gravierenden" Vermögensbetreuungspflichtverletzung auf die besagten Entscheidungen des 1. Strafsenats zu rekurrieren. Das Bundesverfassungsgericht spricht sich zwar nicht ausdrücklich für das Erfordernis einer „gravierenden" Vermögensbetreuungspflichtverletzung aus,[603] verweist jedoch auf dessen Restriktionscharakter und entkräftet gegen das Merkmal vorgebrachte Bedenken.[604] Es lässt sich festhalten, dass aus Sicht des Bundesverfassungsgerichts dem Erfordernis einer „gravierenden" Vermögensbetreuungspflichtverletzung damit grundsätzlich keine Bedenken entgegenstehen und es ihm unter Restriktionsgesichtspunkten zumindest weiterhin offen gegenübersteht.[605] Die Argumentation des 3. Strafsenats ist angesichts der Rechtsprechung des Bundesverfassungsgerichts nicht tauglich, das Erfordernis einer „gravierenden" Vermögensbetreuungspflichtverletzung objektiv als hinfällig erscheinen zu lassen.[606]

Damit ist jedoch noch nichts über die inhaltliche Eignung des Erfordernisses einer „gravierenden" Pflichtverletzung gesagt. Es erscheint äußerst fraglich, ob die Heranziehung dieses Kriteriums dem Untreuetatbestand einen Zuwachs an Bestimmtheit zu gewähren vermag.

Die Widersprüchlichkeit innerhalb der Rechtsprechung des 3. Strafsenats des Bundesgerichtshofs und des Bundesverfassungsgerichts zeigt bereits ein zentrales inhaltliches Problem des Merkmals auf: Seine eigene Unbestimmtheit. Das Merkmal der „gravierenden" Pflichtverletzung reichert, unabhängig von der angeführten Unklarheit des Bezugspunktes des Gravitätserfordernisses, nicht etwa den zu fordernden Inhalt der untreuerelevanten Pflichtverletzung im Sinne

---

603 A.A offensichtlich *Böttger/Brockhaus*, wobei *dies.* sich lediglich vermutend auf die Ausführung des Bundesverfassungsgerichts beziehen, dass die mangelnde Verankerung des Merkmals im Wortlaut des § 266 Abs. 1 StGB angesichts des Restriktionsbedarfs nicht schade, vgl. *dies.*, in: Wirtschaftsstrafrecht in der Praxis, Kapitel 3 Rn. 40.

604 BVerfGE 126, 170 (211); dazu bereits C.II.2.b)cc)(1)(a)(ee).

605 *Theile* geht von einer „gewissen Sympathie" aus, die das Bundesverfassungsgericht gegenüber dem Merkmal der „gravierenden" Pflichtverletzung gezeigt habe, vgl. *dens.*, ZIS 2011, 616 (617).

606 So aber *Große Vorholt*, Wirtschaftsstrafrecht, Rn. 491 f.; Teile der Literatur gehen weiter von dem Erfordernis einer „gravierenden" Pflichtverletzung aus, vgl. nur *Theile*, ZIS 2011, 616 (623–626) – wobei *ders.* das Merkmal im Endeffekt als schlichte Klarstellung eines Stufenverhältnisses zwischen Straf- und Zivilrecht interpretiert, wozu es nach der hier vertretenen Auffassung des Merkmals nicht bedarf; *Dierlamm* geht gar nicht erst von einer intendierten Aufgabe des Kriteriums durch die Mannesmann-Entscheidung aus, vgl. *dens.*, in: MK StGB, § 266 Rn. 176 – was nach der hier vertretenen Auffassung bereits wegen des eindeutigen 2. Leitsatzes in BGHSt 50, 331 (332) („Klarstellung zu BGHSt 47, 148 und 187") nicht überzeugt.

einer Konkretisierung an, sondern es gibt lediglich der „Hülle der unbestimmten Pflichtverletzung“ einen neuen Namen.[607] Durch die Umbenennung einer Unbekannten in eine „gravierende“ Unbekannte ist freilich an Klarheit nichts gewonnen. Vielmehr weist das Merkmal der „gravierenden“ Pflichtverletzung seinerseits eine Aussagearmut auf, welche in eine unveränderte Konturenlosigkeit des Merkmals Vermögensbetreuungspflichtverletzung resultiert.[608] Statt des erstrebten Zuwachses an Tatbestandsbestimmtheit verpufft der Aussagegehalt der Forderung nach einer speziell „gravierenden“ Pflichtverletzung damit in der Akzentuierung eines allgemeinen Restriktionsbedarfs.[609]

Es verwundert deshalb nicht, dass auch die Zweite Kreditvergabe-Entscheidung und die SSV Reutlingen-Entscheidung bezüglich der Notwendigkeit einer gerade „gravierenden“ Pflichtverletzung, wie dargestellt, auf unterschiedliche Weise ausgelegt werden. Die Argumentation des 3. Strafsenats in der Mannesmann-Entscheidung unter Bezugnahme auf die SSV Reutlingen-Entscheidung zeigt dies sehr anschaulich. Nach Auffassung des Gerichts ist bereits dem Leitsatz der SSV Reutlingen-Entscheidung zu entnehmen, dass lediglich eine „gewöhnliche“ Pflichtverletzung für eine Untreuestrafbarkeit vonnöten sei, die sich in dem „gravierenden“ Verstoß gegen gesellschaftsrechtliche Pflichten manifestieren könne.[610] Durch den Verweis auf einen zivilrechtlich „gravierenden“

---

607 Ebenfalls kritisch zum Merkmal einer „gravierenden“ Pflichtverletzung, *Samson*: in: Gesellschaftsrecht in der Diskussion 2004, 2005, S. 109 (121 f.); *Rönnau*, NStZ 2006, 218 (220); auch *Ransiek* sieht keinen Bestimmtheitsgewinn durch die Forderung nach einer speziell „gravierenden“ Pflichtverletzung erreicht, vgl. *dens.*, ZStW 116 (2004), 634 (645, 671); *Bräunig*, Untreue in der Wirtschaft, 2011, S. 133–139; *Hoffmann*, Untreue und Unternehmensinteresse, 2010, S. 52; dem Merkmal zumindest keine gesteigerte Bedeutung für die Anwendung des Untreuetatbestands zumessend *Schumacher*, Vermögensbetreuungspflichten von Kapitalgesellschaftsorganen, 2010, S. 176; differenziert *Schünemann*, der in der Forderung nach einer „gravierenden“ Pflichtverletzung in der Sache einen Verweis auf die Frage der objektiven Zurechenbarkeit erachtet, die jedoch nur dann Relevanz entfalten könne, wenn das Vorliegen einer Pflichtverletzung nicht bereits aus der Existenz eines Vermögensschadens rückgeschlossen werde, vgl. *dens.*, NStZ 2005, 473 (475 f.); zu der Gefahr einer „Tatbestandsverschleifung“ oben bereits C.II.2.b)bb)(2).

608 *Rönnau* attestiert dem Treubruchstatbestand bereits im Ausgangspunkt „(…) eine äußerst blasse, konturenlose Beschreibung der Tathandlung“, vgl. *dens.*, ZStW 119 (2007), 887 (903).

609 Treffend stellt *Samson* in diesem Zusammenhang fest: „Es kann nicht ernsthaft behauptet werden, dass damit Nennenswertes an Klarheit gewonnen wäre“, vgl. *dens.*, in: Gesellschaftsrecht in der Diskussion 2004, 2005, S. 109 (122).

610 So BGHSt 50, 331 (345).

Pflichtverstoß ist aber noch nichts über die Anforderungen gesagt, welche an die untreuerelevante Vermögensbetreuungspflichtverletzung zu richten sind. So könnte ein „gravierender" Verstoß gegen gesellschaftsrechtliche Pflichten ebenfalls einen solchen Verstoß gegen die strafrechtliche Pflicht zur Wahrnehmung der Vermögensinteressen der treugebenden Gesellschaft darstellen – oder im Einzelfall eben nicht.

Die Judikatur des 3. Strafsenats ist also plausibel, soweit sie darlegen will, dass der 1. Strafsenat in der SSV Reutlingen-Entscheidung, abweichend von der Ansicht des Landgerichts Düsseldorf, lediglich eine „gewöhnliche" Pflichtverletzung im Rahmen der Prüfung von § 266 StGB verlangte, eine inhaltliche Positionierung *pro* oder *contra* das Merkmal „gravierend" bezogen auf die Vermögensbetreuungspflichtverletzung folgt daraus jedoch nicht zwingend. Dies hat einen identifizierten Grund: Das Merkmal „gravierende" Pflichtverletzung präzisiert den Tatbestand nicht etwa, indem es ihn inhaltlich erweitern würde, sondern bleibt abgesehen von der Betonung des Subsidiaritätsgrundsatzes eine Leerformel.

Die Zweifel an der Sinnhaftigkeit des Merkmals sind mithin nicht in einer eventuell unklaren Formulierung der gerichtlichen Ausführungen begründet, sondern in der Unklarheit, was den Umfang einer „gravierenden" Vermögensbetreuungspflichtverletzung selbst angeht und diese von dem Umfang einer gewöhnlichen Vermögensbetreuungspflichtverletzung unter Berücksichtigung des strafrechtlichen Subsidiaritätsgrundsatzes unterscheidet.[611] Der Aussagegehalt des Festgestellten erschöpft sich folglich darin, dass die Normen des Gesellschaftsrechts grob missachtet worden sein müssen, um an die getroffene Entscheidung einen Strafbarkeitsvorwurf knüpfen zu können. Dies entspricht der Proklamation einer eigenständig strafrechtlichen Beurteilung der Verletzung einer Vermögensbetreuungspflicht, bei deren Vornahme die außerstrafrechtlichen Pflichtverletzungen lediglich als Ausgangspunkt der Prüfung betrachtet werden.[612] Zum Ausdruck soll diese Sichtweise durch ein grundsätzliches Gravitätserfordernis kommen, das die Beurteilung von Strafbarkeit zwar an die

611 Nach der hier vertretenen Auffassung ist der Sichtweise des 3. Strafsenats in der Mannesmann-Entscheidung zumindest insofern zuzustimmen, dass beide Entscheidungen einen „gravierenden" Verstoß, je nach Einzelfall, gegen Informations- oder sonstige gesellschafts- bzw. bankrechtliche Pflichten fordern; vgl. C.II.2.b)cc)(1)(a)(hh)(iii) und C.II.2.b)cc)(1)(a)(hh)(iv) zu der nachgelagerten – und aus hier vertretener Sicht zu verneinenden – Frage, ob daraus auf die Absicht der Implementierung eines Gleichlaufs zwischen Straf- und Zivilrecht zu schließen ist.

612 Dazu sogleich C.II.2.b)cc)(1)(a)(hh).

gesellschaftsrechtliche Wertung anknüpft, jedoch als eigene und restriktiver zu handhabende Wertungsstufe ein „Mehr" an Schwere des Pflichtverstoßes voraussetzt.[613] Die Frage des inhaltlichen Ausmaßes eines strafrechtlichen Gravitätszuschlags (gesellschaftsrechtlicher Pflichtverstoß „plus X") wird hingegen nicht präzisiert.

Hieraus folgt die Erkenntnis der Insuffizienz des Merkmals der „gravierenden" Pflichtverletzung, eine trennscharfe Abgrenzung und einen Zuwachs an Tatbestandsbestimmtheit zu gewährleisten. Soweit sich der Aussagegehalt des Merkmals auf die Notwendigkeit einer allgemeinen Einhaltung des Subsidiaritätsgrundsatzes zwischen zivil- und strafrechtlicher Materie erstreckt,[614] kann

---

613 *Theile*, ZIS 2010, 616 (626); vgl ebenfalls *Dierlamm*, StraFo 2005, 397 (402); *Sauer*, wistra 2002, 465 (465–467); einen noch geringeren Erkenntnisgewinn schreibt *Ransiek*, ZStW 116 (2004), 634 (645) der Forderung nach einer „gravierenden" Pflichtverletzung zu, wenn er dem Merkmal lediglich den Aussagegehalt entnimmt, „dass in Bezug auf die außerstrafrechtliche Regel Sicherheit über ihre Bedeutung verlangt" werde – die Zumessung eines Bedeutungsgehalts an das Kriterium im Sinne eines strafrechtlichen „Mehr" gegenüber einer bloß zivilrechtlichen Pflichtverletzung lehnt *Ransiek* dagegen ab, weil er sich von dieser Kategorisierung mangels Bestimmtheit keinen Erkenntnisgewinn verspricht, vgl. *dens./Hüls*, ZGR 2009, 157 (170); ähnlich kritisch *Radtke/Hoffmann*, GA 2008, 535 (544); *Deiters*, in: Die Finanzkrise, das Wirtschaftsstrafrecht und die Moral, 2010, S. 132 (137).

614 In diesem Sinne die inhaltliche Ausfüllung des Merkmals durch *Saliger*, in: Satzger/Schluckebier/Widmaier, StGB, § 266 Rn. 42a; im Ergebnis auch *Theile*, ZIS 2011, 616 (626) – wobei *ders.* zwischenzeitlich in seinem Beitrag den Anschein erweckt, als könne allein durch das Merkmal der „gravierenden" Pflichtverletzung ein Rangverhältnis zwischen Zivil- und Strafrecht gewahrt werden; dem kann indes nicht gefolgt werden, denn soweit *ders.* in ZIS 2011, 616 (617) unter Verweis auf BVerfG NJW 2010, 3209 (3215) [= BVerfGE 126, 170 (211)] darauf rekurriert, dass „das Bundesverfassungsgericht in seiner (…) Entscheidung zur Verfassungsmäßigkeit des Untreuetatbestandes eine gewisse Sympathie für das Merkmal der gravierenden Pflichtverletzung anklingen ließ", ist dieser Feststellung zwar – isoliert gesehen – zuzustimmen, jedoch lässt *ders.* unerwähnt, dass ähnliche Restriktionsmerkmale bei dem Bundesverfassungsgericht vermutlich auf vergleichbare Sympathie stoßen würden; eine Auseinandersetzung mit der inhaltlichen Tauglichkeit weiterer Einschränkungsmerkmale bleibt vielmehr aus, was wohl damit zu erklären ist, dass sich *ders.* in dem zitierten Beitrag gezielt mit dem Merkmal der „gravierenden" Pflichtverletzung auseinandersetzt und dadurch bereits eine Fokussierung allein auf dieses Merkmal intendiert ist – aus der hier vertretenen Sicht gerät dabei die Frage, ob der Untreuetatbestand durch ein anderes Restriktionsmerkmal bzw. eine andere Umschreibung des zu fordernden Pflichtverstoßes effektiver eingeschränkt werden kann, zu sehr in den Hintergrund, zumal *ders.* sich am Ende seines Beitrags

dies durch andere Restriktionskriterien in tauglicherer Weise vorangetrieben werden.[615]

Angesichts der dargestellten Unsicherheiten bezüglich des Erfordernisses einer „gravierenden" Pflichtverletzung und der begründeten Zweifel an der inhaltlichen Substanz des Merkmals sowie an seiner Tauglichkeit, eine inhaltliche Konturierung im Sinne einer Restriktion des Untreuetatbestands nennenswert zu fördern, ist das Merkmal abzulehnen.

(gg) Zwischenergebnis

Eine Tatbestandserweiterung um die Forderung einer Pflichtverletzung nach § 266 Abs. 1 StGB, die „gravierend" sein muss, führt nicht zu einer wesentlich größeren Bestimmtheit des Merkmals Pflichtverletzung und demzufolge auch nicht des Untreuetatbestands als solchem. In der Sache ist die „gravierende" Pflichtverletzung damit lediglich eine Floskel, die zwar die Intention zur Restriktion erkennen lässt, jedoch aus inhaltlicher Sicht den Überlegungen in Forschung und Praxis keinen Erkenntnisgewinn beizusteuern vermag.

Die Konzentration der Untersuchung soll deshalb von dem Merkmal der „gravierenden" Pflichtverletzung auf die in diesem Zusammenhang dargestellte Judikatur und das abstrakt aus dieser zu folgernde Verständnis des Verhältnisses zwischen der Pflichtverletzung nach § 266 Abs. 1 StGB und der zur Prüfung dieses Tatbestandsmerkmals heranzuziehenden Zivilrechtsmaterie gelenkt werden, um anschließend weitere auf die Pflichtverletzung nach § 266 Abs. 1 StGB bezogene Restriktionsmerkmale zu untersuchen.

(hh) Rückschlüsse auf die Ermittlung einer Vermögensbetreuungspflichtverletzung anhand der aufgezeigten Judikatur

Unabhängig von der Titulierung des Tatbestandsmerkmals der Pflichtverletzung im Sinne des § 266 Abs. 1 StGB als „gravierend" oder nicht, lässt sich anhand der aufgezeigten Judikatur des 1. und 3. Strafsenats des Bundesgerichtshofs möglicherweise ein unterschiedliches, den jeweiligen Entscheidungen zugrunde liegendes, Verständnis des Einflusses von gesellschaftsrechtlich pflichtwidrigem

---

zugunsten eines Evidenzmaßstabs positioniert, diesen jedoch aus dem Merkmal der „gravierenden" Pflichtverletzung herleitet, vgl. *dens.*, ZIS 2011, 616 (626).

615 Vgl. C.II.2.b)aa)(1) zum Subsidiaritätsgrundsatz sowie C.II.2.b)cc)(1)(b) und C.II.2.b)cc)(1)(c) zu weiteren möglichen Restriktionskriterien in Bezug auf die Pflichtverletzung gemäß § 266 Abs. 1 StGB.

Handeln auf das Vorliegen einer Vermögensbetreuungspflichtverletzung gemäß § 266 Abs. 1 StGB erkennen.[616]

In der Regel wird zum Zweck der positivrechtlichen Feststellung einer Vermögensbetreuungspflichtverletzung offensichtlich eine originär strafrechtliche Bewertung vorgenommen. Diese Bewertung bezieht zwar eine Verletzung von außerstrafrechtlichen Normen in die Gesamterwägung ein, sie lässt jedoch keinen unmittelbaren Schluss dahingehend zu, dass bei einer Verletzung gesellschaftsrechtlicher Pflichten stets auch eine Pflichtverletzung im Sinne des § 266 Abs. 1 StGB vorliegen würde. Innerhalb eines solchen strafrechtsautonomen Ermittlungsansatzes kann anhand der Rechtsprechung zwischen einem indizienbasierten Vorgehen und einem Vorgehen ohne die unbedingte Orientierung an einem Indizienkatalog differenziert werden, vgl. dazu (i) und (ii). Andererseits lässt sich womöglich eine streng zivilrechtsakzessorische Ermittlungsweise ausmachen, dazu (iii). Abschließend werden die Ansätze unter (iv) im Rahmen einer Stellungnahme bewertet.

(i) Strafrechtsautonome Ermittlung anhand von Indizien

Analysiert man die Ausführungen des 1. Strafsenats des Bundesgerichtshofs in BGHSt 47, 187 ff. (SSV Reutlingen-Entscheidung), so schließt das Gericht von dem Vorliegen verschiedener Indizien im Rahmen einer Gesamtschau auf eine Vermögensbetreuungspflichtverletzung im Sinne des Untreuetatbestands.[617] Die Indizien sind dabei vornehmlich gesellschaftsrechtlicher Natur. „Jedenfalls" im Fall des Vorliegens aller genannten Indizien soll von einer Vermögensbetreuungspflichtverletzung auszugehen sein.[618]

Auf Grundlage der durch das Gericht zusammengetragenen Kriterien wird also eine autonom strafrechtliche Wertung bezüglich der Pflichtverletzung nach § 266 Abs. 1 StGB vorgenommen.[619]

---

616 Vgl. zum Ganzen besonders anschaulich *Saliger*, in: Satzger/Schluckebier/Widmaier, StGB, § 266 Rn. 41–42a; kritisch indes *Schünemann*, in: LK StGB, § 266 Rn. 95.

617 BGHSt 47, 187 (197); vgl. zum Sachverhalt und den hier maßgeblichen Aspekten der SSV Reutlingen-Entscheidung bereits die obigen Ausführungen unter C.II.2.b) cc)(1)(a)(bb).

618 BGHSt 47, 187 (197).

619 *Saliger* geht in diesem Zusammenhang von einer „starr indizienbasierten und strafrechtsautonomen Schweretheorie" aus, vgl. *dens.*, in: Satzger/Schluckebier/Widmaier, StGB, § 266 Rn. 42.

(ii) Strafrechtsautonome Ermittlung unabhängig von Indizien

Es erscheint ebenfalls denkbar, einem strafrechtsautonomen Ansatz zu folgen, ohne dabei dem dargestellten indizienbasierten Ansatz zu folgen. Zugunsten eines solchen Ansatzes der eigenständig strafrechtlichen Ermittlung der Vermögensbetreuungspflichtverletzung nach § 266 Abs. 1 StGB kann auf BGHSt 47, 148 ff. (Zweite Kreditvergabe-Entscheidung) und BGH NJW 2006, 453 ff. (Kinowelt-Entscheidung) rekurriert werden.[620]

(iii) Zivilrechtsakzessorische Ermittlung

Abweichend von der strafrechtsautonomen Bestimmung der Vermögensbetreuungspflichtverletzung ist auch eine streng zivilrechtsakzessorische Vorgehensweise denkbar. Eine solche hätte zur Folge, dass von einem Verstoß gegen gesellschaftsrechtliche Pflichten unmittelbar auf eine Pflichtverletzung auch im Sinne des § 266 Abs. 1 StGB geschlossen werden könnte. Exemplarisch hierfür sind die gerichtlichen Ausführungen in BGHSt 50, 331 ff. (Mannesmann-Entscheidung), sofern man davon ausgeht, dass der 3. Strafsenat des Bundesgerichtshofs keine gesonderte strafrechtliche Wertung vornimmt.[621]

(iv) Stellungnahme

Da die dargestellten Ansätze erheblich unterschiedliche Auffassungen in Bezug auf die Ermittlung der Vermögensbetreuungspflicht nach § 266 Abs. 1 StGB offenbaren, sollen sie einer kritischen Hinterfragung zugeführt werden.

Der unmittelbar zivilrechtsakzessorische Ansatz ist bereits dem Grunde nach abzulehnen. Eine Befürwortung dieses Ansatzes käme der Proklamation einer Abkehr von einem Stufenverhältnis zwischen Straf- und Zivilrecht und der Missachtung des Prinzips der asymmetrischen Akzessorietät gleich.[622] Entgegen

620 *Saliger* geht hier von einer „nicht (bzw. nicht starr) indizienbasierten und gleichwohl strafrechtsautonomen Schweretheorie" aus, vgl. *dens.*, in: Satzger/Schluckebier/Widmaier, StGB, § 266 Rn. 42; zu den angeführten Entscheidungen bereits C.II.2.b)cc)(1)(a)(aa) und C.II.2.b)cc)(1)(a)(cc).

621 So *Saliger*, der unter Bezugnahme auf BGHSt 50, 331 ff. von einer „zivilrechtsakzessorischen Schweretheorie" ausgeht, vgl. *dens.*, in: Satzger/Schluckebier/Widmaier, StGB, § 266 Rn. 42; in diesem Sinne auch *Theile*, ZIS 2011, 616 (617); *Große Vorholt*, Wirtschaftsstrafrecht, Rn. 491–493; zur Mannesmann-Entscheidung in diesem Zusammenhang bereits C.II.2.b)cc)(1)(a)(dd).

622 Zur asymmetrischen Akzessorietät bereits C.II.1.b); zum Stufenverhältnis bzw. Subsidiaritätsgrundsatz zwischen Straf- und Zivilrecht vgl. oben C.II.2.b)aa)(1); *Saliger* führt zugunsten des Ansatzes an, „(…) dass in der Praxis die gesellschaftsrechtliche Pflichtwidrigkeit die strafrechtliche Pflichtverletzung häufig präjudizieren wird",

einer breiten Literaturansicht ist nach der hier vertretenen Auffassung auch nicht ersichtlich, dass der 3. Strafsenat in der Mannesmann-Entscheidung von einer derart unmittelbaren Zivilrechtsakzessorietät ausging.[623] Das Gericht machte allein deutlich, dass es seiner Auffassung nach für die Verwirklichung des Untreuetatbestands keiner gesondert „gravierenden" Vermögensbetreuungspflichtverletzung bedürfe und dass sich eine diesbezügliche Notwendigkeit auch weder aus der Zweiten Kreditvergabe-Entscheidung noch aus der SSV Reutlingen-Entscheidung herleiten lasse.[624] Daraus folgt jedoch nicht *per se* das Vorliegen einer untreuerelevanten Pflichtverletzung bei jedem gesellschaftsrechtlichen Pflichtverstoß. Vielmehr kann sich die für eine Strafrechtsrelevanz gesondert zu fordernde gesteigerte Gravität des Pflichtverstoßes gerade aus einem besonders evidenten Verstoß gegen gesellschaftsrechtliche Pflichten ergeben. Eine davon abweichende Sichtweise ist den Ausführungen des 3. Strafsenats in der Mannesmann-Entscheidung nicht zu entnehmen. Es ist deshalb davon auszugehen, dass das Gericht an einem Stufenverhältnis im Sinne einer gegenüber dem Zivilrecht restriktiveren strafrechtlichen Wertungsstufe festhalten und kein generell schnelleres Eingreifen strafrechtlicher Sanktion propagieren wollte.[625]

---

vgl. *dens.*, in: Satzger/Schluckebier/Widmaier, StGB, § 266 Rn. 42a – wobei auch *Saliger* diesen Ansatz im Ergebnis ablehnt; eine strenge Zivilrechtsakzessorietät des Untreuetatbestands bei der Anwendung des § 93 Abs. 1 S. 2 AktG befürworten dagegen *Bosch/Lange*, JZ 2009, 225 (234–237).

623 A.A. statt vieler *Saliger*, in: Satzger/Schluckebier/Widmaier, StGB, § 266 Rn. 42; die Entscheidung zum Fall Mannesmann (BGHSt 50, 331 ff.) wurde aus strafrechtlicher Sicht dadurch erschwert, dass ihr keine zivilrechtliche Entscheidung als Orientierungshilfe zugrunde lag, vgl. *Theile*, ZIS 2011, 616 (620); kritisch zur Mannesmann-Entscheidung insgesamt *Tiedemann*, in: FS U. Weber, 2004, S. 319 (319–331); zustimmend dagegen *Große Vorholt*, Wirtschaftsstrafrecht, Rn. 492; kritisch gegenüber einem das Zivilrecht „überholenden" Strafrecht äußern sich *Theile*, ZIS 2011, 616 (616, 618–623); *Feddersen*, in: FS Laufs, 2006, S. 1169 (1171 f., 1185–1188); hierzu bereits C.II.2.b)aa)(4).

624 BGHSt 50, 331 (343–345); dazu bereits C.II.2.b)cc)(1)(a)(dd), C.II.2.b)cc)(1)(a)(ff).

625 Wenngleich den Vertretern des zivilrechtsakzessorischen Ansatzes zuzugeben ist, dass der 3. Strafsenat in der Mannesmann-Entscheidung die Trennung des gesellschaftlichen von dem rein strafrechtlichen „Prüfungsprozess" nicht gesondert betonte, vgl. BGHSt 50, 331 (335 f.); es steht jedoch zu vermuten, dass das Gericht hier aus ergebnisgeleiteten Erwägungen die Anforderungen des objektiven Tatbestands von § 266 Abs. 1 StGB eher niedrig ansetzte, weil es die Bejahung des objektiven Tatbestands und die damit einhergehende Appellwirkung als dem zugrunde liegenden Lebenssachverhalt angemessen erachtete; der Verzicht auf das Merkmal der „gravierenden" Pflichtverletzung lässt sich deshalb nicht auf andere Prüfungen der

Deshalb kann auch dem Vorbringen *Theiles*, es zeichne sich anhand der Rechtsprechungsentwicklung die Ziehung eines unmittelbaren Schlusses von einem Verlassen des „außerstrafrechtlichen Entscheidungs- und Handlungsspielraums" auf eine untreuerelevante Vermögensbetreuungspflichtverletzung ab,[626] in dieser Form nicht gefolgt werden. Denn dieses Verständnis impliziert gerade die Abkehr vom Subsidiaritätsprinzip.[627] Ein streng zivilrechtsakzessorischer

---

Verletzung einer Vermögensbetreuungspflicht übertragen, vielmehr erachtete das Gericht in der Mannesmann-Entscheidung durch dieselbe Handlung sowohl die zivil- als auch die strafrechtliche Höhenmarke für eine Pflichtverletzung als überschritten; ein etwaiger Verzicht auf eine strafrechtsautonome Prüfungsebene liegt auch nicht bereits darin begründet, dass der 3. Strafsenat – in der Sache richtig – darauf aufmerksam macht, dass in der zuvor zugunsten des Merkmals einer „gravierenden" Pflichtverletzung angeführten Entscheidung zum Fall SSV Reutlingen und in der Zweiten Kreditvergabe-Entscheidung das „Gravitätserfordernis" tatsächlich an die gesellschaftsrechtliche Pflichtverletzung gerichtet wurde, die erst unter dieser Voraussetzung eine untreuerelevante Pflichtverletzung darstellen könne, denn ein Stufenverhältnis vermag durchaus auch über andere Restriktionskriterien auf der strafrechtlichen Wertungsstufe aufrechterhalten zu werden, vgl. zu weiteren Restriktionskriterien in Bezug auf die Pflichtverletzung gemäß § 266 Abs. 1 StGB C.II.2.b)cc)(1)(b) und C.II.2.b)cc)(1)(c).

626 Vgl. *Theile*, ZIS 2011, 616 (617), wobei der Autor diesen Schluss bereits aus einer scheinbaren Abkehr der Rechtsprechung vom Merkmal der „gravierenden" Pflichtverletzung zieht und sich dazu neben der Mannesmann-Entscheidung auch auf die Kinowelt-Entscheidung bezieht, vgl. zu Letzterem bereits C.II.2.b)cc)(1)(a)(dd) – nach der hier vertretenen Auffassung ist der Rechtsprechung weder eine generelle Abkehr vom Merkmal der „gravierenden" Pflichtverletzung zu entnehmen noch ließe sich hieraus ein Rückschluss auf die intendierte Beziehung zwischen Zivil- und Strafrecht ziehen, so auch bereits C.II.2.b)cc)(1)(a)(ff).

627 Zwar gibt es in der Literatur Veränderungsansätze, die eine Fortentwicklung und Verbesserung des Wirtschaftsstrafrechts bewirken wollen, vgl. insgesamt sehr anschaulich *Mansdörfer*, Zur Theorie des Wirtschaftsstrafrechts, 2011; zu diesem Zweck erscheint insbesondere der Vorschlag einer Abkehr vom reinen Rechtsgüterschutz hin zu der Sanktionierung von Verstößen gegen Handlungs- und Sorgfaltspflichten beachtenswert, vgl. dazu bereits C.II.2.b)aa)(2); dem Vorschlag ist zuzugeben, dass die praktische Rechtsanwendung des Untreueparagraphen tatsächlich im modernen Wirtschaftsleben allzu oft als Sanktionsnorm für die Verletzung von Handlungspflichten erscheint und es deshalb einer ehrlicheren Methodik entspräche, das Wirtschaftsstrafrecht grundsätzlich offen in dieser Weise auszugestalten – sollte es zu einer entsprechenden Entwicklung kommen, so wäre auch das Subsidiaritätsprinzip zumindest partiell wohl nicht mehr unantastbar; eine solche Entwicklung bleibt jedoch, wie bereits unter C.II.2.b)aa)(4) ausgeführt, ausdrücklich

Ansatz ist sowohl seinem Inhalt als auch seiner Herleitung nach insgesamt abzulehnen.[628]

Fraglich bleibt, wie der strafrechtsautonome Ermittlungsansatz zu bewerten ist und ob bei seiner Anwendung indizienbasiert vorgegangen werden sollte. Eine strafrechtsautonome Feststellung der Vermögensbetreuungspflichtverletzung nach § 266 Abs. 1 StGB verdient grundsätzlich Zustimmung. Diese schließt eine Bezugnahme auf die Primärmaterie des Gesellschaftsrechts keinesfalls aus, sondern bezieht zivil- bzw. gesellschaftsrechtliche Normen ebenfalls als Ausgangspunkt der darauf aufbauenden strafrechtlichen Wertung ein. Dabei gewährleistet sie jedoch die Einhaltung des Subsidiaritätsprinzips, indem für das Eingreifen des Strafrechts ein – inhaltlich in Bezug auf die Pflichtverletzung nach § 266 Abs. 1 StGB noch näher zu definierender – „Erheblichkeitszuschlag" verlangt wird.[629] Die strafrechtsautonome Ermittlung der Vermögensbetreuungspflichtverletzung erscheint demnach begrüßenswert.

Zweifelhaft ist demgegenüber eine Bindung dieses Ansatzes an das Vorliegen von Indizien.[630] Die Formulierung von Indizienkatalogen kann lediglich auf der Grundlage von Verallgemeinerungen erfolgen. Der strafrechtlichen Prüfung unterliegen jedoch stets spezifische Einzelfallkonstellationen. Der festgestellte Lebenssachverhalt muss sich individuell unter den relevanten Straftatbestand subsumieren lassen. Dabei kann es innerhalb ähnlicher Konstellationen freilich schon allein durch die Auseinandersetzung mit der einschlägigen Rechtsprechung zu vergleichbaren Erwägungen kommen, die wahrscheinlich auch in einem aufzustellenden Indizienkatalog berücksichtigt würden. Dies allein spricht aber nicht für eine indizienbezogene Ermittlungsmethode. Denn ein Indizienkatalog liefert nie die Gewähr, auch zu dem – gegebenenfalls ähnlich gelagerten, aber doch in wichtigen Nuancen abweichenden – aktuellen Sachverhalt zu passen. So kann

---

abzuwarten; sie zu der Grundlage aktueller strafrechtlicher Bewertung zu machen, erschiene nach der hier vertretenen Auffassung aus heutiger Sicht nicht sachgerecht, denn der parlamentarische Gesetzgeber ist in diese Richtung bis jetzt nicht tätig geworden.

628 So auch *Saliger*, in: Satzger/Schluckebier/Widmaier, StGB, § 266 Rn. 42a.

629 Zu weiteren Restriktionsmerkmalen in Bezug auf die Pflichtverletzung des § 266 Abs. 1 StGB, welche eine zurückhaltende und gleichzeitig vorhersehbare Anwendung des Straftatbestands gewärleisten sollen, vgl. die folgenden Ausführungen unter C.II.2.b)cc)(1)(b) und insbesondere C.II.2.b)cc)(1)(c).

630 Siehe in diesem Zusammenhang bereits die Kritik an einem indizienbasierten Vorgehen unter C.II.2.a)cc)(2) sowie die dortigen Nachweise, insbesondere *Samson*, in: Non Profit Law Yearbook 2004, 2005, S. 233 (240, 242); vgl. ebenfalls die Kritik an der Bildung von Fallgruppen, C.II.2.b)dd)(2).

bereits ein gravierender Verstoß gegen ein bestimmtes Kriterium eines Indizienkatalogs eine Vermögensbetreuungspflichtverletzung darstellen, während in anderen Fällen erst das Zusammenkommen einer Reihe gesellschaftsrechtlicher Einzelverstöße im Rahmen eines Entscheidungsfindungsprozesses in der Gesamtschau zu der untreuerelevanten Pflichtverletzung führt.

Der indizienbezogene Ansatz stellt deshalb eine Pauschalisierung dar, die nur scheinbar einen Sicherheitszuwachs zugunsten des Rechtsanwenders gewährt. Ein Indizienkatalog kann oft bereits dann nicht mehr übertragen werden, wenn die strafrechtlich zu bewertenden Wirtschaftsvorgänge nur in marginaler Weise voneinander abweichen. Vor diesem Hintergrund verbietet es sich, Indizienkataloge zu außertatbestandlichen Dogmen zu erheben. Eine streng indizienbezogenen Ermittlung der Vermögensbetreuungspflichtverletzung gemäß § 266 Abs. 1 StGB birgt die Gefahr der rechtlichen Gleichbehandlung ungleicher Sachverhalte bzw. der gezwungenen Subsumtion unter Indizienkataloge, die in keinem Bezug zu der Strafnorm stehen. Ein zwingender Indizienbezug vermag vor diesem Hintergrund nicht zu überzeugen und es sollte von ihm abgesehen werden.

Vorzugswürdig erscheint es, die Verletzung einer Vermögensbetreuungspflicht zwar unter Berücksichtigung des aktienrechtlichen Primärrechts, aber strafrechtsautonom ohne zwingende Heranziehung von Indizien positiv festzustellen.

(v) Zwischenergebnis

Die Forderung nach einer Vermögensbetreuungspflichtverletzung, die „gravierend" sein muss, ist zwar Ausdruck eines guten Willens im Hinblick auf eine Tatbestandsreduktion, sie hilft jedoch inhaltlich nicht weiter.

Auf Basis der behandelten Rechtsprechung konnte zudem festgestellt werden, dass die Pflichtverletzung gemäß § 266 Abs. 1 StGB strafrechtsautonom ohne zwingende Heranziehung von Indizienkatalogen bestimmt werden sollte.

Nun wird weiter zu untersuchen sein, welches Restriktionsmerkmal zu einer Konkretisierung der strafrechtsautonomen Bestimmung der Pflichtverletzung in begrüßenswerter Weise beitragen kann.

(b) Vermögensbetreuungspflichtverletzung bei Überschreitung des „erlaubten Risikos"

Bei der Prüfung einer Pflichtverletzung im Sinne des § 266 Abs. 1 StGB wird eine inhaltliche Konkretisierung des Merkmals zum Teil auch dadurch zu erreichen versucht, dass sein Vorliegen mit dem Überschreiten des „erlaubten Risikos" gleichgesetzt bzw. umschrieben wird.[631] Hiermit ist in Bezug auf die Eingehung von riskanten Geschäften der nicht strafbewehrte – und demnach „erlaubte" – Risikobereich gemeint.[632] Auf Seiten des Vorstandsmitglieds einer Aktiengesellschaft wäre eine Vermögensbetreuungspflichtverletzung nach § 266 Abs. 1 StGB durch die Vornahme einer erfolglosen unternehmerischen Entscheidung dann verwirklicht, wenn im Verlauf des Entscheidungsprozesses das „erlaubte Risiko" überschritten wurde. Wenn die Entscheidung ihrem Inhalt nach hingegen innerhalb des erlaubten Risikobereichs läge, könnte eine Pflichtverletzung im Sinne des § 266 Abs. 1 StGB nicht vorliegen.[633] Übertragen auf die hier zu untersuchende Relevanz des § 93 Abs. 1 S. 2 AktG müsste untersucht werden, ob das „erlaubte Risiko" bei einem Handeln überschritten wäre, welches einzelnen Tatbestandsvoraussetzungen des § 93 Abs. 1 S. 2 AktG nicht genügt.

Auch bezüglich dieses Kriteriums stellt sich jedoch die Frage, ob die Begrifflichkeit des „erlaubten Risikos" die inhaltlichen Voraussetzungen einer Pflichtverletzung zu konkretisieren vermag. Dies ist nicht der Fall. Durch die Frage nach einer Überschreitung des „erlaubten Risikos" wird das Tatbestandsmerkmal der Pflichtverletzung im Sinne des Untreuetatbestands lediglich durch eine komplett neue Begrifflichkeit ersetzt, die ihrerseits gänzlich unbestimmt und damit konkretisierungsbedürftig ist.[634] Deshalb ist das Kriterium des „erlaubten

---

631 Vgl. dazu nur *Brüning/Samson*, ZIP 2009, 1089 (1091–1093); *Samson*, in: Non Profit Law Yearbook 2004, 2005, S. 233 (241 f.); in Abgrenzung zu dem Merkmal der „gravierenden" Pflichtverletzung *Theile*, ZIS 2011, 616 (625); außerdem *Keller/Sauer*, wistra 2002, 365 (366); *Preuß*, Untersuchungen zum erlaubten Risiko im Strafrecht, 1974.

632 Allgemein zu Risikogeschäften im Rahmen von § 266 StGB *Saliger*, in: Satzger/Schluckebier/Widmaier, StGB, § 266 Rn. 47–49; *Dierlamm*, in: MK StGB, § 266 Rn. 228–235; *Ransiek*, ZStW 116 (2004), 634 (646 f.); speziell bezogen auf die Pflichtverletzung im Rahmen des Missbrauchstatbestands *Perron*, in: Schönke/Schröder, StGB, § 266 Rn. 20; *Lackner/Kühl*, StGB, § 266 Rn. 7; *Ransiek*, ZStW 116 (2004), 634 (635–638); unter besonderer Bezugnahme auf individuelle Anweisungen durch den Vermögensinhaber auch *Rose*, wistra 2005, 281 (285–289).

633 Dazu *Samson*, in: Non Profit Law Yearbook, 2004, 2005, S. 233 (242); unter unmittelbarem Bezug des „erlaubten Risikos" auf das geschützte Rechtsgut vgl. *Hohn*, wistra 2006, 161 (164); außerdem *Rönnau*, ZStW 119 (2007), 887 (917).

634 So auch *Samson*, der in der Figur des „erlaubten Risikos" keinen Lösungsansatz, sondern schlicht eine Problembeschreibung sieht, vgl. *dens.*, in: Gesellschaftsrecht in der Diskussion 2004, 2005, S. 109 (113); kritisch ebenfalls *Rose* im Rahmen seiner Auseinandersetzung mit der Rechtsprechung des Bundesgerichtshofs zu Risikogeschäften, vgl. *dens.*, wistra 2005, 281 (282); zur Bestimmung eines Handelns außerhalb des „erlaubten Risikos" könnte nach der hier vertretenen Auffassung allenfalls

Risikos“ zur restriktiven Konkretisierung des Tatbestandsmerkmals „Pflichtverletzung“ gemäß § 266 Abs. 1 StGB ungeeignet und nicht weiter zu verfolgen.

(c) Vermögensbetreuungspflichtverletzung bei evidentem Pflichtverstoß im Sinne einer Unvertretbarkeit der Entscheidung

Anhand der vorigen Untersuchungen hat sich eine Untauglichkeit der „gravierenden“ Pflichtverletzung und des „erlaubten Risikos“ als Restriktions- bzw. Konkretisierungskriterien gezeigt. Deshalb ist weiter nach einem Kriterium zu suchen, das tauglich ist, dem Tatbestandsmerkmal der Pflichtverletzung nach § 266 Abs. 1 StGB mehr Kontur zu verleihen. Eine solche inhaltliche Konkretisierung könnte in restriktiver Weise durch die Forderung eines evidenten Pflichtverstoßes für die Verwirklichung einer untreuerelevanten Vermögensbetreuungspflichtverletzung erreicht werden. Auf der strafrechtlichen Bewertungsebene wäre dann in Bezug auf die Pflichtverletzung ein Maßstab der Evidenz anzulegen.[635] Dieser

---

wiederum der Versuch einer Bildung von Fallgruppen unternommen werden, vgl. zur Kritik an einem solchen Vorgehen C.II.2.b)dd)(2).

635 *Esser*, in: AnwaltKommentar StGB, § 266 Rn. 297; *Saliger*, in: Satzger/Schluckebier/Widmaier, StGB, § 266 Rn. 42a, 91 – wobei *ders.* eine Pflichtverletzung im Sinne des § 266 Abs. 1 StGB darüber hinaus klarstellend bei Willkür annimmt; vgl. außerdem *dens.*, HRRS 2006, 10 (20); *Rönnau*, ZStW 119 (2007), 887 (912, 917); *Helmrich/Eidam*, ZIP 2011, 257 (260 f.); *Theile*, ZIS 2011, 616 (626); *Bosch/Lange*, JZ 2009, 225 (232); im Rahmen der „Formulierung eines funktionalen Prinzips zur Bestimmung einer untreueerheblichen Pflichtverletzung“ auch *Bräunig*, Untreue in der Wirtschaft, 2011, S. 143; ähnlich ebenfalls *Ransiek*, ZStW 116 (2004), 634 (674 f., 677) – *ders.* bereits vor der Einfügung des heutigen § 93 Abs. 1 S. 2 in das Aktiengesetz unter Bezugnahme auf Verfahrensregeln und dadurch gewährte Beurteilungsspielräume, die erst bei evidenter Unvertretbarkeit verlassen würden; vgl. ebenfalls BVerfGE 126, 170 (210 f.), denn auch der Zweite Senat des Bundesverfassungsgerichts will erst ab einem evidenten außerstrafrechtlichen Pflichtverstoß das Vorliegen einer (gravierenden) Pflichtverletzung nach § 266 Abs. 1 StGB annehmen; darauf bezieht sich *Schramm*, in: Momsen/Grützner, Wirtschaftsstrafrecht, Kapitel 5., B., Rn. 54 f.; *Dierlamm* fordert, dass eine Entscheidung „klar und evident wirtschaftlich unvertretbar“ sein müsse bzw. dass ein Verlustrisiko (evident) unvertretbar zu sein habe, um eine Pflichtverletzung nach § 266 Abs. 1 StGB zu begründen, vgl. *dens.*, in: MK StGB, § 266 Rn. 232 f. sowie allgemein zugunsten der Anlegung eines Evidenzmaßstabs *dens.*, in: MK StGB, § 266 Rn. 14, 174, 183; zu einem entsprechenden Maßstab bei der Prüfung einer Vermögensbetreuungspflichtverletzung durch Mitglieder des Aufsichtsrats einer Aktiengesellschaft, vgl. *dens.*, in: MK StGB, § 266 Rn. 80; zugunsten der Anlegung eines Evidenzmaßstabs bei der Anwendung des Untreuetatbestands auch *Tiedemann*, vgl. *dens.*, Wirtschaftsstrafrecht AT, Rn. 165 f.;

ist freilich seinerseits auslegungsbedürftig. Meist wird er inhaltlich dahin gehend konkretisiert, dass eine Entscheidung dann evident pflichtwidrig ist, wenn sie jedem kundigen Menschen in der Situation des Entscheiders als schlechthin unvertretbar erscheinen musste.[636] Eine solche Beschränkung der strafrechtlichen Sanktion auf schlicht unvertretbares Handeln erscheint auch mit Blick auf das Stufenverhältnis zwischen Straf- und Gesellschaftsrecht sowie den *ultima ratio*-Charakter des Strafrechts angezeigt. Denn eine Begrenzung von Pflichtverletzungen auf Evidenzfälle ist bereits im Gesellschaftsrecht weitgehend anerkannt und letztlich auch dort nur ein Resultat aus dem weiten Beurteilungsspielraum, welcher der Unternehmensführung zugute gehalten wird.[637] Ein solcher Ermessensspielraum zugunsten eines Vorstandsmitglieds hat im Strafrecht erst recht zu gelten.[638] Aus Restriktionsgesichtspunkten muss er noch weiter ausgestaltet sein als jener, der bei der Frage nach einem rein gesellschaftsrechtlichen Pflichtverstoß zugrunde gelegt wird. Wenn aber bereits eine gesellschaftsrechtliche Haftungsansprüche begründende Pflichtverletzung einen erheblichen Pflichtverstoß des Vorstandsmitglieds voraussetzt, so kann eine Untreuestrafbarkeit nur in Fällen vorliegen, in denen eine unternehmerische Entscheidung in keiner auch nur denkbar anerkannten Weise als (noch) vertretbar erscheint.[639]

---

kritisch hingegen *Schünemann*, der diesem Maßstab keinen inhaltlichen Erkenntnisgewinn zu entnehmen vermag, vgl. *dens.*, in: LK StGB, § 266 Rn. 100; *Hoffmann*, Untreue und Unternehmensinteresse, 2010, S. 52 f.

636 So fordert *Feddersen* „eindeutig unvertretbares Verhalten", vgl. *dens.*, in: FS Laufs, 2006, S. 1169 (1190); vgl. ebenfalls *Kubiciel*, NStZ 2005, 353 (360); *Waßmer*, Untreue bei Risikogeschäften, 1998, S. 73 f.

637 Vgl. nur BGHZ 135, 244 (253); BGHZ 111, 224 (227); unter Erstreckung dieses Maßstabs auch auf die Beurteilung der Entscheidungsvorbereitung bereits sehr anschaulich *Hommelhoff*, Die Konzernleitungspflicht, 1982, S. 173 f.

638 Zu einem weiten Beurteilungsspielraum in strafrechtlicher Hinsicht, BGHSt 46, 30 (34 f.); 47, 148 (149 f.); 47, 187 (192); 50, 331 (336); im Sinne eines „erst recht"-Schlusses von der gesellschaftsrechtlichen auf die strafrechtliche Wertung, *Rönnau/Hohn*, NStZ 2004, 113 (118).

639 So wird in BGHZ 135, 244 (253) bereits für das Vorliegen von zivilrechtlicher Pflichtwidrigkeit ein erheblicher Verstoß verlangt; die Unvertretbarkeit als „weitgehende Einigkeit" unter den entsprechenden Fachleuten verstehen *Schramm*, Untreue und Konsens, 2005, S. 140 und *Dittrich*, Die Untreuestrafbarkeit von Aufsichtsratsmitgliedern bei der Festsetzung überhöhter Vorstandsvergütungen, 2007, S. 212; zur Forderung einer unvertretbaren Handlung auf strafrechtlicher Ebene ferner *Tiedemann*, in: FS U. Weber, 2004, S. 319 (324); *ders.*, in: FS Tröndle, 1989, S. 319 (328); *Ignor/Sättele*, in: FS Hamm, 2008, S. 211 (213 f.); vgl. auch *Saliger*, in: Satzger/Schluckebier/Widmaier, StGB, § 266 Rn. 42a; in diesem Zusammenhang

Gleichzeitig wird deutlich, dass dieser Restriktionsansatz das Tatbestandsmerkmal der Pflichtverletzung nach § 266 Abs. 1 StGB auch inhaltlich konkretisiert.[640] Während sich die Forderung nach einem evidenten Verstoß gegen außerstrafrechtliche Pflichten – vergleichbar mit derjenigen nach einer „gravierenden" Pflichtverletzung – noch abstrakt auf die zu verlangende Gravität des Verstoßes bezieht, wird durch das Merkmal der Unvertretbarkeit eine konkrete Veranschaulichung des anzulegenden Evidenzmaßstabs erreicht.

Deshalb erscheint das Erfordernis eines evidenten Pflichtverstoßes im Sinne eines eindeutig unvertretbaren Handelns zur inhaltlichen Konkretisierung der Anforderung an eine Vermögensbetreuungspflichtverletzung gemäß § 266 Abs. 1 StGB am ehesten geeignet, den objektiven Tatbestand der Untreue für den Rechtsanwender „greifbarer" zu machen.[641]

(d) Zwischenergebnis

Eine Pflichtverletzung gemäß § 266 Abs. 1 StGB erfordert einen evidenten Pflichtverstoß. Ein solcher setzt voraus, dass eine unternehmerische Entscheidung nach keiner anerkannten Ermittlungsmethode hätte getroffen werden

---

verweisend auch auf den gesellschaftsrechtlichen Evidenzmaßstab *Schünemann*, Organuntreue, 2004, S. 25–27; *Otto*, in: FS Kohlmann, 2003, S. 187 (202 f. m.w.N.); *Beckemper*, NStZ 2002, 324 (326); parallel hierzu findet auch im Insolvenzrecht das unternehmerische Ermessen seine Grenze bei der Unvertretbarkeit einer Entscheidung, vgl. *Bittmann*, Insolvenzstrafrecht, S. 304.

640 In die gleiche Richtung geht *Hohn*, der unter Bezugnahme auf BGHSt 50, 331 ff. die Anwendung des Untreuetatbestands bei der Verwendung von Gesellschaftsvermögen auf Fälle „der vollständigen wirtschaftlichen Nutzlosigkeit einer Ausgabe" beschränkt sieht, vgl. *dens.*, wistra 2006, 161 (164).

641 Eine Restunsicherheit ist einem Tatbestand, der faktisch nur aus zwei Tatbestandsmerkmalen und der Frage einer Zurechnung des einen zum anderen besteht, schlicht immanent und ihr ließe sich lediglich durch eine Gesetzesänderung gänzlich Abhilfe schaffen; in diesem Sinne auch *Ransiek*, ZStW 116 (2004), 634 (640); auf die Notwendigkeit von Gesetzesänderungen zur absoluten Behebung der aufgezeigten Probleme bei der Anwendung des Untreuetatbestands verweist ebenfalls *Saliger*, ZStW 112 (2000), 563 (565); zu Änderungsvorschlägen bezogen auf § 266 StGB vgl. *Schramm*, Untreue und Konsens, 2005, S. 245 ff.; zuvor schon *Haas*, Die Untreue (§ 266 StGB), Vorschläge de lege ferenda und geltendes Recht, 1997, S. 119–134, der unter anderem auf den Änderungsvorschlag von *Labsch*, Untreue (§ 266 StGB), Grenzen und Möglichkeiten einer neuen Deutung, 1983, S. 345 [insgesamt S. 344–346] Bezug nimmt, S. 127–132, diesen jedoch ablehnt, S. 129–132, 134; die Frage, aus wessen Sicht das Vorliegen der Evidenz des Pflichtverstoßes zu beurteilen ist, soll an späterer Stelle unter C.II.2.b)ff)(2) behandelt werden.

dürfen, so dass sie als unvertretbar erscheint. Die Pflichtwidrigkeit muss dem Handeln also bildlich gesprochen „auf die Stirn geschrieben“ sein.[642]

(2) Vorschläge gesteigerter Anforderungen im Rahmen des subjektiven Tatbestands

Weiterhin erscheint es denkbar, eine Restriktion des Untreuetatbestands über gesteigerte subjektive Anforderungen zu verwirklichen. Auf diese Weise würde in subjektiver Hinsicht ein Gegengewicht zur Tatbestandsarmut in objektiver Hinsicht gesetzt werden.[643] Zudem könnte durch die Forderung eines gezielt gegen das geschützte Gesellschaftsvermögen gerichteteten Handelns die Sanktionierung eines bloßen Verstoßes gegen Handlungspflichten vermieden werden.[644] Eine solche gezielt vermögensschädigende Einwirkung wird durch die besondere Zugriffsmöglichkeit des Gesellschaftsorgans und das Anvertrautsein des Gesellschaftsvermögens an das Organ gerade erleichtert, was eine strafrechtliche Sanktion angezeigt sein lässt. Gleichzeitig könnte ein abzulehnender Rückschluss vom Vermögensschaden auf das Vorliegen einer Vermögensbetreuungspflichtverletzung so vielfach in subjektiver Hinsicht korrigiert werden.[645]

(a) Gesteigerte Anforderungen an die Vorsatzform

Zunächst erscheint es denkbar, gesteigerte Anforderungen an die Vorsatzform zu stellen. So könnte entweder das Vorliegen von bedingtem Vorsatz (*dolus*

---

642 Vgl. zu dieser plastischen Formulierung bei der Prüfung der Fehlerhaftigkeit eines Verwaltungsakts *Kopp/Ramsauer*, VwVfG, § 44 Rn. 12 unter Verweis auf BSG 17, 83 – der dabei zum Ausdruck kommende Evidenzmaßstab ist an dieser Stelle auf die strafrechtliche Wertung entsprechend übertragbar; in diesem Sinne auch *Dierlamm/Links*, NStZ 2000, 656 (656).

643 Auch eine auf diese Weise verwirklichte Restriktion wäre mit Blick auf Art. 103 Abs. 2 GG unproblematisch möglich, vgl. pauschal zum Restriktionsbedarf bei der Auslegung des § 266 Abs. 1 StGB BVerfGE 126, 170 (200, 211, 213, 215); auf die Tatbestandsarmut des Untreuetatbestands verweist *Samson* in Bezug auf den Oberfall des § 266 Abs. 1 1. Alt. StGB, vgl. *dens.*, in: Gesellschaftsrecht in der Diskussion 2004, 2005, S. 109 (111).

644 Die strafrechtliche Sanktionierung bloßer Handlungspflicht- und Regelverstöße will zukunftsbezogen *Alwart* zumindest für das Wirtschaftsstrafrecht nicht mehr *a priori* ausschließen, vgl. *dens.*, in: FS Otto, 2007, S. 3 (17–24); ebenfalls zuvor bereits *ders.*, JZ 2006, 546 (546–548); nach der hier vertretenen Auffassung sollte dem Vorschlag *Alwarts* jedoch eher mit Zurückhaltung begegnet werden, vgl. dazu bereits C.II.2.b)aa)(2).

645 Zu der Gefahr einer „Tatbestandsverschleifung“ siehe bereits C.II.2.b)bb)(2).

eventualis) besonders restriktiv geprüft,[646] Kenntnis (*dolus directus* 2. Grades) hinsichtlich eines Verstoßes gegen akzessorisch heranzuziehende außerstrafrechtliche Normen verlangt[647] oder absichtliches Handeln (*dolus directus* 1. Grades) in Bezug auf die Herbeiführung eines Vermögensschadens vorausgesetzt werden.

Die restriktive Annahme von bedingtem Vorsatz oder die Voraussetzung von Kenntnis hinsichtlich verletzter Pflichten, die ihren Ursprung außerhalb des Strafrechts haben, verdienen dem Grunde nach Unterstützung. Die Ansätze haben gemeinsam, dass sie mit Blick auf das Bestimmtheitsgebot aus Art. 103 Abs. 2 GG einer restriktiven Anwendung des Untreuetatbestands Vorschub leisten wollen. Die Tauglichkeit dieser subjektiven Ansätze als alleiniges Heilmittel gegen die tatbestandliche Unbestimmtheit des § 266 Abs. 1 StGB ist indes fraglich.[648] Das Erfordernis einer restriktiven Vorsatzprüfung ergibt sich bereits aus der Unbestimmtheit des objektiven Tatbestands. Es ersetzt aber nicht die Beantwortung der Frage nach dem konkreten Inhalt des objektiven Tatbestands als Bezugspunkt der Vorsatzprüfung. Dies gilt unabhängig davon, ob eine nur restriktive Annahme von bedingtem Vorsatz oder die Voraussetzung von Kenntnis des Treunehmers propagiert wird. Schließlich ist davon auszugehen, dass das

---

646 Erhöhte Anforderungen an das Vorliegen von *dolus eventualis* werden teilweise in der Rechtsprechung gestellt, vgl. BGHSt 47, 295 (302); NJW 1991, 990 (991); 1975, 1234 (1236); vgl. in diesem Zusammenhang auch die erhöhten Vorsatzanforderungen in BGHSt 51, 100 (121), wo der 2. Strafsenat des Bundesgerichtshofs für Fälle der schadensgleichen Vermögensgefährdung neben *dolus eventualis* bezüglich der konkreten Vermögensgefahr auch „(…) eine Billigung der *Realisierung* dieser Gefahr (…)" voraussetzt; zu den vertretenen Restriktionsansätzen für die Fälle der schadensgleichen Vermögensgefährdung instruktiv *Saliger*, in: Satzger/Schluckebier/Widmaier, StGB, § 266 Rn. 68–71; vgl. auch *dens./Gaede*, HRRS 2008, 57 (75); *Fischer*, StGB, § 266 Rn. 177–184; relativierend *Hefendehl*, in: FS Samson, 2010, S. 295 (312–314); unter Analyse der neueren Rechtsprechung und im Ergebnis zugunsten einer stärkeren Betonung des Unmittelbarkeitsprinzips bei der Prüfung eines Vermögensschadens, *Saliger*, in: FS Samson, 2010, S. 455 (460–482); vgl. auch bereits *Samson/Günther*, in: SK StGB (39. Lfg.), § 266 Rn. 45.

647 *Dinter* setzt für die Heranziehung des § 93 AktG bei der Prüfung einer Untreuestrafbarkeit bei ausgebliebener Konkretisierung des Pflichtenumfangs durch den Treugeber eine Kenntnis des Treunehmers hinsichtlich der außerstrafrechtlichen Norm und ihrer Rechtsfolge voraus, vgl. *dens.*, Der Pflichtwidrigkeitsvorsatz der Untreue, 2012, Rn. 216–219.

648 So jedoch offensichtlich *Deiters*, aus dessen Sicht sich „hinreichende Bestimmtheit [des Untreuetatbestands] (…) allenfalls auf der subjektiven Tatseite herstellen" lasse, vgl. *dens.*, in: Die Finanzkrise, das Wirtschaftsstrafrecht und die Moral, 2010, S. 132 (137).

Mitglied des Vorstands einer Aktiengesellschaft § 93 AktG kennt oder zumindest abstrakt weiß, dass er als Vorstandsmitglied sorgfältig zu handeln hat. Dadurch ist die inhaltliche Ausgestaltung eines Sorgfaltspflichtverstoßes, der auf strafrechtlicher Ebene zu einer Erfüllung des objektiven Tatbestands der Untreue führt, aber in keiner Weise vorangetrieben. Erst auf einen aus strafrechtlicher Perspektive konkretisierten Sorgfaltsmaßstab als Inhalt der Vermögensbetreuungspflicht kann sich ein restriktiv zu handhabendes Vorsatzerfordernis beziehen.

Ein Absichtserfordernis ließe sich lediglich auf bestimmte Merkmale des objektiven Tatbestands beziehen. So erschiene es denkbar, für die Verwirklichung des Untreuetatbestands eine Schädigungsabsicht vorauszusetzen. Ein solcher Vorschlag begegnet zunächst Bedenken, weil er keinen Niederschlag im Wortlaut des § 266 Abs. 1 StGB gefunden hat. Diese Bedenken könnten einerseits durch einen Hinweis auf den rein täterprivilegierenden Charakter des Vorschlags zerstreut werden. Andererseits wäre es möglich, eine entsprechende Gesetzesänderung anzuregen. Schwerwiegender erscheinen dem gegenüber inhaltliche Zweifel an diesem Vorschlag. So wäre das Erfordernis der Schädigungsabsicht eine recht hohe Hürde für die Anwendbarkeit des Untreuetatbestands. In prozessualer Hinsicht wären erhebliche Beweisschwierigkeiten in Bezug auf die Schädigungsabsicht absehbar.[649] Es stünde zu befürchten, dass das Erfordernis einer Schädigungsabsicht den Anwendungsbereich der Norm über Gebühr einschränken würde. Mit anderen Worten: Typische Untreuevorgänge könnten teilweise nicht mehr durch § 266 Abs. 1 StGB sanktioniert werden. Folglich kann einem Vorschlag der Erweiterung des § 266 Abs. 1 StGB um eine Schädigungsabsicht nicht gefolgt werden.

(b) Einfügung des subjektiven Merkmals der Bereicherungsabsicht

Andererseits könnte auch das subjektive Merkmal der Eigen- oder Drittbereicherungsabsicht in den Tatbestand des § 266 Abs. 1 StGB aufgenommen werden.

Für diesen Ansatz spricht, dass die Eigen- oder Drittbereicherungsabsicht der Untreue eine noch stärkere Akzentuierung in Richtung eines Schutzes des Rechtsguts Vermögen des Treugebers verleihen und so einer Sanktionierung von bloßen Handlungspflichtverstößen entgegen wirken würde.[650] Eine solche sollte schließlich durch das Zivilrecht erfolgen. So findet sich in den Tatbeständen der

649 Kritisch in diesem Zusammenhang ebenfalls *Kubiciel*, NStZ 2005, 353 (356).

650 Gegen eine pauschal dahin gehende Ausrichtung des Wirtschaftsstrafrechts auch *Mansdörfer*, Zur Theorie des Wirtschaftsstrafrechts, 2011, Rn. 2; zumindest differenziert sieht der Autor dies allerdings für die Verletzung formeller Pflichten, vgl.

übrigen Vermögensdelikte in aller Regel die subjektive Anforderung einer Bereicherungsabsicht und vergleichbar dazu in den Eigentumsdelikten jene einer Zueignungsabsicht. Der Untreuestatbestand bildet insofern eine Ausnahme.[651] Diese Ausnahme hat jedoch auch gute Gründe.[652] So beklagenswert die Unbestimmtheit der aktuellen Tatbestandsfassung ist – bei Aufnahme des subjektiven Tatbestandsmerkmals einer Bereicherungsabsicht würden bestimmte Handlungen nicht gemäß § 266 Abs. 1 StGB bestraft werden können, die äußerst strafwürdig und geradezu als „Standardfall" einer Untreuehandlung erscheinen.[653]

Dies zeigt folgender Fall:

Ein Vorstandsmitglied vernichtet in den Geschäftsräumen des Sitzes der Aktiengesellschaft, für die er tätig ist, erhebliche Mengen an Bargeld aus dem Vermögen der Gesellschaft.

Das geschilderte Handeln des Vorstandsmitglieds stellt nach einhelliger Auffassung ein wegen Untreue strafbares Verhalten dar.[654] Die Strafbarkeit erscheint in derartigen Konstellationen auch angemessen, weil das Vermögen der Aktiengesellschaft anderenfalls nicht hinreichend geschützt wäre. Zwar könnte der Vorstand zivilrechtlich einerseits wegen Verletzung der Pflichten aus seinem Dienstvertrag und andererseits deliktisch auf Schadensersatz in Anspruch genommen werden. Weil eine Aktiengesellschaft jedoch gerade eine Struktur bietet, in der eine Vielzahl von Organen die Geschäfte derselben wahrnehmen, bedarf das Vermögen der Aktiengesellschaft eines besonderen Schutzes gegen Schädigungen durch die Personen, denen zum Zwecke eines fremdnützigen Tätigwerdens Zugriff auf das fremde Gesellschaftsvermögen gewährt wird. Plakativ gesprochen: Eine Aktiengesellschaft kann sich als juristische Person gegen Schädigungen ihres Vermögens durch Angestellte – anders als etwa ein Einzelkaufmann – nicht zur Wehr setzen. Eine wirksame Überwachung und Wahrnehmung der Gesellschaftsinteressen durch die übrigen Organe ist leider nicht immer gewährleistet. Dies ist einer der Gründe, der den Gesetzgeber zu den Neuerungen durch das UMAG veranlasste. Ungeachtet dessen ist das Gesellschaftsvermögen anderweitig nicht so umfänglich geschützt, dass die

---

Rn. 407–412; restriktiver jedoch bisher die Rechtsprechung, vgl. BGHSt 47, 187 (197); 46, 30 (32).

651 Vgl. *Samson*, in: Gesellschaftsrecht in der Diskussion 2004, 2005, S. 109 (114).

652 Vgl. die entsprechenden Beiträge in Fn. 201.

653 So erachtet *Seier* die Weite des Untreuetatbestands angesichts der Mannigfaltigkeit wirtschaftlicher Vorgänge gerade als notwendig, vgl. *dens.*, in: Achenbach/Ransiek, Handbuch Wirtschaftsstrafrecht, 5. Teil, 2. Kapitel Rn. 20.

654 Vgl. statt vieler *Ransiek*, ZStW 116 (2004), 634 (647).

Aufrechterhaltung der Drohkulisse einer Untreuestrafbarkeit auch jenseits eines Handelns in Bereicherungsabsicht aufgegeben werden dürfte.[655]

(c) Zwischenergebnis

Weder gesteigerte Anforderungen an die für eine Untreuestrafbarkeit erforderliche Vorsatzform noch eine Aufnahme des Erfordernisses einer Eigen- oder Drittbereicherungsabsicht können als Restriktionsmittel für § 266 Abs. 1 StGB überzeugen.

dd) Weitere Orientierungsbemühungen

Neben den Vorschlägen gesteigerter Anforderungen an das Merkmal der Pflichtverletzung im Sinne des § 266 Abs. 1 StGB und den subjektiven Tatbestand der Norm ist die Bildung von Fallgruppen ein Instrumentarium, mit dem versucht wird, der Unbestimmtheit des Untreuetatbestands Herr zu werden.

(1) Fallgruppenbildung durch die Rechtsprechung

Die Bildung von Fallgruppen zur Beantwortung der Frage nach einer Untreuestrafbarkeit hat ihren Bezugspunkt in der einschlägigen Judikatur. So begründeten die Erste und die Zweite Kreditvergabe-Entscheidung – wie der Name bereits andeutet – die Fallgruppe „Kreditvergabe."[656] Die SSV Reutlingen-Entscheidung wird allgemein zur Basisentscheidung der Fallgruppe „Unternehmenssponsoring" erhoben.[657] Die Bremer Vulkan-Entscheidung wird stets in Zusammenhang mit Fällen der „Konzernuntreue" behandelt,[658] während die Mannesmann-Entscheidung als Leitentscheidung der Fallgruppe „kompensationslose Anerkennungsprämien" gilt.[659]

Durch die Einteilung in solche Fallgruppen wird eine Konkretisierung der Anforderungen an eine Vermögensbetreuungspflichtverletzung innerhalb bestimmter Oberkategorien angestrebt, unter welche das zugrunde liegende Treueverhältnis subsumiert wird.[660] Teilweise nahm die Rechtsprechung selbst an der

---

655 Vgl. allgemein zur Rolle des Strafrechts aus rechtssoziologischer Sicht C.II.2.b)aa)(3).

656 Zur Zweiten Kreditvergabe-Entscheidung vgl. bereits C.II.2.b)cc)(1)(a)(aa).

657 Vgl. zur SSV Reutlingen-Entscheidung oben bereits C.II.2.a)cc)(1)(a), C.II.2.b)cc)(1)(a)(bb).

658 BGHSt 49, 147 ff.

659 Vgl. zu den gebildeten Fallgruppen ausführlich und statt vieler *Saliger*, in: Satzger/Schluckebier/Widmaier, StGB, § 266 Rn. 85–103; zur Mannesmann-Entscheidung bereits C.II.2.a)bb) und C.II.2.b)cc)(1)(a)(dd).

660 *Ransiek* geht in diesem Zusammenhang von speziellen „Problem-" oder „Pflichtenkreisen" bzw. „Lebensbereichen" aus, vgl. *dens.*, ZStW 116 (2004), 634 (644 f., 671).

Bildung und Betitelung solcher Fallgruppen teil bzw. bezog sich zumindest auf sie.[661] Maßgeblich wurde die Behandlung und Deutung des Umfangs der Fallgruppen jedoch durch das juristische Schrifttum vorangetrieben.[662]

(2) Kritik

Betrachtet man die Vorgehensweise bei der Fallgruppenbildung, so offenbart sich recht schnell ihre erhebliche Schwäche. Diese besteht in der Unübertragbarkeit branchenspezifischer Risikoszenarien.[663] Wirtschaftliche Vorgänge sind schlicht zu vielschichtig und einzelfallabhängig, um sie in starre Fallgruppen einordnen zu können. Eine Fallgruppe kann deshalb lediglich einen Orientierungsrahmen für die positive Feststellung einer Vermögensbetreuungspflichtverletzung im Sinne des Untreueparagraphen vorgeben, indem sie als Richtgröße einen Vergleichsmaßstab für ähnliche Sachverhaltskonstellationen darstellt. Eine verbindliche Vorgabe vermag sie jedoch aufgrund der Vielschichtigkeit wirtschaftlicher Prozesse nicht zu geben.[664] Sobald der strafrechtlich zu bewertende Lebenssachverhalt auch nur in Einzelheiten von der Konstellation abweicht, die einer „Leitentscheidung" der einschlägigen Fallgruppe zugrunde lag, ist möglicherweise eine abweichende Beurteilung angezeigt. Es erlaubt sich deshalb eine Bezugnahme auf die angeführten (Einzelfall-) Entscheidungen nur bei einem deckungsgleichen zugrunde liegenden Lebenssachverhalt. In einem solchen Fall könnte die jeweilige Leitentscheidung aber ohnehin herangezogen werden und es bedürfte keiner Bildung einer speziellen Fallgruppe.

---

661 BGHSt 50, 331 (345); BVerfGE 126, 170 (210) stellte zudem die „fallgruppenspezifische Obersatzbildung" als Akt der Konkretisierung des Untreuetatbestands heraus, welcher die Verfassungsmäßigkeit desselben sichere.

662 Vgl. nur *Saliger*, in: Satzger/Schluckebier/Widmaier, StGB, § 266 Rn. 85–103; *Dierlamm*, in: MK StGB, § 266 Rn. 228–280; *Schmid*, in: Müller-Gugenberger/Bieneck, Wirtschaftsstrafrecht, § 31 Rn. 161 ff.; *Große Vorholt*, Wirtschaftsstrafrecht, Rn. 365 ff.

663 In diesem Sinne *Schmid*, in: Müller-Gugenberger/Bieneck, Wirtschaftsstrafrecht, § 31 Rn. 158.

664 Die vorgebrachte Kritik weist insoweit Parallelen zu der an einer allgemein indizienbasierten Ermittlung der Pflichtverletzung nach § 266 Abs. 1 StGB unter C.II.2.b) cc)(1)(a)(hh)(i) vorgebrachten Kritik sowie zu der Kritik an einer Kumulation von Indizien zwecks Ermittlung einer Vermögensbetreuungspflichtverletzung unter C.II.2.a)cc)(2) auf; vgl. zu dem zweitgenannten Aspekt auch bereits *Samson*, in: Non Profit Law Yearbook 2004, 2005, S. 233 (240, 242); *Saliger*, in: Satzger/Schluckebier/Widmaier, StGB, § 266 Rn. 42a; *ders.*, HRRS 2006, 10 (15, 19 f.); *ders.*, ZStW 112 (2000), 563 (613); *Theile*, ZIS 2011, 616 (626).

Vor diesem Hintergrund suggeriert die Bildung von Fallgruppen lediglich gesteigerte Rechtssicherheit im Umgang mit dem Untreuetatbestand, die zu bewirken sie tatsächlich nicht im Stande ist.[665]

(3) Zwischenergebnis

Aus strafrechtlicher Sicht sollte nicht zu große „Konkretisierungshoffnung" in die Fallgruppen gelegt werden. Zu berücksichtigen sind sie dennoch. Zum einen werden von den angeführten Leitentscheidungen abweichende strafgerichtliche Urteile zumindest in deckungsgleichen Sachverhaltskonstellationen erhöhten Begründungsaufwand von Gerichtsseite erfordern.[666] Zum anderen schaffen sie einen gewissen Orientierungsrahmen.[667]

ee) Zwischenergebnis

Ein Restriktionsbedarf bei der Anwendung des § 266 Abs. 1 StGB liegt vor. Allein das Kriterium der Evidenz des aktienrechtlichen Pflichtverstoßes im Sinne einer Unvertretbarkeit des Handelns verspricht auf strafrechtlicher Ebene eine inhaltliche Konkretisierung der zu fordernden Pflichtverletzung zugunsten einer vorhersehbaren Rechtsanwendung.

ff) Vor diesem Hintergrund: Möglichkeiten eines mittelbar strafbegründenden Einflusses der *Business Judgement Rule*

Anknüpfend an das unter 1. erzielte Ergebnis, dass § 93 Abs. 1 S. 2 AktG keine unmittelbare Relevanz für die positive Feststellung einer Vermögensbetreuungspflichtverletzung nach § 266 Abs. 1 StGB beigemessen werden kann, verbleibt weiterhin die Frage, ob § 93 Abs. 1 S. 2 AktG zumindest ein mittelbar strafbegründender Einfluss zukommt.

---

665 Auch die Mannesmann-Entscheidung zeigt die Schwäche der Bildung von Fallgruppen zwecks Beurteilung des Vorliegens einer Vormögensbetreuungspflichtverletzung auf, indem der 3. Strafsenat des Bundesgerichtshofs explizit auf die einzelfallgebundene Judikatur in der Zweiten Kreditvergabe-Entscheidung und der SSV Reutlingen-Entscheidung verweist, vgl. BGHSt 50, 331 (343 f.), anhand derer jedoch – wie oben dargestellt – der Versuch einer Fallgruppenbildung unternommen wird.

666 Vgl. außerdem § 132 GVG.

667 Zu dem hier vertretenen Orientierungsbeitrag der Fallgruppen bzw. Leitentscheidungen vgl. C.II.2.b)ff)(2)(e).

(1) Tauglichkeit eines Verstoßes gegen einzelne Merkmale des § 93 Abs. 1 S. 2 AktG zur Begründung einer Pflichtverletzung gemäß § 266 Abs. 1 StGB

Nunmehr soll erörtert werden, ob eine oder mehrere Tatbestandsvoraussetzung(en) des § 93 Abs. 1 S. 2 AktG im Fall ihrer Nichterfüllung einen Schluss auf das positive Vorliegen einer Vermögensbetreuungspflichtverletzung im Sinne des § 266 Abs. 1 StGB zulässt bzw. zulassen. Zu diesem Zweck sollen die einzelnen Tatbestandsvoraussetzungen gesondert auf ihre diesbezügliche Tauglichkeit untersucht werden.[668]

(a) Vernünftige Annahme, zum Wohle der Gesellschaft zu handeln

Zunächst könnte ein Verstoß gegen die Voraussetzung eines Handelns in der vernünftigen Annahme, zum Wohle der Gesellschaft gehandelt zu haben, stets eine Vermögensbetreuungspflichtverletzung begründen. Das Erfordernis einer Orientierung am Wohle der Gesellschaft ist das zentrale Merkmal des § 93 Abs. 1 S. 2 AktG und Ausdruck der allgemeinen Anforderung an Organe einer juristischen Person, im Unternehmensinteresse zu handeln.[669]

(aa) Unternehmenswohl als zentraler Orientierungsmaßstab

Das Unternehmenswohl ist zentraler Ausrichtungspunkt für jedes Organhandeln mit Wirkung für und wider die juristische Person. Hieraus ergibt sich auch eine Pflicht der Vorstandsmitglieder, im Gesellschaftsinteresse zu handeln.[670] Das wiederum muss sich im Umfang der Vermögensbetreuungspflicht und der Beurteilung einer Verletzung dieser Pflicht niederschlagen. Ein Vorstandshandeln, das in grober Weise gegen zentrale Unternehmensinteressen verstößt und der Gesellschaft dadurch einen Vermögensschaden zufügt, wird in vielen Fällen eine Untreuestrafbarkeit begründen. Allerdings muss die Art und Weise, wie auf ein Handeln „zum Wohle der Gesellschaft" in § 93 Abs. 1 S. 2 AktG Bezug genommen wird, bei der Untersuchung einer Relevanz dieses Merkmals für die Untreuestrafbarkeit des Vorstandsmitglieds einer Aktiengesellschaft genau analysiert werden.

---

668 Die von der *Business Judgement Rule* in Bezug genommenen Kriterien stellen für sich gesehen jeweils Anforderungen dar, die ein sorgfältiger Geschäftsmann erfüllen sollte, da sie der Abschirmung von Risiken dienen und damit im Unternehmensinteresse liegen, vgl. dazu BGHSt 50, 331 (338 f.).

669 Vgl. auch *Hüffer*, Aktiengesetz, § 93 Rn. 23; zu diesem Merkmal oben bereits B.I.3.d)bb).

670 Zu Inhalt und Umfang des Unternehmensinteresses vgl. *Hopt/Roth*, in: GK AktG, Rn. 28 f.

(bb) Problem einer subjektiven ex ante*-Betrachtung im Strafrecht*

Im Rahmen der akzessorietätsbedingten Prüfung des aktienrechtlichen Sorgfaltsmaßstabs aus § 93 Abs. 1 AktG ist zu berücksichtigen, dass sowohl bei der Beurteilung der generellen Sorgfaltsanwendung eines ordentlichen und gewissenhaften Geschäftsleiters gemäß Satz 1 der Norm als auch, ausweislich der expliziten Tatbestandsformulierung, bei der vorrangigen Prüfung des Satzes 2 von § 93 Abs. 1 AktG eine *ex ante*-Betrachtung anzustellen ist. Während es sich bei der Prüfung des § 93 Abs. 1 S. 1 AktG um einen objektiven *ex ante*-Maßstab handelt, ist im Rahmen des Satzes 2 von § 93 Abs. 1 AktG eine subjektive *ex ante*-Sicht maßgeblich.[671] Dadurch ist sichergestellt, dass Entscheidungen, die aus der subjektiven Sicht des Entscheidungsträgers zum Zeitpunkt ihrer Entstehung billigerweise keinen sorgfaltspflichtbezogenen Vorwurf zuließen, gesellschaftsrechtlich auch in der Nachbetrachtung nicht als pflichtverletzend zu bewerten sind. Dies überträgt sich, wie gezeigt, auch auf die strafrechtliche Wertungsebene.

Die strafausschließende Relevanz des § 93 Abs. 1 S. 2 AktG bewirkt deshalb, dass eine subjektiv *ex ante* am Unternehmenswohl orientierte und damit pflichtmäßige Entscheidung bereits keine Vermögensbetreuungspflichtverletzung gemäß § 266 Abs. 1 StGB darstellen kann.[672] Dadurch ist auch für die strafrichterliche Prüfung der Verletzung einer Vermögensbetreuungspflicht nach § 266 Abs. 1 StGB ausgeschlossen, *ex post* einen strengeren Maßstab an das Handeln des Vorstandsmitglieds anzulegt, als er vernünftigerweise zum Entscheidungszeitpunkt an das Vorstandsmitglied hätte gerichtet werden können.[673] Diese

671 Dazu sogleich C.II.2.b)ff)(1)(a)(bb).

672 Vgl. zur strafausschließenden Relevanz des § 93 Abs. 1 S. 2 AktG oben C.I.1; einzige Einschränkung aus objektiver Sicht ist, dass die Annahme eines Handelns zum Wohle der Gesellschaft vernünftigerweise erfolgen durfte, hierzu bereits B.I.3.d)bb)(1) sowie unten C.II.2.b)ff)(1)(a)(bb)(iii).

673 Auf die Gefahr eines diesbezüglichen Rückschaufehlers aus gesellschaftsrechtlicher Sicht als Ursache für die Kodifizierung der *Business Judgement Rule* verweisen *Kocher*, CCZ 2009, 215 (216 m.w.N.); *S. H. Schneider*, DB 2005, 707 (709); *Schäfer*, ZIP 2005, 1253 (1256); ebenfalls in diesem Sinne, jedoch wie hier auf die strafrechtliche Wertungsebene bezogen, *Samson*, in: Gesellschaftsrecht in der Diskussion 2004, 2005, S. 109 (125); *Saliger*, ZStW 112 (2000), 563 (569 f.); *Kudlich/Oglakcioglu*, Wirtschaftsstrafrecht, Rn. 327 f.; zur gleichen Problematik aus psychologischer Sicht in englischer Sprache bereits *Fischhoff*, Journal of Experimental Psychology: Human Perception and Performance 1975, Vol. 1, No. 3, 288–299; kritisch gegenüber einer Legitimation des Haftungsausschlusses gemäß § 93 Abs. 1 S. 2 AktG mit dem Verweis auf die Notwendigkeit einer Vermeidung von Rückschaufehlern dagegen *Jungmann*, in: FS K. Schmidt, 2009, S. 831 (836 f.); *ders.*, NZI 2009, 80 (81).

Form des gesellschaftsrechtlichen Einflusses auf die Prüfung einer Untreuestrafbarkeit ist in der Sache konsequent und zu befürworten.

Allerdings geht damit eine für das Strafrecht untypische Berücksichtigung subjektiver Faktoren bereits im Rahmen des objektiven Tatbestands einher. Sie ist unmittelbare Folge der Zivilrechtsakzessorietät des Merkmals Pflichtverletzung gemäß § 266 Abs. 1 StGB. Bei anderen Delikten erschiene eine derartige „Infiltration" des objektiven Straftatbestands mit subjektiven Inhalten nur denkbar, wenn sie explizit in dem einzelnen Tatbestandsmerkmal angelegt wäre. Ansonsten sind sie allein im Rahmen des subjektiven Tatbestands bei der Beantwortung der Frage nach der Vorsätzlichkeit eines Handelns zu berücksichtigen. *Ex ante*-bezogene Erwägungen spielen im Strafrecht abgesehen von der entlastenden Wirkung des § 93 Abs. 1 S. 2 AktG bei der Untersuchung des Vorliegens einer Vermögensbetreuungspflichtverletzung gemäß § 266 Abs. 1 StGB ebenfalls bei der Prüfung von Rechtfertigungsgründen und dem Fahrlässigkeitsdelikt eine Rolle.[674] So ist die Erforderlichkeit einer Notwehrhandlung nach § 32 StGB aus einer objektiven *ex ante*-Sicht zu bestimmen.[675] Gleiches gilt für die Beurteilung des Vorliegens einer Notstandslage nach § 34 StGB.[676] In beiden Fällen ist der Maßstab folglich die Sichtweise eines durchschnittlichen Betrachters in der konkreten Handlungssituation des potentiell Gerechtfertigten.[677] Auf die individuelle Sichtweise bzw. Handlungsfähigkeit wird dann im Rahmen der subjektiven Rechtfertigungselemente eingegangen.[678] Eine entsprechende Aufteilung der Prüfung findet auch unter den Prüfungspunkten „objektive Sorgfaltspflichtverletzung und Vorhersehbarkeit" sowie „subjektive Sorgfaltspflichtverletzung und Vorhersehbarkeit" beim Fahrlässigkeitsdelikt statt.[679] Dabei muss im Hinblick auf das Fahrlässigkeitsdelikt eine faktische „Umkehr der Beweislast" weg vom Staat zulasten des Beschuldigten oder Angeklagten attestiert werden, obwohl eine solche sich im Strafrecht eigentlich verbietet.[680]

---

674 Auf wenige andere Straftatbestände, bei denen *ex ante*-Erwägungen anzustellen sind, wie § 315c StGB, ist in diesem Zusammenhang nicht einzugehen.

675 *Lackner/Kühl*, StGB, § 32 Rn. 10; *Wessels/Beulke/Satzger*, Strafrecht AT, Rn. 337.

676 *Lackner/Kühl*, StGB, § 34 Rn. 2; *Roxin*, Strafrecht AT I, § 16 Rn. 15–18.

677 Statt vieler für die Erforderlichkeit der Notwehrhandlung *Wessels/Beulke/Satzger*, Strafrecht AT, Rn. 337.

678 Dazu *Wessels/Beulke/Satzger*, Strafrecht AT, Rn. 275, 350a.

679 Vgl. *Wessels/Beulke/Satzger*, Strafrecht AT, Rn. 667–672a; 692.

680 Vgl. *Bock*, wistra 2011, 201 (205).

Die Rechtswidrigkeit einer Tat ist bereits durch die Verwirklichung des Tatbestands indiziert.[681] Eine Rechtfertigung kann jedoch erfolgen, wenn auch ein verständiger Dritter sich in Anbetracht einer offensichtlichen Notsituation zu der entsprechenden Tathandlung als erforderlich veranlasst gesehen hätte.[682] Erst anschließend wird geprüft, ob die Absicht des Handelnden gerade von einem persönlichen Rettungswillen oder zumindest einem Rettungsbewusstsein getragen war, damit neben dem Erfolgsunrecht auch das Handlungsunrecht entfallen kann.[683] Die *ex ante*-Bewertung bezieht sich damit im Fall der Rechtfertigungsgründe auf die Sicht eines durchschnittlichen Betrachters in der Situation des Notwehr- bzw. Notstandübenden hinsichtlich der Prüfung der Erforderlichkeit einer Notwehrhandlung oder des Bestehens einer Notstandslage. Der angelegte Bewertungsmaßstab ist also objektiv. Eine subjektive Komponente wird sodann im Rahmen der subjektiven Rechtfertigungselemente geprüft.

Auch im Tatbestand des Fahrlässigkeitsdelikts bezieht sich die *ex ante* bezogene Feststellung einer Sorgfaltswidrigkeit und der Vorhersehbarkeit des späteren Erfolgseintritts zunächst auf die Sicht eines objektiven Verkehrsteilnehmers.[684] Soweit die Tatbestandsmerkmale erfüllt sind, ist weiter zu fragen, ob der objektive Verstoß dem Täter auch subjektiv vorzuwerfen war. Die Tendenz geht bei Vorliegen der objektiven Sorgfaltswidrigkeit aber in den meisten Fällen auch in Richtung einer subjektiven Sorgfaltswidrigkeit. Es erfordert schließlich im Einzelfall erheblichen Begründungsaufwand, warum der Täter nicht den Sorgfaltsmaßstab, der an einen durchschnittlichen Menschen in seiner Situation zu stellen ist, erfüllen konnte.[685]

Sowohl im Fall der Rechtfertigungsgründe als auch beim Fahrlässigkeitsdelikt ist die *ex ante*-Betrachtung mithin zunächst objektiv auf die Sichtweise eines durchschnittlichen Betrachters bzw. Handelnden gerichtet. Anderes gilt für die „Annahme, zum Wohle der Gesellschaft zu handeln“ als Tatbestandsmerkmal

681 Vgl. statt vieler *Roxin*, Strafrecht AT, § 14 Rn. 1.

682 Bezogen auf die Erforderlichkeit der Notwehrhandlung *Roxin*, Strafrecht AT I, § 15 Rn. 46; *Wessels/Beulke*, Strafrecht AT, Rn. 337; für die Frage nach dem Vorliegen einer Notstandslage *Roxin*, Strafrecht AT I, § 16 Rn. 15–18.

683 Vgl. in diesem Zusammenhang *Stratenwerth/Kuhlen*, Strafrecht AT, § 9 Rn. 96, 127–129, 145–152; *Roxin*, Strafrecht AT I, § 14 Rn. 96–103.

684 *Wessels/Beulke*, Strafrecht AT, Rn. 667–672a.

685 In diesem Sinne *Bock*, wistra 2011, 201 (205).

des § 93 Abs. 1 S. 2 AktG, das im Ausgangspunkt eine rein subjektive *ex ante*-Betrachtung angezeigt sein lässt.[686]

Vor diesem Hintergrund einer stark subjektiven Fassung des Merkmals ist die Frage der strafbegründenden Relevanz eines Verstoßes gegen die Anforderung eines Handelns zum Wohle der Gesellschaft auf Tatbestandsebene zu stellen. Es sind dabei unterschiedliche Konstellationen zu unterscheiden.

(i) Die Entscheidung erfolgte allein aus subjektiver ex ante-*Sicht nicht im Unternehmensinteresse*

Soweit das Vorstandshandeln allein aus der subjektiven *ex ante*-Sicht des betreffenden Vorstandsmitglieds nicht dem Wohle der Gesellschaft dienlich zu sein taugte, sich aber im Nachhinein als tatsächlich dem Unternehmenswohl zuträglich erweist, kann der Entscheidungsträger sich nicht nach § 93 Abs. 1 S. 2 AktG entlasten. Dennoch zieht dies keine Untreuestrafbarkeit nach sich. Das Handeln des Vorstandsmitglieds lag in einer solchen Konstellation schließlich objektiv im Interesse der Gesellschaft. Der „böse Wille" bei Vornahme einer Entscheidung kann, für sich gesehen, keine Untreuestrafbarkeit begründen. In Betracht käme hier mangels Erfolgsunrechts allein eine versuchte Untreue. Diese ist jedoch nicht strafbar, vgl. §§ 266 Abs. 1, 23 Abs. 1, 12 StGB.[687] Anders als bei der subjektiven Tatbestandsausschlusswirkung im Rahmen der strafausschließenden Wirkung des § 93 Abs. 1 S. 2 AktG kommt es damit nicht etwa zu einer subjektiv begründeten Verwirklichung des objektiven Tatbestandsmerkmals der Verletzung

---

686 Vgl. zum diesbezüglichen Objektivitätskorrektiv der Voraussetzung einer vernünftigen Annahme sogleich C.II.2.b)ff)(1)(a)(bb)(iii).

687 In diesem Zusammenhang instruktiv *Matt/Saliger*, die auch auf das Problem der Umgehung einer mangelnden Versuchsstrafbarkeit der Untreue durch die „Subjektivierung objektiver Tatbestandsmerkmale" bzw. die Annahme eines tatbestandsmäßigen Schadens in Form einer „konkreten schadensgleichen Vermögensgefährdung" bei bloßem Vorliegen einer „abstrakten Gefährdungslage" verweisen, vgl. *dies.*, in: Irrwege der Strafgesetzgebung, 1999, S. 217–240 (insbesondere S. 235-238); ebenfalls dazu *Saliger*, ZStW 112 (2000), 563 (565–589) sowie zu darauf bezogenen Lösungsansätzen, vgl. *dens.*, ZStW 112 (2000), 563 (611–613); *U. Weber* regte in diesem Zusammenhang bereits im Jahr 1977 zur Erfassung von aus seiner Sicht strafwürdigem Handeln in diesem Bereich die Schaffung von Gefährdungstatbeständen als Ergänzung zu § 266 StGB an, vgl. *dens.*, in: FS Dreher, 1977, S. 555 (562, 564); in diese Richtung geht auch *Tiedemann* unter Verweis auf „(…) das französisch-romanische System spezieller Untreuetatbestände (…)", vgl. *dens.*, in: FS Würtenberger, 1977, S. 241 (252).

einer Vermögensbetreuungspflicht. Eine solche wäre mit dem strafrechtlichen Deliktsaufbau schlicht unvereinbar.[688]

(ii) Die Entscheidung entsprach sowohl aus subjektiver als auch aus objektiver ex ante-*Sicht nicht dem Unternehmensinteresse*

In den meisten Fällen wird sich eine aus *ex ante*-Sicht des Trägers nicht im Interesse der Gesellschaft liegende Entscheidung auch in der Nachbetrachtung als dem Unternehmensinteresse zuwiderlaufend herausstellen. In diesen Fällen kann die fehlerhafte Entscheidung zugleich eine Vermögensbetreuungspflichtverletzung darstellen. Fraglich ist in diesem Fall, welche Gesichtspunkte des Handelns für die strafrechtliche Prüfung einer Vermögensbetreuungspflichtverletzung ausschlaggebend sind. Ein aus subjektiver *ex ante*-Sicht konträr zum Unternehmensinteresse vollzogenes Handeln vermag für sich gesehen, wie dargestellt, keine Vermögensbetreuungspflichtverletzung im Sinne des § 266 Abs. 1 StGB zu begründen. Gleichzeitig wird eine solche Handlung aber auch nicht dem Schutzschirm des § 93 Abs. 1 S. 2 AktG unterfallen. Außerhalb des Anwendungsbereichs der *Business Judgement Rule* legt § 93 Abs. 1 S. 1 AktG jedoch einen objektiven *ex ante*-Maßstab an.[689] Die rein subjektive *ex ante*-Sicht des Handelnden genügt hier also nicht. Freilich wird eine Entscheidung, die bereits aus der subjektiven Sicht des Vorstandsmitglieds nicht dem Sorgfaltsmaßstab genügte, den es hätte anwenden sollen, in vielen Fällen auch nicht der Sorgfaltsauffassung eines durchschnittlichen Vorstandsmitglieds in der Situation des Handelnden genügen. Dies hängt im Einzelnen davon ab, ob der Handelnde in positiver oder negativer Weise von der Sorgfalt abweicht, die seine durchschnittlich sorgfältigen und verständig handelnden Berufskollegen anzuwenden pflegen. Der Verstoß gegen das Erfordernis eines Handelns zum Unternehmenswohl wird als Teil des dann maßgeblichen Sorgfaltsmaßstabs aus § 93 Abs. 1 S. 1 AktG deshalb in jedem Einzelfall unabhängig von der subjektiven Fassung in § 93 Abs. 1 S. 2 AktG aus objektiver *ex ante*-Sicht zu prüfen sein.[690] Die Tatsache,

---

688 Bei Vorliegen der hier dargestellten Konstellation wird es zudem häufig an einem Vermögensschaden fehlen, es sind jedoch auch Fälle denkbar, in denen der Schaden vorliegt und die Frage des Vorliegens einer Vermögensbetreuungspflichtverletzung über eine Untreuestrafbarkeit entscheidet.

689 Vgl. *Spindler*, in: MK AktG, § 93 Rn. 25; *Hüffer*, Aktiengesetz, § 93 Rn. 6, 12; *Hopt/Roth*, in: GK AktG, § 93 Rn. 79; *Mertens/Cahn*, in: KK AktG, § 93 Rn. 10.

690 Darüber hinaus sind die Evidenz des Pflichtverstoßes auf der einen Seite sowie der innere Zusammenhang zwischen der Vermögensbetreuungspflicht bzw. der diese begründenden Stellung und der schadenursächlichen Pflichtverletzung auf

dass in diesen Konstellationen stets auch aus *ex post*-Sicht eine Pflichtverletzung feststellbar sein wird, ist in diesem Zusammenhang unerheblich.

(iii) Relevanz unter Berücksichtigung der „Vernunft" als Objektivitätskriterium?
Möglicherweise ergibt sich jedoch eine strafbegründende Relevanz eines Handelns, das nicht in der Annahme erfolgte, dem Wohle der Gesellschaft zu dienen, vor dem Hintergrund der in § 93 Abs. 1 S. 2 AktG verankerten Objektivitätskontrolle. Diese verlangt, dass die Annahme des Vorstandsmitglieds „vernünftigerweise" erfolgen durfte.[691] Das Merkmal soll im Aktienrecht als Objektivitätskorrektiv verhindern, dass ein Vorstandsmitglied selbst bei völlig abwegigen Annahmen eines Handelns zugunsten des Unternehmenswohls in den Genuss der Schutzwirkung des § 93 Abs. 1 S. 2 AktG kommt. Dennoch bleibt der Anwendungsbereich des § 93 Abs. 1 S. 2 AktG weit,[692] da der Vorstand sich aufgrund des oben beschriebenen generellen Interesses an einem risikoaffinen bzw. -neutralen Handeln leicht entlasten können soll.[693] Ausgeschlossen aus dem Anwendungsbereich der *Business Judgement Rule* werden lediglich Handlungen, die klar erkennbar nicht zum Wohle der Gesellschaft erfolgen konnten.

Dieses „aktienrechtliche Entgegenkommen" zugunsten des Vorstands kann jedoch nicht spiegelverkehrt zu einer schnelleren Begründung von Strafbarkeit nach § 266 Abs. 1 StGB herangezogen werden. Für den Verstoß gegen eine

---

der anderen Seite weitere notwendige Prüfungsmerkmale auf dem Weg zu einer Untreuestrafbarkeit; sowohl das Evidenzerfordernis als Restriktionsmerkmal als auch das Bestehen eines funktionalen Zusammenhangs zwischen der dem Organ eingeräumten Machtstellung und der konkreten Pflichtverletzung sind Merkmale des objektiven Tatbestands und folglich allein als solche zu prüfen; im Rahmen des subjektiven Tatbestands ist dann die Frage nach dem Vorsatz des Vorstandsmitglieds bezüglich dieser Merkmale bzw. der diese begründenden Umstände zu stellen; zum Erfordernis eines evidenten Pflichtverstoßes im Sinne einer unvertretbaren Entscheidung bereits oben C.II.2.b)cc)(1)(c); das Erfordernis eines inneren Zusammenhangs zwischen der die Betreuungspflicht begründenden Stellung des Treunehmers und der tatsächlichen Pflichtverletzung ist in Rechtsprechung und Lehre allgemein anerkannt, vgl. nur BGH NJW 1992, 250 (251); NJW 1991, 1069 (1069); BGH StV 1995, 302 (303); *Lackner/Kühl*, StGB, § 266 Rn. 15; *Saliger* setzt in überzeugender Weise einen über den bloßen inneren hinausgehenden funktionalen Zusammenhang voraus, wobei sich die Pflichtverletzung in ihrer konkreten Form gerade als Ausnutzung der Machtstellung des Treunehmers durch diesen darstellen muss, vgl. *dens.*, in: Satzger/Schluckebier/Widmaier, StGB, § 266 Rn. 39.

691 Vgl. dazu *Mertens/Cahn*, in: KK AktG, § 93 Rn. 23 sowie oben bereits B.I.3.d)bb)(1).

692 So auch *Theile*, ZIS 2011, 616 (626).

693 B.I.3.c).

strafrechtlich relevante Vermögensbetreuungspflicht bedarf es nicht lediglich einer Entscheidung, die allein unter Anwendung von Unvernunft als mit dem Gesellschaftsinteresse korrellierend verstanden werden konnte. Der Maßstab bei der Prüfung der untreuerelevanten Vermögensbetreuungspflichtverletzung muss damit eine stärkere Objektivitätskomponente aufweisen. Der bloße Vergleich mit der „Vernunft eines objektiven Dritten" ist als Richtgröße für die Verhängung eines Strafbarkeitsverdikts zu schwach. Im Strafrecht kann auch die Erweiterung des Merkmals „Annahme zum Wohle der Gesellschaft zu handeln" um das objektivierende „Vernunftkriterium" des § 93 Abs. 1 S. 2 AktG nicht zu einer Relevanz der aktienrechtlichen Vorgabe in der Weise führen, dass ein Verstoß stets eine Vermögensbetreuungspflichtverletzung im Sinne des § 266 Abs. 1 StGB zur Folge hätte. Diese Sichtweise wird nach der hier vertretenen Auffassung durch die Tatsache gestützt, dass der Referentenentwurf zum UMAG die Entlastungswirkung der *Business Judgement Rule* erst bei grober Fahrlässigkeit des handelnden Vorstandsmitglieds ausschließen wollte.[694] Das Vernunfterfordernis bezüglich der Annahme zum Wohle der Gesellschaft zu handeln, kann demgegenüber leichter zu einem Ausschluss des § 93 Abs. 1 S. 2 AktG führen und ist folglich strenger, was gerade gegen die Relevanz einer Nichterfüllung dieser Tatbestandsvoraussetzung für das positive Vorliegen einer Vermögensbetreuungspflichtverletzung spricht.[695] Einen höheren Aussagewert hätte man einer mangelnden Annahme des Handelns zum Wohle der Gesellschaft zumessen können, wenn diese – wie im Gesetzgebungsverfahren angedacht – tatsächlich erst ab Vorliegen einer auf grober Fahrlässigkeit basierenden Annahme ausgeschlossen wäre. Die im Fall eines Ausschlusses der so gefassten Norm bestehende grobe Fahrlässigkeit hätte bereits aufgrund der verwirklichten groben (objektiven) Sorgfaltspflichtverletzung auf eine Unvertretbarkeit der Entscheidung auch aus strafrechtlicher Sicht hingedeutet. Die tatsächlich kodifizierte, „engere" Interpretation des § 93 Abs. 1 S. 2 AktG lässt dagegen mehr Raum für ein nicht den Anforderungen des § 93 Abs. 1 S. 2 AktG genügendes, aber dennoch nicht

---

694 Vgl. dazu BegrRegE UMAG, BT-Drucks. 15/5092, S. 11; ebenfalls auf die abweichende Formulierung des Referentenentwurfs verweisend *Hopt/Roth*, in: GK AktG, § 93 Abs. 1 S. 2, 4 n.F. Rn. 30; *Spindler*, in: MK AktG, § 93 Rn. 59.

695 Bei diesen Erwägungen geht es in der Sache um die Feststellung einer die Vermögensbetreuungspflicht begründenden evidenten Sorgfaltspflichtverletzung aus einer objektiven *ex ante*-Sicht, wobei diese entweder in der objektiven Sorgfaltspflichtverletzung durch eine grob fahrlässige Annahme oder in einer bloß unvernünftigen Annahme ihre Ursache haben könnte.

strafbares Handeln.[696] Dem Nichtvorliegen eines „vernünftigerweise“ am Unternehmenswohl orientierten Handelns haftet damit nicht *per se* ein Grad von Pflichtwidrigkeit an, der ohne Hinzutreten weiterer Gesichtspunkte den Schluss auf eine Vermögensbetreuungspflichtverletzung zuließe.[697]

Doch auch wer von einem Vergleich mit dem im Referentenentwurf vorgeschlagenen Ausschluss erst ab grober Fahrlässigkeit absieht und vielmehr die Weite des Anwendungsbereichs von § 93 Abs. 1 S. 2 AktG vor dem Hintergrund betont, dass der Ausschluss einer Anwendbarkeit des § 93 Abs. 1 S. 2 AktG erst bei eindeutig unvernünftigen Annahmen, dem Unternehmensinteresse entsprechend zu entscheiden, erfolgt, wird nicht zu einer Relevanz des Kriteriums für die Pflichtverletzung im Sinne des § 266 Abs. 1 StGB kommen können.[698] Denn dieser großzügige zivilrechtliche Haftungsfreiraum ist der strafrechtlichen Wertung in der Form zugrunde zu legen, dass eine strafrechtliche Verantwortlichkeit erst ab einem derart darüber hinausgehenden Verstoßgrad beginnen kann, wie er durch das Stufenverhältnis zwischen Zivil- und Strafrecht angezeigt ist.[699] Dieser zu fordernde Grad an Pflichtwidrigkeit einer Entscheidung beginnt nicht bereits dort, wo ein verständiges Vorstandsmitglied „vernünftigerweise“ hätte erkennen müssen, dass die vorgenommene Handlung nicht tauglich sein würde, dem Unternehmenswohl zu dienen. Vielmehr ist erforderlich, dass schlicht jedes Vorstandsmitglied in der betreffenden Situation die Handlung als evident gegen die Fürsorgepflicht hinsichtlich des Vermögens der Gesellschaft verstoßend und mithin als eindeutig unvertretbar hätte werten müssen.[700]

(iv) Zwischenergebnis

Das Tatbestandsmerkmal einer vernünftigen Annahme, zum Wohle der Gesellschaft zu handeln, ist für sich gesehen nicht tauglich, die für das Eingreifen des Untreuetatbestands notwendige Gravität des Pflichtverstoßes abzubilden.

---

696 Zugunsten einer damit einhergehenden „schmalen Schutzzone“ vor strafrechtlicher Sanktion auch *Esser*, in: AnwaltKommentar StGB, § 266 Rn. 73, 297; vgl. außerdem *Spindler*, in: Die Finanzkrise, das Wirtschaftsstrafrecht und die Moral, 2010, S. 71 (97); in diesem Sinne ebenfalls bereits C.II.1.b)aa)(2)(b).

697 Ein solcher käme – wenn überhaupt – ab einer „grob unvernünftigen“ Annahme in Betracht, da hierdurch im Einzelfall auch der Maßstab des § 93 Abs. 1 S. 1 AktG in evidenter Weise verletzt sein kann.

698 *Esser*, in: AnwaltKommentar, StGB, § 266 Rn. 73.

699 Dazu bereits C.II.1.b)aa)(2)(b) und C.II.2.b)aa)(1).

700 Dazu oben C.II.2.b)cc)(1)(c).

(b) Vernünftige Annahme, auf der Grundlage angemessener Information gehandelt zu haben

Weiterhin stellt sich die Frage, welchen Einfluss der Verstoß gegen das Tatbestandsmerkmal einer vernünftigen Annahme, auf der Grundlage angemessener Information gehandelt zu haben, auf das Vorliegen einer Vermögensbetreuungspflichtverletzung nach § 266 Abs. 1 StGB hat.

Bezüglich der Ausführungen zu der Berücksichtigung einer *ex ante*-Betrachtung bei der Prüfung der Vermögensbetreuungspflichtverletzung und dem Anlegen eines objektiven („vernünftigerweise") bzw. subjektiven Maßstabs kann nach oben verwiesen werden.[701]

Auch wenn das Vorstandsmitglied nicht dem Kriterium angemessener Informationseinholung nach § 93 Abs. 1 S. 2 AktG genügte, kann daraus also nicht ohne weiteres auf eine Vermögensbetreuungspflichtverletzung im Sinne des Untreuetatbestands geschlossen werden. Im Ergebnis wird man auch hier stets den Maßstab des § 93 Abs. 1 S. 1 AktG anzulegen haben und fragen müssen, ob gegen diesen so evident verstoßen wurde, dass im Einzelfall die Schwelle zu einer untreuerelevanten Pflichtverletzung erreicht ist.

(c) Freiheit der Entscheidung von Interessenkonflikten

Letztlich kann auch allein aus der Tatsache, dass eine unternehmerische Entscheidung unter einem Interessenkonflikt getroffen wurde, für sich gesehen keine Pflichtverletzung nach § 266 Abs. 1 StGB hergeleitet werden. Auch in dem Fall eines Ausscheidens aus dem Schutzbereich des § 93 Abs. 1 S. 2 AktG wegen einer Interessenkollision ist die Entscheidung folglich anhand des allgemeinen Sorgfaltsmaßstabs gemäß § 93 Abs. 1 S. 1 AktG zu prüfen.[702] Das Treffen von Entscheidungen mit Wirkung für und wider die vertretene Aktiengesellschaft in dem Bewusstsein, einem Interessenkonflikt zu unterliegen, kann freilich unter Berücksichtigung des Einzelfalls eine Sorgfaltspflichtverletzung darstellen. Allerdings werden weitere Kriterien hinzukommen oder die Entscheidungsumstände als völlig unvertretbar zu bewerten sein müssen, um das Evidenzerfordernis für eine Vermögensbetreuungspflichtverletzung zu erfüllen.

(d) Zwischenergebnis

Der Norm des § 93 Abs. 1 S. 2 AktG kommt keine mittelbar strafbegründende Relevanz in der Weise zu, dass die mangelnde Erfüllung einzelner

---

701 Vgl. insofern C.II.2.b)ff)(1)(a).

702 Vgl. nur *Blasche*, WM 2011, 343 (347); *Böttcher*, NZG 2009, 1047 (1048); ebenfalls in diesem Sinne *Mertens/Cahn*, in: KK AktG, § 93 Rn. 19.

Tatbestandsvoraussetzungen zwangsweise eine Pflichtverletzung im Sinne des § 266 Abs. 1 StGB nach sich ziehen würde. Der anzulegende Prüfungsmaßstab ist außerhalb des Schutzbereichs der *Business Judgement Rule* der allgemeine Sorgfaltsmaßstab für Vorstandshandeln aus § 93 Abs. 1 S. 1 AktG. Soweit die Prüfung eine Sorgfaltspflichtverletzung ergibt, ist es eine Frage der Evidenz der Sorgfaltswidrigkeit, ob der Pflichtverstoß eine Gravität innehat, die auch bei restriktiver Auslegung des Untreuetatbestands eine Vermögensbetreuungspflichtverletzung angezeigt sein lässt.

(2) § 93 Abs. 1 S. 1 AktG zuzüglich des strafrechtlichen Evidenzerfordernisses als Maßstab für die Prüfung einer Vermögensbetreuungspflichtverletzung

Da aus dem Verstoß gegen einzelne Kriterien des § 93 Abs. 1 S. 2 AktG nicht *per se* auf das Vorliegen einer Pflichtverletzung nach § 266 Abs. 1 StGB geschlossen werden kann, verbleibt es in diesem Fall zur Orientierung im Rahmen der Prüfung einer untreuerelevanten Vermögensbetreuungspflichtverletzung bei dem allgemeinen Prüfungsmaßstab des § 93 Abs. 1 S. 1 AktG.[703]

Im Aktienrecht kommt § 93 Abs. 1 S. 1 AktG eine „Doppelfunktion" zu.[704] So legt die Norm einerseits eine objektive Verhaltenspflicht fest, andererseits dient sie im Fall eines Pflichtverstoßes gleichermaßen als Verschuldensmaßstab.[705] Das Zusammentreffen dieser beiden Komponenten kann einen Haftungsanspruch nach § 93 Abs. 2 S. 1 in Verbindung mit Abs. 1 S. 1 AktG begründen.

Aus strafrechtlicher Sicht sollte der Norm lediglich eine Aussage über die objektive Sorgfaltspflichtverletzung des Vorstandsmitglieds entnommen werden.

703 So auch aus rein gesellschaftsrechtlicher Sicht bereits *Mertens/Cahn*, in: KK AktG, § 93 Rn. 19; *Blasche*, WM 2011, 343 (347); *Böttcher*, NZG 2009, 1047 (1048); dazu als Ausgangspunkt auch bereits C.II.1.a)aa)(2); *Böttcher* verweist dabei zur Bestimmung des aktienrechtlichen Sorgfaltsmaßstabs auf eine Berücksichtigung branchenbezogener Kriterien, vgl. *dens.*, NZG 2009, 1047 (1050–1052); auf § 93 Abs. 1 S. 1 AktG als eine, den Ermessensspielraum des Vorstands begrenzende, Pflicht bezieht sich auch *Feddersen*, in: FS Laufs, 2006, S. 1169 (1175).

704 Vgl. *Mertens/Cahn*, in: KK AktG, § 93 Rn. 11, 136; in diesem Sinne auch *Spindler*, in: MK AktG, § 93 Rn. 21; *Krieger/Sailer-Coceani*, in: K. Schmidt/Lutter, AktG, § 93 Rn. 5; nunmehr ebenfalls *Hüffer*, Aktiengesetz, § 93 Rn. 5 – zweifelnd gegenüber einer Doppelfunktion der Norm hatte sich *ders.* noch in der Vorauflage positioniert und zur alleinigen Annahme eines Verschuldensmaßstabs tendiert, gleichzeitig aber bereits eine entgegenstehende Intention des Gesetzgebers eingeräumt und dem Streit ohnehin praktische Relevanz abgesprochen, vgl. *dens.*, Aktiengesetz (10. Aufl. 2012), § 93 Rn. 3a.

705 Statt vieler *Mertens/Cahn*, in: KK AktG, § 93 Rn. 11.

Die einem zivilrechtlichen „Verschulden“ entsprechende subjektive Seite der Tatbestandsverwirklichung ist allein im Rahmen des subjektiven Tatbestands und der Frage nach einem vorsätzlichen Handeln zu beantworten.[706]

Bei der Beurteilung, ob die Sorgfalt eines ordentlichen und gewissenhaften Geschäftsleiters angewandt wurde, ist eine objektive *ex ante*-Prognose anzustellen.[707] Dies hat in entlastender Weise zur Folge, dass ein unternehmerisches Handeln, welches ein durchschnittliches, sorgfältig handelndes Vorstandsmitglied in der Entscheidungssituation womöglich ebenso vollzogen hätte, bereits keine Pflichtverletzung im Sinne des § 93 Abs. 1 S. 1 AktG und damit auch keine Vermögensbetreuungspflichtverletzung im Sinne des § 266 Abs. 1 StGB darstellen kann.[708] Dies gilt insbesondere bei Verstößen gegen zivilrechtliche Handlungsempfehlungen, die keine strikten rechtlichen Gebote darstellen.[709] Kommt man auf dieser Grundlage hingegen zu einer aktienrechtlichen Pflichtverletzung, dann reicht dies jedoch für sich gesehen nicht, um das Vorliegen einer untreuerelevanten Vermögensbetreuungspflichtverletzung attestieren zu können. Auch hier ist das oben dargestellte Stufenverhältnis zwischen Zivil- und

---

706 Auch im Rahmen der Rechtswidrigkeit und der Schuld mögen subjektive Elemente relevant werden, was jedoch an dieser Stelle unberücksichtigt bleiben kann.

707 Statt vieler *Spindler*, in: MK AktG, § 93 Rn. 25; inhaltlich hat der Verweis auf die „Sorgfalt eines ordentlichen Geschäftsleiters“ Generalklauselcharakter, vgl. nur *Mertens/Cahn*, in: KK AktG, § 93 Rn. 11 [„(...) erscheint es sinnvoll, Abs. 1 Satz 1 als allgemeinen Auffangtatbestand anzusehen.“]; ähnlich *Spindler*, in: MK AktG, § 93 Rn. 21; so bezeichnet *Ransiek*, ZStW 116 (2004), 634 (675) in einer parallelen Konstellation einen Verweis auf das Spendenverhalten eines ordentlichen Kaufmanns als „inhaltsleer.“

708 Auch *Schröder* will bei der Prüfung einer Vermögensbetreuungspflichtverletzung durch Engagements in ABS-Anleihen einen *ex ante*-Maßstab anwenden und verweist dabei auf die Parallele zur *Business Judgement Rule*, vgl. *dens.*, NJW 2010, 1169 (1171); der anzulegende Maßstab ist wegen der Beurteilung aus einer objektiven *ex ante*-Sicht strenger als jener an die Kriterien des § 93 Abs. 1 S. 2 AktG zu richtende Maßstab, welcher nach einer subjektiven *ex ante*-Einschätzung – begrenzt lediglich durch eine „Vernunftprüfung“ – beurteilt wird, vgl. hierzu bereits C.II.2.b)ff)(1)(a) und C.II.2.b)ff)(1)(b); diese Feststellung bezieht sich freilich allein auf den anzuwendenden Beurteilungsblickwinkel; insgesamt gesehen ist der Anwendungsbereich des § 93 Abs. 1 S. 2 AktG als Tatbestandsausnahme zu § 93 Abs. 1 S. 1 AktG allein wegen des Erfordernisses eines kumulativen Vorliegens der Tatbestandsvoraussetzungen als „enger“ zu bewerten, vgl. in diesem Sinne auch bereits B.I.3.d)bb)(3); zum dogmatischen Charakter des § 93 Abs. 1 S. 2 AktG als Tatbestandsausnahme C.II.1.a)bb)(c)(dd).

709 Vgl. *Tiedemann*, in: FS Tröndle, 1989, S. 319 (328 m.w.N.).

Strafrecht zu berücksichtigen.[710] Eine Strafbarkeit nach § 266 Abs. 1 StGB beginnt nicht direkt an dem Punkt, wo eine Verletzung der Sorgfaltspflichten nach § 93 Abs. 1 S. 1 AktG die Grundlage für eine aktienrechtliche Haftung schafft.[711] Tauglichstes Restriktionskriterium gegen die vorschnelle Annahme einer Vermögensbetreuungspflichtverletzung ist hier das oben besprochene Merkmal der Evidenz.[712] Damit bedarf es einer besonders evidenten Verletzung der aktienrechtlichen Sorgfaltspflicht, welche die getroffene Entscheidung als schlechthin unvertretbar erscheinen lässt.[713] Die Anforderung an das Vorliegen einer Vermögensbetreuungspflichtverletzung im Sinne des § 266 Abs. 1 StGB könnte man auch als einen Verstoß gegen den Maßstab des § 93 Abs. 1 S. 1 AktG plus ein das Evidenzkriterium erfüllendes „X" formulieren.

Dabei stellt sich die Frage, ob die Evidenz der Pflichtverletzung aus Sicht des Vermögensinhabers oder aus Sicht des handelnden Vorstandsmitglieds zu beurteilen ist.

Aus strafrechtlicher Perspektive könnte es angezeigt sein, für die Beurteilung der Evidenz des Pflichtverstoßes auf die Sichtweise des Vermögensinhabers als Treugeber abzustellen.[714] Schließlich würde auf diese Weise der Schutz des Vermögens, als das von § 266 Abs. 1 StGB geschütze Rechtsgut, zugunsten seines Inhabers betont wobei zugunsten des Vorstandsmitglieds weiterhin eine „Korrektur" des Ergebnisses im Rahmen des subjektiven Tatbestands in Betracht käme.[715]

---

710 Vgl. bereits C.I.1, C.II.1.b), C.II.2.b)aa)(4) und C.II.2.b)cc)(1)(a)(hh)(iv).

711 Die alleinige Heranziehung des § 93 Abs. 1 S. 1 AktG bei der Beurteilung aktienrechtlicher Haftungsfragen rechtfertigt sich als Bezugspunkt des Äquivalenzinteresses der Gesellschaft aus dem Dienstvertrag; eine unmittelbare Übertragung dieses Maßstabs auf die strafrechtliche Wertungsebene wäre zu extensiv.

712 Dazu bereits C.II.2.b)cc)(1)(c).

713 Das Einzelfallergebnis mag in der Praxis oft als das solche einer Abwägung zwischen Pflichtmäßigkeit und Pflichtverstoß durch das Strafgericht erscheinen, was jedoch nichts daran ändert, dass die Verletzung einer Vermögensbetreuungspflicht als Tatbestandsmerkmal des § 266 Abs. 1 StGB positiv festzustellen ist; vor dem Hintergrund des Anscheins einer Abwägung lässt sich gegebenenfalls auch der Ansatz *Adicks* erklären, bei der Frage nach einer Vermögensbetreuungspflichtverletzung gemäß § 266 Abs. 1 StGB nach Indizien für ein pflichtgemäßes Handeln zu suchen anstatt die Pflichtverletzung positiv zu begründen, vgl. *dens.*, Organuntreue und Business Judgment, 2010, S. 79, dazu auch oben bereits C.I.2.

714 So *Rönnau*, ZStW 119 (2007), 887 (917); *Saliger*, HRRS 2006, 10 (20).

715 Als Schutzgut des § 266 StGB ist nach herrschender Auffassung ausschließlich das Vermögen des Treugebers, also vorliegend das Gesellschaftsvermögen, geschützt,

Das Rangverhältnis zwischen Zivil- und Strafrecht spricht jedoch gegen ein Abstellen auf die Sicht des Vermögensinhabers bei der Prüfung des Evidenzkriteriums.[716] Wäre eine unternehmerische Entscheidung aus Sicht des Vermögensinhabers evident unvertretbar, aber aus Sicht des durchschnittlichen Managers (gerade noch) vertretbar, so könnte man trotz des vermeintlich erfüllten Evidenzkriteriums zu keiner Strafbarkeit nach § 266 Abs. 1 StGB kommen. Denn der Vorstand hätte dem Maßstab des § 93 Abs. 1 S. 1 AktG entsprochen und wäre somit noch nicht einmal zivilrechtlich haftbar. In diesem Fall sollte bereits die Erfüllung des objektiven Tatbestands von § 266 Abs. 1 StGB verneint werden und nicht erst im Rahmen des subjektiven Tatbestands eine „Korrektur" unternommen werden. Über die Bezugnahme des § 93 Abs. 1 S. 1 AktG erhält die Perspektive handelnder Vorstandsmitglieder zwangsweise Einzug in den objektiven Tatbestand der Untreue. Auch zur Beurteilung der Erfüllung des Evidenzkriteriums erscheint deshalb eine Betrachtung aus diesem Blickwinkel angezeigt.[717]

Die Beantwortung der aufgeworfenen Frage kann allerdings dahinstehen, da beide Herangehensweisen im Ergebnis auf die Sichtweise des Vorstands abstellen. Vermögensinhaber ist die Aktiengesellschaft, vgl. § 1 Abs. 1 S. 1 AktG. Diese kann als juristische Person jedoch keine, mit denen einer natürlichen Person vergleichbaren, „Erwartungen" bezüglich des Handelns ihrer Organe bilden. Nach § 78 Abs. 1 S. 1, Abs. 2 S. 1 AktG wird die Gesellschaft durch den Vorstand vertreten. Es ist also grundsätzlich auch auf dessen Sichtweise bezüglich der Evidenz der Pflichtverletzung gegenüber der Gesellschaft abzustellen.

Fraglich bleibt für die Prüfung einer Vermögensbetreuungspflichtverletzung indes weiterhin, ob die gesondert festzustellende Evidenz des Verstoßes gegen die Sorgfaltspflicht aus § 93 Abs. 1 S. 1 AktG in Bezug auf das handelnde

---

vgl. Fn. 200; auch § 93 Abs. 1 S. 1 StGB bezweckt den Schutz des Vermögens der Gesellschaft, vgl. nur *Hüffer*, Aktiengesetz, § 93 Rn. 1; teilweise werden darüber hinaus Aktionärs- und Gläubigerinteressen als Schutzkomponenten angesehen, vgl. *Spindler*, in: MK AktG, § 93 Rn. 1 sowie bezüglich der Erfassung von Gläubigerinteressen ebenfalls *Fleischer*, in: Spindler/Stilz, AktG, § 93 Rn. 2.

716 Vgl. bereits C.I.1, C.II.1.b), C.II.2.b)aa)(4) sowie C.II.2.b)cc)(1)(a)(hh)(iv).

717 Ebenso *Rönnau*, der an dieser Stelle eine Beurteilung nach der objektiven *ex ante*-Sicht des Handelnden befürwortet, vgl. *dens.*, ZStW 119 (2007), 887 (912); vergleichbar positioniert sich außerdem *Deiters*, in: Die Finanzkrise, das Wirtschaftsstrafrecht und die Moral, 2010, S. 132 (137) – *ders.* bezieht sich im Text zwar lediglich auf die nicht weiter bezeichnete *ex ante*-Sicht des Täters, ein intendierter Objektivitätsbezug lässt sich jedoch aus der Fußnote zu dem betreffenden Aussagesatz herleiten.

Vorstandsmitglied ebenfalls aus einer objektiven *ex ante*-Sicht, aus einer subjektiven *ex ante*-Sicht oder im Rahmen einer *ex post*-Betrachtung zu beurteilen ist.

(a) *Beurteilung des Evidenzkriteriums anhand eines subjektiven* ex ante-*Maßstabs?*

Die Anwendung eines subjektiven *ex ante*-Maßstabs, bezogen auf die Sicht des jeweils handelnden Vorstandsmitglieds, scheidet aus, weil sie unnötig subjektive Erwägungen in die Prüfung des objektiven Tatbestands von § 266 Abs. 1 StGB verlagern würde, die allein Gegenstand der Vorsatzprüfung im Rahmen des subjektiven Tatbestands sein sollten.[718] Das Vorstandsmitglied muss also Vorsatz bezüglich der die Evidenz des Pflichtverstoßes begründenden Umstände haben, so dass kein Raum für eine Berücksichtigung der subjektiven *ex ante*-Sicht hinsichtlich des Evidenzmerkmals im objektiven Tatbestand bleibt.[719]

(b) *Beurteilung des Evidenzkriteriums anhand einer objektiven* ex ante- *oder einer* ex post-*Betrachtung?*

Durch die Anlegung eines objektiven *ex ante*-Maßstabs wird Unvorhersehbares von der Erfüllung des Tatbestandsmerkmals der Pflichtverletzung nach § 266 Abs. 1 StGB ausgeschlossen. In der Sache geht es hierbei um die Frage, ob eine Entscheidung, die zwar rückblickend betrachtet evident gegen gesellschaftsrechtliche Pflichten verstieß, aber zu dem Zeitpunkt der Entscheidung von einem durchschnittlichen Vorstandsmitglied nicht zwingend als ein solch evident gesellschaftsrechtlicher Pflichtverstoß zu identifizieren war, bereits keine Pflichtverletzung im Sinne des objektiven Tatbestands von § 266 Abs. 1 StGB darstellt oder eine Strafbarkeit wegen Untreue erst mangels Vorsatzes scheitert.

Für eine *ex post*-Bewertung könnte sprechen, dass eine *ex ante*-Betrachtung im Strafrecht, wie gezeigt, die Ausnahme darstellt.[720] Ein durch § 93 Abs. 1

---

718 Diese Argumentation entspricht inhaltlich dem, was bereits unter C.II.2.b)ff)(1)(a)(bb) gegen eine mittelbar strafbegründende Heranziehung des § 93 Abs. 1 S. 2 AktG vorgebracht wurde.

719 Nur beiläufig sei in diesem Zusammenhang erwähnt, dass eine gezielte Schädigung des Treugebervermögens stets den Tatbestand der Untreue erfüllen würde, vgl. nur *Ransiek*, ZStW 116 (2004), 634 (647); *Perron*, in: Schönke/Schröder, StGB, § 266 Rn. 36; die vorsätzliche Schädigung war auch von § 294 AktG a.F. als Vorläufertatbestand zu § 266 Abs. 1 StGB erfasst, vgl. allgemein auf die „(…) früheren gesellschaftsrechtlichen Untreuetatbeständen etwa im AktG oder GmbHG (…)“ verweisend *Ransiek*, ZStW 116 (2004), 634 (647) unter Bezugnahme auf *Saliger*, ZStW 112 (2000), 563 (594).

720 C.II.2.b)ff)(1)(a)(bb).

S. 1 AktG vorgegebener *ex ante*-Maßstab der Betrachtung muss sich gerade nicht auch auf die Beurteilung des Evidenzkriteriums im Rahmen der strafrechtlichen Prüfung erstrecken. Einer *ex post*-Betrachtung wäre zudem dadurch an Schärfe genommen, dass sich auf das gefundene Ergebnis ohnehin noch das Vorsatzerfordernis beziehen würde.

Eine Bewertung der unternehmerischen Entscheidung im Nachhinein (*ex post*) birgt allerdings stets die bereits angesprochene Gefahr eines Rückschaufehlers.[721] Darüber hinaus sprechen gleich zwei Aspekte für eine Beurteilung auch des Evidenzkriteriums anhand eines objektiven *ex ante*-Maßstabs. Erstens ist ein objektiver *ex ante*-Maßstab die gegenüber einer *ex post*-Bewertung restriktivere Auslegungsweise. Eine restriktive Auslegung erscheint angesichts des strafrechtlichen *ultima ratio*-Charakters stets angezeigt.[722] Dies gilt nicht nur für die ohnehin höchst unbestimmten Normen der § 266 Abs. 1 StGB und § 93 Abs. 1 S. 1 AktG, sondern ebenso für das ungeschriebene strafrechtliche Evidenzerfordernis im Rahmen der Prüfung einer Vermögensbetreuungspflichtverletzung. Zweitens ist es konsequent, die durch das Aktienrecht vorgegebene Betrachtungsweise auch auf das strafrechtliche Evidenzerfordernis im Rahmen des objektiven Untreuetatbestands zu beziehen. Wenn zur inhaltlichen Konkretisierung der Sorgfaltspflichten des Vorstandsmitglieds einer Aktiengesellschaft bei der Prüfung des akzessorischen Untreuetatbestands auf die Regelung des § 93 Abs. 1 S. 1 AktG rekurriert wird, umfasst diese Bezugnahme stets auch die aktienrechtliche *ex ante*-Beurteilungsweise. Durch den Maßstab des § 93 Abs. 1 S. 1 AktG geht es demnach inhaltlich um das Verhalten, das ein durchschnittliches, bedacht und sorgfältig handelndes Vorstandsmitglied

---

721 Zu der Gefahr eines Rückschaufehlers in gesellschaftsrechtlicher Hinsicht, vgl. nur *Kocher*, CCZ 2009, 215 (216 m.w.N.); *Brömmelmeyer*, WM 2005, 2065 (2068 m.w.N.); *S. H. Schneider*, DB 2005, 707 (708 f.); *Schäfer*, ZIP 2005, 1253 (1253 f.); zur gleichen Problematik aus psychologischer Sicht in englischer Sprache *Fischhoff*, Journal of Experimental Psychology: Human Perception and Performance 1975, Vol. 1, No. 3, 288–299; aus strafrechtlicher Sicht ebenfalls *Kudlich/Oglakcioglu*, Wirtschaftsstrafrecht, Rn. 327 f.; vgl. oben auch bereits Fn. 671.

722 In diesem Sinne ist auch die Ausführung des 1. Strafsenats des Bundesgerichtshofs in BGHSt 47, 148 (149 f.) zu verstehen, dass bei Anwendung des bankenüblichen Sorgfaltsmaßstabs auch bei einem späteren Kreditausfall keine Pflichtverletzung gemäß § 266 Abs. 1 StGB angenommen werden darf; ebenfalls *Große Vorholt*, Wirtschaftsstrafrecht, Rn. 404; es geht dabei in der Sache um die Vermeidung eines Rückschaufehlers und seiner Fortführung auf die strafrechtliche Ebene, vgl. dazu bereits C.II.2.b)bb)(2).

der Ressortzuständigkeit in derselben Entscheidungssituation an den Tag gelegt hätte.[723] In Bezug auf die Sorgfaltsanforderungen ist schließlich jener Maßstab anzulegen, der von einem vernünftigen treuhänderischen Vertreter der gesellschaftlichen Vermögensinteressen in der Handlungs- bzw. Entscheidungssituation angewandt worden wäre.[724] Diese Beurteilung kann allein aus der (fiktiv) objektiven *ex ante*-Sicht eines durchschnittlichen Normadressaten beurteilt werden.[725] Ein objektiver *ex ante*-Maßstab ist mithin Konsequenz der Berücksichtigung von aktienrechtlichen Sorgfaltspflichten bei der Prüfung des objektiven Untreuetatbestands. Es ist nicht ersichtlich, warum sich dieser Maßstab nicht auch auf das unmittelbar hieran anknüpfende untreuespezifische Evidenzkriterium erstrecken sollte.[726] Durch die einheitliche Anwendung eines objektiven *ex ante*-Maßstabs wird ein Auseinanderfallen der Prüfungsanforderungen an die Sorgfaltspflichtverletzung auf der einen Seite und das Evidenzkriterium auf der anderen Seite verhindert. Die Ernstnahme des Evidenzkriteriums verlangt es, die Voraussetzung der Unvertretbarkeit nicht der „niedrigeren Hürde" einer *ex post*-Betrachtung zu unterwerfen.

Daraus folgt, dass eine Entscheidung, die aus objektiver *ex ante*-Sicht nicht als evident gegen die gesellschaftsrechtlichen Sorgfaltspflichten verstoßend zu bewerten ist, schon nicht den objektiven Tatbestand des § 266 Abs. 1 StGB

723 Der Maßstab unterscheidet sich damit inhaltlich von dem einer lediglich nicht unvernünftigen Annahme sorgfältig bzw. zum Wohle der Gesellschaft gehandelt zu haben, wie sie durch eine Heranziehung des entsprechenden Kriteriums aus § 93 Abs. 1 S. 2 AktG zum Gegenstand der Betrachtung würde, dazu bereits C.II.2.b)ff)(1)(a)(bb)(iii).

724 Dabei sind auch spezifische Umstände bezüglich des Unternehmens, das Geschäftsumfeld und die Ressortaufteilung innerhalb des Vorstands zu berücksichtigen, vgl. *Spindler*, in: MK AktG, § 93 Rn. 25; *Hüffer*, Aktiengesetz, § 93 Rn. 6 f.; *Hopt/Roth*, in: GK AktG, § 93 Rn. 79; *Mertens/Cahn*, in: KK AktG, § 93 Rn. 10; während auf persönliche Unfähigkeiten deshalb keine Rücksicht genommen werden kann, vgl. *Hopt/Roth*, in: GK AktG, § 93 Rn. 79, und etwaige branchenübliche Nachlässigkeiten keine anforderungsmindernde Wirkung entfalten können, dazu *Spindler*, in: MK AktG, § 93 Rn. 25, sind vorhandene Spezialkenntnisse oder Sonderwissen zum Nutzen der Gesellschaft einzubringen, vgl. *dens.*, in: MK AktG, § 93 Rn. 25.

725 Auf dieser Linie liegt auch *Dierlamm*, in: MK StGB, § 266 Rn. 263, wenn er bei der Haushaltsuntreue eine *ex ante*-Betrachtung als maßgeblich erachtet.

726 So prüfen auch *Ignor/Sättele* eine Unvertretbarkeit im Sinne einer eindeutig nachteiligen Prognose der Auswirkung einer Entscheidung für das Unternehmenswohl anhand einer objektiven *ex ante*-Beurteilung, vgl. *dies.*, in: FS Hamm, 2008, S. 211 (219).

verwirklicht.[727] Auch der Vorsatz des potentiellen Untreuetäters muss sich dann auf Umstände beziehen, die, unter Vornahme einer objektivierten *ex ante*-Betrachtung, als in unvertretbarer Weise gegen die Sorgfalt eines Vorstandsmitglieds verstoßend zu bewerten sind.[728]

Eine Pflichtverletzung im Sinne des § 266 Abs. 1 StGB kann also erst vorliegen, wenn die Sorgfalt eines ordentlichen und gewissenhaften Geschäftsleiters in einer Weise missachtet wurde, die jedem vergleichbaren Vorstandsmitglied in der Entscheidungssituation als schlicht unvertretbar hätte erscheinen müssen.[729]

(c) Konsequenz: Berücksichtigung von Fahrlässigkeiten?

§ 93 Abs. 1 S. 1 AktG führt die Sorgfaltspflicht als Maßstab in den objektiven Tatbestand des § 266 Abs. 1 StGB ein. Dies entspricht der objektiven Sorgfaltspflichtverletzung im Rahmen des Fahrlässigkeitsdelikts, wobei die subjektive Sorgfaltspflichtverletzung bei der Prüfung des Tatbestands eines Vorsatzdelikts im subjektiven Tatbestand und gegebenenfalls der Schuld aufgeht. Damit sind die Voraussetzungen an das Vorsatzdelikt der Untreue erfüllt. Zudem reichert das aus objektiver *ex ante*-Sicht zu beurteilende Evidenzerfordernis den objektiven Tatbestand an und bildet gegenüber dem Maßstab des § 93 Abs. 1 S. 1 AktG den aufgrund des *ultima ratio*-Prinzips erforderlichen strafrechtlichen Gravitätszuschlag ab. Auch auf die eine Evidenz des Pflichtverstoßes begründenden Umstände hat sich der Vorsatz des Untreuetäters zu beziehen. Insbesondere bei

727 In diesem Sinne auch *Rönnau*, ZStW 119 (2007), 887 (912).

728 Allgemein zum Erfordernis der Kenntnis eines der Erfüllung des Tatbestands zugrunde liegenden Gesellschaftsrechtsverstoßes *Tiedemann*, der darauf verweist, dass ein Mangel der Kenntnis in Straflosigkeit resultiere und so den fragmentarischen Charakter des Wirtschaftsstrafrechts aufzeige, vgl. *dens.*, Wirtschaftsstrafrecht, Rn. 63, 227.

729 Hierzu auch *Bräunig*, der unter Berücksichtigung einer prinzipienbasierten „Schadensvermeidungslogik“ ein „funktionales Prinzip“ zur Ermittlung der Pflichtverletzung nach § 266 Abs. 1 StGB formuliert und abschließend in Bezug auf Ermessensentscheidungen feststellt: „Keine Pflichtverletzung kann also ein aussichtsreiches zielgerichtetes und sorgfältiges wirtschaftliches Handeln im Ermessen darstellen, welches Vermögensvorteile einbringen kann und soll. Was abstrakt einen Gewinn erwarten lässt, steht im Rahmen des Pflichtgemäßen.“, vgl. *dens.*, Untreue in der Wirtschaft, 2010, S. 143–147 – wobei der Erkenntnisgewinn durch diese Aussage für die positive Feststellung der Pflichtverletzung nach § 266 Abs. 1 StGB nach der hier vertretenen Auffassung bereits wegen der gewählten Negativformulierung recht gering ist und sich inhaltlich mit der strafausschließenden Relevanz des § 93 Abs. 1 S. 2 AktG deckt, vgl. dazu oben C.I.1.

der strafbegründenden Heranziehung außerstrafrechtlicher Materie im Rahmen der Prüfung des § 266 Abs. 1 StGB erscheint eine Untersuchung des Vorsatzes unter strenger Trennung vom objektiven Tatbestand angezeigt. Die Parallele zum Fahrlässigkeitsdelikt aufgrund der Berücksichtigung von Sorgfaltspflichten ist insoweit unvermeidbar und schlicht Konsequenz der Akzessorietät des § 266 Abs. 1 StGB gegenüber § 93 Abs. 1 S. 1 AktG.

(d) Zwischenergebnis

Die Prüfung der Vemögensbetreuungspflichtverletzung im Sinne des § 266 Abs. 1 StGB hat inhaltlich orientiert an dem Maßstab der Verletzung der Sorgfaltspflichten eines ordentlichen und gewissenhaften Geschäftsleiters nach § 93 Abs. 1 S. 1 AktG zu erfolgen. Dabei muss der Sorgfaltspflichtverstoß aus der objektiven *ex ante*-Sicht eines durchschnittlichen Vorstandsmitglieds als evident im Sinne von eindeutig unvertretbar zu bewerten sein. Dies ergibt sich aus dem Stufenverhältnis zwischen Straf- und Gesellschaftsrecht und der Akzessorietät des Untreuetatbestands.

(e) Ermittlung des evidenten Sorgfaltspflichtverstoßes anhand einer branchenspezifischen Gesamtschau

Offen bleibt damit aber weiter die inhaltliche Ausgestaltung der Sorgfaltspflichten, die das Vorstandsmitglied für eine Untreuestrafbarkeit in evidenter Weise verletzt haben muss. Die Bezugsnorm des § 93 Abs. 1 S. 1 AktG stellt ihrerseits eine ausfüllungsbedürftige Generalklausel dar.[730]

Nach Auffassung des Bundesverfassungsgerichts fand eine fallgruppenbezogene Obersatzbildung durch die Rechtsprechung in ausreichendem Maß statt, um den Untreuetatbestand im Allgemeinen handhabbar und hinreichend bestimmt erscheinen zu lassen.[731] Ungeachtet der bereits vorgebrachten Kritik an der Bildung von Fallgruppen und dem damit einhergehenden Versuch, jeden denkbaren wirtschaftlichen Lebenssachverhalt unter einen Oberbegriff zu subsumieren, ohne dabei den Spezifika der zu beurteilenden Konstellation hinreichend Rechnung zu tragen, können und sollen diese bei der Prüfung eines evidenten – und damit untreuerelevanten – Sorgfaltspflichtverstoßes freilich nicht unbeachtet bleiben.[732] Die Leitentscheidungen zu den Fällen ARAG/Garmenbeck,[733] SSV

730 Auf diese Problematik verweist auch BVerfGE 126, 170 (205).

731 BVerfGE 126, 170 (200, 210).

732 Zur Kritik an der Bildung von Fallgruppen vgl. oben bereits C.II.2.b)dd)(2).

733 BGHZ 135, 244 ff.; vgl. hierzu auch B.I.2.a) und C.II.1.a)aa)(2).

Reutlingen,[734] Zweite Kreditvergabe,[735] Kinowelt,[736] und Mannesmann[737] dienen vielmehr als wichtiger Orientierungsrahmen für die Prüfung einer Vermögensbetreuungspflichtverletzung und entfalten damit eine generelle Relevanz, die je nach zu entscheidender Fallkonstellation unterschiedlich stark auf einzelne Merkmale zu akzentuieren ist.[738] Die Mannigfaltigkeit wirtschaftlicher Vorgänge und die Diversität branchenspezifischer Anforderungen macht die Statuierung von Anforderungen mit Generalitätsanspruch in diesem Bereich besonders schwer.[739] Die Frage nach dem Vorliegen einer Vermögensbetreuungspflichtverletzung wird im Einzelfall deshalb stets anhand einer Gesamtschau zu beantworten sein.[740] Im Rahmen dieser Gesamtschau ist zu ermitteln, ob die branchenspezifischen Anforderungen in besonders evidenter, und damit strafbegründender, Weise außer Acht gelassen wurden.[741] Bestimmte Kernanforderungen an ein von Verantwortung geleitetes unternehmerisches Handeln mit branchenübergreifender Geltung können ungeachtet dieses Befundes formuliert werden. Sie gehen zum Teil bereits aus den genannten und an früheren Stellen dieser Arbeit in unterschiedlichem Zusammenhang ausführlich dargestellten Leitentscheidungen

734 BGHSt 46, 187 ff.; dazu auch bereits C.II.2.a)cc)(1)(a) und C.II.2.b)cc)(1)(a)(bb).

735 BGHSt 46, 148 ff.; dazu bereits C.II.2.b)cc)(1)(a)(aa); zum Teil kann auch auf BGHSt 46, 30 ff. (Erste Kreditvergabe-Entscheidung) rekurriert werden.

736 BGH NJW 2006, 453 ff.; siehe auch schon C.II.2.b)cc)(1)(a)(cc).

737 BGHSt 50, 331 ff.; vgl. dazu auch bereits C.II.2.a)bb) und C.II.2.b)cc)(1)(a)(dd).

738 Die Anerkennung eines grundsätzlich weiten Ermessens- und Beurteilungsspielraums zugunsten der handelnden Wirtschaftsakteure findet in zentraler Weise bereits in der Entscheidung des II. Zivilsenats des Bundesgerichtshofs zum Fall ARAG/Garmenbeck Ausdruck, vgl. BGHZ 135, 244 (253 f.) sowie oben B.I.2.a)bb) und B.I.2.b), und wurde auch bei der Prüfung einer Untreuestrafbarkeit durch die Strafgerichte anerkannt, vgl. nur die Ausführungen des 3. Strafsenats in der Mannesmann-Entscheidung, BGHSt 50, 331 (336) sowie oben C.II.2.b)cc)(1)(a)(dd)(ii).

739 Für eine Einzelfallbetrachtung insoweit *Ransiek*, ZStW 116 (2004), 634 (671 f.).

740 In diesem Sinne auch *Dierlamm* unter Bezugnahme auf die einschlägigen Leitentscheidungen und von *dems.* aus diesen abgeleiteten Leitkriterien, vgl. *dens.*, in: MK StGB, § 266 Rn. 181–183 – allerdings im Hinblick auf das Vorliegen einer „gravierenden“ Pflichtverletzung, was einer Übertragbarkeit der Ausführungen auf die Prüfung einer Pflichtverletzung nach dem hier zugrunde gelegten Verständnis indes nicht entgegensteht; ebenfalls *Freyschmidt*, wobei *ders.* offensichtlich einem streng kumulativen Ansatz („drei der vier genannten Leitkriterien“) folgt und gleichermaßen pauschal eine „gravierende“ Pflichtverletzung voraussetzt, vgl. *dens.*, in: Vorstand der AG, § 7 Rn. 13–15 m.w.N.

741 Gerade diese Branchenspezifität der Beurteilung einer Entscheidung spricht für die Anlegung des festgestellten objektiven *ex ante*-Maßstabs.

hervor. Wenn der 1. Strafsenat des Bundesgerichtshofs in seiner Entscheidung zum Fall SSV Reutlingen auf „fehlende Nähe zum Unternehmensgegenstand", „Unangemessenheit im Hinblick auf die Ertrags- und Vermögenslage", „fehlende innerbetriebliche Transparenz" und das „Vorliegen sachwidriger Motive, namentlich Verfolgung rein persönlicher Präferenzen" als Kriterien hinweist, die im Fall des Verstoßes anhand einer Gesamtschau in eine Vermögensbetreuungspflichtverletzung resultieren können, so lassen sich diese mit unterschiedlicher Schwerpunktsetzung auf die strafrechtliche Beurteilung der meisten unternehmerischen Entscheidungen in einer Gesellschaft übertragen.[742] Gleiches gilt für das Erfordernis eines unmittelbar und ausschließlich am Unternehmensinteresse orientierten Handelns, wie es der 3. Strafsenat des Bundesgerichtshofs in der Mannesmann-Entscheidung betont.[743] Schließlich werden in der ARAG/Garmenbeck-Entscheidung des II. Zivilsenats des Bundesgerichtshofs mit den Erfordernissen eines „ausschließlich am Unternehmenswohl" orientierten Handelns und einer sorgfältigen „Ermittlung der Entscheidungsgrundlagen" zentrale Kriterien für die Handlungsanforderungen an ein sorgfältiges Vorstandsmitglied ins Feld geführt, die inhaltlich eine besondere Nähe zu einzelnen späteren Tatbestandsmerkmalen des § 93 Abs. 1 S. 2 AktG aufweisen.[744] Durch die gesamtschaubezogene Berücksichtigung dieser gerichtlich formulierten Prämissen für unternehmerisches Führungshandeln lässt sich die verfassungsgerichtlich geforderte und konkretisierungsgeleitete Obersatzbildung bestmöglich mit dem Praxiserfordernis einer individuellen Würdigung wirtschaftlicher Vorgänge außerhalb zu starrer Fallgruppen vereinbaren.

742 BGHSt 47, 187 (197), dies gilt unabhängig davon, dass der 1. Strafsenat in seiner Entscheidung von dem Erfordernis einer „gravierenden" Pflichtverletzung ausgeht, vgl. dazu ausführlich C.II.2.b)cc)(1)(a).

743 BGHSt 50, 331 (338 f.), in der Entscheidung allerdings bezogen auf den Pflichtenumfang eines Aufsichtsratsmitglieds, vgl. auch bereits C.II.2.a)bb)(2), die Ausführungen sind jedoch ob ihrer Generalität auf den Pflichtenumfang eines Vorstandsmitglieds unmittelbar übertragbar.

744 BGHZ 135, 244 (253 f.); eine vergleichende Gegenüberstellung der gerichtlichen Ausführungen in der ARAG/Garmenbeck-Entscheidung mit den Normanforderungen des § 93 Abs. 1 S. 2 AktG erfolgte bereits unter C.II.1.a)aa)(2); die zivilgerichtliche Herkunft der Entscheidung hindert eine Heranziehung der getroffenen Ausführungen zur inhaltlichen Bestimmung einer untreuerelevanten Vermögensbetreuungspflicht nicht, da dem strafrechtlichen Restriktionsbedarf durch das Erfordernis eines gesonderten „Evidenzaufschlags" auf den ohnehin nach BGHZ 135, 244 (253 f.) für eine gesellschaftsrechtliche Pflichtverletzung zu fordernden „erheblichen" Verstoß gegen die angeführten Kriterien genügt ist.

Auch die in § 93 Abs. 1 S. 2 AktG aufgenommenen Prämissen eines Handelns im Unternehmensinteresse ohne sachfremde Einflüsse und einer angemessenen Informationsbeschaffung im Vorfeld des Treffens von Entscheidungen fallen vor diesem Hintergrund in den Kreis der Basisanforderungen, die für jedes Vorstandsmitglied zu gelten haben.[745] Die konkrete Art und Weise der Bezugnahme auf diese Prämissen in § 93 Abs. 1 S. 2 AktG im Rahmen eines subjektiv gefassten, negativen Kumulationsansatzes verbietet es zwar, aus einem Nichtunterfallen unter die Norm unmittelbar positiv auf das Vorliegen einer Vermögensbetreuungspflichtverletzung im Sinne des § 266 Abs. 1 StGB zu schließen.[746] Gerade nicht ausgeschlossen ist demgegenüber eine Berücksichtigung der abstrakten Prämissen eines Handelns zum Unternehmenswohl, der angemessenen Informationseinholung und der Entscheidungsfindung frei von sachfremden Erwägungen im Rahmen der Prüfung eines Verstoßes gegen den Sorgfaltsmaßstab des § 93 Abs. 1 S. 1 AktG. Vielmehr kann ein erheblicher Verstoß gegen eine oder mehrere dieser Anforderungen anhand einer einzelfallorientierten Gesamtschau zu der positiven Feststellung einer untreuerelevanten Vermögensbetreuungspflichtverletzung führen.[747]

Es wird deutlich, dass die einzelnen Merkmale des § 93 Abs. 1 S. 2 AktG auch ohne die Existenz der Norm ihrem Inhalt nach bei der Prüfung einer Vermögensbetreuungspflichtverletzung zu berücksichtigen wären.[748] Sie bilden unabhängig davon lediglich einzelne Aspekte ab, die im Rahmen der gesamtschaubezogenen Ermittlung eines unvertretbaren Sorgfaltspflichtverstoßes zu berücksichtigen sind. Aus dieser Feststellung erwächst die Frage nach der verbleibenden Relevanz des § 93 Abs. 1 S. 2 AktG für die positive Feststellung einer Pflichtverletzung im Sinne des § 266 Abs. 1 StGB.

---

745 Gleiches gilt auch für die ungeschriebene Prämisse der Vermeidung einer Beeinflussung der Entscheidung durch fehlgeleitete Interessen des § 93 Abs. 1 S. 2 AktG, welche eine Parallele in der SSV Reutlingen-Entscheidung findet, vgl. BGHSt 47, 187 (197); dem steht nicht entgegen, dass die Bestimmung einer Pflichtverletzung im Rahmen der Untreue ohne Bestehen des § 93 Abs. 1 S. 2 AktG im Wesentlichen auf gleiche Art und Weise erfolgen würde.

746 Zu der Frage nach einer unmittelbar strafbegründenden Relevanz des § 93 Abs. 1 S. 2 AktG im Rahmen der Prüfung einer Untreuestrafbarkeit insgesamt bereits C.II.1.

747 Für eine dem *ultima ratio*-Charakter des Strafrechts gerecht werdende Gesamtschau auch *Feddersen*, in: FS Laufs, 2006, S. 1169 (1189 f.).

748 Eine deklaratorische Relevanz für die Prüfung einer Vermögensbetreuungspflichtverletzung misst *Ransiek* unter ähnlichen Voraussetzungen § 18 Abs. 1 S. 1 KWG zu, vgl. *dens.*, ZStW 116 (2004), 634 (671 f.).

(3) Verbleibender Relevanzgehalt des § 93 Abs. 1 S. 2 AktG: Indizwirkung

Die bisherigen Untersuchungen haben ergeben, dass sich weder aus dem generellen Nichtunterfallen unter den Schutzmantel der *Business Judgement Rule* nach § 93 Abs. 1 S. 2 AktG noch aus der Nichterfüllung einzelner Tatbestandsvoraussetzungen des § 93 Abs 1 S. 2 AktG *per se* in positiver Weise eine Vermögensbetreuungspflichtverletzung herleiten lässt. Gleichzeitig wurde soeben festgestellt, dass zumindest die in § 93 Abs. 1 S. 2 AktG abstrakt zum Ausdruck kommenden Prämissen eines sorgfältigen unternehmerischen Handelns im Rahmen der inhaltlichen Ausgestaltung der Sorgfaltsanforderungen an ein Vorstandsmitglied nach § 93 Abs. 1 S. 1 AktG Berücksichtigung finden müssen.[749] Sie stehen dabei in weitgehender Übereinstimmung mit den Kriterien, welche die Rechtsprechung auch vor der Aufnahme des heutigen § 93 Abs. 1 S. 2 AktG in den einschlägigen Leitentscheidungen zur Ausfüllung der Anforderungen an ein Leitungsorgan bei der Prüfung einer Vermögensbetreuungspflichtverletzung im Sinne des § 266 Abs. 1 StGB herangezogen hat.

Diese Feststellung legt nahe, dass § 93 Abs. 1 S. 2 AktG zumindest eine indizielle Relevanz bei der Prüfung der Untreuestrafbarkeit des Vorstandsmitglieds einer Aktiengesellschaft zukommt.[750] Es geht dabei um eine materiell-rechtliche Indizwirkung.[751] Für die Annahme einer solchen spricht folgende Überlegung:

Soweit ein Vorstandsmitglied schon zum Zeitpunkt seiner Entscheidung zum Beispiel nicht vernünftigerweise von einer Konformität seines Handelns mit dem Gesellschaftsinteresse ausgehen konnte, wird diese Entscheidung auch nicht einem objektiven *ex ante*-Maßstab in Bezug auf ein Handeln im Unternehmensinteresse genügen. Die unmittelbare Orientierung am Unternehmenswohl

749 Vgl. C.II.2.b)ff)(2)(e).

750 So vermutet auch *Große Vorholt*, dass der *Business Judgement Rule* im Rahmen der Untreue in strafbegründender Hinsicht lediglich eine Indizwirkung zukomme, ohne diese jedoch näher zu bestimmen, vgl. *dens.*, Wirtschaftsstrafrecht, Rn. 404; ähnlich unter Verständnis des § 93 Abs. 1 S. 2 AktG als „formelle Pflicht" *Brammsen*, wistra 2009, 85 (90).

751 Diese bezieht sich auf die einzelnen Kriterien, welche im Fall ihres kumulativen Vorliegens nach § 93 Abs. 1 S. 2 AktG zu einer (auch strafrechtlichen) Entlastung führen. Aus einem kumulativen Verstoß gegen mehrere dieser Kriterien kann jedoch nicht *per se* eine erhöhte Tendenz in Richtung des Vorliegens einer Vermögensbetreuungspflichtverletzung hergeleitet werden, vgl. zur Kritik an einem solchen Ansatz zur Feststellung der Vermögensbetreuungspflicht bereits C.II.2.a)cc)(2); zu der Art und Weise der Prüfung eines evidenten Sorgfaltspflichtverstoßes im Wege einer Gesamtschau vgl. bereits C.II.2.b)ff)(2)(e).

ist jedoch eine Basisanforderung an jedes Führungsorgan.[752] So erfordert die Anwendung der Sorgfalt eines ordentlichen Geschäftsleiters gemäß § 93 Abs. 1 S. 1 AktG zwingend ein Handeln im Interesse der Gesellschaft.[753] Ist ein solches objektiv nicht vorgenommen worden, dann wird das Handeln als pflichtwidrig nach § 93 Abs. 1 S. 1 AktG zu beurteilen sein. Bei besonderer Schwere bzw. Evidenz des Verstoßes in der Gesamtschau kann dies darüber hinaus eine untreuerelevante Vermögensbetreuungspflichtverletzung begründen. Dabei ist zu betonen, dass eine indizielle Relevanz des § 93 Abs. 1 S. 2 AktG ebenfalls eine Form der mittelbaren Relevanz darstellt. Ein unmittelbarer Bezug des Evidenzerfordernisses auf einen Verstoß gegen einzelne Tatbestandsmerkmale des § 93 Abs. 1 S. 2 AktG scheidet nach den obigen Untersuchungen zwar aus, so dass jenseits einer strafhindernden Entlastung durch die Erfüllung sämtlicher Voraussetzungen der *Business Judgement Rule* zur Prüfung einer Pflichtverletzung nach § 266 Abs. 1 StGB auf eine Verletzung des allgemeinen Sorgfaltsmaßstabs aus § 93 Abs. 1 S. 1 AktG zuzüglich einer Evidenz des Pflichtverstoßes zu rekurrieren ist. Im Rahmen der vorzunehmenden Gesamtschau sind auch Verstöße gegen die einzelnen Kriterien des § 93 Abs. 1 S. 2 AktG dahingehend strafrechtlich zu bewerten, ob in unvertretbarer Weise gegen die Sorgfalt eines ordentlichen Vorstandsmitglieds in der Person des Handelnden verstoßen wurde.[754]

Die Indizwirkung der *Business Judgement Rule* beruht darauf, dass ein Vorstandshandeln, welches nicht dem Schutz des § 93 Abs. 1 S. 2 AktG unterfällt, zumindest suboptimal war.[755] Daraus folgt zwar unmittelbar keine

752 Vgl. BGHSt 50, 331 (338 f.) unter Verweis auf BGHZ 135, 244 ff.; BGHSt 46, 30 ff.; 47, 187 ff.

753 *Spindler*, in: MK AktG, § 93 Rn. 25 m.w.N. [„(…) trifft das Vorstandsmitglied einer AG eine erhöhte Sorgfaltspflicht als Treuhänder fremder Vermögensinteressen."]; vgl. in diesem Zusammenhang auch die Ausführungen unter C.II.2.b)ff)(2)(e) zur inhaltlichen Ausgestaltung des Maßstabs aus § 93 Abs. 1 S. 1 AktG und den diesbezüglichen Einfluss der in § 93 Abs. 1 S. 2 AktG zum Ausdruck kommenden generellen Prämissen.

754 Zu der Restriktionsanforderung eines evidenten Pflichtverstoßes vgl. bereits C.II.2.b)cc)(1)(c); zu der für die Beurteilung des Evidenzkriteriums maßgeblichen Sichtweise soeben C.II.2.b)ff)(2).

755 Für eine indizielle Relevanz eines Verstoßes gegen die einzelnen Tatbestandsmerkmale des § 93 Abs. 1 S. 2 AktG spricht in diesem Zusammenhang, dass der Gesetzgeber durch die *Business Judgement Rule* gerade Kriterien normiert hat, die aus seiner Sicht bei der Findung einer unternehmerischen Entscheidung eingehalten werden sollten; ein Verstoß gegen eine oder mehrere dieser Voraussetzungen hat zwar nicht unmittelbar eine Untreuestrafbarkeit zur Folge, spricht jedoch für einen

gesellschaftsrechtliche und erst recht keine untreuerelevante Pflichtverletzung. Dennoch sind beide Arten der Pflichtverletzung zumindest nicht mehr ausgeschlossen. Positiv formuliert eröffnet sich erst außerhalb des Schutzbereichs von § 93 Abs. 1 S. 2 AktG die Möglichkeit des Vorliegens einer gesellschaftsrechtlichen Pflichtverletzung sowie einer untreuerelevanten Vermögensbetreuungspflichtverletzung.[756] Die Indizwirkung eines nicht durch die *Business Judgement Rule* gedeckten Handelns besteht im Ausgangspunkt darin, dass auch ein Pflichtverstoß im Sinne des § 266 Abs. 1 StGB weiterhin möglich ist. Wenn die Tatbestandsvoraussetzungen des § 93 Abs. 1 S. 2 AktG nicht in kumulativer Weise erfüllt wurden, eröffnet sich ein Bereich der einzelfallbezogenen und ergebnisoffenen Prüfung einer Vermögensbetreuungspflichtverletzung bezogen auf eine erfolglose unternehmerische Entscheidung.[757] Die belastende Indizwirkung des § 93 Abs. 1 S. 2 AktG hindert nicht etwa die Notwendigkeit einer solchen Überprüfung des Entscheidungsfindungsprozesses auf eine Vermögensbetreuungspflichtverletzung anhand des § 93 Abs. 1 S. 1 AktG unter Berücksichtigung des

---

Entscheidungsfindungsprozess, der nicht den gewöhnlich an einen Vorstand zu stellenden Anforderungen genügte.

756 Darüberhinaus gehen einzelne Stimmen in der aktienrechtlichen Literatur außerhalb des Anwendungsbereichs der *Business Judgement Rule* trotz unveränderter Notwendigkeit der positiven Feststellung einer Pflichtverletzung am Maßstab des § 93 Abs. 1 S. 1 AktG von einer indizierten Pflichtverletzung aus, vgl. *Spindler*, in: MK AktG, § 93 Rn. 40; dem folgen *Mertens/Cahn*, die etwas vorsichtiger davon ausgehen, dass eine Pflichtverletzung außerhalb des Anwendungsbereichs der *Business Judgement Rule* „(...) regelmäßig naheliegen wird", vgl. *dies.*, in: KK AktG, § 93 Rn. 15; außerdem *Blasche*, WM 2011, 343 (347) unter Verweis auf *Spindler* und *Mertens/Cahn* – dies kann nach der hier vertretenen Auffassung unter Berücksichtigung des strafrechtlichen *ultima ratio*-Charakters restriktiv auf die strafrechtliche Wertungsebene bezüglich der Frage einer Vermögensbetreuungspflichtverletzung übertragen werden; zum Rechtscharakter des § 93 Abs. 1 S. 2 AktG als Tatbestandsausnahme zu § 93 Abs. 1 S. 1 AktG, vgl. bereits C.II.1.a)bb)(c).

757 Im Fall einer bewussten oder gezielten Schädigung des Gesellschaftsvermögens sieht *Ransiek* den Untreuetatbestand stets als erfüllt an, vgl. *dens.*, ZStW 116 (2004), 634 (647) – dies gilt nach der hier vertretenen Auffassung jedoch für den Fall nicht, dass ein Vorstandsmitglied dem Gesellschaftsvermögen einen Schaden zufügt, um den Eintritt eines größeren Schadens zu verhindern, denn ein solches Handeln kann nicht pflichtwidrig im Sinne der Untreue sein; einer willkürlichen Hingabe von Gesellschaftsvermögen entspricht es, wenn „nach Art eines Spielers" Risiken eingegangen werden, die der Sorgfalt eines ordentlichen Geschäftsleiters in einem so evidenten Maß widersprechen, dass sie unvertretbar sind, vgl. *Dierlamm*, in: MK StGB, § 266 Rn. 232 f. m.w.N.

strafrechtlichen Restriktionskriteriums einer besonderen Evidenz des Pflichtverstoßes im Sinne von Unvertretbarkeit.[758]

Die Indizwirkung der abstrakt bestehenden Möglichkeit einer Pflichtverletzung gemäß § 266 Abs. 1 StGB mag als Basisbefund auf den ersten Blick gering erscheinen.[759] Dabei ist jedoch zu beachten, dass § 93 Abs. 1 S. 2 AktG dem Vorstandsmitglied bereits einen sehr weiten Handlungs- und Ermessenspielraum zubilligt, innerhalb dessen Grenzen eine Pflichtverletzung ausscheidet.[760] Das Strafrecht hat diese gesellschaftsrechtliche Bewertungsgrundlage zu respektieren.[761] Wenn bei mangelnder kumulativer Erfüllung der Tatbestandsvoraussetzungen des § 93 Abs. 1 S. 2 AktG im Gesellschaftsrecht eine Pflichtverletzung nicht bereits feststeht, sondern gesondert positiv festgestellt werden muss, dann hat sich dies auf die strafrechtliche Wertung zu übertragen. Ein im Rahmen der Pflichtverletzung gemäß § 266 Abs. 1 StGB anzulegender Handlungs- und Ermessensspielraum kann deshalb erst dort enden, wo die gesellschaftsrechtlichen Grenzen eines pflichtgemäßen Handelns bereits eindeutig überschritten sind.[762] Das Strafrecht sanktioniert auf diese Weise lediglich den Verstoß gegen Mindestanforderungen in Bezug auf die Fürsorge für das anvertraute Vermögen.[763] Nur so wird dem Zivil- bzw. Gesellschaftsrecht genug Raum für eine, durch das

758 Es gilt der unter C.II.2.b)ff)(2)(e) beschriebene inhaltliche Maßstab; zur Auswirkung des § 93 Abs. 1 S. 2 AktG auf das Strafverfahren vgl. auch C.II.3.

759 Der Auffassung *Drehers*, dass § 93 Abs. 1 S. 2 AktG im Strafrecht bereits deshalb keine Bedeutung zukomme, weil unternehmerisches Ermessen in der Regel nicht Gegenstand staatsanwaltschaftlicher Ermittlungen sein werde, vgl. *dens.*, AG 2006, 213 (220), kann zwar in dieser Form nicht gefolgt werden – indes ist der zum Ausdruck kommenden Tendenz einer restriktiven Anwendung des Strafrechts im Bereich des Geschäftsleiterermessens zuzustimmen.

760 Auf diese Weite des § 93 Abs. 1 S. 2 AktG und die Frage ihrer Übertragbarkeit auf die strafrechtliche Wertung beziehen sich auch *Theile*, ZIS 2011, 616 (626) und *Kudlich/Oglakcioglu*, Wirtschaftsstrafrecht, Rn. 339; *Winnen* sieht vor diesem Hintergrund ein Evidenzerfordernis bereits in § 93 Abs. 1 S. 2 AktG angelegt, vgl. *dens.*, Die Innenhaftung des Vorstandes nach dem UMAG, 2009, S. 241; ein ähnlich weiter Ermessensspielraum folgte bereits vor dem UMAG aus BGHZ 135, 244 ff.

761 Zur unmittelbar entlastenden Relevanz des § 93 Abs. 1 S. 2 AktG in diesem Zusammenhang bereits C.I.1.

762 So auch *Theile*, ZIS 2011, 616 (626).

763 In diesem Sinne zur Rolle des Strafrechts auch *Spindler*, in: MK AktG, § 93 Rn. 76.

Stufenverhältnis gegenüber dem Strafrecht vorgegebene, primäre Konfliktlösung gegeben.[764]

Bezüglich der Intensität der Indizwirkung muss einzelfallbezogen zwischen einer Nichterfüllung der verschiedenen Kriterien des § 93 Abs. 1 S. 2 AktG unterschieden werden.

Ein Handeln, das nicht *per intentionem* „zum Wohle der Gesellschaft" erfolgte, weist die größte Indizwirkung in Richtung einer Vermögensbetreuungspflichtverletzung auf, weil die Orientierung am Unternehmensinteresse – wie gezeigt jedoch beurteilt aus einer objektiven *ex ante*-Sicht – zentraler Bestandteil der Vermögensbetreuungspflicht des Vorstandsmitglieds einer Aktiengesellschaft ist. Ein diesbezüglich erheblicher Verstoß kann im Rahmen der vorzunehmenden Gesamtschau auch ohne Hinzutreten weiterer Faktoren zu der Feststellung einer Unvertretbarkeit der Entscheidung und dem Vorliegen einer Vermögensbetreuungspflichtverletzung führen.

Eine Entscheidung, die nicht unter der Annahme erfolgte, sich ordentlich informiert zu haben, weist ebenfalls eine Indizwirkung auf. Diese ist jedoch gegenüber jener in Bezug auf das vorige Merkmal einer Orientierung am Unternehmenswohl tendenziell abgeschwächt. Dabei kommt es jeweils auf die konkreten Informationspflichten innerhalb der betroffenen Branche an. Je höher die branchenspezifischen Anforderungen an eine sorgfältige Information im Allgemeinen oder an bestimmte Informationsverfahren im Speziellen sind, desto eher wird eine darauf bezogene Vernachlässigung einen Sorgfaltspflichtverstoß darstellen, der bei entsprechender Evidenz, vorbehaltlich des Vorliegens der sonstigen Tatbestandsvoraussetzungen, auch strafrechtliche Sanktion angezeigt sein lässt. Der Informationspflichtverstoß kann gegebenenfalls als ein Aspekt unter verschiedenen, innerhalb der angesprochenen Gesamtschau zu berücksichtigenden, Faktoren zur Feststellung einer Vermögensbetreuungspflichtverletzung führen.

Gleiches gilt für eine Entscheidung, die unter objektivem Vorliegen eines Interessenwiderstreits zustande kam. Auch hier ist konkret zu ermitteln, inwieweit eine absolute Freiheit von sachfremden Erwägungen bei der konkreten unternehmerischen Entscheidung notwendig gewesen wäre, um zugunsten der

---

764 A.A. *Bosch/Lange*, die von einer „weitgehenden Konvergenz straf- und zivilrechtlicher Wertungen" ausgehen, vgl. *dies.*, JZ 2009, 225 (234–237); zu dem hier befürworteten Stufenverhältnis zwischen Straf- und Zivilrecht bereits C.I.1, C.II.1.b)aa) und mit Bezug auf das Gesellschaftsrecht C.II.2.b)aa); zugunsten einer primären Konfliktlösung im Zivilrecht auch C.II.1.a)bb)(b).

Gesellschaft zu handeln und in wie evidenter Weise das Handeln des Vorstandsmitglieds das Gesellschaftsinteresse aus objektiver *ex ante*-Sicht vernachlässigte.

(4) Zwischenergebnis

Die Pflichtverletzung im Sinne des § 266 Abs. 1 StGB wird inhaltlich durch den Sorgfaltsmaßstab des § 93 Abs. 1 S. 1 AktG zuzüglich eines strafrechtlichen Evidenzerfordernisses ausgefüllt. Bei der Beurteilung der Evidenz des Verstoßes ist ein objetiver *ex ante*-Maßstab anzulegen. Damit kommt der Tatsache des Nichtunterfallens unter den „sicheren Hafen" des § 93 Abs. 1 S. 2 AktG lediglich eine Indizwirkung zu, die als Ausweis eines „suboptimalen" Handelns erscheint und zu der beschriebenen Prüfung eines evidenten Verstoßes gegen die Sorgfaltspflicht aus § 93 Abs. 1 S. 1 AktG führt innerhalb derer sich ein Verstoß gegen einzelne Tatbestandsvoraussetzungen des § 93 Abs. 1 S. 2 AktG als Sorgfaltsanforderungen an unternehmerisches Handeln wiederum auswirken kann.

3. Praktische Relevanz im Rahmen der Strafverfolgung

Ausgehend von der materiell-rechtlichen Indizwirkung kommt § 93 Abs. 1 S. 2 AktG im Rahmen der Prüfung einer Untreuestrafbarkeit auch eine praktische Verfahrensrelevanz zu.

Allein die Aufnahme von Ermittlungen durch Strafverfolgungsbehörden ist mit intensiven Einwirkungen auf das berufliche und private Leben der Betroffenen verbunden.[765] Folglich besteht auf Seiten jedes Betroffenen ein großes Interesse an einem raschen Verfahrensabschluss – idealerweise in Form einer Verfahrenseinstellung.

Wenn ein Untreuevorwurf gegen den Vorstand einer Aktiengesellschaft im Raum steht, werden sich die Strafverfolgungsbehörden wegen der beschriebenen Akzessorietät des § 266 Abs. 1 StGB in aller Regel recht schnell dem § 93 Abs. 1 S. 1 und 2 AktG zuwenden, um den Pflichtenumfang hinsichtlich der Vermögensbetreuungspflicht eines Vorstandsmitglieds zu konkretisieren.[766] Dabei besteht die bereits beschriebene erhebliche Gefahr einer fehlerhaften Bewertung des Vorstandshandelns auf seine Pflichtwidrigkeit hin. Unter dem *ex post*-Eindruck eines entstandenen Vermögensschadens wird dann gewissermaßen

765 In diesem Sinne *Freyschmidt*, in: Vorstand der AG, § 7 Rn. 1; *Rönnau*, ZStW 119 (2007), 887 (888); *Beulke*, in: FS Eisenberg, 2009, S. 245 (247); *Feddersen*, in: FS Laufs, 2006, S. 1169 (1185–1188 m.w.N.).

766 Zur Akzessorietät des Untreuetatbestands vgl. B.II.1., B.II.2.b).

auf eine Pflichtverletzung im Vorfeld rückgeschlossen.[767] Tatsächlich hat die nachträgliche inhaltliche Prüfung einer unternehmerischen Entscheidung auf ihre Pflichtmäßigkeit im Sinne des § 93 Abs. 1 S. 1 AktG aus einer strikt einzuhaltenden objektiven *ex ante*-Sicht zu erfolgen.[768] Die Tatsache, dass dies der menschlichen Erkenntnisfähigkeit erfahrungsgemäß Schwierigkeiten bereitet, birgt ein gesteigertes Strafbarkeitsrisiko für das Vorstandsmitglied.[769]

Sowohl während laufender Ermittlungen als auch im Laufe des Strafprozesses selbst kann sich die Position eines Beschuldigten oder Angeklagten dadurch deutlich verbessern, dass dieser die Erfüllung sämtlicher Tatbestandsvoraussetzungen des § 93 Abs. 1 S. 2 AktG nachweisen kann oder zumindest Unterlagen zur Verfügung stellt, aus denen sich auf ein den Voraussetzungen des § 93 Abs. 1 S. 2 AktG genügendes Handeln schließen lässt. Denn die *Business Judgement Rule* bietet eine Komplexitätsreduktion gegenüber § 93 Abs. 1 S. 1 AktG.[770] Die Strafverfolgungsbehörde hat dann lediglich die Erfüllung der Tatbestandsvoraussetzungen des § 93 Abs. 1 S. 2 AktG zu prüfen. Eine *ex ante*-bezogene Entscheidungsrevision findet damit auch allein in diesem Rahmen statt, was die Ermittlungsarbeit erleichtert und zugleich Orientierung bei den Verfahrensbeteiligten schafft.

Zwar trägt das Vorstandsmitglied einer Aktiengesellschaft abweichend von der aktienrechtlichen Regelung des § 93 Abs. 2 S. 2 AktG keine Beweislast bezüglich einer Entlastung von strafrechtlichem Vorwurf.[771] Dennoch wird ein mangelndes Einhalten der Voraussetzungen des § 93 Abs. 1 S. 2 AktG in Bezug

---

767 Zu einem solchen Rückschaufehler vgl. nur *Kocher*, CCZ 2009, 215 (216 m.w.N.); *S. H. Schneider*, DB 2005, 707 (708 f.); *Schäfer*, ZIP 2005, 1253 (1253 f.); bezogen auf die strafrechtliche Wertungsebene *Brüning/Samson*, ZIP 2009, 1089 (1092); der Sache nach auch bereits *Samson*, in: Gesellschaftsrecht in der Diskussion 2004, 2005, S. 109 (125); *Saliger*, ZStW 112 (2000), 563 (569 f.).

768 Der Gesetzgeber stellte in Bezug auf die Anwendung des Merkmals eines Handelns zum Wohle der Gesellschaft klar: „Es geht dabei nicht um das ex post ermittelte Wohl der Gesellschaft, denn in den hier interessierenden Fällen hat sich stets im Nachhinein herausgestellt, dass die Maßnahme fehlgeschlagen ist und der Gesellschaft geschadet hat. Es muss also um ein von dem Geschäftsleiter ex ante in gutem Glauben angestrebtes Geschäftswohl gehen.“, vgl. die BegrRegE UMAG, BT-Drucks. 15/5092, S. 11 (rechte Spalte).

769 Vgl. *Samson*, in: Gesellschaftsrecht in der Diskussion 2004, 2005, S. 109 (125).

770 Vgl. in diesem Sinne *Jungmann*, NZI 2009, 80 (81); *ders.*, in: FS K. Schmidt, 2009, S. 831 (833).

771 Insofern gilt Regel 5 des *Arbeitskreises Überwachung* auch nicht unmittelbar, vgl. *dens.*, ZIP 2006, 1068 (1068).

auf die Untreueprüfung materiell-rechtlich zumindest die aufgezeigte indizielle Relevanz entfalten.[772] Damit erscheint das Handeln des Vorstandsmitglieds zwar nicht *per se* als pflichtwidrig im Sinne des Untreuetatbestands, es haftet ihm aber ein mindestens vorübergehendes Verdikt des suboptimalen Führungshandelns an, auf welches das Vorstandsmitglied nur noch bedingt einzuwirken vermag.[773] Es erscheint in einem solchen Fall nicht fernliegend, dass die Staatsanwaltschaft auf dieser Kenntnisgrundlage einen Anfangsverdacht im Sinne des § 152 Abs. 2 StPO bejaht und sich zur Aufnahme von Ermittlungen veranlasst sieht bzw. diese weiter vorantreibt.[774] Ein Strafgericht könnte im Fall einer Anklage auf

---

772 Hierzu aus materiell-rechtlicher Sicht soeben C.II.2.b)ff)(3); in einem zivilrechtlichen Haftungsprozess wäre außerhalb des Anwendungsbereichs von § 93 Abs. 1 S. 2 AktG eine ergebnisoffene Prüfung durch die Gerichte anhand des allgemeinen Sorgfaltsmaßstabs aus § 93 Abs. 1 S. 1 AktG angezeigt, vgl. statt vieler *Blasche*, WM 2011, 343 (347); auch bei der strafrechtlichen Prüfung des § 266 Abs. 1 StGB wäre dieser Sorgfaltsmaßstab als Ausgangspunkt bei der Prüfung einer Vermögensbetreuungspflichtverletzung zu sehen, wobei es im Strafrecht eines besonderen Evidenzerfordernisses bezüglich des Pflichtverstoßes bedarf, dazu bereits C.II.2.b)cc)(1)(c) und C.II.2.b)ff)(2).

773 Dies kann sich bei Hinzutreten weiterer Faktoren, je nach Würdigung der Staatsanwaltschaft, als Anfangsverdacht im Sinne des § 152 Abs. 2 StPO darstellen, wobei der Ausgang eines Verfahrens insbesondere aufgrund der tatbestandlichen Unbestimmtheit des § 266 Abs. 1 StGB und mangels klarer Konkretisierungskriterien bezüglich des Tatbestandsmerkmals der Vermögensbetreuungspflichtverletzung für einen Beschuldigten bzw. den späteren Angeklagten in der Regel unvorhersehbar ist, so dass die in den Fn. 4 bis 7 angeführten Zitate von *P.-A. Albrecht*, *Schünemann*, *Volhard* und *H. Mayer* auch weiterhin Geltung beanspruchen können – andererseits verweisen *Krekeler/Werner* darauf, dass der Untreuetatbestand in der Praxis wegen seiner Unbestimmtheit „zahlreiche Verteidigungsmöglichkeiten“ eröffne, vgl. *dies.*, Unternehmer und Strafrecht, Rn. 1091.

774 Vgl. zu der extensiven Ermittlungstätigkeit von Strafverfolgungsbehörden *Seier*, in: Achenbach/Ransiek, Handbuch Wirtschaftsstrafrecht, 5. Teil, 2. Kapitel Rn. 21; *Rönnau*, ZStW 119 (2007), 887 (888); *Beulke*, in: FS Eisenberg, 2009, S. 245 (245 f.); *Feddersen*, in: FS Laufs, 2006, S. 1169 (1171 f., 1185–1188); ebenfalls in diesem Sinne *Saliger*, HRRS 2006, 10 (15); *Schmid* sieht diese Strafverfolgungspraxis zur Erfüllung eines erheblichen Strafbedürfnisses jedoch als unerlässlich an, vgl. *dens.*, in: Müller-Gugenberger/Bieneck, Wirtschaftsstrafrecht, § 31 Rn. 5–7c – die Sichtweise *dess.* scheint indes angreifbar, weil die Untreue allein das Rechtsgut Vermögen und nicht etwa wirtschafts- oder sozialpolitische Interessen schützt, vgl. *Saliger*, ZStW 112 (2000), 563 (571 m.w.N.).

dieser Grundlage womöglich im Ergebnis eine untreuerelevante Vermögensbetreuungspflichtverletzung feststellen.[775]

Durch die Bereithaltung von Unterlagen, die eine Einhaltung der Anforderungen des § 93 Abs. 1 S. 2 AktG dokumentieren, kann sich ein betroffenes Vorstandsmitglied nicht nur von etwaigen gesellschaftsrechtlichen Haftungsansprüchen freihalten, sondern kann sich auch schnellstmöglich in den Genuss der unter I.1 dargestellten unmittelbar strafausschließenden Wirkung der *Business Judgement Rule* bringen. So wird im Idealfall ein strafrechtliches Ermittlungsverfahren bezüglich der spezifischen Entscheidungshandlung „im Keim erstickt" bzw. zumindest beträchtlich verkürzt oder im Fall einer späteren Anklage einer Verurteilung entgegengewirkt. Folglich ist jedem Vorstandsmitglied einer Aktiengesellschaft zu einer peniblen Dokumentation riskanter Entscheidungsfindungsprozesse zu raten.[776]

---

775 Auf die Gefahr einer „faktischen Beweislastumkehr" im Rahmen der Prüfung einer Untreuestrafbarkeit verweisen *Bosch/Lange*, JZ 2009, 225 (235); auch *Bock* geht von einer „faktischen Beweislastumkehr" aus, vgl. *dens.*, wistra 2011, 201 (205) – dies zwar in Bezug auf das Fahrlässigkeitsdelikt – jedoch geht es im Rahmen der Prüfung von § 93 Abs. 1 S. 1 und 2 AktG ebenfalls um die Einhaltung von Sorgfaltspflichten; auch *Freyschmidt* erachtet nach der Aufnahme von staatsanwaltschaftlichen Ermittlungen eine zeitlich und organisatorisch aufwändige Entkräftung des Verdachts als erforderlich, vgl. *dens.*, in: Vorstand der AG, § 7 Rn. 2; *Beulke* wähnt das Schicksal eines wegen Untreue Angeklagten gar „im Schoß der Götter", vgl. *dens.*, in: FS Eisenberg, 2009, S. 245 (247); zu der insgesamt in dieser Konstellation bestehenden Gefahr eines das Zivilrecht „überholenden" Strafrechts C.II.2.b)aa)(4).

776 Der bereits in der 1. Auflage 2004 und damit zeitlich vor der Kodifikation der *Business Judgement Rule* formulierte „Praxistipp" *Freyschmidts* zu einer allgemeinen Dokumentation von Entscheidungsfindungsprozessen hat insofern nach dem UMAG eine gesteigerte Bedeutung erlangt und wurde in die 2. Auflage 2010 übernommen, vgl. *dens.*, in: Vorstand der AG, § 7 Rn. 10; darüber hinaus rät *ders.* nunmehr in der 2. Auflage unter Umständen zu einer Inanspruchnahme gezielter „Vorfeldberatung" durch Wirtschaftsprüfer, Steuerberater und Strafverteidiger von den Vorstandsmitgliedern und verweist dabei auf die gegebenenfalls irrtumsbegründende – und damit tatbestands- bzw. schuldausschließende – Wirkung der Einholung von Fachberatung im Vorfeld, falls die Entscheidung sich *ex post* als falsch erweist, vgl. *dens.*, in: Vorstand der AG, § 7 Rn. 19; *Große Vorholt* geht vor dem aufgezeigten Hintergrund zukünftig von einer genaueren Dokumentation der Entscheidungsprozesse aus, vgl. *dens.*, Wirtschaftsstrafrecht, Rn. 406 f.; aus aktienrechtlicher Sicht raten wegen der Beweislast auf Seiten des Vorstandsmitglieds zu einer genauen Dokumentation der Entscheidungsfindung *Mertens/Cahn*, in: KK AktG, § 93 Rn. 36; *Fleischer*, in: Spindler/Stilz, Kommentar zum Aktiengesetz, § 93 Rn. 77; *Lutter*,

4. Zwischenergebnis

Auf Grundlage der materiell-rechtlichen Indizwirkung, die von einem nicht in kumulativer Weise den Tatbestandsvoraussetzungen des § 93 Abs. 1 S. 2 AktG genügenden Handeln ausgeht, kommt der *Business Judgement Rule* auch eine praktische Relevanz im Strafverfahren zu. Wenn sich die Ermittlungsbehörden mit einer möglichen Untreuestrafbarkeit eines Vorstandsmitglieds auseinandersetzen, wird die Erkenntnis der Einhaltung sämtlicher Tatbestandsvoraussetzungen des § 93 Abs. 1 S. 2 AktG durch das Vorstandsmitglied weiteren Ermittlungen „den Wind aus den Segeln" nehmen. Auch im Rahmen eines Strafprozesses wird eine entsprechende richterliche Erkenntnis das Verurteilungsrisiko nachhaltig senken. Aus diesem Grund ist eine detaillierte Dokumentation des Entscheidungsfindungsprozesses der Praxis dringend anzuraten.

ZIP 2007, 841 (845 f.); *Arbeitskreis Überwachung*, DB 2006, 2189 (2193, These 13); *Kock/Dinkel*, NZG 2004, 441 (447 f.); bezogen auf die Notwendigkeit einer Dokumentation für den Nachweis einer angemessenen Informationsgrundlage ebenfalls *Hüffer*, Aktiengesetz, § 93 Rn. 22; *Brömmelmeyer*, WM 2005, 2065 (2067); in diesem Sinne aus der Sicht der Aufsichtsratsmitglieder außerdem *Preußner*, NZG 2008, 574 (575).

D. Fazit

1. Der *Business Judgement Rule* im Sinne des § 93 Abs. 1 S. 2 AktG kommt in entlastender Weise eine unmittelbar strafausschließende Relevanz bei der Prüfung der Untreuestrafbarkeit des Vorstandsmitglieds einer Aktiengesellschaft zu. Kann ein Vorstandsmitglied die Einhaltung der Tatbestandsvoraussetzungen des § 93 Abs. 1 S. 2 AktG nachweisen, so liegt ausweislich des Wortlauts der Norm keine aktienrechtliche Pflichtverletzung vor. Der Grundsatz der Einheit der Rechtsordnung lässt in diesem Fall das Vorliegen einer Vermögensbetreuungspflichtverletzung nach § 266 Abs. 1 StGB ausscheiden.
2. Eine mittelbar entlastende Relevanz des § 93 Abs. 1 S. 2 AktG in der Form, dass von dem Vorliegen einzelner Tatbestandsvoraussetzungen der Norm auf ein pflichtgemäßes Handeln des Vorstandsmitglieds geschlossen werden könnte, besteht nicht. Die hinter der Begründung einer solchen Form der Relevanzentfaltung stehende Sichtweise missachtet, dass eine Strafbarkeit wegen Untreue das positive Vorliegen einer Vermögensbetreuungspflichtverletzung voraussetzt und dem Vorstandsmitglied dabei nicht der Beweisantritt für die Pflichtmäßigkeit seiner Entscheidung obliegt.
3. In belastender Weise kann § 93 Abs. 1 S. 2 AktG keine unmittelbar strafbegründende Wirkung entfalten. Von einer mangelnden kumulativen Erfüllung der Tatbestandsvoraussetzungen des § 93 Abs. 1 S. 2 AktG kann also nicht unmittelbar auf das Vorliegen einer Vermögensbetreuungspflichtverletzung geschlossen werden.
   Dies ergibt sich aus einer umfassenden Auslegung der *Business Judgement Rule* gemäß § 93 Abs. 1 S. 2 AktG:
   Der Wortlaut der Norm lässt bereits keinen unmittelbar positiven Schluss auf das Vorliegen einer Pflichtverletzung außerhalb ihres Anwendungsbereichs zu.
   Die teleologische Auslegung der *Business Judgement Rule* im Sinne des § 93 Abs. 1 S. 2 AktG ergibt zudem, dass es sich um ein rein aktienrechtliches Entlastungsinstrumentarium zugunsten des Vorstands vor dem Hintergrund eines im Zuge des UMAG verschärften Haftungsklimas für die Unternehmensführung handelt. Dabei wurde festgestellt, dass § 93 Abs. 1 S. 2 AktG keine Konkretisierung von Sorgfaltspflichten, sondern lediglich eine Tatbestandsausnahme in der Form einer unwiderleglichen Rechtsvermutung darstellt, was ebenfalls gegen eine unmittelbar strafbegründende Wirkung im Rahmen der Untreueprüfung spricht.

Systematisch ist die *Business Judgement Rule* in Zusammenhang mit der aktienrechtlichen Beweislastverteilung nach § 93 Abs. 2 S. 2 AktG zu sehen. Die Tatsache, dass ein Vorstandsmitglied im Strafverfahren keine Beweislast trifft, spricht gegen eine unmittelbare Heranziehung der Norm zur Begründung einer Untreuestrafbarkeit.

Letztlich spricht auch das asymmetrisch akzessorische Stufenverhältnis zwischen Straf- und Zivilrecht gegen eine unmittelbar belastende Relevanz des § 93 Abs. 1 S. 2 AktG bei der Prüfung einer Vermögensbetreuungspflichtverletzung. Wenn die Norm bereits im Aktienrecht nicht tauglich ist, eine Pflichtverletzung positiv zu begründen, dann vermag sie dies angesichts des *ultima ratio*-Prinzips erst recht nicht auf der Wertungsstufe des Strafrechts zu tun.

4. Zur Untersuchung einer mittelbar strafbegründenden Relevanz des § 93 Abs. 1 S. 2 AktG für das Vorliegen einer Pflichtverletzung im Sinne des § 266 Abs. 1 StGB kann allein ein auf die einzelnen Tatbestandsmerkmale der *Business Judgement Rule* bezogener Ansatz überzeugen.

   Für das unbestimmte Tatbestandsmerkmal der Pflichtverletzung nach § 266 Abs. 1 StGB folgt aus Art. 103 Abs. 2 GG, der diesbezüglichen Rechtsprechung des Bundesverfassungsgerichts und dem Stufenverhältnis zwischen Straf- und Gesellschaftsrecht die Notwendigkeit einer restriktiven Auslegung. Der Vorschlag eines Abweichens von dem Stufenverhältnis im Wirtschaftsstrafrecht kann nicht überzeugen.

   Als Restriktionsansatz ist das Erfordernis eines evidenten Verstoßes gegen außerstrafrechtliche Pflichten, der das Handeln als eindeutig unvertretbar darstellt, vorzugswürdig.

   Vor diesem Hintergrund lässt ein Verstoß gegen einzelne Tatbestandsmerkmale des § 93 Abs. 1 S. 2 AktG keinen mittelbaren Schluss von dem mangelnden Schutz durch die *Business Judgement Rule* auf das Vorliegen einer Vermögensbetreuungspflichtverletzung zu. Die Ursache dafür liegt in den Tatbestandsmerkmalen des § 93 Abs. 1 S. 2 AktG selbst. Die Voraussetzungen einer vernünftigen Annahme, zum Wohle der Gesellschaft gehandelt zu haben und einer entsprechenden Annahme, sich ausreichend informiert zu haben, können aufgrund des ihnen zugrunde liegenden, subjektiven *ex ante*-Maßstabs nicht zur Begründung einer Vermögensbetreuungspflichtverletzung im Sinne des § 266 Abs. 1 StGB herangezogen werden. Das Objektivitätserfordernis einer vernünftigen Annahme vermag den Merkmalen keine hinreichende Aussagekraft über die für eine strafrechtliche Sanktion notwendige Gravität des Verstoßes zu verleihen. Auch ein Vorstoß gegen das ungeschriebene

Merkmal der Freiheit von Interessenkonflikten begründet für sich gesehen keine Pflichtverletzung nach § 266 Abs. 1 StGB.

5. Kann sich ein Vorstandsmitglied mangels kumulativer Erfüllung der Kriterien des § 93 Abs. 1 S. 2 AktG nicht in einem „*safe harbour*" wähnen, so ergibt sich aus dieser Tatsache nichts Zwingendes bezüglich der Frage des Vorliegens einer Vermögensbetreuungspflichtverletzung im Sinne des § 266 Abs. 1 StGB. In diesem Fall ist die Verletzung einer Vermögensbetreuungspflicht des Vorstandsmitglieds anhand des strafrechtlich bedingt restriktiv auszulegenden Maßstabs einer evidenten Missachtung der Sorgfaltspflichten aus § 93 Abs. 1 S. 1 AktG zu prüfen. Die Evidenz des Pflichtverstoßes muss dabei, wie die Sorgfaltspflichtverletzung selbst, aus der objektiven *ex ante*-Sicht eines durchschnittlich verständigen und sorgfältig handelnden Vorstandsmitglieds der entsprechenden Ressortzuständigkeit gegeben sein, um zu der Verwirklichung des objektiven Tatbestands von § 266 Abs. 1 StGB zu führen.
6. Die Prüfung eines evidenten Verstoßes gegen den Sorgfaltsmaßstab des § 93 Abs. 1 S. 1 AktG erfolgt anhand einer Gesamtschau. Dabei sind auch die in der *Business Judgement Rule* zum Ausdruck kommenden Prämissen der Orientierung am Unternehmenswohl, der angemessenen Informationsbeschaffung und des Freibleibens von Interessenkonflikten zu berücksichtigen. Diese waren jedoch weitgehend bereits vor der Aufnahme der *Business Judgement Rule* in § 93 Abs. 1 S. 2 AktG Gegenstand der Rechtsprechung und wären somit auch ohne die Norm in die Gesamtschau der Sorgfaltsanforderungen einzubeziehen gewesen. Die Kriterien des § 93 Abs. 1 S. 2 AktG können in diesem Zusammenhang jedoch klarstellend und als ein Aspekt innerhalb der Gesamtschau herangezogen werden.
7. Die Nichterfüllung einer oder mehrerer Tatbestandsvoraussetzung(en) des § 93 Abs. 1 S. 2 AktG hat damit lediglich Indizwirkung. Einer unternehmerischen Entscheidung, die nicht unter kumulativer Erfüllung der Voraussetzungen der *Business Judgement Rule* zustande gekommen ist, haftet zumindest ein, für sich gesehen noch keine Untreuestrafbarkeit auslösendes, Stigma des suboptimalen Vorstandshandelns an.

   Die Indizwirkung in Richtung des Vorliegens einer Vermögensbetreuungspflichtverletzung ist bei einem Verstoß gegen die Anforderung, in der vernünftigen Annahme, zum Wohle der Gesellschaft zu handeln, am größten. Soweit der Verstoß auch aus der Sicht eines durchschnittlichen Vorstandsmitglieds in der Person des Handelnden evident ist, wird eine Vermögensbetreuungspflichtverletzung vorliegen. Die Indizwirkung eines Verstoßes gegen die übrigen Kriterien der *Business Judgement Rule* ist geringer, so dass es im

Rahmen der anzustellenden Gesamtschau in der Regel auf weitere pflichtwidrigkeitsbegründende Aspekte ankommen wird.

8. Nicht zu unterschätzen ist schließlich die praktische Wirkung eines Nichtunterfallens unter die Regelung des § 93 Abs. 1 S. 2 AktG. Im Rahmen der Bewertung fehlgeschlagener wirtschaftlicher Entscheidungen durch Strafverfolgungsbehörden und Gerichte offenbaren diese zum Teil erhebliche Schwierigkeiten hinsichtlich einer rückwirkenden Prüfung der unternehmerischen Entscheidung unter Einhaltung des angezeigten *ex ante*-Maßstabs. Die Gefahr, dass Strafverfolgungsbehörden bei der nachträglichen Bewertung solcher Entscheidungen einem Rückschaufehler unterliegen und rückwirkend unbewusst einen zu strengen Maßstab an die unternehmerische Entscheidung anlegen, ist allgegenwärtig.

   Die *Business Judgement Rule* kann an dieser Stelle aufgrund der durch sie bewirkten Komplexitätsreduktion von besonderem Nutzen für das Vorstandsmitglied sein. Der Norm des § 93 Abs. 1 S. 2 AktG und einer Dokumentation der Erfüllung ihrer Tatbestandsvoraussetzungen während des Entscheidungsfindungsprozesses kommen vor diesem Hintergrund auch aus strafverfahrensrechtlicher Sicht eine Relevanz zugunsten einer Entkräftung von Verdachtsmomenten bereits in einem frühen Stadium des Ermittlungs- oder Gerichtsverfahrens zu.

   Bezugnehmend auf das zu Beginn dieser Arbeit angeführte Zitat *Johann Buddenbrooks* lässt sich deshalb feststellen, dass nur jene Vorstandsmitglieder, welche die Tatbestandsvoraussetzungen des § 93 Abs. 1 S. 2 AktG erfüllt haben und den Entscheidungsfindungsprozess dementsprechend dokumentieren können, in jedem Fall ruhigen Nachtschlaf finden werden.

www.ingramcontent.com/pod-product-compliance
Ingram Content Group UK Ltd.
Pitfield, Milton Keynes, MK11 3LW, UK
UKHW021910290926
8980IPUK00015B/1167

9 783631 657058